Rafael Sabatini wurde 1875 in Italien geboren und starb 1950 in Adelboden in der Schweiz. Er wurde in der Schweiz und in Portugal erzogen und lebte ab 1905 in Herefordshire, England. Lange vor »Vom Winde verweht« machte er den historischen Roman populär. Stets bilden große Ereignisse in der Geschichte den Hintergrund für seine Romane. »Ein Schriftsteller des historischen Romans«, sagt er, »muß sich so eingehend und genau wie möglich über die Gegebenheiten des Lebens, mit dem er sich befaßt, informieren. Bevor er mit einem Buch beginnt, muß er sich durch Recherchen mit allen Details der jeweiligen Zeit so vertraut gemacht haben, daß er sich mit Leichtigkeit in der gewählten Epoche bewegen kann. Seine Erzählung wird dann lehrreich und lebensvoll zugleich sein.«
Als Knaur-Taschenbuch erschien außer dem vorliegenden Roman von Rafael Sabatini »Der Schwarze Schwan« (Band 558).

Februar 1981
Vollständige Taschenbuchausgabe
Droemersche Verlagsanstalt Th. Knaur Nachf.
München/Zürich
Titel der Originalausgabe »Scaramouche«

Aus dem Englischen von Curt Thesing
Umschlagillustration Eva Kausche-Kongsbak
Satz IBV Lichtsatz KG, Berlin
Druck und Bindung Hanseatische Druckanstalt GmbH, Hamburg
Printed in Germany · 1 · 10 · 281
ISBN 3-426-00736-3

Rafael Sabatini: Scaramouche

Roman der Französischen Revolution

Droemer Knaur

Inhaltsverzeichnis

Erstes Buch Die Robe

1 *Der Republikaner*

Er war mit der Gabe des Lachens geboren und mit dem Gefühl, daß die Welt ein Tollhaus sei. Das war sein ganzes Erbe. Seine Herkunft war in Dunkel gehüllt, obgleich das Dorf Gavrillac inzwischen längst den Schleier des Geheimnisses gelüftet hatte, der über seinem Stammbaum hing. Diese schlichten bretonischen Bauern waren nicht so einfältig, sich durch eine vorgeschützte Verwandtschaft täuschen zu lassen, die nicht einmal den Vorzug der Originalität besaß. Wenn ein Edelmann ohne klaren Grund sich freiwillig zum Vormund eines Kindes hergibt, das man auf der Straße aufgelesen – kein Mensch weiß, wo –, und später dieses Burschen Heranwachsen und Erziehung überwacht, dann begreift selbst der unverfälschteste Bauernschädel vollkommen die Situation. Die guten Leute von Gavrillac gaben sich daher in bezug auf die wirkliche Verwandtschaft zwischen André-Louis Moreau – wie der Bursche genannt wurde – und Quintin de Kercadiou, Herrn von Gavrillac, der in dem großen, grauen Gebäude hauste, das von der Höhe das unter ihm gedrängte Dorf beherrschte, keinerlei Täuschung hin.

André-Louis hatte auf der Dorfschule Schreiben und Lesen gelernt und wohnte während dieser Zeit bei dem alten Rabouillet, dem Anwalt, der in seiner Eigenschaft als staatlicher Verwalter die Geschäfte von Monsieur de Kercadiou besorgte. Später, im Alter von fünfzehn Jahren, wurde André-Louis nach Paris auf das Lyzeum Louis Le Grand geschickt, um die Rechtswissenschaften zu studieren, die er jetzt nach seiner Rückkehr gemeinsam mit Rabouillet ausübte: all das auf Kosten seines Paten, Monsieur de Kercadiou, der dadurch, daß er André-Louis von neuem der Leitung Rabouillets unterstellte, ganz offenbar für seines Mündels Zukunft sorgen wollte.

André-Louis hatte die sich ihm bietenden Möglichkeiten aufs beste ausgenutzt. Im Alter von vierundzwanzig Jahren finden wir ihn mit Gelehrsamkeit vollgepfropft, genügend, um in einem gewöhnlichen Hirn eine geistige Verdauungsstörung zu erzeugen. Neben einem eifrigen Studium der großen Männer, von Thukydides bis zu den Enzyklopädisten, von Seneca bis Rousseau, hatten sich seine frühesten bewußten Eindrücke von der allgemeinen Tollheit seiner eigenen Spezies zu unerschütterlicher Überzeugung gefestigt.

Von Gestalt war er ein schmächtiges Kerlchen, kaum über Mittelgröße, mit

einem hageren, verschmitzten Gesicht, vorspringender Nase, kräftigen Backenknochen und schlichtem Haar, das ihm fast bis auf die Schultern fiel. Sein Mund war breit, schmallippig und launig. Nur der Glanz seiner immer fragenden, leuchtenden Augen, so dunkel, daß sie fast schwarz erschienen, bewahrte ihn gerade noch vor Häßlichkeit. Von seinen hervorragenden geistigen Qualitäten und seiner seltenen Gabe der Ausdrucksfähigkeit legen uns seine Schriften – unglücklicherweise allzu knapp – und besonders seine Bekenntnisse glänzendes Zeugnis ab. Seiner rednerischen Fähigkeiten war er sich selbst noch kaum bewußt, obgleich er sich in dieser Beziehung bereits einen gewissen Ruf in der Literarischen Gesellschaft von Rennes erworben hatte, einem gegenwärtig über das ganze Land verbreiteten Klub, in dem die intellektuelle Jugend Frankreichs sich versammelte, um die neuen philosophischen Lehren, die anfingen, das soziale Leben zu durchsetzen, zu studieren und zu diskutieren. Aber der Ruf, den er sich dort erworben hatte, war kaum beneidenswert. André-Louis war zu zersetzend, zu sarkastisch, zu sehr geneigt – so dachten wenigstens seine Kollegen –, ihre erhabenen Theorien über die Wiedergeburt der Menschheit ins Lächerliche zu ziehen. Er selbst freilich behauptete, daß er diese Lehren lediglich vor den Spiegel der Wahrheit hielte und daß es nicht seine Schuld sei, wenn sie bei der Widerspiegelung lächerlich wirkten.
Erbitterung war das einzige, was es ihm eintrug; und sein Ausschluß aus einer Gesellschaft, die ihn beargwöhnte, wäre ohne seinen Freund Philippe de Vilmorin, einen Studenten der Theologie in Rennes, längst erfolgt; dieser jedoch war eines der beliebtesten Mitglieder der Literarischen Gesellschaft.
Als Philippe an einem Novembermorgen, beladen mit Neuigkeiten über die politischen Stürme, die sich damals über Frankreich zusammenzogen, in Gavrillac eintraf, gab es in jenem verschlafenen bretonischen Dorf Anlaß genug, seinen ohnehin schon wachen Zorn noch zu vermehren. Ein Bauer von Gavrillac, namens Mabey, war am gleichen Morgen in den Wäldern von Meupont jenseits des Flusses von einem Wildhüter des Marquis de La Tour d'Azyr erschossen worden. Man hatte den unglücklichen Menschen dabei überrascht, wie er einen Fasan aus einer Schlinge nahm, und der Wildhüter hatte auf ausdrücklichen Befehl seines Herrn gehandelt.
Wütend über einen Akt so absoluter, so unbarmherziger Willkür, schlug Monsieur de Vilmorin vor, den Fall Monsieur de Kercadiou zu unterbreiten. Mabey war ein Lehnsmann Gavrillacs, und Vilmorin hoffte, den Herrn von Gavrillac dazu zu bewegen, wenigstens irgendeine Entschädigung für die Witwe und die drei Waisen zu fordern.
Da nun André-Louis Philippes bester Freund, ja fast sein Bruder war, suchte der junge Seminarist diesen zunächst auf. Er traf ihn allein beim

Frühstück in dem geräumigen, niedrigen, weißgetäfelten Speisezimmer Rabouillets, dem einzigen Heim, das André-Louis je gekannt, und nach einer Umarmung machte er ihm mit seiner Anklage des Marquis de La Tour d'Azyr die Hölle heiß.

»Ich habe davon bereits gehört«, entgegnete André-Louis.

»Du sprichst, als wenn dich die Sache gar nicht überrascht hätte«, tadelte ihn sein Freund.

»Bei einer Bestie kann mich nichts Bestialisches überraschen, und La Tour d'Azyr ist, wie die ganze Welt weiß, ein brutales Vieh. Um so törichter von Mabey, seine Fasanen zu stehlen; er hätte sie von irgend jemand anders stehlen sollen.«

»Ist das alles, was du dazu zu sagen hast?«

»Was kann man weiter dazu sagen? Ich habe einen praktischen Verstand. Ich hoffe es wenigstens.«

»Was weiter darüber zu sagen ist, möchte ich deinem Vormund, Monsieur de Kercadiou, vortragen. Gerechtigkeit werde ich von ihm erbitten.«

»Gegen Marquis de La Tour d'Azyr?« André-Louis zog die Augenbrauen hoch.

»Warum nicht?«

»Mein lieber, hochsinniger Philippe, eine Krähe hackt der anderen nicht die Augen aus.«

»Du bist gegen deinen Vormund ungerecht. Er ist ein menschlich fühlender Mann.«

»Oh, so menschlich, wie dir beliebt; aber hier handelt es sich nicht um eine Frage der Menschlichkeit, sondern um eine Frage der Jagdgesetze.«

Monsieur de Vilmorin stieß seine langen Arme vor Abscheu gen Himmel. Er war ein hochgewachsener, schlanker, junger Edelmann, ein oder zwei Jahre jünger als André-Louis. Wie es einem Seminaristen geziemt, war er einfach in Schwarz gekleidet, mit weißen Krausen an Hals und Handgelenken und silbernen Schnallen auf seinen Schuhen. Sein peinlich geordnetes Haar zeigte keine Spur von Puder.

»Du sprichst wie ein Anwalt«, platzte er los.

»Natürlich. Aber deswegen verschwende deinen Ärger nicht an mich. Erkläre mir, was ich tun soll.«

»Ich möchte, daß du mich zu Monsieur de Kercadiou begleitest und deinen Einfluß einsetzt, um Gerechtigkeit zu erlangen. Ich glaube freilich, ich verlange allzuviel.«

»Mein lieber Philippe, ich lebe, um dir zu dienen. Ich sage dir aber im voraus, daß es eine nutzlose Bitte ist; gib mir nur so viel Zeit, mein Frühstück zu beenden, und ich stehe dir zur Verfügung.«

Monsieur de Vilmorin ließ sich in einen Schaukelstuhl neben dem sauber gepflegten Kamin fallen, in dem ein hochgeschichtetes Feuer aus Fichtenkloben lustig loderte. Und während er wartete, teilte er seinem Freund die neuesten Ereignisse aus Rennes mit. Jung, glühend, enthusiastisch und erfüllt von utopischen Idealen, brandmarkte er leidenschaftlich die aufreizende Haltung der privilegierten Klasse.

André-Louis, der längst die abschüssige Gefühlsrichtung einer Klasse kannte, an deren Beratungen er als Vertreter eines Edelmannes teilhatte, war über das, was er vernahm, durchaus nicht erstaunt. Monsieur de Vilmorin dagegen erbitterte es, daß sein Freund es offenbar ablehnte, seiner eigenen Entrüstung beizustimmen.

»Siehst du denn nicht, was das bedeutet?« rief er. »Der Adel, der dem König den Gehorsam verweigert, rüttelt an den Grundlagen des Thrones. Begreifen die Menschen denn nicht, daß ihre eigene Existenz gefährdet ist? Daß, wenn der Thron stürzt, gerade die, die ihm am nächsten stehen, zuerst zermalmt werden? Sehen sie das nicht?«

»Augenscheinlich nicht. Sie gehören zu den regierenden Klassen, und ich habe noch nie eine regierende Klasse kennengelernt, die für etwas anderes Augen hatte, als für den eigenen Profit.«

»Das ist unser Unglück, das ist es eben, was wir ändern wollen!«

»Du willst die regierenden Klassen abschaffen? Ein interessantes Experiment! Ich glaube, das war das ursprüngliche Ziel der Schöpfung. Und ohne Kain wäre es vielleicht erreicht worden.«

»Was wir vorhaben«, entgegnete Monsieur de Vilmorin, seinen Zorn niederkämpfend, »ist die Überleitung der Regierung in andere Hände.«

»Und du glaubst, das wird einen Unterschied ausmachen?«

»Ich weiß es.«

»Ach, ich begreife; obwohl du gegenwärtig noch einem niedrigeren Rang angehörst, genießt du dennoch bereits das Vertrauen des Allmächtigen.«

Monsieur de Vilmorins schönes, asketisches Gesicht umwölkte sich.

»Du sprichst gottlos, André-Louis«, wies er seinen Freund zurück.

»Ich versichere dir, mir ist es tiefer Ernst. Durchzuführen, was du vorhast, würde nicht viel anderes als göttliches Eingreifen erfordern. Vermagst du und vermögen unsere Prahlhänse von der Literarischen Gesellschaft in Rennes, oder von irgendeiner anderen gelehrten Vereinigung in Frankreich, ein Regierungssystem zu ersinnen, das bis jetzt noch nie erprobt wurde?«

»Leugnest du die Möglichkeit, das Schicksal des Volkes zu verbessern?« widersprach ihm Monsieur de Vilmorin.

»Wenn du Volk sagst, meinst du natürlich die Bevölkerung. Willst du sie ausrotten? Das ist der einzige Weg, ihr Geschick zu verbessern, denn solange die Bevölkerung bleibt, ist ihr Los die Verdammnis.«

»Du kämpfst selbstverständlich für die Partei, die dich bezahlt. Das scheint mir ganz natürlich.« Monsieur de Vilmorins Worte schwankten zwischen Trauer und Zorn.
»Im Gegenteil, ich versuche mit absoluter Unparteilichkeit zu kämpfen. Wir wollen einmal deine Ideen einer Probe unterziehen. Welche Regierungsform erstrebst du? Eine Republik, soviel man aus deinen Worten entnehmen kann. Nun, die hast du bereits; in Wahrheit ist Frankreich heute schon eine Republik.«
Philippe starrte ihn an. »Mir scheint, du ergehst dich in Paradoxen. Und der König?«
»Der König? Die ganze Welt weiß, daß es seit Ludwig XIV. keinen König in Frankreich gegeben hat. Freilich lebt in Versailles ein feister Herr, der die Krone trägt; aber deine eigenen Neuigkeiten zeigen, wie wenig er in Wahrheit bedeutet. Adel und Geistlichkeit sitzen in den hohen Ämtern, mit dem geknechteten Volke Frankreichs als Fußschemel; sie sind die wahren Herrscher. Darum behaupte ich, daß Frankreich eine Republik ist; es ist eine Republik, errichtet nach dem besten Vorbild – dem Muster Roms. Damals wie heute gab es mächtige in Luxus schwelgende Patrizierfamilien, die sich Macht und Reichtum und was sonst des Besitzes wert war, vorbehielten. Und dann gab es dort das niedergetretene Volk, stöhnend, schwitzend, blutend, hungernd und sterbend in den römischen Gossen. Das war eine Republik; die gewaltigste, die wir je gekannt.«
Monsieur de Vilmorin griff zu lahmem Sarkasmus. »Wahrscheinlich wirst du auch das Erschießen Mabeys als belanglos und lächerlich bewerten. Ja, es würde mich nicht wundern, wenn du zur Verteidigung des Marquis de La Tour d'Azyr behauptetest, daß sein Wildhüter gar eine gnädige Tat verrichtete, als er Mabey niederschoß, da die Alternative lebenslängliche Galeerenstrafe gewesen wäre.«
André-Louis trank den Rest seiner Schokolade, setzte seine Tasse ab und schob den Stuhl zurück. Sein Frühstück war beendet.
»Ich bekenne, daß ich nicht deine umfassende Nächstenliebe besitze, mein lieber Philippe. Mabeys Geschick tut mir leid. Aber nachdem ich die Erregung über diese Nachricht überwunden habe, vergesse ich doch nicht, daß Mabey stahl, als ihn der Tod traf.«
Unwillig sprang Monsieur de Vilmorin auf.
»Das ist eine Anschauung, wie man sie bei einem staatlichen Hilfsverwalter eines Edelmannes und dem Delegierten eines Edelmannes aus der Bretagne wohl erwarten konnte.«
»Philippe, ist das gerecht? Du bist aufgebracht gegen mich!« rief André in ehrlicher Bekümmernis.
»Ich bin verletzt«, gestand Vilmorin zu. »Deine Haltung verwundet mich

tief. Und ich stehe mit der Ablehnung deiner reaktionären Bestrebung nicht allein. Weißt du, daß die Literarische Gesellschaft ernsthaft deinen Ausschluß erwägt?«

André-Louis zuckte mit den Schultern. »Das überrascht mich weder, noch kümmert es mich.«

Leidenschaftlich fuhr Monsieur de Vilmorin fort: »Manchmal glaube ich, du besitzt überhaupt kein Herz. Bei dir handelt es sich stets nur um das Gesetz, nie um Gerechtigkeit. Ich glaube, André, es war ein Fehler, daß ich dich aufsuchte. Du wirst mir bei meiner Unterredung mit Monsieur de Kercadiou wahrscheinlich wenig nützen.« Er ergriff seinen Hut in der klaren Absicht zu gehen.

André-Louis sprang auf und packte ihn beim Arm.

»Ich schwöre dir«, sagte er, »dies ist das letztemal, daß ich mit dir über Recht oder Politik gesprochen habe, Philippe. Ich liebe dich viel zu sehr, um mich mit dir über anderer Leute Angelegenheiten zu streiten.«

»Aber ich mache sie zu meinen eigenen«, beharrte Philippe heftig.

»Natürlich, und deswegen liebe ich dich ja. Für dich ist das richtig, und du sollst das auch. Du willst Priester werden, und eines Priesters Sache sind die Angelegenheiten jedes einzelnen, während ich Anwalt bin – der staatliche Verwalter eines Edelmannes, wie du es nennst –, und eines Anwalts Geschäft ist das Geschäft seines Klienten. Das ist der Unterschied zwischen uns. Trotzdem wirst du mich doch nicht fallen lassen.«

»Aber ich erkläre dir offen, nachdem ich jetzt darüber nachdenke, würde ich es vorziehen, wenn du nicht mit mir zu Monsieur de Kercadiou gingest. Dein Pflichteifer deinem Klienten gegenüber kann mir nichts nützen.«

Sein Grimm war vorüber, aber sein Entschluß blieb aus dem angegebenen Grunde unerschüttert.

»Also gut«, sagte André-Louis, »es sei, wie du es wünschst. Aber wenigstens wird mich nichts zurückhalten, dich bis zum Schlosse zu begleiten und auf dich zu warten, während du Monsieur de Kercadiou deine Bitte vorträgst.«

Und sie verließen das Haus als gute Freunde – denn Monsieur de Vilmorins sanfte Natur kannte kein Nachtragen – und wanderten zusammen die steile Hauptstraße von Gavrillac hinauf.

2 *Der Aristokrat*

Das verschlafene Dörfchen Gavrillac lag eine halbe Meile abseits der Hauptstraße nach Rennes – und daher unberührt von der Geschäftigkeit der Welt – in einer Krümmung des Flusses Meu, am Fuße und bis zur halben Höhe am Abhange des niedrigen Hügels, den das flache Herrenhaus krönte. Damals mußte Gavrillac an den Lehnsherrn noch Tribut entrichten, teils in Geld und teils in Arbeitsleistung, daneben ein Zehntel an die Kirche und weitere Steuern an den König abführen. Mit dem Rest war es schwer, Körper und Seele zusammenzuhalten. Doch so drückend die Verhältnisse in Gavrillac auch erschienen, sie waren nicht so hart wie in zahlreichen anderen Gegenden Frankreichs, nicht halb so hart zum Beispiel wie bei den elenden Vasallen des großen Herrn de La Tour d'Azyr, dessen ausgedehnte Besitzungen an einer Stelle nur durch die Wässer der Meu von dem kleinen Dorf getrennt wurden.

Das Schloß von Gavrillac verdankte die herrschaftliche Würde, welche man von ihm erwarten durfte, mehr seiner beherrschenden Lage über dem Dorf als seinem Aussehen. Wie ganz Gavrillac aus Granit errichtet – freilich hatten drei Jahrhunderte des Bestehens den Stein zermürbt –, war es ein niedriges, regelmäßiges, zweistöckiges Gebäude, von zwei rechteckigen Türmen oder Erkern mit vorspringendem Dach flankiert, und jedes Stockwerk wurde erhellt von vier Fenstern mit außen befestigten hölzernen Läden. Tief in einem jetzt kahlen, zur Sommerszeit jedoch sehr lustigen Garten gelegen, nach vorn in hübsche, von Balustraden begrenzte, halbkreisförmige Terrassen auslaufend, erweckte es den Eindruck dessen, was es war und auch stets gewesen war: des Wohnsitzes anspruchsloser Menschen, die größere Befriedigung im häuslichen Leben als in Abenteuern fanden.

Quintin de Kercadiou, Herr von Gavrillac – Seigneur de Gavrillac lautete der ganze, etwas vage Titel, den er trug, wie schon seine Vorfahren vor ihm, ohne daß ein Mensch wußte, woher oder wie sie zu ihm gelangt waren – verstärkte den Eindruck, den sein Haus vermittelte. Einfach wie der Granit, hatte er nie nach Hofgunst gestrebt, ja, nicht einmal Dienst in den Heeren seines Königs genommen. Er überließ es seinem jüngeren Bruder Etienne, die Familie in diesen erhabenen Sphären zu repräsentieren. Von frühester Jugend an beschränkte sich sein einziges Interesse auf seine Wälder und Weiden. Er jagte und bestellte seine Äcker und erschien, oberflächlich betrachtet, kaum gebildeter als seine bäurischen Lehnsleute. Er führte kein Haus oder wenigstens keines, das seiner Stellung oder dem Geschmack seiner Nichte Aline de Kercadiou entsprochen hätte. Die Anschauungen Alines, die etwa zwei Jahre in der Hofluft Versailles' unter der Ägide ihres Onkels Etienne verbracht hatte, unterschieden sich in bezug auf das, was grundherrliche Würde erforderte, wesentlich von denen ihres Onkels Quintin. Obwohl jedoch dieses einzige Kind eines dritten Kercadiou, seit es in dem jugendlichen Alter von vier Jahren als Waise zurückgeblieben, ein tyrannisches Regiment über den Herrn von Gavrillac ausübte, der ihr

Vater und Mutter ersetzt hatte, war es ihr doch nicht gelungen, in diesem Punkt seine Störrigkeit zu brechen.
Als André-Louis und Vilmorin eintrafen, ging Aline gerade auf der Terrasse spazieren. Ihre schlanke Gestalt war der Kälte wegen in einen weiten Pelzmantel gehüllt. Ihren Kopf bedeckte eine enganliegende, mit weißem Pelzwerk eingefaßte Kapuze. Eine Schleife blaßblauen Bandes unter ihrem Kinn hielt sie fest, zur Linken stahl sich eine lange Locke kornfarbenen Haars hervor. Die scharfe Luft hatte ihre Wangen, soviel von ihnen zu sehen war, gerötet und ihren in tiefstem Blau erstrahlenden Augen besonderen Glanz verliehen.
André-Louis und Monsieur de Vilmorin kannten sie von Kindheit an; die drei waren früher Spielgefährten gewesen, und André-Louis nannte sie – im Hinblick auf seine kirchliche Verwandtschaft mit ihrem Onkel – Cousine. Diese verwandtschaftliche Beziehung zwischen den beiden hatte auch dann noch weiterbestanden, als Philippe de Vilmorin längst der Intimität der Kinderzeit entwachsen und für sie Monsieur de Vilmorin geworden war.
Grüßend winkte sie ihnen beim Näherkommen mit der Hand ›Guten Morgen‹ und blieb stehen – ein entzückendes Bild, und sich dessen voll bewußt –, um die beiden am Ende der Terrasse unmittelbar neben der kurzen Allee zu erwarten.
»Falls Sie beabsichtigen, Messieurs, meinen Onkel zu besuchen, haben Sie die Stunde unglücklich gewählt«, erklärte sie ihnen mit einer gewissen Erregung in ihrem Verhalten. »Er ist beschäftigt – oh, so dringend beschäftigt.«
»Wir werden warten, Mademoiselle«, entgegnete Monsieur de Vilmorin, sich galant über die ihm entgegengestreckte Hand beugend. »Weiß Gott, wer würde wohl zu dem Oheim eilen, dem es vergönnt ist, einen Augenblick bei der Nichte verweilen zu können?«
»Monsieur l'Abbé«, neckte sie ihn, »wenn Ihr erst die Weihen empfangen habt, werde ich Euch zu meinem Beichtvater wählen. Ihr besitzt ein so rasches und liebenswürdiges Verstehen.«
»Aber keine Neugier«, fiel André-Louis ein. »Daran hast du nicht gedacht.«
»Möchte wirklich wissen, was Ihr damit meint, Cousin André?«
»Ich kann es mir denken«, lachte Philippe. »Aber ich verrate es niemandem.«
Im gleichen Augenblick fiel sein über die Terrasse schweifender Blick auf eine Equipage, die beim Schloßportal vorgefahren war. Es war eine Kutsche, wie man sie häufig in den Straßen der Weltstädte, doch selten auf dem Lande zu sehen bekommt. Der Wagen war ein prächtiges, leichtes,

zweispänniges Kabriolett aus glänzend poliertem Walnußholz, die Türfüllungen mit hervorragend gemalten ländlichen Szenen geschmückt. Er war für zwei Personen bestimmt, vorne mit einem Sitz für den Kutscher und rückwärts mit einem Tritt für den Bedienten. Der Wagentritt war leer, aber der Lakai schritt vor dem Eingang auf und ab, und als er jetzt hinter der Kalesche auftauchte und in Monsieur de Vilmorins Gesichtskreis trat, zeigte er die glänzende, blau und goldene Livree des Marquis de La Tour d'Azyr.

»Wie?« rief Philippe, »ist Marquis de La Tour d'Azyr bei Euerm Oheim?«

»Gewiß, mein Herr«, entgegnete Aline, eine Welt des Geheimnisses in Blick und Stimme, was Monsieur de Vilmorin jedoch nicht bemerkte.

»Oh, dann verzeiht!« Er verbeugte sich tief, den Hut in der Hand. »Mein Kompliment, Mademoiselle«, und er wandte sich ab, um nach dem Hause zu eilen.

»Soll ich dich begleiten, Philippe?« rief André-Louis ihm nach.

»Es wäre ungalant, anzunehmen, daß du das der Gesellschaft Mademoiselles vorziehen würdest«, entgegnete Monsieur de Vilmorin mit einem Blick auf das Fräulein. »Ich fürchte außerdem, es würde mir nichts helfen. Falls du warten willst…«

Monsieur de Vilmorin ging weiter. Nach einer kleinen Pause erstaunten Schweigens erkundigte sich Mademoiselle leicht lachend: »Wohin geht er nur so eilig?«

»Er will Marquis de La Tour und deinen Onkel sprechen.«

»Aber das ist unmöglich, sie können ihn nicht vorlassen. Sagte ich nicht, daß sie außerordentlich beschäftigt seien? Du fragst mich ja gar nicht, womit, André?« Ein geheimnisvolles Dunkel, ein verborgenes Etwas umgab sie, es konnte Hochmut oder Versunkenheit, vielleicht auch beides sein. André-Louis vermochte es nicht zu bestimmen.

»Warum sollte ich fragen, da du offenbar darauf brennst, es mir zu erzählen?«

»Wenn du spottest, werde ich es dir sogar nicht sagen, selbst wenn du fragst. Ich werde dich schon lehren, mich mit der mir gebührenden Achtung zu behandeln.«

»Ich hoffe, daran werde ich es nie fehlen lassen.«

»Weniger denn je, wenn du hörst, daß der Besuch von Marquis de La Tour mich sehr nahe berührt. Ich bin der Gegenstand dieser Visite.« Und mit glänzenden Augen, die Lippen zum Lachen geöffnet, blitzte sie ihn an.

»Du scheinst anzunehmen, daß damit alles erklärt sei. Aber ich bin ein Esel, mir ist es keineswegs klar.«

»Dummkopf, er will um meine Hand anhalten.«

»Großer Gott!« rief André-Louis und starrte sie entgeistert an.

Stirnrunzelnd, mit hochgerecktem Kinn, zog sie sich ein Stück von ihm zurück. »Überrascht dich das?«
»Es ekelt mich an«, erwiderte er grob. »Tatsächlich glaube ich es nicht, du machst dich über mich lustig.«
Für den Augenblick unterdrückte sie ihren offenbaren Ärger, um seine Zweifel zu beseitigen. »Ich spreche in vollem Ernst, mein Herr. Heute morgen erhielt mein Onkel einen förmlichen Brief von Marquis de La Tour mit der Ankündigung seines Besuches und dessen Zweck. Ich will nicht bestreiten, daß es uns auch etwas überraschte...«
»Oh!« rief André-Louis erleichtert, »ich verstehe. Einen Augenblick fürchtete ich fast...« Er brach ab, sah sie an und zuckte die Achseln.
»Warum fährst du nicht fort? Du hättest fast gefürchtet, daß der Versailler Aufenthalt bei mir verschwendet wäre, daß ich gestatten würde, um mich wie um irgendeine Bauerndirne zu freien. Das war dumm von dir. In gehöriger Form wird bei meinem Onkel um meine Hand nachgesucht.«
»Ist seine Zustimmung denn nach dem Muster Versailles alles, worauf es ankommt?«
»Was sonst?«
»Und dein eigenes Jawort?«
Sie lachte. »Ich bin eine pflichteifrige Nichte... wenn es mir paßt.«
»Und wird es dir passen, pflichteifrig zu sein, falls dein Onkel diesen ungeheuerlichen Antrag annimmt?«
»Ungeheuerlich?« Sie warf den Kopf zurück. »Und warum ungeheuerlich, bitte?«
»Aus einem Dutzend Gründen«, entgegnete er erregt.
»Nenne mir einen!« höhnte sie.
»Der Marquis ist doppelt so alt wie du.«
»Das stimmt nicht ganz.«
»Er ist mindestens fünfundvierzig.«
»Er sieht nicht älter aus als dreißig. Er ist sehr schön – das wenigstens wirst du zugeben; du wirst doch auch wohl nicht leugnen, daß er außerordentlich reich und mächtig ist? Der vornehmste Edelmann in der Bretagne. Er wird mich zu einer großen Dame machen.«
»Dazu hat dich Gott geschaffen, Aline.«
»Oh, das klingt schon besser. Manchmal kannst du fast höflich sein.« Und sie schritt die Terrasse entlang, André-Louis neben ihr.
»Ich kann noch mehr, wenn es gilt, dir die Gründe zu zeigen, weshalb du es nicht dulden solltest, daß dieses Vieh das schöne Werk, das Gott geschaffen hat, besudelt.«
Sie runzelte die Stirn, ihre Lippen preßten sich zusammen. »Du sprichst von meinem künftigen Gemahl«, wies sie ihn zurecht.

Auch seine Lippen spannten sich, sein bleiches Gesicht wurde noch um einen Schatten bleicher.
»Steht es wirklich so? Ist es beschlossen? Wird dein Onkel einwilligen? Sollst du ohne Liebe in die Sklaverei eines Mannes verkauft werden, den du nicht kennst? Ich hatte mir Besseres für dich erträumt, Aline.«
»Besseres, als Marquise de La Tour d'Azyr zu werden?«
Er machte eine Gebärde der Verzweiflung. »Sind Männer und Frauen bloße Namen? Zählen ihre Seelen denn gar nicht? Ich hatte dich so hoch gestellt – so hoch, Aline, ein Wesen, kaum noch irdisch! Frohsinn lebt in deinem Herzen, Klugheit in deinem Geist – und, wie ich glaubte, die seelische Kraft, die äußere Schale zu durchdringen und den Kern der Wirklichkeit zu erfassen. Und jetzt willst du alles dem Scheine opfern, Seele und Leib verkaufen?«
»Du bist unzart«, tadelte sie ihn, doch obgleich ihre Stirn sich furchte, lachten ihre Augen. »Außerdem ziehst du etwas überstürzte Schlüsse. Mein Onkel wird lediglich zugeben, daß man um meine Einwilligung sich bewirbt. Onkel und ich, wir verstehen uns. Mich kann man nicht wie eine Steckrübe verschachern.«
Er blieb stehen, um ihr ins Gesicht zu blicken; seine Augen glühten, Röte schlich in seine bleichen Wangen.
»Du hast mich also nur gequält, um dir ein Vergnügen zu bereiten?« rief er. »Macht nichts! Um der Erleichterung willen verzeihe ich dir.«
»Schon wieder gehst du zu rasch vor, Cousin André. Ich habe meinem Onkel erlaubt, Monsieur le Marquis zu gestatten, mir den Hof zu machen. Ich mag den Anblick dieses Herrn gut leiden. In Anbetracht seines hohen Ranges schmeichelt mir die Bevorzugung meiner Person. Es ist ein Rang, den zu teilen ich vielleicht wünschenswert finden werde. Monsieur le Marquis sieht auch nicht wie ein Einfaltspinsel aus. Ich denke es mir interessant, von ihm umworben zu werden. Ja, vielleicht ist es noch interessanter, ihn zu heiraten, und ich glaube, wenn alles erwogen ist, daß ich mich wahrscheinlich – ja, höchstwahrscheinlich – dazu entschließen werde.«
Er betrachtete sie, betrachtete die trotzige Lieblichkeit dieses kindlichen Gesichts, umrahmt von dem weißen Pelzoval, und jede Spur von Leben schien aus seinem Antlitz zu weichen.
»Gott stehe dir bei, Aline!« stöhnte er.
Unwillig stampfte sie mit dem Fuß. »Er benimmt sich wirklich sehr aufreizend und anmaßend«, ging es ihr durch den Kopf.
»Ihr seid unverschämt, mein Herr.«
»Beten, Aline, ist nie unverschämt; und ich tat nichts anderes als beten, wie ich es auch in Zukunft tun werde. Ich fürchte, meine Gebete werden dir not tun.«

»Du bist unerträglich!« Wie er aus den sich vertiefenden Falten und ihrer erhöhten Farbe erkannte, wurde sie immer zorniger.
»Nur weil ich leide, bin ich das. Oh, Aline, kleine Cousine, überlege dir gut, was du tust. Wenn Marquis de La Tour d'Azyr kommt, um dich zu umwerben, betrachte ihn dir genau! Befrage deine guten Instinkte, laß deine eigene, edle Natur ungehindert dieses Tier nach seinen Anschauungen beurteilen. Bedenke...«
»Ich bedenke, mein Herr, daß Ihr die Freundlichkeit, die ich Euch immer erwiesen habe, ausnutzt. Ihr mißbraucht die Euch eingeräumte Stellung. Wer bist du, was bist du, daß du dir die Ungezogenheit erlaubst, in diesem Tone mit mir zu sprechen?«
Sofort ward er wieder sein kaltes, zurückhaltendes Selbst, verbeugte sich und griff von neuem zu dem ihm natürlichen, spöttischen Ton.
»Meine Glückwünsche, Mademoiselle, zu der Schnelligkeit, mit der Ihr Euch in die große Rolle hineinlebt, die Ihr zu spielen berufen seid.«
»Und ich rate Euch, sich auch in Eure Rolle zu finden, Monsieur«, erwiderte sie zornig.
Sie standen einander noch immer etwas atemlos, etwas trotzig gegenüber, als die anderen aus dem Portal traten.
Als erster erschien der Marquis de La Tour d'Azyr, Graf von Solz, Ritter der Orden vom Heiligen Geist und vom Heiligen Louis, Brigadier in den Armeen des Königs. Er war ein hochgewachsener, würdevoller Mann von aufrechtem, soldatischem Gang und hochmütiger Haltung, prächtig in einen weiten Rock aus maulbeerfarbenem Samt mit goldenen Tressen gekleidet. Dazu trug er eine goldglänzende aprikosenfarbene Weste, ebenfalls aus Samt, sowie Hosen und Strümpfe aus schwarzer Seide, und seine mit roten Absätzen versehenen Lackschuhe waren mit Diamantspangen geschlossen. Sein gepudertes Haar schlang ein breites Moiréband im Rücken zu einem Zopf zusammen; unterm Arm trug er einen kleinen Dreispitz, und an seiner Seite hing ein zierlicher, goldknaufiger Galadegen.
Als André-Louis ihn jetzt genau betrachtete, seine Pracht, die Eleganz seiner Bewegungen, sein hoheitsvolles Benehmen, in dem sich in so seltener Weise *Hoffart* und Huld mischten, zitterte er für Aline. Das war wahrhaftig ein erfahrener, unwiderstehlicher Freier, dessen bonnes fortunes sprichwörtlich geworden, ein Mann, der bis dahin die Verzweiflung von Witwen mit heiratsfähigen Töchtern und der Kummer aller Ehegatten mit anziehenden Frauen gewesen war.
Ihm unmittelbar auf dem Fuß folgte sein absolutes Gegenstück, Monsieur de Kercadiou. Auf lächerlich kurzen Beinen schleppte der Herr von Gavrillac einen Körper, der mit Fünfundvierzig anfing zur Fettleibigkeit zu neigen, sowie einen enormen Schädel, der trotzdem nur einen mittelmäßigen

Anteil Intelligenz enthielt. Sein Gesicht war gerötet, mit Pusteln bedeckt und von den Blattern zerfressen, die ihm in der Jugend fast das Leben gekostet hätten. Sein Anzug war vernachlässigt bis zur Unsauberkeit, und diesem Umstande und der Tatsache, daß er nie geheiratet hatte – unter Mißachtung der ersten Pflicht eines Edelmannes, sich einen Erben zu verschaffen –, war es zuzuschreiben, daß ihn das Land für einen Weiberfeind hielt.

Hinter Monsieur de Kercadiou kam Monsieur de Vilmorin, sehr bleich und verschlossen, mit zusammengepreßten Lippen und verdüsterter Stirn.

Ihnen entgegen trat aus der Kutsche ein auffallend eleganter junger Herr, der Chevalier de Chabrillane, ein Vetter de La Tour d'Azyrs, der, während er auf des Marquis Rückkehr wartete, mit lebhaftem Interesse, ohne daß jemand seine Anwesenheit vermutete, die Plänkeleien zwischen André-Louis und Mademoiselle beobachtet hatte.

Kaum hatte Marquis de La Tour d'Azyr Aline bemerkt, da trennte er sich von den anderen und ging mit raschen Schritten quer über die Terrasse auf sie zu. Vor André-Louis neigte der Marquis den Kopf mit der ihm eigenen Mischung von Höflichkeit und Herablassung. Gesellschaftlich befand sich der junge Mann in einer eigentümlichen Stellung. Infolge der Theorie seiner Geburt galt er weder als adlig noch als bürgerlich, sondern stand irgendwo zwischen diesen Klassen, und weil keine der beiden ihn zu sich zählte, behandelten ihn beide vertraulich. Kühl erwiderte er Marquis de La Tour d'Azyrs Gruß und zog sich diskret zurück, um seinen Freund aufzusuchen.

Der Marquis ergriff die Hand, die Mademoiselle ihm entgegenstreckte, beugte sich über sie und führte sie an seine Lippen.

»Mademoiselle«, begann er, in die blaue Tiefe ihrer Augen blickend, die seinem Blick lächelnd und ungerührt begegneten. »Monsieur, Euer Onkel, erweist mir die Ehre, zu gestatten, Euch meine Huldigungen zu Füßen zu legen. Wollt Ihr, Mademoiselle, mir die Ehre erweisen, mich, wenn ich morgen komme, zu empfangen? Ich habe etwas von hoher Bedeutung für Euer Ohr.«

»Von Bedeutung, Monsieur le Marquis? Ihr macht mir fast angst.« Doch auf dem ernsten kleinen Gesicht in der Pelzkapuze stand keine Furcht. Nicht umsonst hatte sie in der Versailler Schule gesellschaftlicher Kunst ihr Examen abgelegt.

»Das liegt durchaus nicht in meiner Absicht.«

»Von Bedeutung für Euch, Monsieur, oder für mich?«

»Wie ich hoffe, für uns beide«, entgegnete er, eine Welt des Ausdrucks in seinen schönen, brennenden Augen.

»Ihr reizt meine Neugier, Monsieur, und selbstverständlich bin ich auch eine pflichtergebene Nichte. Daraus folgt, daß es mir eine Ehre sein wird, Euch zu empfangen.«

»Nicht Ihr werdet geehrt, Mademoiselle, Ihr erweist die Ehre. Also morgen um diese Stunde werde ich das Glück haben, Euch aufzuwarten.«

Sie war etwas erregt, ein wenig geblendet von der Schönheit des Mannes, von seinem fürstlichen Wesen und dem Vertrauen auf die Macht, die von ihm auszustrahlen schien. Fast unwillkürlich verglich sie ihn mit seinem Kritiker – dem hageren und unverschämten André-Louis, in seinem schlichten, braunen Anzug und mit den Stahlspangenschuhen –, und sie empfand es als eine unverzeihliche Schwäche, daß sie auch nur ein Wort dieser vermessenen Kritik geduldet hatte. Morgen würde Monsieur le Marquis kommen, um ihr eine große Stellung, einen hohen Rang anzubieten. Die Mehrung der Würde, die ihr aus seinem Wunsche, sie zu dieser hohen Stellung zu erheben, zufloß, hatte bereits ihr Urteil geschwächt. Nie wieder würde sie so etwas dulden; nie wieder wollte sie so schwach und so kindisch sein, André-Louis zu gestatten, gegen einen Mann seine gemeinen Schmähungen zu äußern, mit dem verglichen er kaum etwas Besseres als ein Lakai war.

So stritten Eitelkeit und Ehrgeiz gegen ihr besseres Selbst. Aber zu ihrem größten Ärger wollte sich ihr besseres Selbst nicht überzeugen lassen.

Inzwischen bestieg Marquis de La Tour d'Azyr seine Equipage. Er hatte Monsieur de Kercadiou ein Wort des Abschiedes gesagt und auch an Monsieur de Vilmorin ein Wort gerichtet, worauf sich Monsieur de Vilmorin in schweigender Zustimmung verbeugte.

Der Wagen rollte fort, auf dem Rücktritt steif aufgerichtet der gepuderte Bediente in Blau und Gold, und Marquis de La Tour verneigte sich noch einmal vor Mademoiselle, die ihm als Antwort zuwinkte.

Dann schob Monsieur de Vilmorin seinen Arm durch den André-Louis'.

»Komm, André.«

»Aber ihr bleibt doch beide zum Mittagessen!« rief der gastfreie Herr von Gavrillac. »Wir werden ein gewisses Wohl ausbringen«, fügte er blinzelnd hinzu, während seine Augen zu Mademoiselle hinüberglitten, die sich jetzt der Gruppe näherte.

Monsieur de Vilmorin beklagte eine Verabredung, die es ihm unmöglich mache, sich diese Ehre zu gönnen. Er war äußerst steif und förmlich.

»Und du, André?«

»Ich? Oh, ich habe die gleiche Verabredung, Vormund«, log er. »Und ich habe eine abergläubische Abneigung gegen Toaste.« Er hatte nicht den Wunsch, zu bleiben. Er war auf Aline, ihres lächelnden Empfanges de La Tour d'Azyrs und des schmutzigen Handels wegen, den er sie schließen sah, zornig. Ihn quälte der Verlust einer Illusion.

Als die beiden Freunde den Berghang hinunterschritten, war Monsieur de Vilmorin schweigsam und versonnen, André-Louis dagegen gesprächig. Diesmal hatte er sich die Frauen zum Gegenstand seiner Erörterung erwählt. Er behauptete – höchst unverantwortlich – heute morgen die Frau erkannt zu haben; und was er über das schöne Geschlecht zu sagen wußte, klang wenig schmeichelhaft, ja mitunter fast roh.
Gegenüber dem Gasthaus ›Zum Gewappneten Bretonen‹, dem Posthause am Eingange des Dorfes Gavrillac, unterbrach Monsieur de Vilmorin seinen Gefährten, der sich allmählich zu den schwindligsten Höhen spöttischer Schmähungen emporgearbeitet hatte, und André-Louis, wieder zur Wirklichkeit zurückgeführt, bemerkte vor dem Tore der Schenke die Equipage von Marquis de La Tour d'Azyr.
»Ich glaube, du hast mir gar nicht zugehört«, meinte er.
»Hättest du dich an deinen eigenen Worten etwas weniger begeistert, so würdest du das schon früher bemerkt und deinen Atem gespart haben. Wirklich, André, du enttäuschst mich. Du scheinst völlig vergessen zu haben, weswegen wir zum Schlosse gingen. Ich habe hier eine Verabredung mit Monsieur le Marquis. Er wünscht von mir Näheres über die Angelegenheit zu erfahren. Oben in Gavrillac konnte ich nichts erreichen. Die Zeit war zufällig schlecht gewählt. Aber ich setze meine Hoffnungen auf Monsieur le Marquis.«
»Worauf hoffst du?«
»Daß er die Sache, soweit es in seiner Macht liegt, wieder gutmachen und für die Witwe und die Waisen sorgen wird. Aus welch anderem Grunde hätte er sonst wohl eine Unterredung mit mir gewünscht?«
»Ungewöhnliche Herablassung«, meinte André-Louis und deklamierte: »Quidquid id est, timeo Danaos et dona ferentes.«
»Aber weshalb nur?« fragte Philippe.
»Gehen wir, das herauszubekommen – falls du nicht annimmst, daß ich dir im Wege stehe.«
Die jungen Leute wurden von dem Wirt in ein Zimmer rechter Hand gewiesen, das Monsieur le Marquis so lange, als es diesem genehm war, dem Raume eine derartige Ehre zu erweisen, zur Verfügung stand. Ein helles Holzfeuer prasselte im Hintergrunde des Zimmers, und ihm zur Seite saßen Marquis de La Tour d'Azyr und sein Vetter, der Chevalier de Chabrillane. Als Monsieur de Vilmorin eintrat, erhoben sich beide. André-Louis, der Vilmorin auf dem Fuße folgte, blieb neben der Tür stehen.
»Eure rasche Höflichkeit verpflichtet mich, Monsieur de Vilmorin«, begann der Marquis, aber in einem kalten Tone, der die Verbindlichkeit sei-

ner Worte Lügen strafte. »Bitte, einen Sessel. Ah, Moreau?« Der Ton war eisig fragend. »Er begleitet Euch, Monsieur?«
»Euch zu dienen, Monsieur le Marquis.«
»Warum auch nicht? Nehmt Euch einen Stuhl, Moreau.«
Er sprach diese Worte über seine Schulter hin wie zu einem Lakai.
»Es ist äußerst freundlich von Euch«, sagte Philippe, »mir diese Möglichkeit zu bieten, den Gegenstand, den ich in Gavrillac fruchtlos anschnitt, weiter zu erörtern.«
Der Marquis kreuzte die Beine und hielt eine seiner schöngeformten Hände vor die Glut. Ohne sich die Mühe zu nehmen, sich nach dem jungen Manne, der dicht hinter ihm saß, umzuwenden, antwortete er: »Wir wollen im Augenblick die Freundlichkeit meines Ersuchens außer acht lassen«, meinte er dunkel, und Monsieur de Chabrillane lachte. André-Louis hatte den Eindruck, daß sich dieser Herr sehr leicht zur Heiterkeit bewegen ließe, und beneidete ihn fast um diese Gabe.
»Trotzdem bin ich Euch dankbar«, beharrte Philippe, »daß Ihr Euch herabließet und mir gestattetet, Euch den Fall dieser Armen vorzutragen.«
Der Marquis blickte ihn über seine Schulter an. »Wessen Fall?« fragte er.
»Nun, den Fall der Witwe und Waisen jenes unglücklichen Mabey.«
Der Blick des Marquis schweifte von Vilmorin zu dem Chevalier hinüber, und wieder lachte der Chevalier und schlug sich diesmal sogar auf die Schenkel.
»Ich glaube«, meinte Marquis de La Tour d'Azyr bedächtig, »hier liegt ein Mißverständnis vor. Ich ersuchte Euch, hierherzukommen, da Schloß Gavrillac kaum der geeignete Ort war, unsere Erörterungen weiterzuspinnen, und da ich zögerte, Euch mit dem Vorschlage zu belästigen, den ganzen Weg bis Azyr zu gehen. Mein Zweck hängt mit gewissen Äußerungen zusammen, die Ihr dort oben fallen ließet. Im Hinblick auf jene Äußerungen, Monsieur de Vilmorin, würde ich gern Näheres von Euch erfahren – falls Ihr mir die Ehre erweisen wollt.«
André-Louis hatte das Empfinden, daß irgend etwas Finsteres in der Luft hinge. Er besaß eine rasche Auffassungsgabe, eine weit raschere als Monsieur de Vilmorin, der lediglich ein leichtes Erstaunen an den Tag legte.
»Ich bin wirklich etwas in Verlegenheit«, meinte dieser, »auf welche Ausdrücke spielen Monsieur an?«
»Mir scheint, Monsieur, ich muß Euerm Gedächtnis zu Hilfe kommen.«
Der Marquis kreuzte von neuem die Beine und drehte sich auf seinem Stuhl halb herum, so daß er jetzt Monsieur de Vilmorin wenigstens direkt ins Gesicht blickte. »Ihr spracht, Monsieur – und wie irregeleitet Ihr auch gewesen sein mögt, Ihr spracht sehr beredt, für mein Empfinden allzu be-

redt –, von der Niedertracht einer Tat, von der summarischen Aburteilung jenes diebischen Schufts Mabey, oder wie dessen Name lauten mag. Niedertracht war genau das Wort, das Ihr verwandtet. Ihr nahmt das Wort auch nicht zurück, obgleich ich die Ehre hatte, Euch davon in Kenntnis zu setzen, daß mein Wildhüter Bennet auf meinen ausdrücklichen Befehl so summarisch vorgegangen sei.«

»Wenn die Tat niederträchtig war«, entgegnete Monsieur de Vilmorin, »so wird ihre Niedertracht nicht durch die Stellung der dafür verantwortlichen Persönlichkeit gemildert, wie hoch diese auch sein mag. Eher wiegt sie dann noch schwerer.«

»Ah!« sagte Monsieur le Marquis und zog eine goldene Schnupftabakdose aus der Tasche. »Ihr sagt: ›Wenn die Tat niederträchtig war‹, Monsieur. Habe ich das so aufzufassen, daß Ihr nicht länger so fest überzeugt seid, wie es vordem den Anschein hatte, daß sie niederträchtig war?«

Monsieur de Vilmorins vornehmes Gesicht drückte Bestürzung aus. Er begriff nicht, worauf der andere abzielte.

»In Anbetracht Eurer Bereitwilligkeit, Monsieur le Marquis, die Verantwortung zu übernehmen, habe ich den Eindruck, daß Ihr an eine mir verborgene Möglichkeit einer Rechtfertigung dieser Tat glaubt.«

»Das klingt schon besser. Das klingt entschieden besser.« Der Marquis nahm vorsichtig eine Prise, sorgfältig die Stäubchen von den reichen Spitzen auf seiner Brust abwischend. »Ihr seht also ein, daß Ihr – selbst kein Grundbesitzer – infolge ungenügenden Verständnisses der Verhältnisse vielleicht übereilt zu ungerechtfertigten Schlußfolgerungen gelangt seid? Das ist wirklich der Fall. Mag Euch das zur Warnung dienen, Monsieur. Wenn ich Euch erkläre, daß ich seit Monaten durch ähnliche Plünderungen gereizt worden bin, werdet Ihr vielleicht begreifen, daß es notwendig war, derartigen Räubereien durch ein genügend starkes Abschreckungsmittel ein Ziel zu setzen. Jetzt, da die Leute die Gefahr kennen, werden sie, wie ich annehme, nicht mehr in meinen Revieren wildern. Aber es gibt noch andere Gründe, Monsieur de Vilmorin, nicht das Wildern an sich bringt mich derart auf, sondern die Mißachtung meiner absoluten und unverbrüchlichen Rechte. Wie Euch, mein Herr, nicht entgangen sein kann, brütet ein schlimmer Geist der Unbotmäßigkeit im Lande, und es gibt nur eine Möglichkeit, dieser Gefahr entgegenzutreten. Diesen Geist schonen, in noch so geringem Grade Nachsicht zu zeigen, mag man noch so sehr zur Milde geneigt sein, würde heißen, morgen bereits um so härtere Maßnahmen ergreifen zu müssen. Ich bin überzeugt, Ihr seht das ein und begreift sicherlich auch die Größe meiner Herablassung, wenn ich die Tat zu erklären suche, obwohl ich zu keinerlei Erklärung verpflichtet bin. Falls Euch in meinen Worten noch irgend etwas unklar sein sollte, so beziehe ich mich auf die Jagdgesetze, die Euer rechtskundiger Freund dort Euch, wenn nötig, auseinandersetzen wird.«

Nach diesen Worten kehrte sich der Edelmann wieder ab und blickte ins Feuer. Seine Gebärde sollte wohl andeuten, daß die Unterredung beendet wäre. Und doch war das keineswegs der Eindruck, den sie bei dem wachsamen, erstaunten und ohne rechten Grund beunruhigten André-Louis erzeugte. »Eine äußerst merkwürdige, eine verdächtige Rede«, fuhr es ihm durch den Kopf. Unter höflichen Ausdrücken verbarg sich eine berechnete Unverschämtheit des Tons. In Wahrheit konnte dies Verhalten nur dazu dienen, einen Mann von Monsieur de Vilmorins Anschauungen erst recht zu reizen und aufzustacheln. Und das war auch wirklich der Fall. Vilmorin erhob sich.

»Gibt es in der Welt denn keine Gesetze außer Jagdgesetzen?« begehrte er empört auf. »Habt Ihr nie etwas von den Gesetzen der Menschlichkeit vernommen?«

Der Marquis seufzte gelangweilt. »Was habe ich mit den Gesetzen der Menschlichkeit zu schaffen?«

In sprachlosem Staunen blickte ihn Monsieur de Vilmorin eine Sekunde lang an.

»Nichts, Monsieur le Marquis, das ist – dem Himmel sei es geklagt – nur allzu klar. Ich hoffe, Ihr werdet Euch dessen in jener Stunde erinnern, da Euch selbst der Wunsch kommt, diese Gesetze, die Ihr jetzt verwerft, anzurufen.«

Mit einem herrischen Ausdruck in dem edel geschnittenen Gesicht warf Marquis de La Tour heftig den Kopf in den Nacken.

»Was soll das bedeuten? Es geschieht heute nicht zum erstenmal, daß Ihr dunkle Redensarten verwendet, hinter denen sich, wie mir fast scheinen will, die Anmaßung einer Drohung verbirgt.«

»Keine Drohung, Monsieur le Marquis – eine Warnung. Eine Warnung, daß Taten wie diese, Gottes Kreaturen gegenüber ... oh, Ihr mögt spotten, Monsieur, aber sie *sind* Gottes Geschöpfe, genau wie Ihr oder ich – nicht mehr und nicht weniger, so tief dieser Gedanke Euern Stolz auch verwunden mag. In seinen Augen ...«

»Erspart mir einen Vortrag über Eure Nächstenliebe, Monsieur l'Abbé.«

»Ihr höhnet, Monsieur. Ihr lacht! Ich möchte wissen, ob Ihr auch lachen werdet, wenn Gott Euch seine Rechnung präsentiert für das Blut und den Raub, mit denen Ihr Eure Hände besudelt habt?«

»Monsieur!« Schneidend wie der Knall einer Peitsche kam dieses Wort von Monsieur de Chabrillane, der aufgesprungen war. Aber sofort hielt ihn der Marquis zurück.

»Nehmen Sie wieder Platz, Chevalier. Sie unterbrechen den Herrn Abbé, und ich möchte ihn gern noch weiter hören. Er interessiert mich aufrichtig.«

Auch André-Louis, im Hintergrunde des Zimmers, hatte sich erhoben. Sorge und der bösartige Ausdruck auf dem schönen Gesicht des Marquis de La Tour d'Azyr hatten ihn auf die Füße getrieben. Er trat jetzt näher und berührte den Arm seines Freundes.

»Wir wollen lieber gehen, Philippe.« Doch Monsieur de Vilmorin hielt eine lang unterdrückte Leidenschaft unbarmherzig gepackt, unbekümmert stürmte er weiter.

»Oh, Monsieur, bedenkt, was Ihr seid und was Ihr einst sein werdet! Bedenkt, wie Ihr und Euresgleichen Eure Macht mißbraucht, denkt an die Ernte, die dieser Mißbrauch endlich einsammeln muß!«

»Revolutionär!« sagte Monsieur le Marquis verächtlich. »Besitzt Ihr die Unverschämtheit, hier vor meinem Antlitz zu stehen und mir mit dem stinkigen Geplärr Eures sogenannten modernen Intellektualismus aufzuwarten?«

»Geplärr, Monsieur? Denkt Ihr – glaubt Ihr in Eurem innersten Herzen, daß es sich um Geplärr handelt? Ist es müßiges Geschwätz, daß die feudalherrliche Faust alles Lebende gepackt hält, es zum eigenen Nutzen auspreßt wie Trauben in der Kelter? Erstrecken sich diese Rechte nicht bis auf die Gewässer des Flusses, auf das Feuer, das der Armen Brot aus Stroh und Gerste bäckt, auf den Wind, der die Mühlen treibt? Der Bauer kann nicht einen Schritt auf der Landstraße tun, nicht die baufällige Brücke eines Bachs überschreiten, auf dem Dorfmarkt keine Elle Tuch kaufen, ohne auf grundherrliche Habgier zu stoßen, ohne von feudalen Steuern geschröpft zu werden! Ist das alles noch nicht genug, Monsieur le Marquis? Müßt Ihr auch noch sein elendes Leben fordern als Entgelt für die leiseste Verletzung Eurer geheiligten Privilegien, unbekümmert um Witwen und Waisen, die dem Elend überantwortet werden? Und glaubt Ihr wirklich in Euerm Hochmut, daß Frankreich, dieser Hiob unter den Nationen, dies alles ewig dulden wird?«

Er schwieg wie um eine Antwort. Doch keine kam. Der Marquis betrachtete ihn in seltsamem Schweigen, ein halbes Lächeln der Geringschätzung um die Mundwinkel, verhängnisvolle Grausamkeit in den Augen.

Wieder zupfte André-Louis seinen Freund am Ärmel.

»Philippe!«

Philippe schüttelte ihn ab und fuhr fanatisch fort: »Seht Ihr denn gar nicht die sich sammelnden Wolken, die den kommenden Sturm künden? Glaubt Ihr vielleicht, daß diese von Monsieur Necker einberufene und fürs nächste Jahr versprochene Parlamentsversammlung nichts anderes tun wird, als neue Mittel der Erpressung aushecken, um den Staatsbankrott zu liquidie-

ren? Ihr werdet sehen, Ihr betrügt Euch selbst! Der Dritte Stand, den Ihr verachtet, wird sich als die ausschlaggebende Macht erweisen, er wird Mittel und Wege finden, um diesen Krebsschaden der Privilegien zu beseitigen, die am Lebensnerv unseres unseligen Landes zehren.«
Endlich richtete sich Monsieur le Marquis in seinem Sessel auf und sprach: »Monsieur, Ihr besitzt eine äußerst gefährliche Gabe der Beredsamkeit. Das liegt mehr an Euch selbst als an Eurem Thema. Denn was bietet Ihr mir schließlich? Ein aufgewärmtes Gericht, passend für schäbige Enthusiasten, in den literarischen Zirkeln der Provinz zusammengebraut aus den Ergüssen Eurer Voltaires und Jean Jacques und ähnlicher schmieriger Schreiberlinge. Unter all Euren Philosophen habt Ihr nicht einen mit genügend Witz, zu begreifen, daß wir eine durch Alter geheiligte Klasse sind, daß die Autorität der Jahrhunderte hinter unseren Rechten und Privilegien steht.«
»Menschlichkeit, Monsieur«, erwiderte Philippe, »ist älter als Adel. Die menschlichen Rechte sind mit den Menschen geboren.«
Der Marquis lachte und zuckte die Achseln.
Doch jetzt mischte sich Monsieur de Chabrillane ein. »Wozu diese langen Umwege«, kritisierte er seinen Cousin mit ungeduldiger Stimme.
»Oh, ich bin schon am Ziel«, lautete die Antwort. »Ich wollte mich nur zuerst vergewissern.«
»Meiner Treu, da gibt's doch keinen Zweifel.«
»Ich habe auch keinen.« Der Marquis erhob sich und wandte sich wieder Monsieur de Vilmorin zu, der kein Wort von dieser kurzen Unterhaltung begriffen hatte. »Monsieur l'Abbé«, wiederholte er noch einmal, »Ihr habt eine höchst gefährliche Gabe der Beredsamkeit. Ich kann es verstehen, wenn Leute sich davon fortreißen lassen. Wäret Ihr als Edelmann geboren, Ihr würdet Euch nicht so leicht diese falschen Ansichten, die Ihr vertretet, zu eigen gemacht haben.«
Monsieur de Vilmorin blickte verblüfft, verständnislos.
»Ihr sagt, wenn ich als Edelmann geboren wäre?« fragte er mit leiser, bestürzter Stimme. »Ich bin als Edelmann geboren, mein Geschlecht ist so alt, mein Blut so edel wie das Eure, Monsieur.«
Die Augenbrauen des Marquis hoben und senkten sich leise, seinen Mund umspielte ein undeutliches, nachsichtiges Lächeln. Seine dunklen, klaren Augen blickten scharf in Monsieur de Vilmorins Gesicht.
»Ich fürchte, man hat Euch in dieser Beziehung hintergangen.«
»Hintergangen?«
»Eure Gefühle verraten die Unbesonnenheit, deren sich Eure Frau Mutter schuldig gemacht haben muß.«
Die brutal beleidigenden Worte ließen sich nicht widerrufen. Und die Lip-

pen, die sie ausgespien hatten, kühl, als handele es sich um die alltäglichste Sache von der Welt, blieben ruhig und etwas spöttisch.

Tödliches Schweigen folgte. André-Louis' Verstandeskräfte waren erstarrt, jeder Gedanke in ihm erstorben, während Monsieur de Vilmorins Augen fest an denen von Marquis de La Tour d'Azyrs hingen, als suchten sie dort die Bedeutung, die ihm entgangen war. Ganz plötzlich begriff er die gemeine Beleidigung. Das Blut strömte ihm ins Gesicht, Feuer flammte in seinen sanften Augen. Ein konvulsivisches Zittern durchlief ihn. Dann, mit einem unartikulierten Schrei, beugte er sich vor und schlug Monsieur le Marquis mit flacher Hand direkt in das höhnische Gesicht.

Wie der Blitz stand Monsieur de Chabrillane auf seinen Füßen und zwischen den beiden Männern.

Zu spät hatte André-Louis die Falle bemerkt. La Tour d'Azyrs Worte waren nur ein Zug in einer Schachpartie gewesen, wohl berechnet, den Gegner zu irgendeinem derartigen Gegenzug zu verlocken – einem Gegenzug, der ihn gänzlich der Gnade des anderen auslieferte.

Monsieur le Marquis war erbleicht, außer dort, wo die Spuren von Monsieur de Vilmorins Finger langsam sein Antlitz zu färben begannen, aber er sagte kein Wort weiter. Statt seiner sprach Monsieur de Chabrillane, der jetzt die vorher vereinbarte Rolle in diesem schändlichen Spiel aufnahm.

»Ihr begreift, Monsieur, was Ihr getan habt«, sagte er kalt zu Philippe. »Und Ihr begreift natürlich, was unausbleiblich folgen muß.«

Monsieur de Vilmorin hatte nichts begriffen. Der arme, junge Mensch war einem Impulse gefolgt, dem Instinkt des Anstandes und der Ehre, ohne über die Folgen nachzudenken. Aber jetzt begriff er, jetzt, bei dieser finsteren Aufforderung Monsieur de Chabrillanes, und falls er den Wunsch hegte, die Folgen zu vermeiden, geschah es nur aus Achtung vor seinem priesterlichen Beruf, der unweigerlich einen solchen Austrag eines Streits, wie ihn Monsieur de Chabrillane ihm aufzwingen wollte, verbot.

Er zog sich zurück. »Mag eine Beleidigung die andere auslöschen«, sagte er mit trüber Stimme. »Die Waage steht noch immer zu Monsieur le Marquis Gunsten, mag ihm das genügen.«

»Unmöglich.« Des Chevaliers Lippen preßten sich fest aufeinander. Im nächsten Augenblick war er wieder die verkörperte Anmut, aber unerbittlich. »Ein Schlag ist ausgeteilt, Monsieur. Ich denke, ich drücke mich korrekt aus, wenn ich behaupte, daß etwas Derartiges Monsieur le Marquis in seinem ganzen Leben bis heute nicht passiert ist. Wenn Ihr Euch beleidigt fühlt, braucht Ihr ja nur die Genugtuung zu verlangen, die ein Edelmann einem anderen schuldig ist. Euer Verhalten scheint fast die Annahme zu bestätigen, die Ihr als so beleidigend empfandet. Das enthebt Euch aber nicht der Folgen.«

Wie man sieht, war es Monsieur de Chabrillanes Aufgabe, Kohlen auf das Feuer zu häufen und dafür zu sorgen, daß dem Opfer keine Fluchtmöglichkeit blieb.

»Ich verlange keine Schonung«, flammte der junge Seminarist unter dem Stich dieser neuen Schmähung auf. Er war ja trotz allem edel geboren, und die Traditionen seiner Klasse waren stark in ihm – weit stärker auch in ihm als die Lehren der Demut des Seminars. Er war es sich, war es seiner Ehre schuldig, lieber sich töten zu lassen, als den Folgen seiner Tat auszuweichen.

»Aber er trägt doch kein Schwert, meine Herren«, rief André-Louis entsetzt.

»Dem läßt sich leicht abhelfen, ich stelle ihm das meinige zur Verfügung.«

»Ich meine, meine Herren«, beharrte André-Louis, zwischen Furcht um seinen Freund und Empörung hin- und hergerissen, »er ist nicht daran gewöhnt, ein Schwert zu tragen, er hat nie eins getragen, er ist in dessen Gebrauch unerfahren. Er ist ein Seminarist – ein Anwärter auf die heiligen Weihen, schon halb ein Priester, daher ist ihm ein Zweikampf, wie Ihr ihn vorschlagt, untersagt.«

»An all das hätte er denken sollen, ehe er einen Schlag austeilte«, entgegnete Monsieur de Chabrillane höflich.

»Der Schlag wurde provoziert«, raste André-Louis. Dann riß er sich zusammen. »Oh, mein Gott, ich rede vergeblich! Wie kann ein Mensch gegen einen vorgefaßten Plan streiten! Komm fort, Philippe, merkst du denn nicht die Falle …«

Monsieur de Vilmorin fiel ihm kurz in die Rede. »Schweig still, André. Monsieur le Marquis hat vollkommen recht.«

»Monsieur le Marquis hat recht?« Hilflos ließ André-Louis die Arme sinken. Dieser Mann, den er mehr als irgendeinen anderen Menschen liebte, saß gefangen in der Schlinge der Unvernunft. Er entblößte seine Brust dem Messer, des leeren, verzerrten Ehrbegriffs wegen. Es geschah nicht, weil er die Falle nicht erkannte, seine Ehre zwang ihn, sie nicht zu beachten. In diesem Augenblick erschien er André-Louis als eine seltsam tragische Figur, edel vielleicht, aber ungemein bedauernswert.

4 Das Erbe

Es war Monsieur de Vilmorins Wunsch, die Sache sofort auszutragen. Er wollte das gleichzeitig aus objektiven und subjektiven Gründen. Als Beute vielfacher Erregungen, die im schärfsten Widerstreit zu seinem priesterli-

chen Berufe standen, wollte er vor allen Dingen rasch zu Ende kommen, um sich wieder in eine, seinem Amt besser angepaßte Stimmung zurückzufinden. Er empfand auch vor sich selbst eine gewisse Furcht; genauer: seine Ehre fürchtete seine Natur. Die Art seiner Erziehung und das Ziel, das ihm seit Jahren winkte, hatten ihm viel von jener temperamentvollen Brutalität geraubt, die das Erbgut des Mannes ist. Er war schüchtern und zart wie eine Frau geworden, und sich dessen bewußt, fürchtete er, er könne vielleicht bei dem Zweikampf eine entehrende Schwäche verraten, sobald die Hitze der Leidenschaft verraucht wäre.
Auch Monsieur le Marquis zeigte nicht geringeren Eifer, die Affäre zum Austrag zu bringen, und da Monsieur de Chabrillane für seinen Vetter eintreten und André-Louis Monsieur de Vilmorin als Zeuge dienen konnte, bestand kein Grund für einen Verzug.
In wenigen Minuten waren die Bedingungen festgesetzt, und die unselige kleine Schar von vier Personen begab sich in dem nachmittäglichen Sonnenschein auf den ebenen Rasenplatz hinter dem Wirtshaus. Hier waren sie völlig unbeobachtet; ein Gewirr von Zweigen, entblättert freilich, aber doch dicht genug, um als wirksamer Schirm zu dienen, verbarg sie vor den Fenstern des Hauses.
Von Förmlichkeiten, wie dem Abmessen der Klingen und der Wahl der Stellung, wurde abgesehen. Monsieur le Marquis legte sein Degengehänge und die Scheide beiseite, verzichtete aber darauf – hielt er es doch angesichts eines so unterlegenen Gegners nicht der Mühe für wert – sich der Schuhe oder des Rockes zu entledigen. Schlank, geschmeidig und athletisch trat er dem zwar nicht weniger großen, aber äußerst zarten und schwächlichen Monsieur de Vilmorin gegenüber. Auch dieser hatte es abgelehnt, irgendeine der üblichen Vorbereitungen zu treffen. Da er erkannte, daß es ihm nichts nützen könnte, sich zu entkleiden, trat er völlig angekleidet auf den Kampfplatz. Auf seinem grauweißen Gesicht brannten oberhalb der Backenknochen zwei hektische Flecken.
Monsieur de Chabrillane stützte sich auf einen Spazierstock – sein Schwert hatte er Monsieur de Vilmorin überlassen – und sah mit ruhigem Interesse zu. Ihm gegenüber, auf der anderen Seite der Duellanten, stand André-Louis, der Bleicheste unter den vieren, und starrte mit fiebrigen Augen vor sich hin, die feuchten Hände verkrampfend und wieder lösend.
Alles in ihm drängte, sich zwischen die Gegner zu stürzen, gegen diesen Zweikampf Einspruch zu erheben und ihn zu vereiteln. Das Bewußtsein der Nutzlosigkeit zügelte jedoch jenen natürlichen Trieb. Um sich selbst zu beruhigen, klammerte er sich an die Überzeugung, der Ausgang könne ja nicht allzu ernsthaft sein. Wenn Philippes Ehre ihn zwang, den Degen mit dem Manne zu kreuzen, den er geschlagen, zwang Marquis de La Tour

d'Azyrs Geburt diesen nicht weniger, dem unreifen Jüngling, den er so schwer gereizt, keinen ernsten Schaden zuzufügen. Trotz allem war ja Monsieur le Marquis ein Mann von Ehre. Er konnte nicht mehr beabsichtigen, als eine Lehre zu erteilen; eine scharfe vielleicht, aber eine, bei der sein Gegner am Leben bleiben mußte, um aus dieser zu lernen. Hartnäckig klammerte sich André-Louis an diesen Gedanken.

Stahl klang an Stahl, der Zweikampf begann. Der Marquis bot seinem Gegner die Seite seines aufrechten Körpers, die Knie leicht gebeugt, in lebende Federn verwandelt, während Monsieur de Vilmorin gerade stand, eine aufgerichtete Scheide, die Knie hölzern. Ehre und der Geist des Fair play lehnten sich empört gegen einen solchen Kampf auf.

Das Treffen war natürlich sehr kurz. In seiner Jugend hatte Philippe Unterricht im Fechten erhalten, wie er jedem in seiner Lebensstellung geborenen Knaben zuteil wird. So kannte er wenigstens die Rudimente dessen, was man jetzt von ihm erwartete. Was aber konnten Rudimente ihm hier nützen? Dreimalige Entwaffnung beendete die Gänge. Und dann, ohne jede Rast, ließ der Marquis seinen rechten Fuß über den feuchten Rasen gleiten, sein langer, eleganter Körper streckte sich bei einem Ausfall, der Monsieur de Vilmorins ungeschickte Parade unterlief, und mit größter Bedachtsamkeit stieß er seine Klinge durch des jungen Mannes Leib.

André-Louis sprang gerade noch rechtzeitig vor, um seines Freundes Leichnam beim Sturze unter den Achselhöhlen zu packen. Dann – seine eigenen Beine brachen unter dem Gewicht – sank er mit seiner Last nieder, bis er auf dem nassen Grase kniete. Philippes schlaffes Haupt ruhte an André-Louis' linker Schulter, Philippes kraftlose Arme hingen an seiner Seite, das Blut sprudelte und schoß aus der gräßlichen Wunde und tränkte des armen Burschen Kleider.

Mit bleichem Antlitz und zitternden Lippen blickte André-Louis zu Marquis de La Tour d'Azyr auf, der sein Werk mit einem Ausdruck ernsten, aber mitleidlosen Interesses betrachtete.

»Ihr habt ihn getötet!« schrie André-Louis.

»Natürlich.«

Der Marquis wischte seine Klinge mit einem Spitzentaschentuch ab. Dann ließ er das durchblutete Tuch fallen und fuhr fort: »Wie ich ihm bereits erklärte, besaß er eine allzu gefährliche Beredsamkeit.« Und er wandte sich ab. André-Louis hatte ihn restlos verstanden. Noch immer den schlaffen, blutigen Körper stützend, rief der junge Mann ihm nach: »Kommen Sie zurück, Sie feiger Mörder, und töten Sie auch mich, um sich vollständig zu sichern.«

Der Marquis drehte sich um, das Gesicht von Zorn verdunkelt. Da legte Monsieur de Chabrillane warnend die Hand auf seinen Arm. Obgleich der

Chevalier bei dieser Tat ein Mitverschworener war, schien ihn der Ausgang doch etwas ernüchtert zu haben. Er besaß nicht ganz die Hoffart Marquis de La Tour d'Azyrs und war auch noch um viele Jahre jünger.
»Kommen Sie«, sagte er, »der Kerl ist verrückt, sie waren Freunde.«
»Hörten Sie, was er sagte?« begehrte der Marquis auf.
»Weder er noch Sie noch irgendein Mensch kann es leugnen«, raste André-Louis. »Als Sie mir eben den Grund nannten, weshalb Sie ihn ermordeten, haben Sie sich selbst verraten. Aus Furcht taten Sie es.«
»Nun, und wenn es so wäre – was dann?« meinte der Edelmann.
»Da fragen Sie noch? Verstehen Sie nichts von Leben und Menschentum, als einen Rock zu tragen und Ihr Haar zu kämmen? – oh, gewiß, auch noch Waffen gegen Knaben und Priester zu gebrauchen! Haben Sie keinen Verstand, um zu denken, keine Seele, die Ihnen dieses Bild vorhält? Muß man es Ihnen erst sagen, daß es eines Feiglings Art ist, Wesen, die er fürchtet, zu morden? Doppelt feig, auf diese Weise zu morden? Hätten Sie ihm hinterrücks ein Messer in den Rücken gestoßen, Sie hätten wenigstens den Mut zur Schurkerei bewiesen. Das wäre ein unverhüllter Schurkenstreich gewesen! Aber trotz Ihrer Macht fürchteten Sie die Folgen einer solchen Tat, deshalb versteckten Sie Ihre Feigheit hinter dem Vorwand eines Duells.«
Der Marquis schüttelte seines Vetters Hand ab und trat erregt einen Schritt vor, seinen Degen wie eine Peitsche gepackt.
Doch wieder mischte sich der Chevalier ein und hielt ihn zurück: »Nein, nein, Gervais, in Gottes Namen lassen Sie das!«
»Mag er kommen, Monsieur«, brüllte André-Louis mit dumpfer, gepreßter Stimme. »Mag er an mir sein feiges Werk vollenden und sich so vor eines Feiglings Lohn retten.«
Monsieur de Chabrillane ließ seinen Cousin gehen. Weiß bis in die Lippen kam dieser näher, die Augen stier auf den Burschen gerichtet, der ihn so rücksichtslos beleidigte. Doch dann stockte er. Vielleicht erinnerte er sich plötzlich der verwandtschaftlichen Beziehungen, in denen dieser junge Mensch nach der allgemeinen Annahme zu dem Seigneur de Gavrillac stand, und der Liebe, die der Seigneur zu ihm empfand. Wahrscheinlich wurde es ihm klar, daß er sich selbst eine schwierige Lage bereitete, wenn er diese Sache noch weiter triebe. Er würde gezwungen sein, noch mehr Blut zu vergießen und sich dadurch in einem Augenblick mit dem Herrn von Gavrillac zu entzweien, da dieses Edelmanns Freundschaft für ihn von höchster Wichtigkeit war. Oder er mußte sich noch im letzten Augenblick mit einer Einbuße an Würde zurückziehen, die sein Ansehen im ganzen Lande erschüttern konnte.
Mag nun das oder etwas anderes der Beweggrund gewesen sein: er machte

kurz halt, mit einem unverständlichen Ausruf zwischen Zorn und Verachtung stieß er seinen Degen in die Scheide, drehte sich auf dem Absatz um und eilte rasch mit seinem Vetter davon.

Als der Wirt und seine Leute kamen, fanden sie André-Louis, die Arme immer noch um den Leichnam seines toten Freundes geschlungen, leidenschaftliche Worte in die tauben Ohren flüsternd, die fast seine Lippen berührten: »Philippe, sag mir ein Wort, Philippe! Philippe... Hörst du mich nicht? Gott im Himmel, Philippe!«

Mit einem Blick erkannten sie, daß weder Priester noch Arzt hier helfen konnten. Die Wangen, die sich an André-Louis preßten, waren bleifarben, die halboffenen Augen glasig, und aus den geöffneten Lippen quoll blutiger Schaum.

Von Tränen halb geblendet, stolperte André-Louis hinter ihnen drein, als sie die Leiche in das Wirtshaus schafften. Droben in dem kleinen Zimmer, in das sie sie trugen, kniete er neben dem Bette nieder, und des Toten Hand mit seinen beiden umklammert haltend, schwor er in seiner ohnmächtigen Wut, Marquis de La Tour d'Azyr solle einen bitteren Preis für diese Tat zahlen.

»Deine Beredsamkeit, Philippe, war es, die er fürchtete. Wenn ich auch nicht Gerechtigkeit für diesen Schurkenstreich erlangen kann: er soll ihm wenigstens nichts nützen. Was er in dir fürchtete, soll er in mir fürchten lernen. Er fürchtete, die Menschen könnten sich durch deine Beredsamkeit fortreißen lassen, Kreaturen, wie er eine ist, zu vernichten. Trotz deines Todes sollen die Menschen dazu aufgereizt werden. Denn deine Beredsamkeit und deine Beweisgründe sollen mein Erbe sein, ich will sie mir zu eigen machen. Was macht es, daß ich nicht an dein Geschwätz von Freiheit glaube? Ich kenne es – jedes Wort kenne ich; das ist alles, worauf es für unseren Zweck, für deinen und meinen Zweck ankommt. Wenn auch alles falsch ist: deine Gedanken werden durch meine rasche Zunge ihren Ausdruck finden, so werden wir wenigstens sein schurkisches Ansinnen, die Stimme zum Schweigen zu bringen, die er fürchtete, vernichten. Es soll ihm nichts helfen, seine Seele mit deinem Blut belastet zu haben; jene Stimme in dir würde ihn und die Seinen nie halb so unbarmherzig gehetzt haben, wie sie es in meinem Munde tun wird – selbst wenn alles falsch ist.«

Es war ein triumphierender Gedanke. Er beruhigte ihn, er sänftigte seinen Schmerz, und ganz leise begann er zu beten. Doch dann erzitterte sein Herz, als er daran dachte, daß Philippe, ein Mann des Friedens, fast ein Priester, ein Apostel der Christenheit, mit der Sünde des Zorns auf seiner Seele zu seinem Schöpfer eingegangen war. Das war schrecklich. Allein Gott würde die Berechtigung dieses Zornes erkennen, und niemals –

mochten die Menschen den göttlichen Willen noch so verschieden auslegen – konnte diese eine Sünde die liebende Güte aufwiegen, die Philippe stets geübt, die edle Reinheit seines großen Herzens. Gott, überlegte André-Louis, war ja schließlich kein Grandseigneur.

5 *Der Herr von Gavrillac*

Zum zweitenmal an diesem Tage ging André-Louis zum Schlosse. Er ging rasch und beachtete nicht die neugierigen Augen, die ihn durch das ganze Dorf verfolgten, und das Flüstern, das bei seinem Vorüberschreiten durch die Leute zitterte. Alle wußten bereits von dem Ereignis dieses Tages, bei dem er mitgewirkt.

Er wurde von Bénôit, dem bejahrten Kammerdiener, den man großsprecherisch wohl auch als Haushofmeister bezeichnen konnte, in das seit alters als Bibliothek bezeichnete Zimmer im Erdgeschoß eingelassen. Noch immer enthielt der Raum einige Regale vernachlässigter Bücher, denen er seinen Namen verdankte, doch Jagdgeräte – Vogelflinten, Pulverhörner, Jagdtaschen, Fangmesser – überwogen aufdringlich die Hilfsmittel gelehrter Arbeit. Die Einrichtung war gediegen aus reich geschnitzter Eiche und gehörte einem anderen Zeitalter an. Mächtige, massive Eichenbalken querten die ziemlich hohe Decke. Ruhelos durchschritt der dicke Herr von Gavrillac bei André-Louis' Eintritt das Zimmer. Wie sein Ausruf zeigte, wußte er bereits, was sich im ›Gewappneten Bretonen‹ ereignet hatte. Monsieur de Chabrillane hatte ihn soeben erst verlassen, und er gestand, daß die Nachricht ihn tief ergriffen und tief erschüttert hätte.

»Es ist ein Jammer, es ist ein Jammer!« Er senkte seinen riesigen Schädel. »Ein so schätzenswerter junger Mann und so vielversprechend! Ja, dieser de La Tour d'Azyr ist ein harter Mann, er läßt in diesen Dingen nicht mit sich spaßen, vielleicht hat er recht, ich weiß es nicht. Ich habe nie einen Menschen getötet, weil er andere Anschauungen als ich vertrat, tatsächlich habe ich überhaupt noch nie einen Menschen getötet. Das liegt nicht in meiner Natur. Täte ich es, ich würde nicht eine Nacht schlafen können, aber die Menschen sind ja verschieden.«

»Die Frage, Herr Pate, ist«, fiel André-Louis ein, »was jetzt geschehen soll?« Er war sehr bleich, aber völlig ruhig und beherrscht.

Monsieur de Kercadiou blickte ihn erstaunt aus wäßrigen Augen an.

»Was zum Teufel ist da zu tun? Nach dem, was mir erzählt wurde, vergaß sich Vilmorin so weit, Monsieur le Marquis zu schlagen.«

»Nach der gemeinsten Provokation.«

»Die er selbst durch seine revolutionären Reden veranlaßte. Der Kopf des armen Burschen war von diesem enzyklopädistischen Unsinn erfüllt. Das kommt von zu vielem Lesen! Ich habe nie viel von Büchern gehalten, André. Nach meiner Erfahrung entsteht nur Verwirrung aus der Gelehrsamkeit. Sie verwirrt die Lebensanschauungen, zerstört die Schlichtheit, die Geistesfrieden und Glück bedingt. Mag dir diese traurige Geschichte eine Warnung sein, André. Auch du neigst allzusehr zu diesen neumodischen Spekulationen über eine andere Einrichtung der sozialen Ordnung. Was daraus entsteht, siehst du ja. Ein schöner, ehrenwerter, junger Mensch, dazu die einzige Stütze seiner verwitweten Mutter, vergißt sich selbst, seine Stellung, seine Pflicht dieser Mutter gegenüber – kurz alles und geht und läßt sich auf diese Weise töten! Es ist entsetzlich traurig, bei meiner Seele, es ist furchtbar!« Er zog ein Taschentuch hervor und putzte sich heftig die Nase.

André-Louis fühlte, wie sich sein Herz zusammenkrampfte, als die nie allzu optimistischen Hoffnungen schwanden, die er auf seinen Vormund gesetzt hatte.

»Ihre ganze Kritik richtet sich gegen das Verhalten des Toten und nicht gegen das des Mörders. Es ist doch unmöglich, daß Sie für ein derartiges Verbrechen Verständnis hegen.«

»Verbrechen?« schrillte Monsieur de Kercadiou, »mein Gott, Junge, du sprichst von Marquis de La Tour d'Azyr!«

»Gewiß, und von dem scheußlichen Mord, den er begangen...«

»Halt!« rief Monsieur de Kercadiou emphatisch, »ich kann nicht dulden, daß du solche Bezeichnungen verwendest. Ich kann es nicht dulden. Monsieur le Marquis ist mein Freund und wird wahrscheinlich bald in noch engeren verwandtschaftlichen Beziehungen zu mir stehen.«

»Trotz dieser Tat?« fragte André-Louis.

Monsieur de Kercadiou wurde ungeduldig.

»Was hat das damit zu schaffen? Ich mag die Tat beklagen. Aber ich habe kein Recht, sie zu verurteilen. Es ist die übliche Art, einen Streit zwischen Edelleuten auszutragen.«

»Ist das wirklich Ihre Ansicht?«

»Was zum Teufel traust du mir zu? Denkst du, ich sage etwas, was ich nicht glaube? Du fängst an, mich ernstlich zu erzürnen.«

»›Du sollst nicht töten‹ lautet des Königs Gesetz so gut wie Gottes.«

»Mir scheint, du willst mit mir Streit anfangen. Es war ein Duell...«

André-Louis unterbrach ihn. »Es war kein Duell, denn in diesem Kampfe, der auf Pistolen ausgefochten wurde, war nur die des Monsieur le Marquis geladen. Er forderte Philippe auf, die Sache weiter mit ihm zu erörtern, in der klaren Absicht, ihm einen Zweikampf aufzuzwingen und ihn zu töten. Haben Sie Geduld mit mir, Herr Pate, ich behaupte nichts, was ich mir ein-

bilde, sondern nur was Monsieur le Marquis mir gegenüber selbst eingestanden hat.«
Ein wenig eingeschüchtert von des jungen Mannes Ernst, senkte Monsieur de Kercadiou die blassen Augen. Achselzuckend wandte er sich ab und schlich zum Fenster hin.
»Ein Ehrengericht wäre nötig, um über diesen Ausgang zu urteilen. Und wir besitzen keine Ehrengerichte«, widersprach er.
»Aber wir haben Gerichtshöfe.«
Mit neu erwachtem Ärger wandte sich der Seigneur rasch wieder André-Louis zu. »Und welcher Gerichtshof, glaubst du wohl, würde auf Vorstellungen, wie du sie scheinbar im Sinne hast, hören?«
»In Rennes ist das Gericht des Oberstaatsanwalts.«
»Und du bildest dir wirklich ein, der Oberstaatsanwalt würde dich anhören?«
»Mich vielleicht nicht, Monsieur, doch wenn Sie die Klage einreichten...«
»Ich eine Klage einreichen?« Bei der bloßen Vorstellung weiteten sich Monsieur de Kercadious blasse Augen vor Schrecken.
»Der Kampf fand hier auf Ihrem Grund und Boden statt.«
»Ich soll eine Klage gegen Marquis de La Tour d'Azyr einreichen? Ich glaube, du bist nicht recht bei Verstand! Ja, du bist verrückt, genau so verrückt wie dein armer Freund, der dieses Ende fand, weil er sich in Dinge mischte, die ihn nichts angingen. Die Ausdrücke, deren er sich hier in bezug auf Mabey Monsieur le Marquis gegenüber bediente, waren beleidigendster Art. Das wußtest du vielleicht nicht. Es überrascht mich ganz und gar nicht, daß der Marquis Genugtuung forderte.«
»Ich begreife«, sagte André-Louis in hoffnungslosem Ton.
»Du begreifst? Was zum Teufel begreifst du?«
»Daß ich mich auf mich allein verlassen muß.«
»Und bitte, was zum Teufel beabsichtigst du?«
»Ich werde nach Rennes fahren und die Tatsachen dem Oberstaatsanwalt unterbreiten.«
»Er wird viel zu beschäftigt sein, dich zu empfangen.« Und inkonsequent, wie schwache Geister zu sein pflegen, fuhr er fort: »Es gibt in Rennes bereits genug Unruhe wegen dieses närrischen Parlaments, mit dessen Hilfe jener prächtige Monsieur Necker die Finanzen des Königreichs wieder in Ordnung bringen will. Als wenn ein bettelhafter, schweizerischer Bankbuchhalter, der dazu noch ein verdammter Protestant ist, Erfolg haben könnte, wo Männer wie Calonne und Brienne nichts erreicht haben!«
»Adieu, mein Herr Pate«, sagte André-Louis.
»Wohin willst du gehen?« kam die mürrische Frage.
»Im Augenblick nach Hause. Nach Rennes morgen früh.«

»Wart, Junge, wart!« Der beleibte kleine Mann wälzte sich vorwärts, liebevolle Sorge in seinem großen, häßlichen Gesicht, und legte eine seiner dikken Hände auf seines Mündels Schulter. »Jetzt paß einmal auf, André, das ist ja die reine Donquichotterie – Unsinn, Verrücktheit, es kann kein gutes Ende nehmen, wenn du darauf beharrst. Hast du den Don Quichotte gelesen und was ihm geschah, als er gegen die Windmühlen stürmte? Das gleiche wird dir geschehen, nicht mehr noch weniger. Laß die Dinge, wie sie sind, mein Junge, ich möchte nicht, daß dir ein Unglück zustößt.«
André-Louis blickte ihn an und lächelte trübe.
»Ich habe heute einen Eid geschworen. Meine Seele wäre verdammt, wenn ich ihn bräche.«
»Das heißt, du wirst gehen trotz allem, was ich dir sage?« Ebenso heftig wie inkonsequent sträubte Monsieur de Kercadiou schon wieder seine Borsten:
»Ausgezeichnet... dann lauf... Und scher dich zum Teufel!«
»Ich will mit dem Oberstaatsanwalt den Anfang machen.«
»Doch wenn du in der Patsche steckst, in die du dich selbst hineinbegibst, dann komm bitte nicht um Hilfe winselnd zu mir«, polterte der Seigneur. Jetzt war er ehrlich erzürnt. »Da es dir beliebt, mir ungehorsam zu sein, magst du dir deinen leeren Schädel meinetwegen an den Windmühlen einrennen. Und verdammt sein obendrein!«
André-Louis verbeugte sich mit leichter Ironie und schritt bis zur Tür.
»Falls sich die Windmühle als zu mächtig erweisen sollte«, rief er von der Türschwelle zurück, »kann ich ja sehen, was sich mit dem Wind anfangen läßt. Adieu, Herr Vormund.«
Er war gegangen und Monsieur de Kercadiou blieb allein, Purpur im Gesicht, verblüfft über diese letzte dunkle Äußerung und ganz und gar nicht beruhigt, weder über sein Mündel noch über Marquis de La Tour d'Azyr. Er war geneigt, beiden zu zürnen. Er fand diese halsstarrigen eigensinnigen Männer, die so rücksichtslos ihren Trieben folgten, äußerst störend und aufreizend. Er liebte seine Bequemlichkeit, liebte es, mit seinem Nächsten in Frieden zu leben, und das schien ihm so klar, so sehr die höchste Lebensregel, daß er geneigt war, alle als Narren zu brandmarken, die sich mühten, anderen Dingen nachzujagen.

6 *Die Windmühle*

Zwischen Nantes und Rennes bestand ein regelmäßiger Postverkehr. Dreimal in der Woche fuhr die Postkutsche in beiden Richtungen, und die Reisenden konnten gegen eine Summe von vierundzwanzig Livres – etwa zwanzig Mark – die siebzig und einige Meilen lange Fahrt in rund vierzehn Stunden zurücklegen. Einmal in der Woche schwenkte eine der Diligenzen auf Hin- und Rückfahrt von der großen Heerstraße ab und machte in Gavrillac Station, um Briefe, Zeitungen und manchmal auch Passagiere hinzubringen und wieder mitzunehmen. Gewöhnlich wählte André-Louis, wenn die Gelegenheit es erforderte, diese Kutsche zur Hin- und Rückfahrt. Diesmal war er jedoch in zu großer Eile, um einen Tag bis zur Ankunft der Postchaise zu verlieren. Er machte sich vielmehr auf einen von ›Dem Gewappneten Bretonen‹ gemieteten Pferde schon am nächsten Morgen auf den Weg. Ein einstündiger scharfer Ritt unter grauem Winterhimmel auf schlechter Landstraße durch zehn Meilen einer flachen langweiligen Landschaft brachte ihn nach Rennes.

Auf der Hauptbrücke überschritt er die Vilaine und bog in den oberen verkehrsreichsten Teil dieser bedeutenden Stadt von einigen dreißigtausend Seelen ein. Die wogende, schreiende Menge, die überall seinen Weg versperrte, erzeugte den Eindruck, als wäre heute die ganze Einwohnerschaft auf die Straßen geeilt. Philippe hatte wirklich die dort herrschende Erregung nicht übertrieben.

Er bahnte sich seinen Weg, so gut es ging, und gelangte endlich zum Place Royale, wo das Gedränge am dichtesten war. Vom Sockel des Reiterstandbildes Ludwigs XV. hielt ein bleicher, junger Mensch eine erregte Ansprache an die Menge. Seine Jugend und Kleidung verrieten den Studenten, und eine Schar Kommilitonen, die ihm als Ehrenwache dienten, hielten im unmittelbaren Umkreis das Denkmal besetzt.

Über die Häupter der Menge hinweg fing André-Louis die Phrasen auf, die diese erregte Stimme verkündete.

»Der König verpfändete sein Wort ... Sie pfeifen auf die königliche Autorität ... Sie maßen sich selbst die absolute Herrschaft in der Bretagne an ... Der König hat sie aufgelöst ... Diese aufgeblasenen Adeligen trotzen ihrem Souverän und dem Volke ...«

Hätte er nicht bereits aus Philippes Erzählungen gewußt, welche Vorgänge den Dritten Stand zu offener Empörung getrieben, diese wenigen Sätze hätten ihm alles gesagt. Jener Aufruhr des Volkes erschien ihm höchst gelegen. Und voller Hoffnung, daß diese Vorgänge seine Zwecke begünstigen und des Oberstaatsanwalts Herz Vernunftgründen zugänglicher machen würden, ritt er weiter über die breite und gutgepflasterte Rue Royale, auf welcher der Zustrom des Volkes allmählich abzuflauen begann. Im ›Goldenen Hirsch‹ stellte er seinen Mietgaul ein und begab sich zu Fuß nach dem Justizpalast.

Das Gerüst um die dort im Entstehen begriffene Kathedrale, mit deren Bau man erst das Jahr vorher begonnen hatte, war von lärmendem Pöbel erfüllt.

Er nahm sich nicht die Zeit, sich über die näheren Umstände dieser Zusammenrottung Gewißheit zu verschaffen, sondern schritt weiter und gelangte bald zu dem prächtigen Renaissancepalast der Justiz, einem der wenigen öffentlichen Gebäude, welche die verheerende Feuersbrunst vor sechzig Jahren überdauert hatten.

Unter Schwierigkeiten erkämpfte er sich seinen Weg bis zu der großen, als Salle des Pas Perdus bekannten Halle, in der er sich eine halbe Stunde seine Füße erfrieren durfte, nachdem er endlich einen herablassenden Pförtner gefunden, der die über diesem Altar der Gerechtigkeit herrschende Gottheit davon in Kenntnis setzte, daß ein Anwalt aus Gavrillac in einer Sache von höchster Wichtigkeit demütig um eine Audienz ersuche.

Daß die Gottheit sich überhaupt herabließ, ihn zu empfangen, verdankte er wahrscheinlich der ernsthaften Verwirrung der Stunde. Endlich, endlich wurde er das weitläufige Treppenhaus emporgeleitet und in ein geräumiges, nur spärlich möbliertes Vorzimmer eingelassen, um sich einer Schar wartender Klienten, in der Hauptsache Männern, zuzugesellen.

Dort verbrachte er eine zweite halbe Stunde und benutzte die Zeit, sich sorgfältig seine Worte zu überlegen. Seine Erwägungen zeigten ihm die Schwäche des Falles, den er einem Mann vorzutragen gedachte, dessen Anschauung über Recht und Moral stark von seiner sozialen Stellung beeinflußt war.

Endlich wurde er durch eine schmale, aber äußerst massive und reichverzierte Tür in ein prächtiges, hellerleuchtetes Zimmer eingelassen, mit Gold und Seide ausgeschmückt, wie das Boudoir einer Modedame.

Für einen Generalstaatsanwalt war es ein alltäglicher Rahmen, aber an dem Generalstaatsanwalt selbst war – wenigstens für gewöhnliche Augen – nichts Alltägliches.

Am äußersten Ende des Zimmers, zur Rechten eines der hohen auf einen Innenhof gehenden Fenster, saß dieses erhabene Wesen vor einem schlankbeinigen Schreibtisch mit Watteau-Malerei und reichen Goldbronzeornamenten. Aus einem mit einem funkelnden Orden geschmückten Rock und der Spitzenwoge des Jabots, in der Diamanten gleich Wassertropfen glitzerten, erhob sich das gepuderte Haupt von Monsieur de Lesdiguières. Im Augenblick hielt er es in den Nacken geworfen und musterte den Besucher mit so erwartungsvoller Anmaßung, daß André-Louis sich im stillen überlegte, ob man wohl einen Kniefall von ihm erwarte.

Als der Generalstaatsanwalt einen hageren, hohlwangigen Menschen mit schlichtem, schwarzem Haar in einem einfachen braunen Reitjackett, gelben Buckskinhosen und kotbespritzten Stulpenstiefeln erblickte, vertiefte sich die Falte auf seinem hoheitsvollen Antlitz, bis die dichten schwarzen Augenbrauen über der mächtigen Hakennase fast zusammenstießen.

»Sie ließen sich als Anwalt aus Gavrillac mit einer wichtigen Mitteilung melden«, grollte er. Es war ein herrischer Befehl, diese Mitteilungen ohne Verschwendung der kostbaren Zeit eines Generalstaatsanwaltes vorzutragen, ein Befehl, der mehr als nur einen Wink von der ungeheuren Wichtigkeit eines solchen Gewaltigen barg. Monsieur de Lesdiguières hielt sich selbst für eine überragende Persönlichkeit, und dazu hatte er auch allen Grund, hatte er doch gesehen, wie so mancher arme Teufel bei dem Donner seiner Stimme fast den Verstand verlor.
Das gleiche erwartete er bei diesem jugendlichen Anwalt aus Gavrillac, doch er wartete vergebens.
André-Louis fand ihn lächerlich. Er wußte, daß Überhebung ein Deckmantel innerer Wertlosigkeit und Schwäche ist. Hier hatte er die verkörperte Überheblichkeit vor sich. Sie sprach aus der arroganten Haltung des Kopfes, den gefurchten Brauen, den Modulationen dieser vibrierenden Stimme. So schwierig es für einen Mann ist, ein Held in den Augen seines Kammerdieners zu bleiben, welcher Zeuge des Abfallens der einzelnen Teile ist, die das imponierende Ganze ausmachen – noch schwieriger ist es, als Held vor einem Menschenbeobachter zu bestehen, der in anderem Sinn das nämliche beobachtet hat.
Unerschrocken – unverschämt dachte Monsieur de Lesdiguières – trat André-Louis vor.
»Ihr seid Seiner Majestät Staatsanwalt hier in der Bretagne«, begann er, und dem allgewaltigen Herrn über Leben und Tod wollte es fast scheinen, als besäße dieser Bursche die unglaubliche Frechheit, zu ihm wie ein Mann zu einem anderen zu sprechen. »Ihr seid der Statthalter des Königs hoher Gerechtigkeit in dieser Provinz.«
Erstaunen breitete sich über das schöne, blaßgelbe Antlitz unter der dicht gepuderten Perücke.
»Bezieht sich Ihre Angelegenheit auf diese verdammte Insubordination der Canaille?«
»Nein, mein Herr.«
Die schwarzen Augenbrauen hoben sich. »Was zum Teufel soll es dann bedeuten, daß Sie mich zu einer Zeit belästigen, da meine ganze Aufmerksamkeit von der offenbaren Dringlichkeit dieser schändlichen Sache beansprucht wird?«
»Die Angelegenheit, die mich herführt, ist nicht weniger schändlich und noch dringender.«
»Sie muß warten!« donnerte der erhabene Mann zornig, und eine Spitzenwolke von seiner Hand zurückschüttelnd, langte er nach der kleinen silbernen Klingel auf seinem Schreibtisch.
»Einen Augenblick, Monsieur!« André-Louis' Ton klang befehlend. In

schierem Erstaunen über diese Unverschämtheit zögerte Monsieur Lesdiguières. »Ich kann mich sehr kurz fassen...«
»Habe ich nicht bereits erklärt...«
»Und wenn Ihr mich angehört habt«, fuhr André-Louis fort, rücksichtslos die Unterhaltung unterbrechend, »werdet Ihr meiner Ansicht über die Schwere des Falles zustimmen.«
Monsieur de Lesdiguières musterte ihn streng.
»Wie heißen Sie?«
»André-Louis Moreau.«
»Gut, André-Louis Moreau, wenn Sie sich kurz fassen, will ich Sie anhören. Aber ich warne Sie, Sie werden meinen höchsten Zorn erregen, falls es Ihnen nicht gelingt, die Keckheit Ihrer Zudringlichkeit zu so ungeeigneter Stunde zu rechtfertigen.«
»Das mögt Ihr selbst beurteilen, Monsieur«, entgegnete André-Louis und begann sofort seine Anklage vorzutragen, beginnend mit der Erschießung Mabeys und dann zu der Ermordung Monsieur de Vilmorins übergehend. Allein bis zum Schluß unterdrückte er den Namen des großen Edelmannes, gegen den er Gerechtigkeit forderte, überzeugt, daß man ihm nicht gestatten würde, fortzufahren, wenn er ihn früher namhaft machte.
Er besaß eine rednerische Gabe, deren volle Macht ihm damals selbst noch kaum offenbar war, die er aber sehr bald erkennen lernen sollte. Er erzählte seine Geschichte ausgezeichnet, ohne Übertreibung und doch mit einer Kraft schlichter Überzeugung, die unwiderstehlich wirkte. Allmählich milderte sich der Ausdruck abweisender Strenge auf des großen Mannes Antlitz. Interesse, ja fast Mitgefühl stand jetzt darauf zu lesen.
»Und wer, mein Herr, ist jener Mann, den Sie anklagen?«
»Der Marquis de la Tour d'Azyr.«
Die Wirkung dieses gewaltigen Namens war augenblicklich. Zorniger Schrecken und ein noch schärfer ausgeprägter Dünkel traten an die Stelle der Sympathie, die sich während André-Louis' Vortrag verraten hatte.
»Wer?« brüllte der Staatsanwalt, und ohne eine Antwort abzuwarten, donnerte er weiter: »Welche Unverfrorenheit, mit solch einer Anklage gegen einen Edelmann in Marquis de la Tour d'Azyrs Stellung vor mich zu treten! Wie können Sie es wagen, von ihm als einem Feigling zu sprechen...«
»Ich bezeichnete ihn als Mörder«, verbesserte der junge Mann. »Und ich verlange Gerechtigkeit gegen ihn.«
»Sie verlangen Gerechtigkeit, wirklich? Mein Gott, was sonst noch?«
»Das zu sagen, ist Eure Sache, Monsieur.«
Basses Erstaunen veranlaßte den hochgeborenen Herrn zu einem mehr oder weniger erfolgreichen Versuch der Selbstbeherrschung.

»Ich möchte Sie warnen«, sagte er bissig, »es ist nicht klug, wüste Anschuldigungen gegen einen Edelmann zu erheben. Das bedeutet an sich schon eine strafwürdige Beleidigung, wie Sie vielleicht noch merken werden. Jetzt hören Sie einmal zu. In der Angelegenheit des Mabey – vorausgesetzt, daß Ihre Darlegung zutrifft – hat der Wildhüter vielleicht seine Pflicht überschritten, doch so geringfügig, daß es kaum der Erwähnung lohnt. Vor allen Dingen aber bedenken Sie, daß es sich dabei unter keinen Umständen um einen Fall für des Königs Staatsanwalt oder für irgendeinen anderen Gerichtshof außer der herrschaftlichen Gerichtsbarkeit des Marquis de la Tour d'Azyr selbst handelt. Eine derartige Sache gehört vor seinen eigenen Stuhl, da die Angelegenheit strikte unter seine eigene lehnsherrliche Gerichtsbarkeit fällt. Das sollte man eigentlich einem Anwalt nicht erst zu erklären brauchen.«

»Als Anwalt bin ich bereit, über diese Rechtsfrage zu streiten. Aber als Anwalt sehe ich auch voraus, daß eine Verfolgung dieses Falles lediglich mit der ungerechtfertigten Bestrafung eines armseligen Wildhüters enden könnte, der nichts anderes tat, als die ihm erteilten Befehle auszuführen, der aber jetzt trotzdem als Sündenbock herhalten müßte, wenn ein Sündenbock erforderlich wäre. Mir liegt nichts daran, Bennet auf Kosten des Marquis de la Tour d'Azyr an den Galgen zu bringen.«

Monsieur de Lesdiguières donnerte mit der Faust auf den Tisch. »Heiliger Gott!« brüllte er, um dann ruhiger, aber mit deutlicher Drohung hinzuzufügen:

»Sie sind von einzigartiger Unverschämtheit, guter Mann.«

»Ich versichere Euch, mein Herr, das liegt nicht in meiner Absicht. Ich bin ein Anwalt, der einen Fall verficht – den Fall von Monsieur de Vilmorin. Seiner Ermordung wegen stehe ich hier, um des Königs Gerechtigkeit zu erbitten.«

»Sie haben doch aber selbst gesagt, daß es sich um ein Duell handelte!« schrie der Staatsanwalt zwischen Zorn und Bestürzung.

»Ich habe gesagt, daß es unter dem Vorwande eines Duells geschah. Das ist ein Unterschied, wie ich beweisen werde, wenn Ihr Euch herablassen wollt, mich zu Ende zu hören.«

»Nehmen Sie sich nur Zeit, Herr!« erwiderte Monsieur de Lesdiguières ironisch. In seiner ganzen Praxis war ihm etwas Ähnliches nicht vorgekommen.

André-Louis nahm seine Worte buchstäblich. »Ich danke Euch, Monsieur«, antwortete er feierlich. »Es läßt sich nachweisen, daß Monsieur de Vilmorin in seinem ganzen Leben nie gefochten hat, und es ist andererseits bekannt, daß Marquis de la Tour d'Azyr ein hervorragender Fechter ist. Ist es ein Duell, Monsieur, wenn nur einer der Kämpfer bewaffnet ist?

Denn darum handelt es sich in diesem Falle, wenn man die Geschicklichkeit der beiden vergleicht.«

»Schwerlich hat es je einen Zweikampf gegeben, auf den sich nicht das gleiche trügerische Argument anwenden ließe.«

»Aber nicht mit der gleichen Berechtigung. Und in einem Falle wenigstens wurde diese Begründung mit Erfolg vorgebracht.«

»Mit Erfolg? Wann war das?«

»Vor zehn Jahren in der Dauphiné. Ich beziehe mich auf den Fall von Monsieur de Gesvres, eines Edelmanns jener Provinz, der Monsieur de la Roche Jeannine ein Duell aufzwang und ihn tötete. Monsieur de Jeannine war der Sproß einer mächtigen Familie, die ihren Einfluß einsetzte, um Gerechtigkeit zu erlangen. Genau die gleichen Gründe wurden vorgebracht, wie sie heute gegen Marquis de la Tour d'Azyr vorliegen. Wie Ihr Euch erinnern werdet, erklärten die Richter, daß Monsieur de Gesvres seinen Gegner absichtlich provoziert hätte. Sie verurteilten ihn wegen vorsätzlichen Mordes, und er wurde gehenkt.«

Doch jetzt konnte sich Monsieur de Lesdiguières nicht mehr zurückhalten.

»Himmel und Hölle«, schrie er, »haben Sie die Unverschämtheit, anzudeuten, daß man Marquis de la Tour d'Azyr hängen sollte? Haben Sie die?«

»Ja, warum nicht, Monsieur? Wenn das dem Gesetz entspricht, wenn es, wie ich Euch gezeigt habe, einen Präzedenzfall dafür gibt, und wenn es nachgewiesen werden kann, daß meine Behauptungen der Wahrheit entsprechen – und das läßt sich ohne Schwierigkeiten nachweisen.«

»Sie fragen mich, warum nicht? Sie besitzen wirklich die Tollkühnheit zu einer solchen Frage?«

»Ich besitze sie, Monsieur. Könnt Ihr mir antworten? Wenn Ihr es nicht könnt, Monsieur, werde ich wissen, daß, obgleich es für eine mächtige Familie wie die von La Roche Jeannine möglich ist, das Gesetz in Bewegung zu setzen, Recht und Gerechtigkeit doch untätig bleiben, wenn es sich um einen unbekannten, einflußlosen Mann handelt, mag ihm noch so brutales Unrecht von einem großen Edelmann angetan sein.«

Monsieur de Lesdiguières begriff: mit Argumenten konnte er nichts gegen diesen unempfindlichen, entschlossenen, jungen Menschen ausrichten. Seine Drohung wurde daher finsterer.

»Ich rate Ihnen, sich schleunigst auf den Weg zu machen, seien Sie froh über die Gelegenheit, so leichten Kaufs davonzukommen.«

»Habe ich das so aufzufassen, daß keine Untersuchung dieses Falles stattfinden wird? Daß nichts, was ich auch vorbringen kann, Euch zu bewegen vermag?«

»Sie haben es so aufzufassen, daß Sie, wenn Sie in zwei Minuten noch hier

stehen, es bitter bereuen werden.« Mit diesen Worten drückte Monsieur de Lesdiguières auf die silberne Glocke auf seinem Tisch.
»Monsieur, ich habe Euch davon in Kenntnis gesetzt, daß ein Duell – ein Scheinduell – ausgetragen und ein Mensch getötet worden ist. Anscheinend muß ich Euch auch daran erinnern, Euch, den Statthalter der königlichen Gerechtigkeit, daß Duelle gegen das Gesetz verstoßen, und daß es Eure Pflicht ist, eine Untersuchung einzuleiten. Ich komme als rechtmäßiger Vertreter der unglücklichen Mutter Monsieur de Vilmorins und verlange von Euch die vom Gesetz vorgeschriebene Untersuchung.«
Leise öffnete sich die Tür hinter André-Louis. Monsieur de Lesdiguières, blaß vor Zorn, vermochte sich kaum zu zügeln.
»Sie wollen uns zwingen, he? Sie unverschämter Halunke«, grollte er. »Glauben Sie, des Königs Gerechtigkeit ließe sich durch die Stimme irgendeines hergelaufenen frechen Bürgerlichen in Bewegung setzen? Ich muß mich über meine eigene Geduld wundern, aber ich erteile Ihnen eine letzte Warnung, mein Herr Anwalt. Hüten Sie Ihre unverschämte Zunge, oder Sie werden bittere Ursache bekommen, deren Fertigkeit zu bedauern.«
Er schwenkte verächtlich seine juwelengeschmückte Hand und erteilte dem hinter André stehenden Pförtner den knappen Befehl: »Zur Tür!«
André-Louis zögerte eine Sekunde. Dann wandte er sich achselzuckend. Das war die Windmühle, wahrlich, und er ein armer Ritter von der traurigen Gestalt. Den Angriff weiter vortragen, bedeutete, in Stücke zerschmettert zu werden. Doch auf der Türschwelle kehrte er sich noch einmal um:
»Monsieur de Lesdiguières, darf ich Euch eine interessante Tatsache aus der Naturgeschichte erzählen? Der Tiger ist ein großer Herr in den Dschungeln und war Jahrhunderte lang der Schrecken schwächerer Bestien, einschließlich des Wolfs. Der Wolf, selbst ein Jäger, wurde es müde, gejagt zu werden. Er vereinigte sich mit anderen Wölfen, und aus Selbstschutz zu großen Rudeln vereint, entdeckten die Wölfe die Macht der Menge und fingen an, den Tiger mit verheerendem Erfolg für diesen zu jagen. Ihr solltet Buffon studieren, Monsieur de Lesdiguières.«
»Ich glaube, ich habe heute morgen einen Büffel studiert«, lautete Monsieur de Lesdiguières' witzige Antwort. Würde er sich nicht für geistreich gehalten haben, er hätte sich wahrscheinlich überhaupt nicht zu einer Antwort herabgelassen. Dann fügte er noch hinzu: »Ich verstehe Sie nicht.«
»Aber Ihr werdet mich verstehen, Monsieur de Lesdiguières, Ihr werdet«, sagte André-Louis und ging.

Nutzlos hatte er seine Lanze an der Windmühle zersplittert – dieses von Monsieur de Kercadiou gebrauchte Bild haftete in seinem Geist –, und nur durch einen glücklichen Zufall war er ohne Verletzung davongekommen. Jetzt blieb ihm noch der Wind selbst – der Wirbelsturm. Und die Vorgänge in Rennes, ein blasser Widerschein der schwerwiegenderen Ereignisse in Nantes, hatten dem Wind eine ihm günstige Richtung verliehen.
Rasch machte er sich auf zum Place Royale, wo die Volksansammlung am stärksten war, und wo nach seiner Ansicht Herz und Hirn der Bewegung lagen, die diese Stadt durchzitterte.
Allein die Erregung, die vorhin dort gebrandet, war nichts gegen die Empörung, welche er bei seiner Rückkehr fand. Vorher hatte hier fast Stille geherrscht. Jetzt erzitterte die Luft von der im Zorn erhobenen Stimme der Menge, da und dort schlugen sich Leute mit Stöcken und Fäusten. Auf dem ganzen Platz kochte stürmische Wut, und die vom Generalstaatsanwalt zur Wiederherstellung der Ruhe entsandten Gendarmen glichen treibendem Strandgut in einem aufgewühlten menschlichen Ozean.
Schreie ertönten: »Auf zum Palais! Auf zum Palais! Nieder mit den Mördern! Nieder mit dem Adel! Zum Palais!«
Ein Handwerker, Schulter an Schulter in dem Gedränge neben André-Louis, klärte ihn über den Grund dieser gesteigerten Erregung auf.
»Sie haben ihn erschossen! Seine Leiche liegt noch, wo sie niederstürzte, am Fuße des Denkmals! Und drüben bei der in Bau befindlichen Kathedrale wurde kaum vor einer Stunde ein anderer Student getötet. Gottes Donner! Wenn sie nicht auf die eine Art das Übergewicht erringen können, tun sie's auf 'ne andere!« Der Mann sprach mit wilder Entschlossenheit. »Sie werden vor nichts zurückschrecken. Können sie uns nicht unterjochen, dann werden sie uns niedermetzeln. Sie sind entschlossen, die Bretagne nach ihrem Kopf zu regieren. Nur das eigene Interesse kommt für sie in Frage.«
Der Mann redete noch weiter, doch André-Louis ließ ihn stehen und bahnte sich einen Weg durch den Menschenschwarm.
Am Sockel des Standbildes stieß er auf eine kleine dicht um den Leichnam des ermordeten Jünglings gedrängte Schar Studenten, alle furchterfüllt und hilflos.
»Sie, hier, Moreau!« sagte eine Stimme. André-Louis sah sich um und stand einem schmächtigen, gebräunten Manne, mit energischem Mund und Hakennase, von einigen dreißig Jahren gegenüber, der ihn mißbilligend betrachtete. Es war Le Chapelier, ein Anwalt aus Rennes, ein angesehenes Mitglied der Literarischen Gesellschaft der Stadt, ein Draufgänger, von revolutionären Ideen erfüllt und mit starker rednerischer Begabung.

»Ah, Sie sind es, Chapelier! Warum sprechen Sie nicht zu den Leuten? Warum sagen Sie ihnen nicht, was geschehen muß? Herauf mit Ihnen, Mensch!« Und er deutete nach der Plattform.

Le Chapeliers dunkle, rastlose Augen suchten auf des anderen leidenschaftslosem Gesicht nach einer Spur des geargwohnten Spottes. Die politischen Anschauungen dieser beiden waren gegensätzlich wie die Pole; und sosehr all seine Kollegen der Literarischen Gesellschaft André-Louis mißtrauten: niemand mißtraute ihm gründlicher als dieser eingefleischte Republikaner. Ja, wäre es Le Chapelier gelungen, den Einfluß des Seminaristen Vilmorin zu besiegen, André-Louis wäre schon längst aus der Gesellschaft der intellektuellen Jugend Rennes, die er durch die ewige Verspottung ihrer Ideale erzürnte, ausgeschlossen worden.

Daher vermutete Le Chapelier selbst hinter dieser Aufforderung Spott. Sein Argwohn schwand auch nicht, als er nichts davon in André-Louis' Gesicht entdeckte, denn die Erfahrung hatte ihn gelehrt, daß es ein Gesicht war, das nur selten eine Andeutung der hinter dieser Stirn sich regenden Gedanken verriet.

»Unsere Anschauungen über die Schuldfrage werden sich schwerlich dekken.«

»Kann es hier zwei Ansichten geben?« fragte André-Louis.

»So oft Sie und ich zusammentreffen, gibt es regelmäßig zwei Meinungen – und jetzt mehr denn je, seit Sie der erwählte Delegierte eines Edelmanns sind. Sie sehen, was Ihre Freunde angerichtet haben. Zweifellos billigen Sie deren Methoden.« Er sprach mit feindlicher Kälte.

Ohne Überraschung musterte ihn André-Louis. Wie sollte Le Chapelier schließlich angesichts ihrer ständigen Gegnerschaft bei allen akademischen Debatten seine gegenwärtige Absicht vermuten?

»Wenn Sie ihnen nicht sagen wollen, was geschehen muß, ich will's!« entgegnete er.

»Tod und Teufel, falls Sie eine Kugel von der anderen Partei zu erhalten wünschen, ich werde Sie nicht hindern. Vielleicht gleicht das die Rechnung aus.«

Kaum waren die Worte heraus, da bereute er sie schon, denn als Antwort auf diese Drohung sprang André-Louis auf den Sockel. Erschreckt, da er nur annehmen konnte, daß es André-Louis' Absicht sei, für die Privilegien einzutreten, deren öffentlich erwählter Vertreter er war, packte ihn Le Chapelier am Fuß, um ihn herunterzuzerren.

»Ah, das nicht!« schrie er. »Kommen Sie herunter, Sie Narr! Glauben Sie, wir lassen alles durch Ihre Possen vernichten? Herunter!«

André-Louis umklammerte ein Bein des Bronzepferdes und ließ seine Stimme wie eine Trompete über die Häupter des rasenden Pöbels schallen.

»Bürger von Rennes, das Vaterland ist in Gefahr!«
Die Wirkung war elektrisierend. Eine Bewegung gleich einer Wellenspur lief über das Meer hochgereckter Gesichter. Stille trat ein. In diesem großen Schweigen starrten sie auf zu jenem schlanken, jungen Menschen, der barhaupt dastand, das Halstuch verschoben, das Antlitz bleich, die Augen voller Feuer, während lange Strähnen seines schwarzen Haars im Winde flatterten.
Plötzliche Begeisterung überkam André-Louis, als er instinktiv begriff, wie er mit einem Wort die Menge gepackt hielt, wie sein Aufschrei, seine Kühnheit sie ihm fest in die Hand gegeben hatte.
Selbst Le Chapelier, der noch immer André-Louis' Fessel umklammerte, hörte auf, daran zu zerren. War auch seine Vermutung über André-Louis' Absicht noch unerschüttert, im Augenblick verwirrte ihn der Klang dieser ersten Worte.
Und dann, langsam, nachdrücklich, mit einer Stimme, die klar bis zu den äußersten Enden des Platzes trug, begann der junge Anwalt aus Gavrillac zu sprechen.
»Schaudernd vor Grauen über die schändliche Tat, die hier begangen, heischt meine Stimme eure Aufmerksamkeit. Mord habt ihr unter euern Augen begehen sehen, die Ermordung eines, der edelmütig, ohne jede selbstsüchtige Absicht dem Unrecht Stimme lieh, das uns alle bedrückt. Fürchtend diese Stimme, scheuend die Wahrheit, wie alles Faulige das Licht scheut, sandten unsere Unterdrücker ihre Schergen, die Stimmen im Tode zum Schweigen zu bringen.«
Im blanken Staunen ließ Le Chapelier endlich André-Louis' Fessel fahren. Der Bursche schien es ehrlich zu meinen, zum erstenmal ernst – und zum erstenmal auf der richtigen Seite. Was war nur über ihn gekommen?
»Was könnt ihr von Totschlägern anders erwarten als Totschlag? Ich habe eine Geschichte zu erzählen, die euch zeigen wird, daß die Tat, deren ihr heute hier Zeuge wart, nichts Neues ist, sie wird euch die Kräfte enthüllen, mit denen ihr es zu tun habt. Gestern...«
Da, eine Unterbrechung! Eine Stimme in der Menge, einige zwanzig Schritt entfernt, erhob sich zu einem Schrei: »Noch einer von diesen Kerlen!«
Unmittelbar auf die Stimme folgte ein Pistolenschuß, und eine Kugel plattete sich dicht hinter André-Louis an dem Bronzestandbild.
Im Augenblick entstand in der Menge ein Gewoge, am stärksten dort, wo der Schuß abgefeuert war. Der Attentäter war einer aus einer ziemlich ansehnlichen Anzahl von Gegnern, einer Schar, die sich sogleich von allen Seiten bedrängt sah und ihren Kameraden nur mühsam zu verteidigen vermochte.

Vom Fuße des Sockels ertönten die Zurufe der Studenten, die sich mit der Stimme Le Chapeliers vereinten, der André-Louis anflehte, Deckung zu suchen.

»Herunter! Kommen Sie sofort herunter! Auch Sie wird man ermorden, wie man La Rivière ermordete.«

»Mag man!« Mit einer theatralischen Gebärde breitete er die Arme aus und lachte: »Hier stehe ich, ihrer Gnade überlassen. Wenn sie es wollen, so mögen sie auch mein Blut jenem Blute hinzufügen, das bald aufspringen wird, sie zu vernichten. Sie sollen mich abschlachten, das ist ihr Geschäft, das verstehen sie. Ehe sie aber das nicht tun, sollen sie mich nicht hindern, zu euch zu sprechen, euch zu verkünden, was ihr von ihnen zu erwarten habt.«

Und wieder lachte er, nicht nur in Begeisterung, wie jene vermuteten, die ihn von unten beobachteten, nein, auch belustigt. Seine Ausgelassenheit hatte zwei Quellen: die eine war die Entdeckung, wie glatt ihm Phrasen über die Lippen kamen, um die Erregung einer Menge aufzustacheln, die andere war die Erinnerung, wie der schlaue Kardinal de Retz häufig, um die öffentliche Meinung für sich zu entflammen, Leute gemietet hatte, um auf seine Equipage zu schießen. Er befand sich in genau der gleichen Lage wie dieser gerissene Politiker. Freilich hatte er den Burschen nicht gedungen, den Pistolenschuß abzufeuern, aber er war ihm nicht weniger verpflichtet und fest entschlossen, den letzten Vorteil aus dessen Tat zu ziehen.

Die Schar, die den Kerl zu beschützen suchte, lag noch immer mit den anderen im Kampf und versuchte, sich einen Weg aus dem zornig anstürmenden Haufen zu bahnen.

»Laßt sie ziehen!« rief André-Louis herunter. »Was bedeutet ein Totschlag mehr oder weniger? Laßt sie ziehen und hört auf mich, Mitbürger!«

Und dann, sobald wieder einigermaßen Ruhe eingetreten war, begann er seine Erzählung. In schlichten Worten, doch mit einer Heftigkeit und Schärfe, die jeden Punkt unterstrich, zerfleischte er ihre Herzen mit der Geschichte, die sich gestern in Gavrillac ereignet hatte. Tränen entlockte er ihren Augen mit dem leiderfüllten Bild der elenden Witwe Mabey und ihrer hungernden, verlassenen Kinder – verwaist, um den Tod eines Fasans zu rächen –, mit der vereinsamten Mutter Monsieur de Vilmorins, eines Studenten aus Rennes, vielen hier persönlich bekannt, den der Tod ereilte bei dem edlen Bemühen, die Sache eines darbenden Mitgliedes ihrer eigenen bedrückten Klasse zu vertreten.

»Der Marquis de La Tour d'Azyr sagte von ihm, er hätte eine allzu gefährliche Gabe der Beredsamkeit, und um seine tapfere Stimme zum Schweigen zu bringen, ermordete er ihn. Trotzdem verfehlte er sein Ziel, denn ich,

des armen Philippe de Vilmorins Freund, habe den Mantel seines Aposteltums aufgenommen, und ich spreche heute zu euch mit seiner Stimme.«
Diese Erklärung ließ Le Chapelier wenigstens teilweise den befremdenden Wandel in André-Louis begreifen, der diesen der Partei, die ihn beschäftigte, untreu werden ließ.
»Doch ich stehe nicht nur hier«, fuhr André-Louis fort, »um aus euern Händen Rache gegen Philippe de Vilmorins Mörder zu fordern. Ich stehe hier, um euch die Dinge zu sagen, die er euch heute sagen würde, wenn er noch lebte.«
So weit war er wenigstens offen, allein er fügte nicht hinzu, daß es Dinge waren, an die er selbst nicht glaubte, Dinge, die er als Geschwätz bezeichnete, Dinge, die eine ehrgeizige Bourgeoisie durch den Mund ihrer Sprachrohre, der Anwälte verkünden ließ, um aus Eigennutz die gegenwärtige Gesellschaftsordnung über den Haufen zu werfen. Nein, er ließ seiner Zuhörerschaft den natürlichen Glauben, daß die von ihm vertretenen Ansichten seine Ansichten wären.
Und jetzt, mit schrecklicher Stimme, mit einer Beredsamkeit, die ihn selbst erstaunte, klagte er die Untätigkeit der königlichen Justiz an, sobald die Großen die Beleidiger wären. Mit bitterem Sarkasmus sprach er von ihrem Generalstaatsanwalt, Monsieur de Lesdiguières.
»Wundert es euch, wenn Monsieur de Lesdiguières das Recht so verwaltet, daß es stets die Großen und Edlen deckt? Wäre es gerecht, wäre es vernünftig, wenn er es anders verwaltete?«
Berechnend unterbrach er sich, um seinen Spott wirken zu lassen. Diese Pause erweckte von neuem Le Chapeliers Zweifel und dämpfte seinen erwachenden Glauben an André-Louis' Aufrichtigkeit. Wohin steuerte er jetzt?
Die Zweifel sollten nicht lange währen. Fortfahrend sprach André-Louis, wie Philippe de Vilmorin nach seiner Überzeugung gesprochen haben würde. Er hatte ja so oft mit ihm gestritten, so oft den Diskussionen der Literarischen Gesellschaft beigewohnt, daß er das ganze Geschwätz der Neuerer – welches sich jetzt doch im wesentlichen als wahr erwies – an den Fingern hersagen konnte.
»Denkt an die Verfassung dieses, unseres Frankreichs. Eine Million seiner Einwohner gehört zu der privilegierten Klasse. Diese bilden Frankreich! Sie *sind* Frankreich! Denn wahrlich, ihr wollt doch nicht annehmen, daß der Rest etwas gilt? Wer wagte wohl zu behaupten, daß vierundzwanzig Millionen Seelen von irgendwelcher Bedeutung seien, daß sie als Vertreter dieser großen Nation betrachtet werden können, oder daß sie zu irgendeinem anderen Zwecke geschaffen sind, als dieser Million Auserwählter Sklavendienste zu leisten?«

Bitteres Hohnlachen kam aus der Menge. Das war seine Absicht.
»Da sie ihre Privilegien von diesen vierundzwanzig Millionen bedrängt sehen – von diesen Canaillen, zwar auch von Gott geschaffen, das ist wahr, doch offenbar nur geschaffen, um Sklaven der Bevorrechtigten zu sein –, kann es euch da überraschen, daß die Ausübung der königlichen Gerechtigkeit den starken Händen dieser Lesdiguières überantwortet wird, Männern ohne Hirn zum Denken, ohne Herz, sich rühren zu lassen? Bedenkt, was es zu verteidigen gilt gegen den Anschlag von uns anderen – von uns Canaillen! Erinnert euch einiger dieser feudalen Rechte, die in Gefahr stehen, weggefegt zu werden, falls sich diese Bevorzugten den Befehlen ihres Herrschers unterwürfen und dem Dritten Stande gleiches Stimmrecht zubilligten?«
Was würde dann aus dem auf dem Lande lastenden Erntezins, aus dem Fruchtzins auf den Obstbäumen, aus dem Zins von den Weinbergen? Was aus dem Frondienst, mit dessen Hilfe sie Arbeitsleistung erzwingen, was aus den Weinrechten, die ihnen die erste Auslese, das herrschaftliche Weinverkaufsrecht zusprechen, dank dessen sie zu eigenem Vorteil den Verkauf des Weins überwachen! Was aus ihrem Recht, aus dem Volke den letzten Heller zu erpressen, um ihr eigenes üppiges Leben aufrechtzuerhalten, was aus dem Pachtzins und aus den Verkaufsgebühren, die ein Fünftel des Wertes von Grund und Boden verschlingen, aus der Viehsteuer, die gezahlt werden muß, ehe die Herden auf den Gemeindewiesen weiden dürfen; aus der Staubsteuer, um sie für den Staub zu entschädigen, den die Herden erzeugen, wenn diese zu Markte getrieben werden; aus dem Sechstel, das auf jeder Ware ruht, die auf offenem Markte zum Verkaufe gestellt wird? Was aus der Eichgebühr und all den anderen Privilegien? Was aus ihren Rechten über Mensch und Vieh für die Feldarbeit, aus den Fähren über die Flüsse und den Brücken über die Ströme, aus den Fischrechten, aus den Taubenschlägen, was aus dem Feuerungsrecht, wodurch ihnen sogar ein Zins von jedes Bauern Herd zufließt? Was aus ihren ausschließlichen Fisch- und Jagdrechten, deren Verletzung als Kapitalverbrechen gilt?
Und was aus ihren anderen Rechten, unsagbar! scheußlich! über Leben und Leib ihrer Knechte, Rechte, die, wenn auch selten ausgeübt, doch nie für nichtig erklärt wurden? Wenn heute ein Adeliger, von der Jagd heimkehrend, zwei seiner Leibeigenen erschlägt, um seine Füße in ihrem Blut zu baden und zu kühlen, könnte er sich zu seiner Verteidigung mit Recht darauf berufen, daß diese Tat unter sein absolutes, grundherrliches Recht fiele.
»Wundert es euch, daß sie da nicht einen Zoll breit zurückweichen wollen? Daß sie sich der Wahl eines Dritten Standes widersetzen, eines Dritten

Standes mit Stimmrecht, mit der Macht, diese sämtlichen Privilegien mit einem Schlage auszumerzen, die Bevorrechtigten zu zwingen, vor dem Gesetz sich der gleichen Gerechtigkeit zu unterwerfen wie der Geringste jener Canaille, die sie unter ihre Füße trampeln? Daß sie ihre Einwilligung dazu verweigern, daß man die erforderlichen Geldmittel, um unseren Staat vor dem Bankrott zu retten, zu dem sie selbst ihn getrieben haben, durch Steuern erhebt, welche von ihnen im gleichen Verhältnis mit allen anderen getragen werden sollen? Ehe sie das zulassen, widersetzen sie sich lieber dem königlichen Befehl!«

Eine Phrase kam ihm in den Sinn, die gestern Vilmorin gebraucht, ein Wort, dem er damals keine Bedeutung beimaß. Jetzt gebrauchte er es selbst. »Damit rütteln diese Edlen an den Grundlagen des Thrones. Begreifen diese Menschen denn nicht, daß sie ihre eigene Existenz gefährden? Daß, wenn der Thron stürzt, gerade sie, die ihm am nächsten stehen, zuerst zermalmt werden?«

Ein Aufbrüllen, furchterregend, begrüßte diese Feststellung. Gespannt und bebend unter der ihn durchzitternden Erregung, die sich von ihm der riesigen Zuhörerschaft mitteilte, stand er einen Augenblick ironisch lächelnd. Dann winkte er ihnen Schweigen und fühlte aus ihrem bereiten Gehorsam, wie völlig er sie beherrschte. Denn jeder erkannte in der Stimme, mit der er sprach, die eigene Stimme, die endlich jenen Gedanken Ausdruck verlieh, welche seit Monaten und Jahren sich wortlos in jedes einzelnen schlichtem Hirn geregt.

Rasch hatte sich André-Louis wieder gefaßt. Jetzt sprach er ruhiger, das ironische Lächeln um die Mundwinkel wurde schärfer: »Als ich mich von Monsieur de Lesdiguières verabschiedete, erteilte ich ihm eine Warnung aus der Naturgeschichte. Ich erzählte ihm, wie die Wölfe, die bis dahin einzeln durch den Dschungel streiften, es müde wurden, sich von dem Tiger hetzen zu lassen, und sich zu Rudeln zusammenschlossen und ihrerseits begannen, den Tiger zu jagen. Verächtlich antwortete Monsieur de Lesdiguières, daß er mich nicht verstünde. Doch euer Verstand ist schärfer als seiner! Ihr versteht mich! Nicht wahr?«

Die Antwort war neuer Tumult, untermischt mit beifälligem Gelächter. Zu gefährlicher Leidenschaft hatte er sie aufgepeitscht, und sie waren reif zu jeder Gewalttat, die er von ihnen verlangen würde. War er auch der Windmühle unterlegen, jetzt war er Herr des Windes.

»Zum Palais!« brüllten sie, mit den Händen winkend, Stöcke schwingend, ja – hier und dort – sogar einen Degen.

»Zum Palais! Nieder mit Monsieur de Lesdiguières! Tod dem Generalstaatsanwalt!«

Ja, er war Herr des Windes! Seine gefährliche Rednergabe – eine Gabe, die nirgends machtvoller ist als in Frankreich, da nirgends sonst menschliche Erregung so rasch dem Anruf der Beredsamkeit antwortet – hatte ihm diese Herrschaft verliehen. Auf seinen Befehl würde der Sturm die Windmühle, gegen die er vergeblich gekämpft, fortfegen. Das aber lag, wie er sofort verkündete, durchaus nicht in seiner Absicht.

»Halt! Wartet!« befahl er. »Ist dieses elende Instrument eines verderbten Systems wert der Beachtung eures edlen Zorns?« Er hoffte, man würde seine Worte Monsieur de Lesdiguières hinterbringen. Er hielt es für Monsieur de Lesdiguières Seelenheil günstig, einmal die unverschleierte Wahrheit über sich selbst zu hören.

»Das System selbst müßt ihr angreifen und stürzen. Kein bloßes Instrument – keinen elend zurechtgestutzten Kümmerling wie diesen Monsieur de Lesdiguières. Und Überstürzung würde alles verderben. Vor allem, meine Kinder, keine Gewalttat!«

Meine Kinder! Hätte sein Pate ihn gehört.

»Schon oft habt ihr an anderen Orten in der Bretagne das Resultat vorzeitiger Gewalt erblickt, habt aus anderen Städten Frankreichs davon vernommen! Gewalt auf der einen Seite erzeugt Gewalt auf der anderen. Sie werden den glücklichen Zufall begrüßen, durch stärkere Unterdrückung als vorher ihre Herrschaft neu befestigen zu können. Militär wird aufgeboten werden, die Bajonette der Söldner werden euch entgegenstarren. Ich bitte euch, beschwört das nicht herauf! Gebt ihnen dazu nicht die Macht! Bietet ihnen nicht diesen Vorwand, den sie ja willkommen heißen würden, um euch in der Flut eures eigenen Blutes zu ersticken!«

Erneut löste sich aus dem Schweigen, das sich über die Menge gesenkt hatte, ein Schrei.

»Was dann? Was sonst?«

»Ich will es euch sagen«, klang seine Antwort. »Der Reichtum und die Stärke der Bretagne liegen in Nantes, einer Bürgerstadt, einer der blühendsten Städte dieser Provinz dank der Tatkraft der Bourgoisie und der Plackerei des Volkes. In Nantes nahm diese Bewegung ihren Anfang, und als erstes Ergebnis erließ der König den Befehl, den gegenwärtigen Landtag aufzulösen – einen Befehl, dem zu trotzen jene nicht zögern, die ihre Macht auf Vorrechte und Mißbräuche gründen. Nantes muß über die Lage genau unterrichtet werden, hier wollen wir nichts unternehmen, ehe Nantes nicht das Zeichen gegeben hat. Nantes besitzt, wie wir bereits gesehen haben, die Macht, seinen Willen durchzusetzen, die uns in Rennes hier fehlt. Mag es noch einmal jene Macht gebrauchen, doch bis es das tut, haltet Frieden in Rennes. Dann werdet ihr triumphieren, dann werden die Verbrechen voll und endgültig gerächt, die hier unter euern Augen begangen wurden.«

Unvermutet, wie André-Louis den Sockel erstiegen, sprang er jetzt herab. Er war fertig, er hatte alles gesagt – vielleicht mehr als alles – was der tote Freund, mit dessen Stimme er sprach, nur hätte sagen können. Aber es war nicht ihr Wille, ihn so einfach wieder verschwinden zu lassen. Betäubender Beifallsdonner brauste zum Himmel. Er hatte auf ihren Erregungen gespielt – auf jedes einzelnen – wie ein geschickter Harfenspieler auf den Saiten seines Instruments, und sie zitterten noch von der Leidenschaft, die er wachgerufen, zitterten unter dem hellen Klange der Hoffnung, mit dem er seine Symphonie beendet.

Als er hinabsprang, packten ihn ein Dutzend Studenten und hoben ihn auf ihre Schultern, daß er wieder in Sicht der begeisterten Menge kam. Mit gerötetem Gesicht und glänzenden Augen drängte sich der zarte Le Chapelier zu ihm heran.

»Mein Junge«, sagte er, »heute haben Sie ein Feuer entzündet, das das Antlitz Frankreichs in eine Feuersbrunst der Freiheit tauchen wird.« Dann rief er ein scharfes Kommando den Studenten zu. »Nach der Literarischen Gesellschaft! Sofort! Wir müssen augenblicklich unsere Maßnahmen treffen, ein Delegierter muß unverzüglich nach Nantes geschickt werden, um unseren dortigen Freunden die Botschaft der Bevölkerung von Rennes zu überbringen!«

Die Menge flutete zurück und öffnete eine Gasse, durch die die Studenten den Helden der Stunde trugen. Mit beiden Händen ihnen zuwinkend, forderte Moreau die Leute auf, nach Hause zu gehen und dort in Geduld die rasch folgenden Ereignisse abzuwarten.

»Jahrhundertelang habt ihr mit einer Tapferkeit standgehalten, die der Welt als Muster galt«, schmeichelte er ihnen, »haltet noch eine kurze Zeit aus, das Ende, meine Freunde, ist wenigstens in Sicht.«

So trugen sie ihn über den Platz, die Rue Royale hinauf zu einem alten Haus, einem der wenigen ehrwürdigen Bauwerke aus früherer Zeit, bevor sich die Stadt aus ihrer Asche wieder erhob. Dort, in einem hochgelegenen Zimmer, von gelben Butzenscheiben erhellt, hielt der Literarische Klub gewöhnlich seine Sitzungen ab. Eilig versammelten sich hier die Mitglieder der Gesellschaft, die Chapelier auf dem Rückwege herbeordert hatte.

Eine erhitzte, erregte Schar von etwa fünfzig Männern, in der Hauptsache junge Leute, glühend und von Freiheitsidealen erfüllt, begrüßte hier hinter verschlossenen Türen André-Louis als das verlorene Schaf, das sich wieder zur Herde zurückgefunden, und überschüttete ihn mit Glückwünschen und Danksagungen.

Dann machten sie sich daran, die dringendsten Maßnahmen zu beraten, während die Haustür durch eine Ehrenwache gedeckt wurde, die sich freiwillig aus der Volksmasse gebildet hatte.

Diese Vorsicht war auch nötig! Denn kaum hatte sich die Gesellschaft versammelt, als das Haus von der Gendarmerie angegriffen wurde, die Monsieur de Lesdiguières eiligst entsandt hatte, um den Feuerbrand zu löschen, der im Begriff stand, das Volk zum Aufruhr zu entflammen. Die Streitmacht bestand aus fünfzig Mann, fünfhundert wären zuwenig gewesen! Der Pöbel zerbrach ihre Karabiner, zerbrach ihre Schädel, ja, sie wären in Stücke gerissen worden, hätten sie sich nicht rechtzeitig und klug vor diesem allzu derben Spaß, an den sie so ganz und gar nicht gewöhnt waren, zurückgezogen.

Während sich diese Ereignisse unten auf der Straße abspielten, stachelte oben im Zimmer die Beredsamkeit Le Chapeliers seine Kollegen von der Literarischen Gesellschaft zu neuen Taten an. Hier, wo keine Kugel drohte und niemand seine Worte den Behörden berichtete, konnte Le Chapelier seiner Rednergabe vollen, ungehemmten Ausdruck verleihen. Und so zart und vornehm der Mann selbst war, so scharf, ja brutal war seine Beredsamkeit.

Er pries die Kraft und die Größe der Worte, die sie von ihrem Kollegen Moreau vernommen, vor allem pries er dessen Besonnenheit. Moreaus Rede wäre ihnen eine Überraschung gewesen. Bisher hätten sie ihn nur als erbitterten Kritiker ihrer Reformideen gekannt, und erst kürzlich hätten sie nicht ohne Mißbilligung von seiner Ernennung zum Delegierten eines Edelmannes in dem bretonischen Landtage gehört. Doch sie hätten ja die Erklärung für seine Bekehrung. Die Ermordung ihres geliebten Kameraden Vilmorin hätte diese Sinnesänderung bewirkt. Jene viehische Tat habe Moreau endlich die wahren Wirkungen des bösen Geistes gezeigt, den sie geschworen hätten, aus Frankreich zu vertreiben. Und heute hätte er sich als kraftvollster Apostel des neuen Glaubens erwiesen. Das Bild, das er der Naturgeschichte entnommen, träfe den Kern der Frage, vor allem hieße es sich zusammenschließen gleich den Wölfen und die Einmütigkeit des Handelns des gesamten bretonischen Volkes gewährleisten. Es müsse sofort ein Delegierter nach Nantes entsandt werden, das sich als der eigentliche Mittelpunkt der Macht der Bretagne bewährt habe. Es bliebe nur noch, diesen Delegierten zu bestimmen, und Le Chapelier forderte die Anwesenden zu dessen Wahl auf.

Bestürzt, die Beute einer gewissen Abspannung, lauschte André-Louis auf einer Bank nahe dem Fenster diesem Redeerguß.

Sobald sich der Beifall gelegt, hörte er eine Stimme rufen: »Ich schlage vor, unseren Führer Le Chapelier zu unserem Beauftragten zu erwählen!«

Le Chapelier hob sein sorgfältig frisiertes Haupt, das er in Gedanken vertieft gesenkt hatte, und man sah die Blässe seines Antlitzes. Nervös spielte er mit einer goldenen Lorgnette.

»Meine Freunde«, sagte er leise, »ich empfinde tief die Ehre, die ihr mir erweist, nähme ich sie aber an, würde ich eine Stellung beanspruchen, die rechtmäßig einem anderen gebührt. Wer könnte uns besser repräsentieren, wer ist geeigneter, unser Wortführer zu sein, um unseren Freunden in Nantes die Stimme Rennes' zu künden, als der Vorkämpfer, der heute bereits der Stimme dieser großen Stadt so unvergleichlich Ausdruck verliehen? Gebt dem die Ehre, euer Sprecher zu sein, dem sie gebührt – André-Louis Moreau!«

Als Antwort auf den Beifallssturm, der diesen Vorschlag begrüßte, erhob sich André-Louis und verbeugte sich.

»Es sei«, sagte er schlicht. »Vielleicht ziemt es sich sogar, daß ich durchführe, was ich begonnen habe, obgleich auch ich der Meinung bin, daß Le Chapelier ein würdigerer Vertreter gewesen wäre. Heute nacht werde ich mich auf den Weg machen.«

»Sie werden sich sogleich auf die Reise machen, mein lieber Junge«, erklärte ihm Le Chapelier und verriet damit jedem Scharfsinnigen die wahre Quelle seines Edelmuts.

»Nach den letzten Ereignissen ist es für Sie nicht geraten, auch nur eine Stunde länger in Rennes zu verweilen, und Sie müssen ganz geheim reisen. Niemand von uns darf es bekannt werden lassen, daß Sie gefahren sind. Ich möchte nicht, André-Louis, daß Sie dieser Sache wegen zu Schaden kommen. Aber Sie müssen sich über die Gefahren klar sein, und wenn Sie sich dem Rettungswerk unseres leidenden Heimatlandes erhalten wollen, müssen Sie vorsichtig sein, ganz im geheimen gehen, ja selbst Ihren Namen verschweigen, sonst hat Sie Monsieur de Lesdiguières rasch am Kragen, und dann gute Nacht mit Ihnen!«

8 Omnes Omnibus

So ritt André-Louis von Rennes fort, in ein schwierigeres Abenteuer verstrickt, als er sich beim Verlassen des schläfrigen Dörfchens Gavrillac hatte träumen lassen. Während der Nacht in einem Wirtshaus am Wege rastend und früh morgens wieder im Sattel, erreichte er Nantes am folgenden Tage kurz nach Mittag.

Während dieses langen und einsamen Rittes durch die trüben Ebenen der Bretagne, die ihr schäbigstes Winterkleid angelegt hatte, blieb ihm reichlich Muße, sein Tun und seine Lage zu überdenken. Von einem Mann, der bisher nur ein rein akademisches und keineswegs freundliches Interesse an den neuen philosophischen Lehren über das soziale Leben genommen, der seinen Witz an diesen neuen Ideen lediglich geübt, wie ein Fechter Aug' und Hand mit dem Rapier, ohne auch nur im Traume daran zu denken, daß der Ausgang ein ernster sein könnte, war er plötzlich in einen revolutionären Aufwiegler verwandelt, sah sich in aufrührerische Taten verzweifeltster Art verstrickt. Er, der Vertreter und Abgeordnete eines Edelmanns im bretonischen Landtag, sollte jetzt gleichzeitig in der völlig unpassenden Rolle eines Sprechers und Delegierten des gesamten Dritten Standes von Rennes auftreten.

Schwer läßt sich bestimmen, wie weit er sich gestern in der Hitze der Leidenschaft, und vorwärtsgetrieben von dem Strome seiner eigenen Beredsamkeit, über sich selbst getäuscht hatte. Aber das eine ist gewiß: jetzt, da er mit kaltem Blut zurückblickte, gab er sich auch nicht der leisesten Täuschung hin über das, was er getan. Zynisch hatte er seinen Zuhörern lediglich die eine Seite der großen Frage, die er angeschnitten, entgegengehalten.

Da jedoch die bestehende Ordnung in Frankreich einen Wall um Marquis de La Tour d'Azyr zog, ihm Straflosigkeit für dies und jedes andere Verbrechen sicherte, das ihm zu begehen beliebte, nun, da mußte eben diese bestehende Ordnung die Folgen ihres Unrechts tragen. In dieser Erwägung erblickte André-Louis seine klare Rechtfertigung.

Ohne Gewissensbisse gelangte er daher auf seiner der Empörung geweihten Pilgerfahrt in die schöne Stadt Nantes, die dank ihrer weitläufigen Straßenzüge und ihres prächtigen Hafens an Wohlstand mit Bordeaux und Marseilles wetteiferte.

Er stieg in einem Wirtshaus am Quai La Fosse ab, stellte sein Pferd ein und speiste in einer Fensternische, die über den baumumkränzten Quai und die weite Bucht der Loire blickte, in der Handelsschiffe aller Nationen vor Anker lagen. Die Sonne war durch die Wolken gebrochen und ergoß ihr bleiches Winterlicht über die gelben Wasser und die schlankmastigen Schiffe.

Auf den Quais sah man ein Treiben, wie man es nur an den Quais von Paris findet: fremde Matrosen in ausländischen Kleidungen und mit hartklingender ausländischer Sprache, derbe Fischweiber mit Heringskörben auf den Köpfen, umfangreiche Unterröcke um nackte Beine und bloße Füße, schrill und fast unverständlich ihre Waren ausrufend; Binnenschiffer mit Wollmützen und bis zu den Knien hochgekrempelten weiten Hosen; Bauern in Jacken aus Ziegenleder, deren Holzschuhe auf den runden Granitsteinen klapperten; Schiffszimmerleute und Dockarbeiter, Balgenflicker, Rattenfänger, Wasserträger, Tintenverkäufer und anderes fahrendes Volk. Vereinzelt zwischen diesen hin und her wogenden Menschen bemerkte André-Louis Handelsleute in sauberer Kleidung, Kaufleute in langen, pelzverbrämten Röcken. Gelegentlich rollte auch ein Kaufherr im Zweispänner unter dem Peitschenknall und den Ausrufen des Kutschers »Gare!

Gare!« vorüber, oder eine verwöhnte Dame ließ sich in ihrer Sänfte die Straße entlangtragen, vielleicht neben ihrem Tragsessel als Gesellschaft einhertrippelnd ein gezierter Abbé vom bischöflichen Hof. Dann wieder sah man hoch zu Roß in Scharlachuniform einen Offizier, und einmal donnerte sogar die elegante Equipage eines Edelmanns über das Pflaster, mit wappengeschmückten Türen und auf dem Hintersitz ein Paar weißstrümpfige gepuderte Lakaien in prächtiger Livree. Daneben sah man Kapuziner in Braun und Benediktiner in Schwarz und zahllose Weltgeistliche – denn Gott war in den sechzehn Pfarrgemeinden von Nantes gut vertreten –, und als Kontrast lungerten dort auch hohlwangige, abgerissene Strolche herum und Gendarmen in blauen Uniformen mit gamaschenbekleideten Beinen als müßige Wächter des Friedens.
Mit einem Wort, Vertreter aller Klassen, aus denen sich die siebzigtausend Einwohner jener reichen, geschäftigen Stadt zusammensetzten, speisten diesen menschlichen Strom, der unter dem Fenster, durch das André-Louis das Treiben beobachtete, ebbte und flutete.
Von dem Kellner, der seine einfachen Bedürfnisse mit Suppe und Rindfleisch und einem Schoppen Landwein befriedigte, ließ sich André-Louis über die öffentliche Stimmung in der Stadt aufklären. Der Kellner, eine stramme Stütze der privilegierten Ordnung, gab bedauernd zu, daß Mißmut herrsche. Viel würde davon abhängen, wie sich die Dinge in Rennes gestalteten. Falls es wahr wäre, daß der König den Landtag der Bretagne aufgelöst hätte, würde noch alles gut werden, und die Mißvergnügten könnten keinen Vorwand für weitere Unruhe finden. In Nantes hätte es bereits mehr als genug Aufruhr gegeben, sie brauchten wirklich keine Wiederholung. Es schwirrten alle möglichen Gerüchte durch die Luft, und seit dem frühen Morgen umlagere eine dichte Menge die Portale der Handelskammer, um neue Nachrichten zu erhalten. Aber etwas Endgültiges wüßte man noch nicht, es wäre sogar noch nicht einmal sicher, ob Seine Majestät tatsächlich den Landtag aufgelöst hätte.
Es schlug zwei Uhr, die geschäftigste Stunde des Tages auf der Börse, als André-Louis den Place du Commerce erreichte. Der Platz, beherrscht von dem eindrucksvollen, klassischen Bankgebäude, war so gedrängt voll, daß er sich fast gewaltsam seinen Weg bis zu den Stufen des prächtigen ionischen Portals bahnen mußte. Ein Wort hätte genügt, ihm sofort einen Weg zu öffnen, aber Klugheit bewog ihn zum Schweigen. Wie ein Donnerkeil wollte er auf die wartende Menge niedersausen, genau wie gestern auf den Pöbel in Rennes, nichts von der überraschenden Wirkung seines Auftretens wollte er sich entgehen lassen.
Der Umkreis des großen Gebäudes war eifersüchtig von einer Reihe mit Stäben bewaffneter Aufseher abgesperrt: einer von den Kaufleuten eilig,

wie es der Augenblick offenbar erforderte, zusammengerufenen Wache. Als der junge Anwalt versuchte, die Stufen emporzusteigen, stellte sich ihm einer dieser Leute entgegen.

Flüsternd sagte ihm André-Louis ein Wort.

Sofort hob sich der Stab, er ging weiter und hinter dem Aufseher die Stufen hinauf. Am Kopfe der Treppe, auf der Schwelle des Gebäudes blieb er stehen und wandte sich an seinen Führer.

»Ich will hier warten. Führen Sie den Präsidenten zu mir.«

»Ihr Name, mein Herr?«

Fast hätte ihm André-Louis geantwortet. Doch rechtzeitig erinnerte er sich an Le Chapeliers Warnung vor den Gefahren, die seine Aufgabe bedrohten, sowie an dessen besondere Mahnung, seinen Namen zu verschweigen.

»Mein Name ist ihm unbekannt; der Name hat auch nichts zu bedeuten. Ich bin das Sprachrohr eines Volkes, nicht mehr. Geht.«

Der Aufseher ging, und im Schatten des luftigen säulengeschmückten Portikus wartete André-Louis, während seine Augen den dichten Kreis hochgerichteter Gesichter zu seinen Füßen überflogen. Bald erschien der Präsident, andere folgten, drängten sich, einer den anderen schiebend, in die Vorhalle hinaus, voller Eifer, die Neuigkeiten zu hören.

»Sie sind ein Bote aus Rennes?«

»Ich bin der von der Literarischen Gesellschaft jener Stadt entsandte Delegierte, um Sie hier in Nantes über die dortigen Vorgänge zu unterrichten.«

»Ihr Name?«

André-Louis stockte. »Je weniger Namen wir erwähnen, um so besser, glaube ich.«

Des Präsidenten Augen weiteten sich ernst. Er war ein korpulenter, blühender Mann, geldstolz und selbstgefällig.

Eine Sekunde zögerte er. Dann: »Kommen Sie herein in die Kammer.«

»Mit Ihrer Erlaubnis, mein Herr, werde ich meine Botschaft von hier aus – von diesen Stufen verkünden.«

»Von hier?« Der Großkaufmann runzelte die Stirn.

»Meine Botschaft ist für das Volk von Nantes bestimmt, und von hier aus kann ich gleichzeitig zu der größten Zahl der Bürger aller Stände sprechen. Es ist mein Wunsch – und der Wunsch derer, die ich repräsentiere –, daß eine möglichst große Anzahl meine Botschaft aus erster Hand vernehme.«

»Sagen Sie, mein Herr, ist es wahr, daß der König den Landtag aufgelöst hat?«

André-Louis musterte ihn. Er lächelte geheimnisvoll und winkte mit der Hand der Menge zu, die sich jetzt um einen Blick dieses hageren jungen

Mannes mühte, der es fertiggebracht, den Präsidenten und mehr als die Hälfte der Mitglieder der Kammer herauszulocken, vermuteten die Leute doch bereits mit jenem merkwürdigen Instinkt der Masse, daß er der ersehnte Überbringer von Neuigkeiten wäre.

»Rufen Sie die Herren Ihrer Kammer zusammen, Monsieur, und Sie werden alles erfahren.«

»Meinetwegen.«

Ein Wort, und sie kamen und drängten sich auf der Treppe, ließen jedoch die oberste Stufe und einen halbmondförmigen Raum in ihrer Mitte frei. Jetzt trat André-Louis freimütig vor, auf den ihm so angewiesenen Platz. Dort, die ganze Versammlung beherrschend, stellte er sich auf. Er nahm den Hut ab und schleuderte die Bombe jener historischen Ansprache unter das Volk, die einen der großen Marksteine auf Frankreichs Weg zur Revolution bedeutet.

»Volk dieser großen Stadt Nantes, ich bin gekommen, euch zu den Waffen zu rufen!« Während des überraschten, fast heiligen Schweigens, das diesen Worten folgte, betrachtete er sie einen Augenblick, ehe er fortfuhr.

»Ich bin der Abgesandte des Volkes von Rennes, beauftragt, euch zu künden, was vorgeht, und euch aufzufordern, in dieser furchtbaren Stunde der Gefahr unseres Vaterlandes euch zu erheben und zu seiner Verteidigung herbeizueilen.«

»Der Name! Ihr Name!« schrie eine Stimme, und sofort wurde der Schrei von anderen aufgegriffen, bis die Menge von dieser Frage wiedertönte. Dem erregten Mob konnte er nicht antworten, wie er dem Präsidenten geantwortet hatte. Es war notwendig, den Pöbel zu beruhigen, und er tat es mit glücklichem Erfolg. »Mein Name lautet Omnes Omnibus – Alle für alle! Möge euch das jetzt genügen! Ich bin ein Herold, ein Sprachrohr, eine Stimme, nicht mehr. Ich komme, euch zu künden, daß, da die zum Landtage der Bretagne in Rennes versammelten bevorzugten Klassen euerm Willen, unserem Willen widerstehen und dem offenen Wunsche des Königs trotzen, Seine Majestät den Landtag aufgelöst hat.«

Ein Ausbruch trunkenen Beifalls war die Antwort. Männer lachten und brüllten, und Rufe: »Es lebe der König!« grollten gleich Donner durch die Luft. André-Louis wartete, und allmählich bemerkte die Menge den ungewöhnlichen Ernst seines Gesichtes, und die Vermutung regte sich, daß noch anderes folgen würde. Langsam trat Ruhe ein, und endlich konnte André-Louis fortfahren: »Ihr jubelt zu früh. Unseligerweise haben die Edlen in ihrer unverschämten Anmaßung es vorgezogen, den königlichen Auflösungsbefehl zu mißachten, sie fahren trotzdem fort zu tagen und die Dinge, die ihnen gut dünken, weiterzuführen.«

Ein Schweigen tiefster Enttäuschung folgte diesem beunruhigenden Epilog der so begeistert aufgenommenen Ankündigung. Nach sekundenlanger Pause sprach André-Louis weiter.

»Diese Leute, die seit je Rebellen gegen das Volk, Rebellen gegen die Gerechtigkeit und Gleichheit, ja Rebellen gegen die Menschheit selbst waren, sind jetzt auch zu Rebellen ihrem König gegenüber geworden. Ehe sie auch nur ein Titelchen der unerhörten Privilegien aufgeben, dank deren sie – allzulange bereits – im Überfluß gelebt haben, zum Unglück einer ganzen Nation, verlachen sie lieber die königliche Autorität und trotzen selbst ihrem König. Sie sind entschlossen, den Beweis zu liefern, daß es in Frankreich keine wirkliche Souveränität mehr gibt, außer der Souveränität ihres eigenen schmarotzenden Müßiggängertums.«

Vereinzelter Beifall regte sich, aber die Mehrzahl der Zuhörer blieb stumm, abwartend.

»Das ist nichts Neues. Stets war es das gleiche, seit zehn Jahren gab es keinen Minister, der, die Nöte und Gefahren des Staates erkennend, die Maßnahmen verlangte, welche wir jetzt fordern als einziges Mittel, den sich immer mehr beschleunigenden Sturz unseres Vaterlandes in den Abgrund aufzuhalten, und der nicht als Dank für sein Bemühen durch den Einfluß mißbrauchter Vorrechte seines Amtes enthoben wurde. Zweimal bereits wurde Monsieur Necker ins Ministerium berufen, um zweimal entlassen zu werden, sobald seine dringenden Reformvorschläge die Vorrechte von Kirche und Adel bedrohten. Jetzt ist er zum dritten Male berufen worden, und es scheint wenigstens, daß wir trotz aller Privilegien eine allgemeine Volksvertretung bekommen werden. Doch was die bevorzugten Klassen nicht länger zu hindern vermögen, das wollen sie wenigstens zur Lächerlichkeit verurteilen. Da es jetzt beschlossene Sache ist, daß diese Volksvertretung zusammentritt, wollen Adel und Geistlichkeit dafür sorgen – falls wir nicht Maßnahmen ergreifen, sie zu hindern –, den Dritten Stand mit ihren eigenen Kreaturen zu belasten, ihn jeder wirksamen Vertretung zu berauben, um so jene Volksvertretung zu einem Instrument ihres eigenen Willens zu machen und die Mißbräuche zu verewigen, durch die sie leben. Dies zu erreichen, werden sie vor nichts zurückschrecken. Die Autorität des Königs haben sie zum Gespött gemacht, und Männer, die ihre Stimmen erheben, sie zu verdammen, bringen sie durch Mord zum Schweigen. Gestern wurden zwei junge Männer, die zum Volke sprachen, wie ich hier zu euch rede, in den Straßen auf Veranlassung des Adels durch Mörder niedergemetzelt. Ihr Blut schreit auf nach Rache.«

Dumpfes Murren, das langsam zu Zorngebraus anschwoll, verkündete den Unwillen seiner Hörer.

»Bürger von Nantes, das Vaterland ist in Gefahr! Zu seiner Verteidigung laßt uns marschieren, laßt uns der Welt zeigen, daß wir erkannt haben, daß

die Maßnahmen, den Dritten Stand aus der Sklaverei zu befreien, in der er seit Jahrhunderten seufzt, nur bei jenen Klassen auf Widerstand stoßen, deren wahnwitziger Egoismus in den Tränen und Leiden dieser Unglücklichen nichts als einen abscheulichen Tribut erblickt, den sie ihren noch ungeborenen Nachfolgern vererben möchten. In Erkenntnis der barbarischen Mittel, die unsere Feinde anwenden, um unsere Unterdrückung zu verewigen, haben wir von einem konstitutionellen Prinzip zur Regierung Frankreichs, das uns die Aristokratie beschert, alles zu fürchten, daher wollen wir uns noch in dieser Stunde für politisch frei erklären.
Die Errichtung von Freiheit und Gleichheit sollte das Ziel jedes bürgerlichen Mitgliedes des Dritten Standes sein. Und zu diesem Zwecke wollen wir fest vereint zusammenstehen, besonders die Jungen und Starken, besonders jene, die das Glück hatten, spät genug geboren zu werden, um fähig zu sein, selbst die köstlichen Früchte der Philosophie dieses achtzehnten Jahrhunderts zu ernten.«
Jetzt brach der Beifall ungehemmt hervor. Sie saßen fest in der Schlinge seiner Beredsamkeit, und er verfolgte seinen Vorteil unverzüglich.
»Laßt uns alle schwören«, schrie er mit mächtiger Stimme, »aufzustehen im Namen der Menschheit und der Freiheit, ein Wall gegen unsere Feinde, ihrer blutdürstigen Habgier entgegenzutreten mit der ruhigen Standhaftigkeit von Männern, deren Sache gerecht ist. Und laßt uns hier und von vornherein Protest einlegen gegen jeden tyrannischen Erlaß, der uns für Aufrührer zu erklären wagt, da wir nur reine und gerechte Ziele verfolgen. Laßt uns bei der Ehre unseres Mutterlandes schwören, falls einer von uns vor ein ungerechtes Tribunal geschleppt wird, um gegen uns eines dieser Mittel politischer Nützlichkeit anzuwenden – die ja doch nur Akte des Despotismus sind –, laßt uns schwören, sage ich, dann voll und ganz die Kraft, die in uns ruht, zu nutzen und das zur Strafverteidigung zu tun, was Natur, Mut und Verzweiflung uns vorschreiben.«
Laut und lang brandete der Applaus, den seine Schlußworte erzeugten, und mit Genugtuung, ja, mit einer gewissen grimmigen innerlichen Freude bemerkte er, daß die reichen Kaufherren, die auf den Stufen zusammengeschart standen und sich jetzt um ihn drängten, ihm die Hände schüttelten und ihm zujubelten, daß eben diese Kaufleute nicht nur jenes Delirium von Enthusiasmus teilten, nein, die tatsächlichen Anführer waren.
Das befestigte ihn, hätte es einer Bestätigung noch bedurft, in seiner Überzeugung, daß, genau wie die Philosophien, auf denen sich diese neue Bewegung aufbaute, ihre Quelle in Denkern aus den Reihen der Bourgeoisie besaß, so auch das Bedürfnis, diese Philosophien den praktischen Zwecken des Lebens anzupassen, in erster Linie von Mitgliedern des Bürgerstandes empfunden wurde, welche sich durch Privilegien in jener Expansion ge-

hemmt sahen, die ihr Reichtum ihnen gestattete. Konnte man von André-Louis behaupten, daß er an jenem Tage die Fackel der Revolution in Nantes entzündete, dann durfte man mit noch größerer Wahrheit sagen: diese Fackel selbst wurde ihm von der üppigen Bourgeoisie geliefert.
Es erübrigt sich, länger bei den Folgen zu verweilen. Sie gehören der Geschichte an, wie auch jener Eid, den ›Omnes Omnibus‹ den Bürgern von Nantes vorlegte, das Rückgrat des förmlichen Protests wurde, den sie zu Tausenden unterzeichneten. Auch die Wirkungen jener machtvollen Kundgebung – von der man trotz allem behaupten darf, daß sie im wesentlichen dem ausgesprochenen Willen des Königs selbst entsprach – ließen nicht lange auf sich warten. Wer vermöchte zu sagen, inwieweit dieser Protest die Hand Neckers stärkte, als er am siebenundzwanzigsten des nämlichen Monats November den Rat zwang, die wichtigsten und umfassendsten all jener Maßnahmen anzunehmen, denen Geistlichkeit und Adel ihre Zustimmung verweigert hatten. Und am gleichen Tage wurde das königliche Dekret mit der schwerwiegenden Bestimmung veröffentlicht, daß die Zahl der für die Volksvertretung erwählten Deputierten wenigstens eintausend betragen müsse, und daß die Deputierten des Dritten Standes der Zahl nach genau so stark vertreten sein sollten wie die Deputierten von Geistlichkeit und Adel zusammen.

9 *Die Nachmahd*

Die Dämmerung des folgenden Tages senkte sich hernieder, als der heimkehrende André-Louis sich Gavrillac näherte. In voller Erkenntnis des Lärms und Geschreies, die sich bald über den neuen Apostel der Revolution, der das Volk von Nantes zu den Waffen gerufen, überall erheben würde, wünschte er soviel wie möglich die Tatsache zu verschleiern, daß er in jener Seestadt gewesen war. Er machte daher einen weiten Umweg, überschritt bei Bruz den Fluß und kreuzte ihn dann noch einmal dicht unterhalb von Chavagne, um von Norden in Gavrillac einzureiten und so den Eindruck zu erwecken, als käme er von Rennes zurück, wohin er, wie man wußte, vor zwei Tagen gegangen war.
Etwa eine Meile vor dem Dorfe erkannte er im schwindenden Licht die undeutlichen Umrisse einer Gestalt zu Pferde, welche ihm langsam entgegenritt. Doch erst als sie nur mehr ein paar Meter voneinander entfernt waren und er bemerkte, wie sich diese mantelumhüllte Gestalt vorneigte und nach ihm ausspähte, nahm er von ihrem Kommen Notiz. Fast gleichzeitig rief ihn eine Frauenstimme an.
»Bist du es, André? Endlich!«

Etwas überrascht zog er die Zügel, als ihm eine zweite Frage, ungeduldig, ängstlich, entgegendrang: »Wo bist du gewesen?«
»Wo ich gewesen bin, Base Aline? Oh... die Welt besehen.«
»Seit heute mittag reite ich hier in Erwartung deines Kommens auf und ab.« Sie sprach atemlos, bemüht, sich verständlich zu machen. »Eine Abteilung berittener Gendarmerie aus Rennes wurde heute früh auf Suche nach dir nach Gavrillac gesandt. Schloß und Dorf stellten sie auf den Kopf und erkundeten schließlich, daß du auf einem Mietpferde des ›Gewappneten Bretonen‹ zurückkehren würdest. Sie haben daher in dem Wirtshaus Quartier bezogen, um dich abzufangen. Den ganzen Nachmittag bin ich hier auf Ausguck, um dich vor dieser Falle zu warnen.«
»Meine liebe Aline! Daß ich die Ursache von soviel Sorge und Unruhe sein mußte!«
»Ach, schweig, das ist unwichtig.«
»Im Gegenteil, es ist das Wichtigste von allem, was du mir erzählst. Das übrige ist unwichtig.«
»Begreifst du denn nicht: sie sind hier, um dich zu verhaften?« Die Frage verriet wachsende Ungeduld. »Ein Haftbefehl von Monsieur de Lesdiguières klagt dich des Aufruhrs an.«
»Des Aufruhrs?« Seine Gedanken flogen zu seinen Taten in Nantes. Unmöglich, daß man davon in Rennes schon Kenntnis erhalten und deswegen Maßregeln gegen ihn ergriffen haben konnte!
»Ja, des Aufruhrs! Deine aufrührerische, gottlose Rede in Rennes am Mittwoch!«
»Ach so!« meinte er. »Pah!« Wäre sie aufmerksamer gewesen, die Erleichterung, die aus seiner Stimme sprach, hätte ihr erzählt, daß er seither die Folgen eines weit schwereren Vergehens zu fürchten habe. »Ach, das war ja gar nichts.«
»Nichts?«
»Ich vermute fast, daß die wirklichen Absichten dieser Herren von der Gendarmerie mißverstanden wurden. Höchstwahrscheinlich sind sie gekommen, um mir im Namen von Monsieur de Lesdiguières zu danken. Ich hielt das Volk zurück, als es das Palais mit ihm selbst darin niederbrennen wollte.«
»Nachdem du sie zuerst dazu angereizt hattest! Du bekamst wahrscheinlich Angst vor deiner Tat, im letzten Augenblick zogst du dich zurück. Aber du sagtest Dinge von Monsieur de Lesdiguières, falls diese Dinge richtig wiedergegeben wurden, die er nie verzeihen wird.«
»Ich verstehe«, entgegnete André-Louis und versank dann in Nachdenken.
Allein Mademoiselle de Kercadiou hatte bereits alles, was nötig war, über-

legt, und ihr klarer junger Verstand hatte alles geordnet, was geschehen mußte.
»Du darfst nicht nach Gavrillac reiten«, erklärte sie ihm, »du mußt absteigen und mir dein Pferd übergeben. Über Nacht stell' ich's im Schlosse ein, und morgen nachmittag, wenn du über alle Berge bist, bringe ich es in den ›Gewappneten Bretonen‹.«
»Oh, das ist unmöglich.«
»Unmöglich? Warum?«
»Aus zahlreichen Gründen. Der eine ist, daß du gar nicht bedenkst, was dir selbst geschehen würde, wenn du das tätest.«
»Mir? Glaubst du, ich fürchte mich vor dieser Schar von Monsieur de Lesdiguières entsandten Dummköpfen? Ich habe mich keines Aufruhrs schuldig gemacht.«
»Aber es ist fast ebenso schlimm, jemand, der eines derartigen Verbrechens angeklagt ist, zu helfen. So ist nun mal das Gesetz.«
»Was kümmere ich mich um das Gesetz! Glaubst du, das Gesetz würde so anmaßend sein, mich anzutasten?«
»Natürlich, da hast du recht. Du wirst durch einen dieser Mißbräuche geschützt, die ich in Rennes anklagte. Das hatte ich vergessen.«
»Klage diese Mißstände an, soviel es dir beliebt, aber inzwischen zieh aus ihnen Nutzen. Komm, André, tu, was ich dir sage, steig ab von deinem Pferde.« Und dann, als er noch immer zögerte, streckte sie ihre Hand aus und packte ihn am Arm. Ihre Stimme zitterte vor Besorgnis. »André, du begreifst noch immer nicht den Ernst deiner Lage. Wenn dich dieses Pack ergreift, ist es so gut wie sicher, daß man dich hängen wird. Siehst du das nicht ein? Du darfst nicht nach Gavrillac! Du mußt sofort verschwinden und dich eine Zeitlang völlig verborgen halten, bis diese Aufregung vorüber ist, bis mein Onkel seinen Einfluß geltend machen kann, um Verzeihung für dich zu erlangen.«
»Oh, das wird lange Zeit dauern«, entgegnete André-Louis. »Monsieur de Kercadiou hat sich nie viel um Freunde bei Hof gekümmert.«
»Aber Marquis de La Tour d'Azyr«, erinnerte sie ihn zu seiner Überraschung.
»Dieser Kerl!« schrie er, dann lachte er. »Gerade gegen ihn habe ich ja in erster Linie den Unwillen der Renneser Bevölkerung aufgestachelt. Ich hätte mir denken können, daß dir nicht meine ganze Rede berichtet wurde.«
»Oh doch, dieses auch, unter allem übrigen.«
»Ah, und trotzdem mühst du dich, mich zu retten? Einen Mann, der das Leben deines künftigen Gatten von den Händen des Rechts oder des Volkes fordert? Oder sollten sich deine Ansichten über die Aussicht, Marquise de

La Tour d'Azyr zu werden, seit der Ermordung des armen Philippe, die des Marquis wahre Natur enthüllte, geändert haben?«
»Du zeigst wirklich oft einen erstaunlichen Mangel logischen Denkens!«
»Vielleicht. Doch schwerlich in dem Maße, anzunehmen, der Marquis de La Tour d'Azyr würde je auch nur einen Finger regen, um zu tun, was du erhoffst.«
»Wie gewöhnlich hast du auch darin unrecht. Wenn ich es verlange, wird er es bestimmt tun.«
»Wenn du es verlangst?« Helles Entsetzen klang aus seiner Stimme.
»Gewiß. Sieh, ich habe noch nicht eingewilligt, Marquise de La Tour d'Azyr zu werden. Ich überlege es mir noch. Eine derartige Lage bietet manchen Vorteil. Sie sichert mir den unbedingten Gehorsam des Freiers.«
»So, so, ich begreife die krumme Logik deines Denkens. Du würdest so weit gehen und ihm erklären: ›Schlag mir das ab, dann weigere ich mich, deine Marquise zu werden.‹ Würdest du das wirklich tun?«
»Falls nötig, ja.«
»Aber begreifst du denn nicht die unvermeidlichen Folgen? Siehst du denn nicht, daß dann deine Hände gebunden wären? Daß es dann ehrlos wäre, wenn du später seine Werbung zurückwiesest? Kannst du annehmen, ich würde einer Handlung zustimmen, die deine Hände bände? Glaubst du, ich ließe dich in dein Verderben rennen, Aline?«
Ihre Hand sank von seinem Arm herab. »Oh, du bist wahnsinnig!« rief sie fassungslos.
»Vielleicht. Aber ich liebe meinen Wahnsinn. In meiner Verrücktheit lebt ein Schauer, deinem gesunden Sinne unbekannt. Mit deiner Erlaubnis, Aline, ich glaube, ich werde doch nach Gavrillac reiten.«
»André, du darfst nicht! Es ist dein Tod!« In ihrer Aufregung spornte sie ihr Pferd an und versperrte ihm den Weg.
Jetzt war es fast völlig Nacht, aber hinter den zerrissenen Wolken segelte die Mondsichel hervor und erhellte das Dunkel.
»Komm«, ermunterte sie ihn, »sei verständig, tu, worum ich dich bitte. Sieh, dort hinter dir kommt ein Wagen, wir wollen doch nicht hier zusammen gesehen werden.«
Rasch überlegte er. Er war nicht der Mann, sich durch falschen Heroismus in den Tod treiben zu lassen, und für Monsieur de Lesdiguières' Galgen spürte er nicht die geringste Neigung. Die dringende Aufgabe, die er sich selbst gestellt, mußte vollendet werden. Er hatte die Stimme tönend zum Leben erweckt, die Marquis de La Tour d'Azyr zum Schweigen gebracht zu haben glaubte, und er fühlte sein Leben noch keineswegs abgeschlossen.
»Aline, nur unter einer Bedingung.«

»Und die wäre?«
»Daß du mir schwörst, nie meinetwegen Marquis de La Tour d'Azyr um Hilfe anzugehen.«
»Einverstanden, da du darauf bestehst und die Zeit drängt. Und jetzt reite mit mir bis zu dem Seitenweg. Dort kommt der Wagen.«
Der Seitenweg, den sie meinte, zweigte nach einigen dreihundert Metern von der Hauptstraße ab und führte steil den Hügel zum Schlosse hinauf. Schweigend ritten sie zusammen und bogen in den von dichten Hecken gedeckten engen Seitenpfad ein. Nach fünfzig Metern machten sie halt.
»Jetzt«, bat sie ihn.
Gehorsam schwang er sich vom Pferde und übergab ihr die Zügel.
»Aline«, sagte er, »ich finde keine Worte, dir zu danken.«
»Es ist auch gar nicht notwendig.«
»Aber ich hoffe, es dir eines Tages vergelten zu können.«
»Auch das ist unnötig. Konnte ich denn weniger tun, als ich tat? Ich mag nicht hören, André, daß man dich aufgehängt hat. Auch Onkel nicht, obwohl er dir sehr zürnt.«
»Das kann ich mir denken.«
»Und es kann dich auch schwerlich überraschen. Du warst sein Delegierter, sein Vertreter, er vertraute dir, und du hast deinen Rock gewechselt. Er ist mit Recht empört, nennt dich einen Verräter und schwört, er würde nie wieder mit dir sprechen. Aber er möchte doch nicht, daß du aufgehängt wirst, André.«
»In diesem Punkt stimmen wir wenigstens überein, denn das möcht' ich auch nicht.«
»Ich werde ihn mit dir aussöhnen, und jetzt – Lebe wohl, André, schreib mir, wenn du in Sicherheit bist.«
Sie hielt ihm ihre Hand entgegen, die in dem trüben Licht geisterhaft wirkte. Er nahm sie und führte sie an seine Lippen.
»Gott segne dich, Aline.«
Sie war gegangen, und er stand lauschend auf den sich entfernenden Hufschlag, bis dieser allmählich verklang. Dann, mit hochgezogenen Schultern, das Haupt auf die Brust gesenkt, schritt er langsam wieder nach der Hauptstraße zurück, grübelnd, wohin er sich wenden sollte. Plötzlich schrak er zusammen. Mit Bestürzung fiel ihm ein, daß er fast ohne Geldmittel war, und in der Bretagne kannte er kein zuverlässiges Versteck. Solange er sich in der Bretagne befand, blieb die Gefahr dringend. Allein, um die Provinz zu verlassen, sie so schnell zu verlassen, wie Klugheit vorschrieb, wären Pferde nötig gewesen, und wie sollte er sich Pferde besorgen, besaß er doch außer einem einzigen Gold-Louisdor und ein paar Silberstücken kein Geld.

Dazu kam noch die Tatsache, daß er todmüde war. Seit Dienstagnacht hatte er nur wenig Schlaf gehabt. Den größten Teil dieser Zeit war er im Sattel gewesen, eine ermüdende Sache für jemand, der so wenig an lange Ritte gewöhnt. Ermattet, wie er war, schien es undenkbar, heute nacht noch sehr weit zu wandern. Vielleicht würde er bis Chavagne gelangen. Doch dort mußte er zu Abend essen und schlafen. Und morgen, was dann?

Hätte er doch nur früher daran gedacht, vielleicht wäre es Aline möglich gewesen, ihm mit einem Darlehen von ein paar Louisdors beizuspringen! Sein erster Impuls war, ihr ins Schloß zu folgen, aber Klugheit verwies diesen Gedanken. Ehe er zu ihr gelangen konnte, mußten ihn Dienstboten sehen, und ein Wort über seine Anwesenheit würde durchsickern.

Es gab keine Wahl: Er mußte sich bis nach Chavagne schleppen, dort ein Bett finden und morgen vor Tagesanbruch schon wieder auf dem Marsch sein. Mit diesem Entschluß machte er sich in der Richtung, aus der er gekommen, auf den Weg. Doch wieder blieb er stehen. Chavagne lag auf der Straße nach Rennes. Diesen Weg zu gehen, hieß sich in neue Gefahr stürzen, er mußte sich wieder nach Süden wenden. Am Rande einiger Wiesen diesseits des Dorfes befand sich eine Fähre, die ihn über den Fluß bringen würde. So könnte er das Dorf vermeiden. Den Fluß zwischen sich und die unmittelbare Gefahr gebracht zu haben, würde sein Gefühl der Sicherheit erhöhen.

Ein Seitenpfad, der eine Viertelmeile diesseits von der Heerstraße abbog, führte zu der Fähre hinunter. Zwanzig Minuten später kam André-Louis schleppenden Fußes diesen Weg gegangen. Er vermied das kleine Häuschen des Fährmannes, dessen Fenster erleuchtet waren, und schlich sich im Dunkeln hinunter zu dem Boot, um, wenn möglich, sich selbst hinüberzubringen.

Er tastete nach der Kette, die das Boot sicherte, und ließ seine Finger über sie gleiten bis zu der Stelle, wo sie befestigt war. Zu seiner Enttäuschung entdeckte er hier ein Schloß.

Er richtete sich in der Finsternis auf und lachte still in sich hinein. Das hätte er wirklich wissen können! Die Fähre war das Eigentum von Marquis de La Tour d'Azyr, lag also sicherlich nicht unverschlossen, damit vielleicht irgendein armer Teufel ihn um seinen grundherrlichen Zoll prellen könnte.

Da ihm keine andere Möglichkeit blieb, ging er zu der Hütte zurück und klopfte an die Tür. Als sie sich öffnete, stand er seitwärts, im Hintergrunde außerhalb des Lichtstrahls, der herausdrang.

»Fähre!« krächzte er lakonisch.

Der Fährmann, ein ihm gut bekannter grober Schurke, wandte sich ab, um eine Laterne aufzunehmen, und kam dann, der Aufforderung entsprechend, heraus. Während er den kleinen Vorhof überschritt, hob er die Laterne und ließ das Licht auf das Gesicht des Reisenden fallen.

»Mein Gott!« stieß er hervor.

»Ich sehe, du begreifst, daß ich in Eile bin«, entgegnete André-Louis, die Augen fest auf des Burschen erschrecktes Gesicht geheftet.

»Und habt auch allen Grund dazu, da der Galgen in Rennes auf Euch wartet«, brummte der Fährmann. »Da Ihr schon so dumm waret, nach Gavrillac zurückzukommen, tätet Ihr gut daran, Euch so rasch wie möglich dünnezumachen. Ich werd' niemandem ein Wort sagen, daß ich Euch gesehen habe.«

»Ich danke dir, Fresnel. Dein Rat stimmt ausgezeichnet zu meinen Absichten, deshalb brauche ich das Boot.«

»Oh, das nicht«, erwiderte Fresnel entschieden. »Ich will meinen Frieden haben, und es hieße mein Fell zu Markte tragen, Euch zu helfen.«

»Du brauchst ja mein Gesicht nicht erkannt zu haben, vergiß, daß du's gesehen hast.«

»Das will ich auch, Monsieur, aber das ist auch alles, was ich tun werde. Ich kann Euch nicht über den Fluß fahren.«

»Dann gib mir den Schlüssel zum Boot, und ich werde mich selbst hinüberziehen.«

»Das ist ganz das gleiche. Nein, ich kann nicht. Ich will meinen Mund halten, aber Euch helfen, nein, das wage ich nicht.«

Einen Augenblick betrachtete André-Louis dieses mürrische, entschlossene Gesicht und begriff. Dieser Mensch lebte unter dem drohenden Schatten de La Tour d'Azyrs und wagte nichts, was ihn mit dem Willen seines gefürchteten Herrn in Konflikt bringen könnte.

»Fresnel«, sagte er ruhig, »wenn mir wirklich, wie du sagst, der Galgen winkt, weißt du, daß mich die Erschießung Mabeys in diese Gefahr gebracht hat. Wäre Mabey nicht ermordet worden, hätte für mich kein Grund bestanden, in dieser Weise meine Stimme zu erheben. Ich denke, Mabey war dein Freund. Willst du mir nicht um seinetwillen die kleine Hilfe geben, die ich brauche, um meinen Hals zu retten?«

Der Mann blickte zu Boden, der grämliche Ausdruck seines Gesichts verstärkte sich noch.

»Ich würd's ja tun, wenn ich's nur wagte, aber ich wag's nicht.« Dann, ganz plötzlich, wurde er wütend, als suche er im Zorn Unterstützung. »Versteht Ihr denn nicht, daß ich's nicht kann? Möchtet Ihr, daß ein armer Mensch Euretwegen sein Leben wagt? Was habt Ihr oder Euresgleichen je für mich getan, daß Ihr so was von mir verlangt? Auf *meiner* Fähre werdet Ihr heute nacht nicht übersetzen. Begreift das endlich, Monsieur, und begebt Euch fort – fort, ehe ich dran denke, daß es für mich vielleicht schon gefährlich ist, mit Euch gesprochen und keine Anzeige erstattet zu haben. Na, so lauft doch endlich!«

Er wandte sich kurz ab, um wieder in die Hütte zu gehen, und Hoffnungslosigkeit überkam André-Louis.

Doch in der nächsten Sekunde war die Schwäche verflogen. Der Mann mußte gezwungen werden, und er besaß hierzu das Mittel. Er erinnerte sich einer Pistole, die Le Chapelier ihm im Augenblick seines Abschiedes von Rennes aufgedrängt, eine Gabe, die er damals fast zurückgewiesen hätte. Freilich, sie war nicht geladen, und er besaß keine Munition, aber wie sollte Fresnel das wissen? Sein Handeln ging rasch. Mit der rechten Hand zog er die Pistole aus der Tasche, mit der linken packte er den Fährmann an der Schulter und riß ihn herum.

»Na, was ist denn jetzt los?« schrie Fresnel zornig. »Habe ich Euch nicht gesagt, daß ich ...« Er brach kurz ab. Die Mündung einer Pistole drohte einen Fuß vor seinen Augen.

»Den Schlüssel des Boots will ich. Das ist alles, Fresnel. Entweder gibst du ihn mir sofort, oder ich werde mir ihn holen, nachdem ich dir das Gehirn ausgeblasen habe. Es würde mir leid tun, dich zu töten, aber ich werde nicht zögern. Dein Leben steht gegen meines, Fresnel. Du wirst es deshalb nicht seltsam finden, daß, wenn einer von uns sterben muß, ich es vorziehe, daß du derjenige bist.«

Fresnel fuhr mit der Rechten in seine Tasche und holte einen Schlüssel hervor. Die Hand, mit der er ihn André-Louis entgegenhielt, zitterte – mehr vor Wut als Furcht.

»Ich füge mich der Gewalt«, grollte er und fletschte wie ein böser Köter die Zähne. »Bildet Euch aber ja nicht ein, daß es Euch viel nützen wird.«

André-Louis nahm den Schlüssel, seine Pistole blieb erhoben.

»Mir scheint, du drohst mir. 's ist nicht schwer, deine Drohung zu verstehen. Im Moment, wo ich fort bin, willst du laufen und Anzeige gegen mich erstatten. Du willst die Gendarmerie mir auf die Fersen hetzen.«

»Nein, nein!« rief jetzt der andere. Er begriff die Gefahr, er las sein Schicksal in dem kalten, finsteren Ton, mit dem André-Louis zu ihm sprach, und wurde ängstlich. »Ich schwöre Euch, Monsieur, daß ich keine solche Absicht habe.«

»Trotzdem scheint es mir besser, mich vor dir in acht zu nehmen.«

»Oh, mein Gott! Habt Gnade mit mir, Monsieur.« Der Schuft befand sich jetzt in Todesangst. »Ich wünsche Euch ja nichts Böses – ich schwöre zum Himmel, ich mein's wirklich nicht bös. Kein Wort will ich sagen, nein, ich ...«

»Ich möchte mich eher auf dein Schweigen als auf deine Versicherung verlassen. Doch mag's drum sein, vielleicht bin ich ein Narr, aber es widerstrebt mir, Blut zu vergießen. Geh ins Haus, Fresnel. Na lauf, Mann. Ich folge dir.«

In dem ärmlichen Hauptraum der Hütte hieß ihn André-Louis wieder stillstehen. »Gib mir ein Tauende«, befahl er und erzielte sofortigen Gehorsam.

Fünf Minuten später saß Fresnel festgebunden auf einem Stuhl, wortwörtlich durch einen äußerst unbequemen Knebel zum Schweigen gebracht, den André-Louis aus einem Stück Holz und einem Halstuch improvisierte.

Auf der Türschwelle wandte sich André-Louis noch einmal um.

»Gute Nacht, Fresnel.« Wilde Augen starrten ihm haßerfüllt entgegen.

»Es ist unwahrscheinlich, daß deine Fähre heute nacht gebraucht wird. Aber morgen in aller Frühe wird sicherlich irgend jemand kommen, dich zu erlösen. Bis dahin ertrage die Unbequemlichkeit mit möglichster Standhaftigkeit und denke darüber nach, daß du dir dein Schicksal nur selbst durch deine Unmenschlichkeit zugezogen hast. Wenn du die Nacht in diesen Überlegungen verbringst, wird die Lehre für dich nicht verloren sein. Vielleicht bist du bis morgen sogar so mitleidvoll geworden, nicht einmal mehr zu wissen, wer dich festband. Gute Nacht.«

Er schritt hinaus und schloß die Tür.

Die Fähre loszuketten, sich über das rasch fließende Wasser zu ziehen, über welches das bleiche Mondlicht in Silberwellchen flutete, beanspruchte nicht länger als sechs oder sieben Minuten. Er trieb die Spitze des Bootes durch das welke Schilf, welches das südliche Ufer des Flusses begrenzte, sprang an Land und kettete das kleine Fahrzeug wieder an. Dann, in der Dunkelheit von dem Fußpfad abirrend, schritt er auf der Suche nach dem Weg quer über eine sumpfige Wiese.

Zweites Buch Der Kothurn

1 *Eine Gesetzesübertretung*

Mehr dem Instinkt als Vernunftgründen gehorchend, gelangte André-Louis bald auf die Rédoner Landstraße und marschierte müde, mechanisch einen Fuß vor den anderen setzend, weiter nach Süden. Er hatte keine klare Vorstellung, wohin er eigentlich ging oder wohin er gehen sollte. Im Augenblick schien es ihm nur wichtig, eine so große Strecke wie möglich zwischen sich und Gavrillac zu legen.

Er hatte die unbestimmte, nur halb bewußte Absicht, nach Nantes zurückzukehren und dort mit der neu entdeckten Waffe seiner Beredsamkeit das Volk aufzureizen, ihn zu schützen, ihn, das erste Opfer der Verfolgung, die er vorausgesehen und gegen die, zu den Waffen zu rufen, er geschworen hatte.

Im Grunde spielte er jedoch nur mit diesem Gedanken als einer fernen Möglichkeit, ohne wirklich danach handeln zu wollen. In Erinnerung an Fresnels Aussehen bei seinem Abschied, an dessen verbundenes Gesicht mit den hervorquellenden Augen, kicherte er in sich hinein. »Für jemand, der alles, nur kein Mann der Tat war«, schreibt er in seinen Bekenntnissen, »hatte ich mich meiner Ansicht nach gar nicht so schlecht geführt.« Häufig kehrt auch die Bemerkung wieder, daß er ein Mann geistiger und nicht physischer Aktivität wäre, und er bedauert es, daß harte Notwendigkeit ihn mitunter zu Gewaltakten zwänge.

Mit wachsender Ermüdung meldeten sich Niedergeschlagenheit und Selbstvorwürfe. Töricht war er über das Ziel hinausgeschossen, als er Monsieur de Lesdiguières beleidigte. »Weit besser ist es«, schreibt er an einer Stelle, »gottlos zu sein, als dumm. Das meiste Unheil dieser Welt ist nicht, nach den Worten der Priester, die Frucht der Gottlosigkeit, sondern der Torheit.« Von allen Torheiten jedoch hielt er Zorn für die beklagenswerteste... Und doch hatte er sich selbst gestattet, zornig zu werden über eine Kreatur wie diesen Monsieur de Lesdiguières, einen Lakaien, einen Laffen, ein Nichts trotz all seiner Macht zum Bösen. Wahrlich, er hätte sich sehr gut seiner selbst erwählten Mission entledigen können, ohne die Rachsucht des Generalstaatsanwalts zu erregen.

Wie in einem Spiegel sah er sich selbst in seinem Reitrock stehen, hinausgetrieben ins Leben, mit einem einzigen Louisdor und ein paar Silbermünzen als letztem Rückhalt, dazu mit einer Gesetzeskenntnis, die sich als un-

genügend erwiesen hatte, ihn vor den Folgen einer Gesetzesübertretung zu bewahren.
Außerdem besaß er noch sein Erbteil, das Lachen – in letzter Zeit allerdings traurig zurückgedrängt – und den philosophischen Blick und das lebhafte Temperament, die das wichtigste Gut der Abenteurer aller Zeiten bilden. Allein diese Dinge, die in Wahrheit seine Rettung waren, zählte er nicht.
Inzwischen wanderte er mechanisch durch die Nacht, bis er fühlte, er könnte sich nicht weiterschleppen. Er war an dem kleinen Städtchen Guichen vorübergegangen und befand sich jetzt eine halbe Meile vor Guignen – Gavrillac lag sieben gute Meilen in seinem Rücken –, da verweigerten ihm seine Beine den Dienst.
Etwa mittwegs des ausgedehnten Gemeindelandes nördlich von Guignen machte er halt. Er hatte die Landstraße verlassen und achtlos den Fußpfad eingeschlagen, der sich quer durch die Wüste gleichmäßiger Weiden, von Stechginsterbüschen unterbrochen, schlängelte. Einen Steinwurf zu seiner Rechten umgrenzte eine Dornenhecke das Gemeindeland. Dahinter dämmerte ein hohes Gebäude, das, wie er wußte, eine offene, am Rande eines langen Wiesenstreifens stehende Scheune barg. Vielleicht veranlaßte ihn dieser dunkle, schweigende Schatten, der seinem Unterbewußtsein Schutz verhieß, zu einem Halt. Einen Augenblick zögerte er, dann eilte er direkt auf die Stelle zu, wo ein Gatter eine Lücke in der Hecke schloß. Er stieß das Tor auf, schritt durch die Hecke und stand jetzt vor der Scheuer. Sie war groß wie ein Haus, bestand aber nur aus einem von einem halben Dutzend schlanker Ziegelpfeiler getragenen Dach. Dicht bis unter das Dach lag Heu aufgestapelt und versprach einen warmen Unterschlupf gegen die nächtliche Kälte. Kräftige Sparren mit vorspringenden Enden waren in die Ziegelpfeiler eingelassen, um als Leiter zu dienen, mit deren Hilfe die Arbeiter hinaufklettern konnten, das Heu aufzuschichten oder abzuladen.
Mit seiner letzten Kraft klomm André-Louis empor und gelangte sicher zur Höhe, wo er aus Mangel an Raum gezwungen war, sich auf die Knie niederzulassen. Hier entledigte er sich seines Rockes und Halstuches sowie der durchnäßten Stiefel und Strümpfe. Dann grub er eine Kuhle, legte sich hinein und bedeckte sich bis zum Hals mit dem vorher entfernten Heu. Nach fünf Minuten lag er, allen weltlichen Sorgen entrückt, in gesundem Schlaf.
Als er erwachte, stand die Sonne hoch am Himmel, es mußte also bereits ziemlich spät am Tage sein. Das war ihm klar, ehe er noch ganz begriff, wo er eigentlich wäre und wie er hierhergekommen. Dann traf ganz aus der Nähe ein Gesumm von Stimmen, dem er zuerst wenig Aufmerksamkeit schenkte, seine erwachenden Sinne. Er fühlte sich prachtvoll erfrischt, wollüstig schlaftrunken und wollüstig warm.

Als jedoch Bewußtsein und Erinnerung deutlicher wurden, hob er den Kopf aus dem Heu, um beide Ohren zum Lauschen freizuhaben, und in erwachender Furcht, diese Stimmen möchten für ihn nichts Gutes bedeuten, beschleunigte sich sein Pulsschlag. Allein da vernahm er den beruhigenden Klang eines weiblichen Organs, musikalisch und silberhell, obwohl in tiefer Erregung.

»Oh, mein Gott, Léandre, wir müssen uns sofort trennen. Wenn mein Vater...«

Ruhig und zuversichtlich fiel eines Mannes Stimme ein.

»Nein, nein, Climène, du täuschst dich, niemand kommt, wir sind völlig sicher; was schreckst du vor Schatten?«

»Oh, Léandre, wenn er uns hier beisammen fände! Ich zittere schon bei diesem Gedanken.«

Mehr war nicht erforderlich, André-Louis zu beruhigen. Er hatte genug gehört, um zu wissen, daß es sich nur um ein Liebespärchen handelte, das zwar nicht für sein Leben zu zittern brauchte, aber trotzdem – wie das Liebender Art ist – ängstlicher war als er. Neugier zog ihn aus seinem warmen Bett zum Rande des Heuschobers. Auf dem Bauche liegend, reckte er seinen Kopf vor und schielte hinunter.

Auf der gemähten Wiese zwischen Scheune und Hecke standen ein Mann und eine Frau, beide noch sehr jung. Der Mann war ein gutgekleideter, hübscher Bursche mit schönem, nußbraunem Haar, das eine breite schwarze Seidenschleife zu einem Zopf zusammenflocht. Seine Kleidung verriet einen gewissen absichtlichen, aber billigen Prunk und nahm einen beim ersten flüchtigen Blick nicht gerade zu seinen Gunsten ein. Sein modisch geschnittener Rock bestand aus abgeschabtem, dunkelrotem Samt, mit Silberlitzen eingefaßt, deren Glanz jedoch längst entschwunden war. Er paradierte mit Spitzenmanschetten, aber aus Mangel an Stärke hingen sie wie Trauerweiden über seine wohlgeformten zarten Hände. Seine Hosen waren aus einfachem schwarzem Tuch, und die schwarzen Strümpfe aus Baumwolle – sie stimmten ganz und gar nicht zu dem prächtigen Rock. Die Schuhe, derb und dauerhaft, schmückten Schnallen aus billigem, glanzlosem Straß. Nach seinem einnehmenden und lebhaften Gesicht hätte ihn André-Louis für einen Ritter jener Sorte gehalten, die auf unehrenhafte Weise von ihrem Witze leben; allein er stellte sein Urteil noch zurück, da ihn die Betrachtung des Mädchens in Anspruch nahm. Schon hier sei die Bemerkung gestattet, daß ihn dieses Studium außerordentlich reizte, obwohl es, ungeachtet seiner Jahre, bei seinem bisherigen, den Büchern und der Gelehrsamkeit geweihten Leben, ganz und gar nicht seine Gewohnheit war, an die Weiblichkeit seine Aufmerksamkeit zu verschwenden.

Das Kind – sie war kaum mehr, höchstens zwanzig Jahre alt – besaß, ganz abgesehen von dem Reiz ihres Gesichts und ihrer fast vollkommen zu nennenden Gestalt, eine bezaubernde Lebhaftigkeit und eine Grazie der Bewegung, derengleichen André sich nicht erinnern konnte, je vorher an einem Menschen gesehen zu haben.

Und ihre Stimme – diese musikalische, silberne Stimme, die ihn geweckt hatte – bot in ihren wundervollen Modulationen an sich schon ein Lockmittel, das, so dünkte es ihn, selbst der Häßlichsten ihres Geschlechts unwiderstehlichen Charme verliehen hätte. Die Schöne trug einen Kapuzenmantel aus grünem Tuch, und da die Kapuze zurückgeschlagen war, bot sich ihm ihr Haupt völlig unverhüllt. Die Morgensonne zog goldene Strähnen in ihr lichtbraunes Haar, ein Lockengewirr, das ihr ovales Gesichtchen umrahmte. Ihr Teint schimmerte in einer Zartheit, die André nur mit einem Rosenblatt vergleichen konnte. Die Farbe ihrer Augen war auf diese Entfernung nicht zu erkennen, allein er vermutete, während er deren Funkeln unter der feinen, schwarzen Brauenlinie bewunderte, daß sie blau wären.

Er hätte keinen Grund angeben können, doch es wurmte, ja schmerzte ihn, das Mädchen so vertraut mit diesem hübschen jungen Menschen zu finden, der sich anscheinend mit den abgelegten Kleidern eines Edelmannes ausstaffiert hatte. Ihre Stellung im Leben vermochte er nicht einmal zu ahnen, allein die Worte, die zu ihm drangen, sprachen in Ton und Ausdruck von Kultur. Er mühte sich, zu lauschen.

»Ehe wir nicht sicher verheiratet sind, Léandre, werde ich keinen Frieden finden«, sagte sie gerade. »Erst dann werde ich mich vor ihm sicher fühlen. Aber ach, wenn wir ohne seine Einwilligung heiraten, stürzen wir uns selbst nur in neue Unruhe, und seine Erlaubnis zu erringen, verzweifle ich fast.«

Augenscheinlich, überlegte sich André-Louis, ist ihr Vater ein Mann von Verstand, der die schäbige Eleganz Monsieur Léandres durchschaut und sich nicht durch billige Diamantschnallen blenden läßt.

»Geliebte Climène«, antwortete der junge Mensch, tolpatschig vor ihr aufgepflanzt und ihr beide Hände entgegenstreckend: »Du tust unrecht, zu verzagen. Wenn ich dir nicht alle Kriegslisten enthülle, die ich vorbereitet habe, um die Zustimmung deines unnatürlichen Vaters zu erringen, so geschieht es nur, um dir nicht die Freude der Überraschung zu rauben. Doch vertraue mir und jenem klugen Freunde, von dem ich dir erzählte, und der jeden Augenblick kommen muß.«

So ein gespreizter Esel! Hatte er seine Rede im voraus auswendig gelernt, oder war er von Natur ein steifleinener Idiot, der sich in so gezierter und gewundener Weise ausdrückte? Wie konnte eine so zarte Blüte ihren Duft an einen derartigen Gecken verschwenden? Was der Kerl nur für einen lächerlichen Namen hatte!

So dachte André auf seinem Beobachtungsposten, während die Dame weitersprach:

»Das ist, was mein Herz ersehnt, Léandre, aber Furcht beseelt mich, deine Kriegslist könnte zu spät kommen. Heute noch soll ich diesen schrecklichen Marquis Sbrufadelli zum Gatten nehmen, zur Mittagszeit trifft er ein. Er kommt, den Vertrag zu unterzeichnen – mich zur Marquise von Sbrufadelli zu machen. Oh, mein Gott!«

Es war wie ein Schmerzensschrei aus diesem zarten jungen Herzen. »Der Name schon brennt meine Lippen! Wäre er der meine, nie vermöchte ich ihn auszusprechen – niemals! Der Mensch ist so verächtlich! Rette mich, Léandre! Rette mich! Du bist meine einzige Hoffnung!«

André-Louis empfand eine schmerzliche Enttäuschung. Sie erhob sich nicht zu der Höhe, die er von ihr erwartet hatte. Augenscheinlich machte das stutzerhafte Verhalten ihres lächerlichen Liebhabers auf sie Eindruck. Ihre Worte zeigten einen peinlichen Mangel an Ernst. Sie berührten seinen Verstand, ließen aber sein Herz unbewegt. Vielleicht rührte das von seiner Antipathie gegen Monsieur Léandre und dem wahrscheinlichen Ausgang jener Sache her.

Der Vater wollte sie also an einen Marquis verheiraten. Das ließ auf hohe Abstammung ihrerseits schließen, und trotzdem war sie's zufrieden, sich mit diesem blöden jungen Abenteurer von den blinden Tressen zu vereinen! Ja, ja, das war's, was man von einem Geschlecht erwarten konnte, welches die gesamte Philosophie ihn gelehrt hatte als den törichtesten Teil einer törichten Spezies zu betrachten.

»Das soll nie geschehen!« stürmte Monsieur Léandre leidenschaftlich. »Niemals! Ich schwöre es!« und er schüttelte seine schwächliche Faust gegen das blaue Himmelszelt. Ajax, Jupiter trotzend! »Ah, da kommt ja unser listenreicher Freund ...« – Da Monsieur Léandre im gleichen Augenblick sein Gesicht dem Gatter in der Hecke zukehrte, konnte André-Louis den Namen nicht verstehen. – »Er bringt uns Nachrichten, ich weiß es!«

André-Louis blickte ebenfalls nach dem Eingang. Ein hagerer kleiner Mann in bäurischem Mantel und Dreispitz, den er, wie um sein Gesicht zu beschatten, tief über die Nase gezogen, tauchte in dem Eingang auf. Und als er jetzt den Hut zog und vor dem jungen Liebespaar einen Kratzfuß machte, gestand sich André-Louis: Wäre er mit einem derartigen Galgengesicht gesegnet gewesen, er würde seinen Hut genau in der nämlichen Weise getragen haben, um soviel wie möglich davon zu verbergen. Hatte man den Eindruck, daß Monsieur Léandre, teilweise wenigstens, die abgelegten Sachen eines Edelmanns trug, so schien der Neuankömmling die ab-

gelegten Kleider eines Monsieur Léandre zu tragen. Doch trotz seines gemeinen Anzugs und noch gemeineren Gesichts mit einem drei Tage alten Bart benahm sich der Kerl mit einer gewissen Würde, ja er spreizte sich ordentlich im Näherkommen und machte seinen Kratzfuß in einer Art, die einen höfischen und geschulten Eindruck erweckte.
»Monsieur«, sagte er mit der Miene eines Verschwörers, »die Zeit zum Handeln ist gekommen, und ebenso der Marquis. So stehen die Dinge.«
Bestürzt fuhren die jungen Liebesleute auseinander. Climène mit gerungenen Händen, geöffneten Lippen und einem Busen, der wild unter dem weißen Brusttuch wogte, Monsieur Léandre entgeistert, ein Bild der Torheit und Verzweiflung.
Inzwischen deklamierte der Ankömmling weiter. »Ich war im Gasthaus, als er vor einer Stunde dort abstieg, und während er beim Frühstück saß, beobachtete ich ihn aufmerksam, daher bleibt mir nicht der leiseste Zweifel an unserem Erfolg. Seinem Aussehen nach könnte ich euch erzählen, wie Natur ihm dünkelhafte Schwachköpfigkeit auf die Stirn geschrieben, doch darauf kommt es jetzt nicht an. Wir haben es hier mit dem zu tun, was er besitzt, mit seinem Verstand. Und ich erkläre euch zuversichtlich, er ist so albern und dumm, ihr könnt euch darauf verlassen, er wird kopfüber in jede einzelne Schlinge stürzen, die ich ihm so listig gelegt habe.«
»Erzählen Sie mir, erzählen Sie mir! Sprechen Sie!« beschwor ihn Climène, flehend die Hände ausstreckend, daß kein Mensch von Gefühl hätte widerstehen können. Jedoch fast gleichzeitig entfuhr ihr ein schwacher Schrei: »Mein Vater!« Erregt wandte sie sich von einem zum anderen. »Dort kommt er, wir sind verloren!«
»Du mußt fliehen, Climène«, rief Monsieur Léandre.
»Zu spät«, schluchzte sie, »zu spät! Da ist er schon.«
»Ruhe, Mademoiselle, Ruhe!« drängte der listige Freund. »Beruhigen Sie sich und vertrauen Sie mir, ich verspreche Ihnen, alles wird noch gut.«
»Oh!« rief Monsieur Léandre dumpf, »sag, was du willst, mein Freund, dies ist das Verderben – das Grab all unserer Hoffnungen. Nie wird dein Witz uns hieraus erretten, niemals!«
Durch das Gatter kam jetzt ein riesiger Kerl mit erhitztem Vollmondgesicht und großer Nase, anständig nach Art eines ehrbaren Bürgers gekleidet. Daß er erzürnt war, unterlag keinem Zweifel, aber der Ausdruck, den sein Ärger fand, bildete für André-Louis eine Überraschung.
»Léandre, du bist 'n Schwachkopf! Zuviel Phlegma, zuviel Phlegma! Deine Worte würden keinen Bauernlümmel überzeugen. Hast du dir überhaupt überlegt, was sie bedeuten? So!« rief er und warf mit großartiger Gebärde seinen runden Hut zu Boden, stellte sich neben Monsieur Léandre und wiederholte genau die gleichen Worte, die Léandre soeben geäußert hatte,

während die drei ihn ruhig und aufmerksam beobachteten: »Oh, sag, was du willst, mein Freund, dies ist das Verderben – das Grab all unserer Hoffnungen. Nie wird dein Witz uns hieraus erretten. Niemals!«
Verzweifelte Wut zitterte in seiner Stimme, er fuhr herum, Monsieur Léandre zu fixieren. »So«, sagte er verächtlich, »die Qual deiner Hoffnungslosigkeit muß sich schon in deiner Stimme ausdrücken. Du mußt daran denken, daß du den Scaramouche hier doch nicht fragst, ob er dir einen Flick in deine Hosen gesetzt hat? Du bist ein verzweifelnder Liebhaber, der...«
Erschreckt stockte er plötzlich. André-Louis, der endlich begriff, was unten vorging, und wie er sich hatte narren lassen, brach in schallendes Gelächter aus. Dieses Geräusch, das so unheimlich dröhnend und polternd unter dem großen Dach hervordrang, ließ die Gesellschaft unten zurückfahren. Der dicke Mann erlangte zuerst seine Fassung wieder und verkündete das nach seiner Gewohnheit mit seinem stets bereiten beißenden Spott.
»Horch, Léandre, selbst die Götter lachen über dich.« Dann wandte er sich an das Scheunendach und dessen unsichtbaren Bewohner. »He! wer dort?«
André-Louis streckte seinen zerzausten Kopf noch weiter vor.
»Guten Morgen«, sagte er vergnügt, und als er sich jetzt auf die Knie erhob, weitete sich plötzlich sein Horizont und gestattete ihm auch das ausgedehnte Gemeindeland jenseits der Hecke zu überblicken. Und dort bemerkte er einen gewaltigen stark zerschundenen Reisewagen, daneben einen hoch mit allem möglichen Material beladenen Planwagen, dessen Inhalt teilweise unter der geölten Leinwand, die ihn bedeckte, hervorguckte, sowie eine Art Haus auf Rädern, mit einem dünnen Schornstein ausgestattet, aus dem leichte Rauchwolken emporwirbelten. Drei schwere flämische Pferde und ein Paar Esel – sämtliche mit gefesselten Vorderbeinen – weideten zufrieden das Gras im Umkreise dieser Fahrzeuge ab. Hätte er sie eher bemerkt, so würde er sofort den Schlüssel zu der seltsamen Szene, die sich unter seinen Augen abgespielt hatte, gefunden haben. Jenseits der Hecke bewegten sich noch andere Gestalten. Drei derselben kamen gerade durch das Gatter geschlendert – ein pikantes junges Mädel mit Stupsnäschen, die er für Columbine, die Soubrette hielt, ein hagerer, lebhafter junger Mensch, wahrscheinlich Harlekin, und noch ein dritter, etwas tölpelhafter Bursche, vielleicht ein Hanswurst oder ein Apothekerdoktor.
All das umfaßte er mit einem Blick, der nicht mehr Zeit beanspruchte, als er gebraucht hatte, um ›Guten Morgen‹ zu wünschen.
Pantalon antwortete auf sein ›Guten Morgen‹ mit einem Bellen: »Was, zum Teufel, treiben Sie dort oben?«

»Genau das gleiche, was Sie dort unten tun«, lautete die Antwort; »ich begehe eine Gesetzesübertretung.«
»He?« fragte Pantalon und blickte seine Gefährten an. Aus dem dicken, roten Gesicht war viel von dessen Zuversicht geschwunden. Obgleich es sich hier um etwas für sie Alltägliches handelte, wirkte es doch verwirrend, die Sache bei ihrem richtigen Namen nennen zu hören.
»Wem gehört dieses Land?« erkundigte er sich immer unsicherer.
André-Louis antwortete, während er seine Strümpfe anzog: »Ich glaube, es ist Eigentum von Marquis de La Tour d'Azyr.«
»Oh, ein hochtönender Name! Ist dieser Edelmann streng?«
»Dieser Edelmann ist der Teufel«, entgegnete André-Louis, »oder, wenn ich's mir recht überlege, möchte ich eher sagen, der Teufel ist ein Edelmann im Vergleich mit ihm.«
»Und doch zögerten Sie nach Ihrem eigenen Geständnis nicht, seine Rechte zu verletzen«, warf der Bursche mit dem Galgengesicht, der den Scaramouche spielte, ein.
»Ja, bei mir ist das auch was anderes. Ich bin Anwalt. Und Anwälte sind notorisch unfähig, das Gesetz zu beachten, wie Schauspieler notorisch unfähig sind, zu spielen. Außerdem, Monsieur, zog die Natur uns ihre Grenzen, und Natur fordert Respekt vor ihrem Gesetz, wie sie alles andere erzwingt. Natur besiegte mich vergangene Nacht, als ich bis hierher gelangt war. Und darum schlief ich hier ohne Rücksicht auf den sehr hochgestellten und gewaltigen Marquis de La Tour d'Azyr ein. Gleichzeitig, Monsieur Scaramouche, werden Sie bemerkt haben, daß ich meine Sünde nicht so offen beging wie Sie und Ihre Kameraden.«
Sobald André-Louis seine Stiefel angezogen, kam er in Hemdsärmeln, den Reitrock über dem Arm, behende heruntergeklettert. Noch während er sich fertig ankleidete, musterten ihn die kleinen, schlauen Augen des gewichtigen Vaters in allen Einzelheiten. Der Schauspieler bemerkte, daß André-Louis' Kleidung, wenn auch einfach, doch von gutem Schnitt war, sein Hemd von feinstem Gewebe, und daß er sich wie ein Mann von Bildung ausdrückte, für den er sich ausgab. Daher war Monsieur Pantalon geneigt, höflich zu sein.
»Ich bin Ihnen für diese Warnung sehr dankbar, mein Herr...« begann er.
»Handeln Sie danach, mein Freund. Die Feldhüter von Marquis d'Azyr haben Befehl, auf Gesetzesübertreter zu schießen. Folgen Sie meinem Beispiel und brechen Sie auf.«
Sie folgten ihm auf dem Fuß durch die Lücke in der Hecke zu ihrem Lager auf dem Gemeindeland. Dort verabschiedete sich André-Louis von ihnen, doch gerade, als er fortgehen wollte, erblickte er einen jungen Mann der

Gesellschaft bei der Morgentoilette vor einer auf den hölzernen Stufen an der Rückseite des fahrenden Hauses aufgestellten Waschschüssel. Einen Moment zögerte er, dann wandte er sich freimütig an Monsieur Pantalon, der noch immer neben ihm stand.

»Wenn es nicht unbescheiden wäre, Ihre Gastlichkeit soweit in Anspruch zu nehmen, Monsieur, würde ich um die Erlaubnis bitten, diesen ausgezeichneten jungen Herrn nachahmen zu dürfen, ehe ich Sie verlasse.«

»Aber ich bitte Sie, mein verehrter Herr!« Gutmütigkeit quoll aus jeder Pore des fetten Körpers des Theaterdirektors. »Das ist doch selbstverständlich. Aber natürlich! Rhodomont wird Sie mit allem versehen, dessen Sie bedürfen. Im wirklichen Leben ist er der Stutzer der Gesellschaft, auf der Bühne jedoch ein Feuerfresser. He, Rhodomont!«

Der junge Sauberkeitsbeflissene straffte seinen langen Körper aus der rechtwinkligen Stellung, in der er über der Waschschüssel gestanden hatte, und blickte durch eine Wolke Seifenschaum. Pantalon rief einen Befehl, und Rhodomont, der außerhalb des Theaters wirklich ebenso höflich und liebenswert war, wie furchtbar und schreckenerregend auf der Bühne, machte dem Fremden in zuvorkommendster Weise an der Waschschüssel Platz.

André-Louis entledigte sich noch einmal seines Rocks und Halstuchs und krempelte die Hemdsärmel auf, während Rhodomont ihn mit Seife, einem Handtuch, einem zerbrochenen Kamm, ja sogar mit einer schmutzigen Haarschleife versah, im Falle der Herr seine eigene verloren haben sollte. Diesen letzteren Gegenstand wies André-Louis allerdings zurück, den Kamm aber nahm er dankbar an, und nachdem er sich rasch gewaschen hatte, stand er, das Handtuch über die linke Schulter geworfen, vor einem an der Tür des Reisewagens befestigten zerbrochenen Spiegel und brachte seine zerzausten Haare in Ordnung.

Er war noch damit beschäftigt, während der höfliche Rhodomont an seiner Seite ziellos drauflosschwatzte, da fing sein Ohr den Schall von Hufschlägen auf. Sorglos blickte er über die Schulter und stand erstarrt mit erhobenem Kamm und offenem Munde. Jenseits des Gemeindelandes der Chaussee erblickte er sieben Reiter in blauen Röcken mit den roten Aufschlägen der Gendarmerie.

Auch nicht einen Augenblick war er im Zweifel, wen diese Streifabteilung sich als Beute ausersehen hatte, und plötzlich überkam ihn das Empfinden, als hätte sich der kalte Schatten des Galgens auf ihn gesenkt.

Jetzt hielt der Trupp ihnen gerade gegenüber, und der anführende Sergeant brüllte über das Gelände: »He, da, he!« Sein Ton klang drohend.

Jedes einzelne Mitglied der Gesellschaft – und es waren ihrer etwa zwölf – stand versteinert. Pantalon trat ein oder zwei Schritt vor, hochgereckt,

das Haupt in den Nacken geworfen, mit der Haltung eines Generalstaatsanwalts.
»Nun, was zum Teufel ist denn los?« fragte er, aber es war nicht klar, ob er das Schicksal oder den Himmel anrief.
Die Reiter besprachen sich kurz, dann kamen sie über das Gemeindeland direkt auf das Schauspielerlager zugetrabt.
André-Louis war auf der Rückseite des Reisewagens stehengeblieben. Mechanisch, fast unbewußt, fuhr er sich noch immer mit dem Kamm durch die Haare. Seine ganze Aufmerksamkeit galt der vorrückenden Schar. Gespannt, sprungbereit, alle Geisteskräfte gesammelt, überlegte er, in welche Richtung er auskneifen sollte.
Noch aus der Ferne, doch augenscheinlich sehr ungeduldig, brüllte der Sergeant eine Frage.
»Wer erteilte Euch die Erlaubnis, hier zu lagern?«
Das war eine Frage, die André-Louis ganz und gar nicht beruhigte. Er ließ sich durch diese Worte nicht täuschen oder gar zu der Annahme verleiten, daß es lediglich die Aufgabe dieser Leute wäre, Landstreicher und Gesetzesübertreter aufzugreifen. Das gehörte nicht zu ihrer eigentlichen Pflicht, sondern geschah gewissermaßen nur im Vorbeigehen – vielleicht in der Hoffnung, selbst eine kleine Steuer erheben zu können. Inzwischen rief Pantalon zurück: »Wer uns die Erlaubnis erteilte, fragen Sie? Was für 'ne Erlaubnis? Dies ist Gemeindeland, frei für jeden.«
Der Sergeant lachte unangenehm und kam näher, seine Abteilung folgte.
»Es gibt auf den ganzen ausgedehnten Besitzungen Marquis de La Tour d'Azyrs kein Stückchen Gemeindeland im eigentlichen Sinne«, flüsterte eine Stimme dicht an Pantalons Ohr. »Dies hier ist Zinsland, und seine Gerichtsdiener sammeln von allen, die ihre Tiere hier grasen lassen, Abgaben ein.«
Pantalon fuhr herum und erblickte André-Louis in Hemdsärmeln, ohne Halstuch, das Handtuch noch immer über die Schulter geworfen, einen Kamm in der Hand, das Haar erst halb geordnet.
»Himmel und Herrgott!« fluchte Pantalon, »das ist ja der reinste Vampir, dieser La Tour d'Azyr!«
»Ich sagte Ihnen ja bereits, was ich von ihm halte«, entgegnete André-Louis. »Und was diese Kerls dort anbetrifft, so tun Sie besser, mich mit ihnen verhandeln zu lassen. Ich habe Erfahrung mit solchen Leuten.« Ohne Pantalons Zustimmung abzuwarten, trat André-Louis vor, der heranrükkenden Gendarmerieabteilung entgegen. Nur Kühnheit konnte ihn retten, das war ihm klar.
Als der Sergeant einen Augenblick später sein Pferd neben diesem halbangezogenen jungen Menschen zügelte, kämmte André-Louis sich die Haare

und blickte mit einem halben Lächeln, das freundlich, schlau und entwaffnend sein sollte, zu ihm auf.
Trotzdem schnauzte ihn der Sergeant grob an. »Bist du der Anführer von diesem Trupp Vagabunden?«
»Ja... das heißt... dort, mein Vater ist der eigentliche Führer.« Und er winkte mit dem Daumen in der Richtung nach Monsieur Pantalon, der staunend außer Hörweite im Hintergrund stand. »Was ist Ihr Begehr, Kapitän?«
»Mein Begehr ist, dir mitzuteilen, daß du höchstwahrscheinlich hierfür ins Loch kommst. Du und das ganze Pack dort.« Seine Stimme war laut und kläffend. Sie drang über die Gemeindewiese bis zu den Ohren jedes einzelnen Mitglieds der Gesellschaft und erzeugte bei allen aufmerksame Furcht. Das Los fahrender Schauspieler war auch ohne Gefängnis schon hart genug.
»Aber warum, Kapitän, dies ist Gemeindeland – für jeden frei.«
»Nichts von Gemeindeland.«
»Wo sind die Einzäunungen?« erkundigte sich André-Louis, und beschrieb mit der Hand, die den Kamm hielt, einen Kreis, wie um die offene Lage des Platzes zu zeigen.
»Zäune?« knurrte der Sergeant. »Was haben Zäune hiermit zu schaffen? Dies hier ist Zinsboden, hier darf niemand weiden, ohne an den Marquis de La Tour d'Azyr die Abgaben zu zahlen.«
»Aber wir weiden doch gar nicht«, widersprach André-Louis unschuldsvoll.
»Zum Teufel mit dir, Hanswurst! Du weidest nicht, aber dein Viehzeug weidet.«
»Die Tiere fressen so wenig«, entschuldigte sich André-Louis und lächelte wieder sein einschmeichelndstes Lächeln.
Der Sergeant wurde grimmiger denn je. »Darum handelt sich's nicht. Die Sache ist, daß ihr etwas begeht, was man Diebstahl nennt, und für Diebe gibt es das Gefängnis.«
»Dem Buchstaben nach habt Ihr wohl recht«, seufzte André-Louis und begann von neuem sein Haar zu kämmen, blickte dem Sergeanten aber noch immer ins Gesicht, »doch wir haben nur aus Unwissenheit gesündigt, wir sind Euch für die Warnung dankbar.« Er ließ den Kamm in seine linke Hand gleiten und hantierte mit der Rechten in seiner Hosentasche, aus der ein leises Klirren von Silbermünzen erscholl. »Wir sind verzweifelt, Euch von Eurem Wege abgelenkt zu haben, vielleicht würden Eure Leute uns für diese Mühe die Ehre erweisen, am nächsten Wirtshaus haltzumachen und auf das Wohl von... von... Marquis de La Tour d'Azyr oder auf irgendeines anderen Wohl, wie es sie richtig dünkt, zu trinken.«

Etliche Wolken lüfteten sich von des Sergeanten Stirn, jedoch er blickte immer noch finster.
»Schön, schön«, sagte er mürrisch, »aber ihr müßt aufbrechen, verstanden?«
Er beugte sich im Sattel vor, um seine offene Hand in bequeme Entfernung zu bringen. André-Louis drückte ein Drei-Livres-Stück hinein.
»In einer halben Stunde.«
»Was heißt in 'ner halben Stunde? Warum nicht sofort?«
»Oh, nur noch ein paar Minuten, um zu frühstücken.«
Sie blickten sich an. Dann betrachtete der Sergeant das große Silberstück in seiner Handfläche, endlich löste sich die Strenge seines Gesichts.
»Im Grunde ist es ja nicht unsre Sache, für Marquis de La Tour d'Azyr die Konstabler zu spielen. Wir gehören zu der reitenden Gendarmerie in Rennes.«
André-Louis' Augenlider zuckten verräterisch.
»Wenn ihr aber noch verweilt, paßt auf die Feldhüter des Marquis auf, die sind nicht so gutmütig. Na, schön, schön – und ›Guten Appetit‹, Monsieur!« rief er noch zum Abschied.
»Angenehmen Ritt, Kapitän«, antwortete André-Louis.
Der Sergeant schwenkte sein Pferd herum, seine Abteilung folgte. Eben wollten sie fortreiten, da zügelte er noch einmal seinen Gaul.
»He, Monsieur!« rief er über seine Schulter. Mit einem Sprung stand André neben seinem Steigbügel. »Wir sind auf der Suche nach einem Halunken namens André-Louis Moreau aus Gavrillac, einem Flüchtling, der von der Justiz wegen Aufruhr für den Galgen gebraucht wird. Ihr habt wohl niemand gesehen, dessen Bewegungen Euch verdächtig erschienen?«
»Doch, doch«, entgegnete André-Louis kühn, sein Gesicht ganz Eifer im Bewußtsein, sich nützlich erweisen zu können.
»Wirklich?« rief der Sergeant mit klingender Stimme. »Wo? Wann?«
»Gestern abend in der Nähe von Guignen...«
»Stimmt, stimmt.« Der Sergeant war Feuer und Flamme angesichts dieser Spur.
»Ja, da war ein Kerl, der anscheinend große Angst hatte, erkannt zu werden... ein Mann von fünfzig Jahren oder so ungefähr...«
»Fünfzig«, rief der Sergeant mit langem Gesicht. »Ah bah! Unser Mann ist nicht älter als Ihr, ein schlankes Bürschchen von einem Menschen, etwa von Eurer Größe und mit schwarzem Haar, genau wie Eures nach der Beschreibung. Haltet auf Euren Reisen Ausschau, Direktor; der Generalstaatsanwalt in Rennes hat uns heute früh die Mitteilung geschickt, daß er jedem zehn Louis auszahlen läßt, der Angaben macht, die zur Verhaftung dieses Schurken führen. Könnt also zehn Louisdors ernten, wenn Ihr

die Augen offen haltet und bei dem nächsten Gericht Anzeige erstattet. Das wäre doch ein unverhoffter Glücksfall, he?«

»Ein unerwarteter Glücksfall, weiß Gott, Kapitän«, antwortete André-Louis lachend. Doch der Sergeant hatte seinem Pferde die Sporen gegeben und trabte bereits hinter seinen Leuten her. André-Louis fuhr fort zu lachen, ganz stumm, wie er es manchmal tat, wenn ihn ein Spaß besonders gut dünkte. Dann drehte er sich langsam um und ging zu Pantalon und der übrigen Gesellschaft zurück, die ihn jetzt, dicht zusammengedrängt, anstaunte. Pantalon kam ihm mit ausgestreckten Händen entgegen. Einen Augenblick glaubte André-Louis, er solle umarmt werden.

»Wir grüßen Sie als unseren Erretter!« deklamierte der dicke Mann. »Schon kroch der Schatten des Gefängnisses über uns, uns bis ins Mark hinein erkältend. Sind wir auch arm, so sind wir doch ein ehrliches Volk, und niemand von uns hat je die Unwürdigkeit des Kerkers erduldet. Es gibt auch keinen in unserer Mitte, der diese Schande überleben würde. Ohne Sie, mein Freund, hätte es aber geschehen können. Welch magisches Werk verrichteten Sie!«

»Das Zaubermittel wird in Frankreich erzeugt mit eines Königs Porträt. Die Franzosen sind, wie Sie beobachtet haben werden, eine sehr loyale Nation – sie lieben ihren König – und sein Bild sogar noch inniger als ihn selbst. Besonders wenn es in Gold geprägt ist. Aber selbst in Silber wird es geachtet. Der Sergeant war so überwältigt bei dem Anblick dieses edlen Gesichts – auf einem Drei-Livres-Stück –, daß sein Zorn schwand und er seines Weges zog und uns in Frieden abzureisen gestattete.«

»Ah, richtig! Er sagte, wir müßten aufbrechen. Rührig, meine Jungens! Auf, auf...«

»Aber erst nach dem Frühstück«, widersprach André Louis. »Eine halbe Stunde zum Frühstücken wurde uns von diesem königstreuen Burschen bewilligt, so tief war er gerührt. Freilich sprach er von vielleicht auftauchenden Feldhütern, aber er weiß so gut wie ich, daß sie nicht ernsthaft zu fürchten sind, und daß, falls sie kämen, wieder des Königs Bildnis – diesmal in Kupfer geschlagen – die gleiche besänftigende Wirkung auf sie ausüben würde. Also, mein verehrter Monsieur Pantalon, frühstückt in aller Gemächlichkeit. Ich kann Eure Küche von hier schon riechen, und nach dem Duft, behaupte ich, ist es unnötig, euch allen ›Guten Appetit‹ zu wünschen.«

»Mein Freund, mein Retter!« Pantalon schlang mit theatralischer Gebärde seinen Arm um des jungen Mannes Schulter: »Sie müssen verweilen und mit uns frühstücken.«

»Ich bekenne, daß ich diese Einladung erhoffte«, sagte André-Louis.

Als sie sich im Schutze des Wohnwagens zum Frühstück niederließen, wollte es André-Louis erscheinen, daß diese Leute in dem hellen Sonnenschein, der den kalten Atem jenes Novembermorgens durchwärmte, eine zwar seltsame, aber doch anziehende Gesellschaft bildeten. Frohsinn lebte in ihnen, sie schienen keine Sorgen zu kennen und spöttelten über die Unbequemlichkeiten und Beschwerden ihres Nomadenlebens. Sie waren neugierig, doch liebenswürdig, vielleicht gekünstelt und theatralisch in ihrer Art, die gewöhnlichsten Dinge zu verrichten. Ja, sie schienen einer anderen Welt anzugehören, einer Welt des Scheins, die nur auf den Brettern ihrer Bühne im Glanze des Rampenlichts Wirklichkeit wurde; übersteigert in ihren Gesten, hochtrabend und affektiert in ihren Reden, und skeptisch überlegte André-Louis, daß wahrscheinlich diese unter ihnen herrschende Harmonie die Ursache jener unwirklich anmutenden Atmosphäre sei. In der Welt der Wirklichkeit vereiteln Neid und Erwerbssinn ein Einvernehmen, wie es hier herrschte.

Die Zahl der Schauspieler betrug elf, drei Frauen und acht Männer. Sie nannten sich gegenseitig bei ihren Bühnennamen: Namen, die ihre verschiedenen Rollen bezeichneten und nie – oder höchstens ganz oberflächlich – verändert wurden, ganz gleich, welches Stück sie gerade gaben.

»Wir gehören«, erklärte ihm Pantalon, »zu einer jener spärlich überlebenden, unerschütterlichen Truppen echter Schauspieler, welche die Fahne der altitalienischen Commedia dell'Arte hochhalten. Uns paßt es nicht, unser Gedächtnis zu plagen oder unseren Witz mit den hochtrabenden Phrasen abzustumpfen, welche die Frucht der Nachtarbeit irgendeines gottlosen Autors sind. Jeder von uns ist nach Maßgabe der ihm zufallenden Rolle sein eigener Autor. Wir sind Improvisatoren – Improvisatoren der ehrwürdigen und vornehmen italienischen Schule.«

»Das vermutete ich«, entgegnete André-Louis, »als ich Sie Ihre Improvisationen proben hörte.«

Pantalon runzelte die Stirn.

»Junger Herr, ich habe schon bemerkt, daß Ihr Witz schneidend, um nicht zu sagen, ätzend ist. Ausgezeichnet! Diese Laune paßt zu einem solchen Aussehen. Aber sie kann Sie, wie jetzt zum Beispiel, auf Abwege führen. Jene Probe – bei uns etwas ganz Ungewöhnliches – wurde durch die schauspielerische Unfähigkeit unseres Léandre zu einer Notwendigkeit. Durch Übung versuchen wir bei ihm eine Kunst zu erzeugen, mit der Natur, entgegen seinem gegenwärtigen Beruf, verabsäumt hat, ihn zu segnen. Sollte er auch weiter unseren Bemühungen keine Gerechtigkeit erweisen ... doch ich möchte unsere gegenwärtige Harmonie nicht durch peinliche Prophezeiung eines Unglücks stören, dem wir noch immer auszuweichen hoffen. Trotz all seiner Fehler lieben wir unseren Léandre. Darf ich Ihnen meine Gesellschaft vorstellen?«

Mit diesen Worten begann er, André-Louis mit den einzelnen Mitgliedern bekannt zu machen. Er deutete auf den langen, freundlichen Rhodomont, den André-Louis bereits kannte.

»Die Länge seiner Glieder und seine Hakennase befähigen ihn äußerlich dazu, den aufschneiderischen Hauptmann zu spielen«, erklärte Pantalon. »Seine Lungen haben unsere Wahl gerechtfertigt, Sie sollten ihn nur brüllen hören. Zuerst nannten wir ihn Spavento oder Epouvante, dieser Name war jedoch eines so großen Künstlers unwürdig. Nie, seit der unvergeßliche Mondor die Welt in Staunen setzte, wurde ein so prahlerischer Eisenfresser auf der Bühne gesehen. Wir übertrugen daher auf ihn den Namen Rhodomont, den Mondor berühmt gemacht. Und als Schauspieler und Kavalier verpfände ich Ihnen mein Wort – denn ich bin ein Kavalier oder war es wenigstens –, daß er uns Ehre macht.«

Die kleinen Augen in seinem großen, aufgedunsenen Gesicht blitzten, als er den Blick auf den Gegenstand seiner Lobpreisungen richtete. Und der schreckliche Rhodomont, verwirrt durch soviel Lob, errötete wie ein Schulmädchen, als er der ernsten Neugier André-Louis' begegnete.

»Dann haben wir hier den Scaramouche, den Sie auch bereits kennen. Manchmal spielt er Scapin und manchmal Coviello, aber in der Hauptsache den Scaramouche, für welche Rolle er, das möchte ich betonen, aufs beste geeignet ist – bisweilen zu gut geeignet, scheint mir, denn er ist Scaramouche nicht nur auf der Bühne, nein, auch im Leben. Er besitzt die Gabe schlauer Intrige, die Kunst, den Leuten das Fell über die Ohren zu ziehen, verbunden gelegentlich mit einer unverschämten Angriffslust, wenn er sich vor Gegenmaßnahmen für sicher hält. Er ist Scaramouche, der kleine Ränkeschmied, auch im Alltagsleben. Es ließe sich noch manches sagen, aber ich bin von Natur barmherzig und ein Freund jedes Menschen.«

»Wie der Priester sagte, als er das Dienstmädchen küßte«, brummte Scaramouche und fuhr fort, zu frühstücken.

»Sein Witz gleicht dem Ihren, er ist ätzend«, meinte Pantalon und fuhr mit der Vorstellung fort. »Jener Spitzbube dort mit der Entenschnabelnase und dem grinsenden, versoffenen Gesicht ist natürlich Pierrot. Könnte er etwas anderes sein?«

»Liebhaberrollen könnte ich viel besser spielen«, widersprach der bäurische Cherub.

»Ein derartiger Wahn paßt so recht zu Pierrot«, entgegnete Pantalon verächtlich. »Jener gewichtige, finstere Schurke, der in Sünden alt geworden ist und dessen Appetit mit den Jahren wächst, ist Polichinelle. Wie Sie bemerken werden, ist jeder einzelne von Natur für die Rolle geschaffen, die er spielt. Jener behende, sommersprossige Naseweis ist Harlekin. Nicht Euer flitterbedeckter Harlekin, zu dem moderne Entartung diesen Erstgeborenen des Momos erniedrigt hat, sondern der echte, ursprüngliche Hanswurst der Commedia, zerlumpt und abgeschabt, ein unverschämter, feiger, schurkischer Clown.«

»Jeder einzelne von uns«, fiel Harlekin, den Direktor der Truppe nachäffend, ein, »ist, wie Sie bemerken werden, von Natur für die Rolle, die er spielt, geschaffen.«

»Physisch, mein Freund, nur physisch, sonst hätten wir nicht soviel Mühe, diesem bildhübschen Léandre den Liebhaber beizubringen. Dann haben wir hier noch Pasquariel, der manchmal einen Quacksalber, manchmal einen Notar, manchmal einen Lakaien spielt – ein liebenswerter, folgsamer Junge. Außerdem ist er, als Kind Italiens, jenes Landes der Fresser, ein hervorragender Koch. Und endlich haben Sie mich selbst, der als Vater dieser Gesellschaft höchst passend als Pantalon die Rollen der Väter spielt. Bisweilen freilich bin ich auch ein gehörnter Ehemann und manchmal ein unwissender, selbstzufriedener Doktor. Doch nur höchst selten finde ich es nötig, mich anders denn als Pantalon zu bezeichnen. Übrigens bin ich der einzige, der einen Namen trägt – einen richtigen Namen. Er lautet Binet, Monsieur.

Und nun zu den Damen. Dem Alter nach als erste in der Reihe haben wir hier Madame.« Er winkte mit einer seiner großen Hände einer gesundheitstrotzenden, blonden Fünfundvierzigerin zu, die auf der untersten Stufe des Wohnwagens thronte. »Madame ist unsere Duenna, unsere Mutter, unsere Amme – wie es die Lage gerade erfordert. Schlicht und königlich wird sie Madame genannt. Wenn sie je einen Namen in der Welt besaß, hat sie ihn längst vergessen, und das ist vielleicht auch gut. Dann haben wir dort jenen schnippischen Wildfang mit der Stumpfnase und dem breiten Munde, die natürlich Columbine, unsere Soubrette ist, und endlich meine Tochter Climène, eine jugendliche Liebhaberin von Talent, die außerhalb der Comédie Française nicht ihresgleichen findet und die die Geschmacklosigkeit besitzt, ein Mitglied jener Gesellschaft werden zu wollen.«

Die reizende Climène – ja, sie war wirklich liebreizend – schüttelte ihre nußbraunen Locken und lachte, als sie zu André-Louis hinüberblickte. Ihre Augen waren aber nicht, wie er vermutet hatte, blau, sondern nußfarben.

»Glauben Sie ihm nicht, Monsieur. Hier bin ich Königin, und ich bin lieber hier Königin als Sklavin in Paris.«

»Mademoiselle«, widersprach André-Louis mit feierlichem Ernst, »werden überall Königin sein, wo Mademoiselle sich herablassen, zu herrschen.«

Ihre einzige Antwort war ein schüchterner – schüchtern und doch verführerisch wirkender Blick unter den flackernden Augenlidern. Inzwischen redete ihr Vater auf den schmucken jungen Mann ein, der die Liebhaber spielte: »Hör, Léandre – in dieser Sprechweise solltest du dich üben.«
Léandre hob seine zarten Augenbrauen. »So?« fragte er und zuckte die Achseln. »Die dümmsten Gemeinplätze.«
André-Louis lachte zustimmend. »Monsieur Léandre hat einen rascheren Witz, als Sie eingestehen. Es zeugt von Feinsinnigkeit, es als einen Gemeinplatz zu bezeichnen, Mademoiselle Climène eine Königin zu nennen.«
Einige, darunter Monsieur Binet, lachten mit gutmütigem Spott.
»Glauben Sie wirklich, er habe den Verstand, es so zu meinen? Pah! Seine Spitzfindigkeit ist stets unbewußt.«
Dann wurde die Unterhaltung allgemein, und André-Louis erfuhr bald, was über diese wandernde Truppe noch zu erfahren blieb. Sie befanden sich auf dem Wege nach Guichen, wo sie auf dem Jahrmarkt, der am kommenden Montag eröffnet werden sollte, ihr Glück zu machen hofften. Um die Mittagsstunde wollten sie ihren großartigen Einzug in die Stadt halten, auf dem alten Markt ihre Bühne aufschlagen und bereits am gleichen Samstag abend ihre erste Vorstellung geben, und zwar in einem neuen Zelt, nach einem Textbuch von Monsieur Binets eigener Hand, das die Landbevölkerung in Erstaunen setzen sollte. Monsieur Binet stieß einen tiefen Seufzer aus und wandte sich an den ältlichen, finster blickenden Polichinelle zu seiner Linken.
»Wir werden Félicien schwer vermissen. Weiß Gott, ich weiß nicht, was wir überhaupt ohne ihn anfangen sollen.«
»Oh, wir werden uns schon etwas ausdenken«, entgegnete Polichinelle mit vollem Munde.
»Das sagst du immer, was auch passiert, du weißt ja doch, daß die Denkarbeit in keinem Falle dir zufällt.«
»Es dürfte nicht so schwierig sein, ihn zu ersetzen«, meinte Harlekin.
»Richtig, wenn wir in einem zivilisierten Lande lebten, aber wo sollen wir unter den bretonischen Bauern einen Menschen von selbst so geringen Talenten auftreiben?« Monsieur Binet wandte sich an André-Louis. »Félicien war unser Theatermeister, unser Mechaniker, unser Bühnenzimmermann, unser Agent, und gelegentlich spielte er auch mit.«
»Die Rolle des Figaro wahrscheinlich«, schaltete André-Louis unter allgemeinem Gelächter ein.
»Was, Sie kennen Beaumarchais?« Binet betrachtete den jungen Mann mit erneutem Interesse.
»Sollte meinen, daß er einigermaßen bekannt ist.«

»In Paris, gewiß. Doch ich ließ es mir nicht träumen, daß sein Ruhm auch die Wildnisse der Bretagne erreicht hätte.«
»Ich habe einige Jahre in Paris verlebt – auf dem Lyzeum Louis Le Grand.«
»Ein gefährlicher Mann«, meinte Polichinelle nachdrücklich.
»Da hast du recht«, stimmte Pantalon zu. »Geschickt – das leugne ich nicht, obwohl ich persönlich Autoren ziemlich überflüssig finde, aber es ist eine unheimliche Geschicklichkeit, die die Verantwortung für die Ausbreitung zahlreicher dieser neuen umstürzlerischen Ideen trägt. Nach meiner Ansicht sollte man derartige Schriftsteller unterdrücken.«
»Marquis de La Tour d'Azyr würde Ihnen wahrscheinlich Beifall klatschen – dieser Mann, der durch einen einfachen Willensakt das Gemeindeland zu einem Privateigentum macht.« André-Louis leerte seine Tasse, die mit gewöhnlichem Landwein, dem Morgentrunk der Schauspieler, gefüllt war.
Seine Bemerkung würde zu einer Entgegnung herausgefordert haben, hätte sie nicht Monsieur Binet gleichzeitig an die Bedingungen erinnert, unter denen sie hier lagerten, und an die Tatsache, daß die halbe Stunde längst verstrichen war. Augenblicklich war er auf den Füßen mit einer für einen so korpulenten Menschen erstaunlichen Behendigkeit und donnerte seine Befehle wie ein Feldmarschall über das Schlachtfeld.
»Auf, auf, meine Jungens! Wollen wir den ganzen Tag hier verkneipen? Die Zeit entflieht, und es bleibt noch viel zu tun, wenn wir um Mittag unseren Einzug in Guichen halten wollen. Marsch, zieht euch an! In zwanzig Minuten brechen wir das Lager ab. Tummelt euch, meine Damen! In eure Equipage und müht euch, so gut auszusehen wie möglich! Bald werden die Augen von Guichen auf euch ruhen, und die Beschaffenheit eures inneren Menschen am morgigen Tage wird von dem Eindruck abhängen, den euer Äußeres heute erweckt. Auf! Auf!«
Der strikte Gehorsam, dessen sich dieser Autokrat erfreute, versetzte die Gesellschaft in einen Wirbel. Körbe und Kisten wurden herbeigeschleppt, um das Geschirr und die Überreste des mageren Essens aufzunehmen. In einem Augenblick war das Feld geräumt, und die drei Damen hatten sich zu der Chaise begeben, die für ihren persönlichen Gebrauch bestimmt war. Die Herren kletterten bereits in das Räderhaus, als sich Binet zu André-Louis wandte.
»Hier scheiden wir«, sagte er dramatisch, »bereichert durch Ihre Bekanntschaft: Ihre Schuldner und Ihre Freunde.« Er reichte ihm seine klobige Hand.
Langsam ergriff sie André-Louis. In den soeben verflossenen Minuten waren ihm zahlreiche Gedanken durch den Kopf geschossen. In Erinnerung an den Schutz, den er im Schoße dieser Gesellschaft vor seinen Verfolgern

gefunden, kam ihm der Einfall, daß er sich im Augenblick, bis die Suche nach ihm abgeflaut wäre, nirgends besser verbergen könnte.
»Mein Herr«, entgegnete er, »die Verpflichtung liegt auf meiner Seite. Nicht jeder Tag schenkt einem das Glück, mit solch einer berühmten und anziehenden Gesellschaft zusammensein zu können.«
Binets kleine Äuglein musterten den jungen Mann argwöhnisch, ob er auch nicht spotte, aber er las auf dessen Angesicht nur Verbindlichkeit und Überzeugung.
»Zögernd trenne ich mich von Ihnen«, fuhr André-Louis fort, »um so zögernder, da ich die unbedingte Notwendigkeit für eine Trennung nicht einzusehen vermag.«
»Wie?« fragte Binet stirnrunzelnd und zog langsam die Hand zurück, die der andere bereits länger, als nötig gewesen wäre, in der seinen gehalten hatte.
»Das ist so zu verstehen«, erklärte André-Louis. »Betrachten Sie mich als eine Art Ritter von der traurigen Gestalt auf der Suche nach Abenteuern, im Augenblick ohne festes Lebensziel. Sie werden sich nicht wundern, daß alles, was ich von Ihnen und Ihrer erlesenen Truppe gesehen habe, bei mir den Wunsch erregt, Sie näher kennenzulernen. Sie erklären mir Ihrerseits, daß Sie jemand brauchen, um Ihren Figaro – Ihren Félicien, glaube ich, nannten Sie ihn – zu ersetzen. Vielleicht ist es anmaßend von mir, zu hoffen, daß ich ein Amt, so mannigfaltig und so ehrenvoll, auszufüllen ...«
»Schon wieder lassen Sie Ihrem ätzenden Humor die Zügel schießen, mein Freund«, fiel ihm Binet ins Wort, »davon abgesehen«, fügte er, langsam und nachdenklich seine kleinen Augen zusammenkneifend, hinzu, »ließe sich über den Vorschlag, den Sie mir zu unterbreiten scheinen, vielleicht reden.«
»Bei Gott, wir brauchen von gar nichts absehen! Wenn Sie mich annehmen, nehmen Sie mich, wie ich bin. Was ist sonst wohl möglich? Na, und was meinen Witz anbetrifft, den Sie so schmähen, so können Sie vielleicht auch daraus Nutzen ziehen.«
»Wie meinen Sie das?«
»Oh, auf verschiedene Weise. Zum Beispiel könnte ich Léandre beibringen, den Liebhaber zu spielen.«
Pantalon brach in Gelächter aus. »An Mangel an Vertrauen in Ihre Fähigkeiten fehlt es Ihnen nicht! Bescheidenheit drückt Sie wirklich nicht.«
»Damit beweise ich die erste Eigenschaft, die ein Schauspieler besitzen muß.«
»Können Sie spielen?«
»Bei passender Gelegenheit, glaube ich, schon«, entgegnete André-Louis in Erinnerung an sein Auftreten in Rennes und Nantes, er überlegte sich,

ob Pantalons Improvisationen während seiner ganzen Bühnenlaufbahn wohl so die Herzen des Pöbels ergriffen hätten.

Monsieur Binet war nachdenklich. »Sind Sie mit dem Theater genau bekannt?«

»Ganz genau«, antwortete André-Louis.

»Ja, ja, ich erklärte schon, Bescheidenheit wird Ihnen bei Ihrer Karriere kein Hindernis in den Weg legen.«

»Nun, urteilen Sie selbst. Ich kenne die Werke von Beaumarchais, Eglantine, Mercier, Chénier und zahlreichen anderen Zeitgenossen. Natürlich habe ich Molière, Racine, Corneille nebst zahlreichen französischen Schriftstellern geringeren Ranges gelesen. Von ausländischen Autoren bin ich genau vertraut mit den Werken Gozzis, Goldonis, Guarinis, Bibbienas, Machiavellis, Secchis, Tassos, Ariosts und Fedinis. Aus der Antike sind mir die meisten Werke von Euripides, Aristophanes, Terenz, Plautus ...«

»Genug«, stöhnte Pantalon.

»Ich bin mit meiner Liste noch lang nicht fertig«, widersprach André-Louis.

»Sparen Sie den Rest für einen anderen Tag auf! Was in des Himmels Namen kann Sie veranlaßt haben, so zahlreiche dramatische Autoren zu lesen?«

»Auf meine bescheidene Art bin ich ein Erforscher des Menschen, und schon vor einigen Jahren machte ich die Entdeckung, daß man ihn am besten in seinen für das Theater bestimmten Spiegelbildern studieren kann.«

»Das ist eine höchst originelle und tiefgründige Entdeckung«, entgegnete Pantalon mit tiefstem Ernst. »Dieser Gedanke ist mir noch nie gekommen. Doch er ist richtig. Ja, mein Herr, das ist eine Wahrheit, die unsere Kunst veredelt. Sie sind ein Mann von Fähigkeiten, das ist mir klar. Es war mir klar, als ich Sie zuerst erblickte. Ich vermag in einem Menschen zu lesen, ich kannte Sie von dem Augenblicke an, da Sie ›Guten Morgen‹ riefen. Und jetzt erklären Sie mir noch: Glauben Sie, mir gelegentlich beim Abfassen eines Textbuches helfen zu können? Mein Geist ist von den vielen tausend Einzelheiten unserer Organisation sehr in Anspruch genommen und erfreut sich nicht immer der nötigen Frische für ein solches Werk. Glauben Sie wirklich, daß Sie mich darin unterstützen könnten?«

»Ich bin davon überzeugt.«

»Hm, natürlich, daß Sie das sein würden, war mir klar. Die übrigen Pflichten Féliciens würden Sie rasch erlernen. Also gut, wenn Sie wollen, können Sie mit uns ziehen. Vermutlich beanspruchen Sie ein gewisses Gehalt?«

»Wenn es üblich ist«, entgegnete André-Louis.

»Was würden Sie zu zehn Livres im Monat sagen?«

»Ich würde sagen, daß diese Summe nicht ganz den Reichtümern Perus entspricht.«
»Ich würde vielleicht bis zu fünfzehn gehen«, bemerkte Binet zögernd, »doch die Zeiten sind schlecht.«
»Ich werde sie für Sie besser machen.«
»An Ihrem guten Glauben zweifle ich nicht. Also wir sind einig.«
»Vollkommen«, bestätigte André-Louis trocken und hatte sich damit dem Dienste Thespis' geweiht.

3 *Die komische Muse*

Verlief auch der Einzug der Schauspieler in das Städtchen Guichen nicht ganz so pompös, wie es Binet sich gewünscht hatte, so war er doch hinreichend aufsehenerregend und geräuschvoll, daß die Bauern weit die Augen aufrissen. Diese phantastischen Geschöpfe erschienen der Landbevölkerung wie Wesen aus einer anderen Welt – und das waren sie ja auch wirklich. Zuerst kam, von zwei flämischen Pferden gezogen, krachend und stöhnend der große Reisewagen. Pantalon lenkte ihn, ein feister, massiger Pantalon in eng anliegendem Scharlachkostüm und einem langen braunen Schlafrock, das Antlitz durch eine riesige Pappnase verschönt. Neben ihm hockte Pierrot in einem weißen Hemd, mit Ärmeln, die vollständig seine Hände verdeckten, weißen Pumphosen und einem schwarzen Käppi. Sein Gesicht war mit Mehlstaub bepudert, und er vollführte auf einer Trompete einen heidenmäßigen Lärm.
Auf dem Dach des Fahrzeuges standen Polichinelle, Scaramouche, Harlekin und Pasquariel versammelt. Polichinelle in Schwarz und Weiß, sein Schoßrock der Mode eines früheren Jahrhunderts entstammend, vorne und hinten mit einem Buckel, um den Hals eine weiße Krause, die obere Hälfte seines Gesichts mit einer schwarzen Maske bedeckt, bildete, mit gespreizten Beinen dastehend, den Mittelpunkt der Gruppe und schlug feierlich und boshaft zugleich die große Trommel. Die drei anderen hatten sich an den verschiedenen Ecken des Daches niedergelassen und ließen ihre Beine herabbaumeln. Scaramouche, nach der spanischen Sitte des siebzehnten Jahrhunderts ganz in Schwarz, das Gesicht mit einem riesigen Schnauzbart verziert, klimperte unmelodisch auf einer Gitarre. Harlekin, zerlumpt und in allen Farben des Regenbogens schillernd, mit Ledergürtel und Holzschwert, schlug in Zwischenräumen das Zimbal. Pasquariel, ein Quacksalber mit Lockenhaube und Allongeperücke, erregte mit einer riesigen Klistierspritze aus Blech, die ein schmerzliches Gequiek ausstieß, die Fröhlichkeit der Zuschauer.

Im Innern des Wagens, aber sich freundlich an den Fenstern zeigend und mit den Landleuten Scherzworte wechselnd, saßen die drei Damen der Gesellschaft. Climène, als jugendliche Liebhaberin prächtig in geblümte Seide gekleidet, die eigene Lockenfülle unter einer riesigen Perücke verborgen, glich so völlig einer Dame von Welt, daß man sich wundern konnte, was sie in dieser phantastischen Schar wohl zu suchen hätte. Auch Madame, als Mutter, war prachtvoll, aber um die Lächerlichkeit zu erhöhen, übertrieben gekleidet. Ihren Haarschmuck bildete ein monströses, blumengeschmücktes Bauwerk, mit kleinen Straußenfedern übersät. Ihr gegenüber saß Columbine, den Rücken den Pferden zugekehrt, geziert sittsam in einem grün- und blaugestreiften Gewande, mit einem Milchmädchenhäubchen aus weißem Musselin auf dem Kopf.
Es war ein Wunder, daß die alte Chaise, die in ihren Sturm-und-Drang-Tagen vielleicht einem Würdenträger der Kirche gedient hatte, nicht unter dieser unmäßigen frivolen Last zusammenbrach, anstatt nur zu stöhnen. Hinter ihr folgte das Haus auf Rädern, von dem langen mageren Rhodomont geführt, der sein Gesicht rot angepinselt und das Furchtbare seines Aussehens durch einen buschigen Schnauzbart noch gesteigert hatte. Er trug hohe Reitstiefel und Lederwams, und an einem dunkelroten Wehrgehenk baumelte ein riesiger Degen. Auf seinem Kopf saß ein Hut mit wehender Feder. Beim Vormarsch ließ er laut seine gewaltige Stimme ertönen und schleuderte allen und jedem Herausforderungen und blutdürstige Drohungen entgegen. Einsam auf dem Dach seines Fahrzeuges thronte Léandre. Sein Kostüm bestand aus blauer Seide mit Spitzen, aus Stoßdegen, Puderperücke, Schönheitspflästerchen, Lorgnon und Stiefelchen mit roten Absätzen: der vollendete Hofmann von schmuckstem Aussehen. Kokett bewunderten ihn die Schönen von Guichen, und er empfing ihre Blicke als gebührenden Tribut seiner persönlichen Vollkommenheit und erwiderte sie voller Feuer. Gleich Climène schien auch er nicht zu dieser Schar von Banditen zu passen.
Als Nachtrab folgte André-Louis mit den zwei Eseln, die den Gepäckwagen zogen. Er hatte darauf bestanden, angeblich zur Verschönerung, in Wirklichkeit um sich unkenntlich zu machen, sich eine falsche Nase anzukleben. Im übrigen hatte er seine eigenen Kleider beibehalten. Niemand zollte ihm die leiseste Beachtung, während er neben seinen Eseln unauffällig einherschlenderte – und das gerade lag in seiner Absicht.
So durchzogen sie die Stadt, in der als Vorbereitung für den Jahrmarkt der nächsten Woche bereits ein lebhafteres Treiben als gewöhnlich herrschte. Von Zeit zu Zeit machten sie halt, abrupt verstummte die Kakophonie, und mit Stentorstimme verkündete Polichinelle, daß abends Punkt fünf Uhr auf dem alten Marktplatz Monsieur Binets berühmte Gesellschaft von Impro-

visatoren eine neue Komödie in vier Akten, betitelt ›Der herzlose Vater‹, geben würde.

So gelangten sie endlich zu der alten Markthalle, die das Erdgeschoß des Stadthauses einnahm und durch zwei Torwege auf jeder der beiden Längsseiten und je einem Torbogen auf den Breitseiten nach allen vier Windrichtungen offen stand. Bis auf zwei waren diese Torbögen mit Brettern vernagelt. Durch die beiden Bögen, die den Eingang des künftigen Theaters bildeten, hofften das Bettlervolk der Stadt und die Knauser, die zu geizig waren, den notwendigen Sou auszugeben, um rechtmäßigen Zutritt zu erlangen, verstohlene Blicke auf das Schauspiel werfen zu können.

Ungewohnt jeder körperlichen Arbeit war dieser Nachmittag für André-Louis Moreau der anstrengendste seines Lebens. Er verlief mit dem Aufschlagen und Einrichten der Bühne an dem einen Ende der Markthalle, und André begann zu begreifen, wie schwer verdient seine monatlichen fünfzehn Livres wären. Zuerst beteiligten sich vier der Gesellschaft an dieser Aufgabe – oder in Wirklichkeit drei, denn Pantalon tat nichts weiter, als Befehle zu donnern. Ihrer Eleganz entkleidet, halfen Rhodomont und Léandre bei der Zimmermannsarbeit. In der Zwischenzeit speisten die vier anderen mit den Damen. Als jene dann etwa eine halbe Stunde später kamen, um die Arbeit fortzuführen, gingen André-Louis und seine Kameraden zum Essen, während Polichinelle die Vorbereitungen überwachte und mithalf.

Sie überschritten den Platz vor dem billigen kleinen Gasthaus, in dem sie Wohnung genommen hatten. In dem engen Flur stieß André-Louis auf Climène, die ihr Galakostüm gleichfalls abgelegt und ihr normales Aussehen angenommen hatte.

»Nun, wie gefällt es Ihnen?« fragte sie schnippisch.

Er blickte ihr in die Augen, dann antwortete er in seiner seltsam kühlen Art, aus der man nie klar ersah, ob er meinte, was er sagte: »Oh, es gibt gewisse Entschädigungen.«

Sie faltete die Brauen: »Sie... Sie fühlen bereits das Bedürfnis nach Kompensationen?«

»Das fühlte ich schon von Anfang an. Diese Aussicht verlockte mich.«

Sie befanden sich allein, die anderen waren bereits in das für sie bereitgestellte Zimmer gegangen, wo das Essen serviert wurde. André-Louis, der Frauen gegenüber so unerfahren wie in Kenntnis der Männer erfahren war, verstand nicht, weshalb er sich ihrer Weiblichkeit plötzlich so klar bewußt wurde, weshalb sie ihm auf irgendeine heimtückische, unmerkliche Weise dieses Gefühl einflößte.

»Worin bestehen diese Kompensationen?« erkundigte sie sich mit sittsamster Unschuld.

Am Rande des Abgrundes riß er sich noch zusammen.
»In fünfzehn Livres den Monat«, entgegnete er kurz.
Einen Moment blickte sie ihn erstaunt an. Seine Art hatte wirklich etwas Verwirrendes. Dann faßte sie sich.
»Oh, und in Kost und Logis, das dürfen Sie nicht außer acht lassen, wie es der Fall zu sein scheint, denn Ihr Mittagessen wird sonst kalt werden. Kommen Sie nicht herein?«
»Haben Sie denn noch nicht gespeist?« rief er, und sie fragte sich, ob wirklich Freude aus seiner Stimme geklungen hätte.
»Nein«, antwortete sie über ihre Schulter, »ich wartete.«
»Worauf«, forschte er hoffnungsvoll in seiner Unschuld.
»Ich mußte mich doch umkleiden, Hanswurst«, entgegnete sie grob. Nachdem sie ihn, wie sie vermutete, glücklich auf die Schlachtbank gelockt, holte sie auch zum Hiebe nach ihm aus. Aber er gehörte zu den Menschen, die stets zurückschlagen müssen.
»Ach, und mit Ihren vornehmen Kleidern legten Sie auch Ihre guten Manieren ab, Mademoiselle? Ich verstehe.«
Purpurröte überzog ihr Gesicht. »Sie sind unverschämt«, entgegnete sie unbeholfen.
»Das hat man mir schon oft gesagt. Aber ich glaub's nicht.« Er riß die Tür für sie auf und verbeugte sich mit einer Grazie, die tiefen Eindruck auf sie machte, obwohl diese Grazie nur Fleury und der Comédie Française entlehnt war, die er in den Tagen Louis Le Grands' so oft besucht.
»Nach Ihnen, ma Demoiselle.« Des stärkeren Nachdrucks wegen zerlegte er das Wort in seine beiden Teile.
»Ich danke Ihnen, Monsieur«, erwiderte sie frostig, ja, soweit das einer so entzückenden Person möglich war, fast höhnisch, und ging hinein und richtete auch nicht einmal während der ganzen Mahlzeit das Wort an ihn. Statt dessen widmete sie sich mit ungewohnter und verheerend wirkender Aufmerksamkeit dem überraschten Léandre, diesem armen Teufel, der den Liebhaber auf der Bühne nur deshalb so schlecht spielte, weil er sich so sehnte, ihn in Wirklichkeit zu spielen.
Trotzdem aß André-Louis seinen Hering und Schwarzbrot mit gutem Appetit. Es war eine ärmliche Mahlzeit, aber ärmliches Essen war in jenem Winter der Hungersnot das gewöhnliche Los armer Leute, und da er sein Schicksal an eine Gesellschaft geknüpft hatte, deren Geschäft keineswegs blühte, mußte er auch die Schattenseiten seiner Lage philosophisch hinnehmen.
»Besitzen Sie einen Namen?« fragte ihn Binet im Verlauf des Essens, als gerade eine Pause in der Unterhaltung entstand.
»Zufällig ja«, entgegnete er, »ich glaube, er lautet Parvissimus.«

»Parvissimus? Ist das ein Familienname?«
»In einer Gesellschaft, in der sich nur der Anführer des Vorzuges eines Familiennamens erfreut, würde dergleichen für das geringste der Mitglieder unpassend sein. Ich wählte den Namen, der mir der passendste für mich zu sein dünkt, und ich glaube, das ist Parvissimus – der Allerunterste.«
Binet amüsierte sich. Die Sache war drollig, sie verriet eine lebhafte Phantasie. Ja, ganz bestimmt, sie mußten sich gemeinsam an die Ausarbeitung von Szenarien machen.
»Der Zimmermannsarbeit würde ich das vorziehen«, bestätigte André-Louis.
Dennoch mußte er an diesem Nachmittag zu jener Arbeit zurückkehren und angestrengt bis vier Uhr durcharbeiten. Da erst erklärte sich der autokratische Binet mit den Vorbereitungen zufrieden und begann, wieder mit André-Louis' Hilfe, die Beleuchtung einzurichten, die teilweise aus Talgkerzen, teilweise aus Fischtranlampen bestand.
Pünktlich um fünf Uhr ertönten die drei Schläge, und der Vorhang hob sich über dem ›Herzlosen Vater‹.
Zu dem Pflichtenkreis, den André-Louis von dem entschwundenen Félicien geerbt hatte, gehörte auch das Amt des Türhüters. Er vollzog diese Pflicht in einem Polichinelle-Kostüm und mit einer Pappmachénase. Diese Anordnung entsprach sowohl Monsieur Binets wie seinen Wünschen. Monsieur Binet – der die weitere Vorsichtsmaßregel getroffen hatte, André-Louis' eigene Kleider unter Verschluß zu nehmen – schützte sich dadurch vor der Gefahr, daß sein jüngster Rekrut mit den Eintrittsgeldern durchbrannte. André-Louis, ohne sich einer Täuschung über Pantalons eigentliche Absicht hinzugeben, stimmte mit Freuden zu, da ihn diese Verkleidung vor einem zufälligen Wiedererkennen seitens irgendeines Bekannten, der sich vielleicht in Guichen aufhielt, schützte.
Die Vorstellung war in jeder Hinsicht unaufregend, die Zuhörerschaft spärlich und gelangweilt. Die Bänke, die die vordere Hälfte der Markthalle einnahmen, waren von etwa siebenundzwanzig Personen besetzt: elf zu je zwanzig Sous und sechzehn zu zwölf Sous. Hinter diesen stand ein Haufe von einigen dreißig Leuten zu sechs Sous pro Person. Die gesamten Einnahmen beliefen sich also auf zwei Louis, zehn Livres und zwei Sous. Nachdem Monsieur Binet die Miete für die Markthalle, die Beleuchtung und die Kosten für den Aufenthalt seiner Gesellschaft in dem Wirtshaus über Sonntag bezahlt hatte, blieb nicht gerade viel als Lohn für seine Schauspieler übrig. Man wird sich daher nicht wundern, daß Monsieur Binets gute Laune an diesem Abend etwas gelitten hatte.
»Na, was halten Sie davon?« fragte er André-Louis, als sie sich nach der Vorstellung zusammen nach dem Gasthause begaben.

»Vielleicht hätte es noch schlechter sein können, wahrscheinlich ist es freilich nicht.«
In blankem Erstaunen blieb Monsieur Binet stehen und starrte seinen Gefährten an.
»Himmel, Herrgott! Sie sind deutlich.«
»Unter Narren eine wenig beliebte Art der Dienstleistung, ich weiß es.«
»Nun, ich bin kein Narr«, entgegnete Binet.
»Deswegen war ich auch ehrlich. Ich erweise Ihnen diese Ehre, Monsieur Binet, und traue Ihnen Intelligenz zu.«
»Ah, wirklich?« höhnte Binet, »und wer zum Teufel sind Sie, um mir überhaupt etwas zuzutrauen? Ihre Annahmen sind anmaßend, mein Herr.« Mit diesen Worten versank er wieder in Schweigen und in die trübselige Aufgabe, seine Abrechnung zu überprüfen.
Als sie jedoch eine halbe Stunde später zusammen beim Abendessen saßen, griff er diesen Gegenstand von neuem auf.
»Unser jüngster Rekrut, dieser ausgezeichnete Monsieur Parvissimus«, verkündete er, »hat die Unverschämtheit, mir zu erklären, daß möglicherweise unsere Komödie noch schlechter hätte sein können, daß dies jedoch nicht sehr wahrscheinlich sei.« Gleichzeitig blies er seine großen runden Backen auf, um die anderen auf Kosten des törichten Kritikers zum Lachen zu reizen.
»Das ist schlimm«, bestätigte der dunkelfarbige sardonische Polichinelle. Er war ernst wie Rhadamanthys bei Verkündigung eines Urteils. »Das ist schlimm! Aber was noch unendlich viel schlimmer ist, das Auditorium besaß die Frechheit, gleicher Meinung zu sein.«
»Ein ungebildetes Pack von Dummköpfen«, spöttelte Léandre, seinen schönen Kopf zurückwerfend.
»Sie haben unrecht«, fiel Harlekin ein, »zur Liebe wurden Sie geboren, Verehrtester, nicht zur Kritik.«
Léandre blickte verächtlich auf den kleinen Mann herab. »Und Sie, wozu wurden Sie geboren?«
»Kein Mensch weiß es«, lautete die offene Antwort, »ebensowenig, warum. Ich glaube, Teuerster, das ist bei vielen von uns der Fall.«
»Aber warum –« griff Monsieur Binet ein und unterdrückte so den Anfang eines hübschen kleinen Zanks – »warum meinst du, daß Léandre unrecht hat?«
»Um allgemein zu sprechen: weil er stets unrecht hat, weil ich die Zuhörerschaft Guichens für zu verbildet für den ›Herzlosen Vater‹ halte.«
»Sie kämen der Sache näher«, warf André-Louis, der ja die Ursache dieses Streites war, dazwischen, »wenn Sie sagten, das Stück sei zu einfach für die Zuhörerschaft von Guichen.«

»Wo liegt da der Unterschied?« fragte Léandre.
»Ich wollte gar keinen Unterschied bezeichnen. Ich sagte nur, das wäre eine treffendere Art, diese Tatsache auszudrücken.«
»Der Herr wird spitzfindig«, höhnte Binet.
»Warum treffender?« beharrte Harlekin.
»Weil es leichter ist, den ›Herzlosen Vater‹ dem verderbten Geschmack des Guichener Publikums anzupassen, als die Guichener Zuhörerschaft dem unverdorbenen ›Herzlosen Vater‹.«
»Darüber muß ich nachdenken«, stöhnte Polichinelle und vergrub das Haupt in beide Hände.
Doch da kam ein neuer Angriff vom unteren Ende der Tafel, wo Climène zwischen Columbine und Madame saß.
»Sie möchten die Komödie abändern, Monsieur Parvissimus?« rief sie.
Er wandte sich, um ihre Bosheit zu parieren.
»Ich schlage vor, sie zu ändern«, verbesserte er mit einer Verbeugung.
»Und wie würden Sie sie ändern, Monsieur?«
»Ich? Oh, zum Guten.«
»Ja, selbstverständlich!« Sie war der personifizierte Sarkasmus. »Und wie würden Sie das anfangen?«
»Ja, ja, erklären Sie uns das einmal«, grölte Binet und fügte dann hinzu: »Silentium, meine Herren und Damen, Silentium für Monsieur Parvissimus.«
André-Louis blickte vom Vater zur Tochter und lächelte. »Donnerwetter, da stecke ich zwischen Keule und Dolch. Werde mich glücklich preisen, wenn ich mit dem Leben davonkomme. Aber da Sie mich schon so in die Enge treiben, will ich einmal auseinandersetzen, was *ich* tun würde. Ich würde auf das Original zurückgreifen und freimütiger daraus schöpfen.«
»Das Original?« erkundigte sich Binet – der Verfasser.
»Ja, soviel ich weiß, lautet der Titel des Originals ›Monsieur de Pourceaugnac‹ und wurde von Molière verfaßt.«
Irgend jemand kicherte, aber der betreffende Jemand war nicht Monsieur Binet. Binet fühlte sich bis aufs Blut verletzt, und der Ausdruck in seinen kleinen Augen verriet, daß sich hinter seinem gutmütigen Äußeren alles, nur nicht Gutmütigkeit verbarg.
»Sie beschuldigen mich des Plagiats«, knurrte er endlich, »des Diebstahls an den Ideen Molières.«
»Es gibt natürlich die zweite Möglichkeit«, entgegnete André-Louis ungerührt, »daß zwei große Geister nach gleichen Gesichtspunkten schufen.«
Aufmerksam betrachtete Monsieur Binet einen Moment den jungen Mann. Doch Andrés Gesicht war glatt und undurchdringlich, und Binet beschloß, ihn mit einem Schlage niederzustrecken.

»Ihre Worte bedeuteten also nicht, daß ich von Molière gestohlen hätte?«

»Dazu riet ich Ihnen im Gegenteil, Monsieur«, lautete die verblüffende Antwort.

Monsieur Binet war empört.

»So etwas empfehlen Sie mir! Sie raten mir, mir, Pierre Binet, in meinem Alter ein Dieb zu werden!«

»Er benimmt sich abscheulich«, erklärte Madame indigniert.

»Abscheulich ist das Wort. Ich danke Ihnen dafür, Teuerste. Ich schenkte Ihnen Vertrauen, mein Herr, Sie sitzen an meinem Tisch, Sie haben die Ehre, in meine Truppe aufgenommen zu sein, und trotzdem besitzen Sie die Kühnheit, mir ins Gesicht hinein den Rat zu geben, ein Dieb zu werden – die häßlichste Art eines Diebes, ein Dieb geistiger Dinge, ein Dieb von Ideen! Das ist unerhört, unerträglich! Ich fürchte, Monsieur, ich habe mich in Ihnen schwer getäuscht, genau wie Sie sich in mir getäuscht zu haben scheinen. Ich bin nicht so ein Schurke, wie Sie voraussetzen, mein Herr, und ich werde in meiner Gesellschaft keinen Mann dulden, der mir zu raten wagt, einer zu werden. Schändlich!«

Er war aufs äußerste erzürnt. Seine Stimme dröhnte durch das kleine Zimmer, und die Truppe saß dicht zusammengedrängt und erschreckt, die Augen auf André-Louis geheftet, den einzigen, den dieser Ausbruch tugendhafter Empörung völlig unberührt ließ.

»Begreifen Sie auch, Monsieur«, fragte er ganz ruhig, »daß Sie das Andenken des illustren Toten beschimpfen?«

»He?« meinte Binet.

»Sie beschimpfen das Gedächtnis Molières, der größten Zierde unserer Bühne, eines der hervorragendsten Geister unserer Nation, indem Sie behaupten, es wäre schimpflich, etwas zu tun, was Molière nie zu tun zögerte, ja wovor kein bedeutender Autor je zurückgeschreckt ist. Sie können doch nicht glauben, daß sich Molière die Mühe machte, in seinen Themen immer originell zu sein? Sie können doch nicht annehmen, daß die Geschichten, die er in seinen Stücken bringt, nie vor ihm erzählt worden sind? Wie Sie sehr genau wissen – obwohl Sie es momentan vergessen zu haben scheinen und es sich daher als nötig erweist, daß ich Sie daran erinnere –, wurden diese, wenigstens zahlreiche seiner Stoffe, von italienischen Autoren gesammelt, die sie ihrerseits von der Himmel allein weiß woher entnommen hatten. Molière griff diese alten Geschichten auf und erzählte sie in seiner eigenen Sprache wieder. Das ist genau das gleiche, was ich Ihnen zu tun vorschlage. Ihre Truppe ist eine Gesellschaft von Improvisatoren. Sie schaffen den Dialog im Spielen, und das ist vielleicht mehr, als Molière je unternahm. Wenn Sie es vorziehen, können Sie ja auch direkt auf Boccaccio oder Sacchetti zurückgreifen – obgleich das meiner Ansicht die Bedenken übertreiben hieße. Doch selbst dann wären Sie noch nicht sicher, die eigentliche Quelle erreicht zu haben.«

Mit fliegenden Fahnen hatte André-Louis gesiegt. An ihm war wirklich ein Redner verloren. Wie prächtig verstand er es, Schwarz in Weiß zu verwandeln. Der Eindruck auf die Gesellschaft war stark, auf niemanden stärker als auf Monsieur Binet, der sich plötzlich mit einem niederschmetternden Argument ausgerüstet sah gegen alle, welche ihm in Zukunft die schamlosen Plagiate vorwerfen würden, die er zweifellos beging. In bestmöglicher Haltung zog er sich also aus der Stellung, die er zu Anfang bezogen, zurück.

»Also so meinen Sie es?« fragte er nach langer, begeisterter Zustimmung seitens der Truppe. »Sie glauben, unsere Geschichte des ›Herzlosen Vaters‹ ließe sich durch Nachschürfen in ›Monsieur de Pourceaugnac‹, mit dem sie in der Tat, wie ich bei näherer Überlegung gestehen muß, eine gewisse oberflächliche Ähnlichkeit besitzt, bereichern?«

»Das glaube ich, ja, davon bin ich überzeugt – immer vorausgesetzt, daß Sie es mit Kritik tun. Die Zeiten haben sich seit Molière gewandelt.«

Die Folge dieses Streites war, daß Binet sich bald zurückzog und André-Louis entführte. Bis spät in die Nacht hockten die beiden zusammen, und auch während des ganzen Sonntagmorgens blieben sie in engstem Gedankenaustausch.

Nach dem Mittagessen las Monsieur Binet der versammelten Truppe das verbesserte und ergänzte Manuskript des ›Herzlosen Vaters‹ vor, das er nach dem Rate von Monsieur Parvissimus mit größter Sorgfalt bearbeitet hätte. Ehe er noch mit der Lektüre begann, hatte die Gesellschaft, was die eigentliche Autorschaft betrifft, kaum mehr einen Zweifel, und sobald er gelesen hatte, blieb überhaupt keiner mehr, ein solcher Schwung, eine solche Sicherheit lag in der Handlung, und die, welche ihren Molière kannten, merkten, daß dieser Text, anstatt sich enger an das Original zu klammern, sich sogar mehr davon entfernt hatte. Molières ursprüngliche Figur – die Titelrolle – war zum größten Ärger Polichinelles, der sie spielte, zu einer Nebenrolle herabgemindert. Dagegen waren alle anderen Partien, mit Ausnahme Léandres, die unverändert blieb, weiter ausgebaut worden. Scaramouche als der Intrigant Sbrigandini und Pantalon als Vater hatten jetzt die beiden Hauptrollen inne. Außerdem hatte Rhodomont eine komische Rolle zugewiesen erhalten als lärmender, von Polichinelle gedungener Raufbold, um Léandre die Kehle durchzuschneiden. Auch der Titel des Stückes war im Hinblick auf die Wichtigkeit von Scaramouche jetzt in ›Figaro-Scaramouche‹ umgetauft.

Dieser letzte Vorschlag war bei Monsieur Binet auf lebhaften Widerspruch gestoßen, aber sein rücksichtsloser Mitarbeiter – in Wahrheit der eigentli-

che Verfasser, der sich schamlos, aber mit Erfolg auf seine großen Literaturkenntnisse berief – hatte ihn überwunden.
»Sie müssen mit der Zeit gehen, Monsieur. In Paris ist Beaumarchais die große Mode. ›Figaro‹ ist heute in der ganzen Welt bekannt. Wir wollen uns ein Fetzchen seines Ruhmes borgen. Das zieht die Leute an. Sie werden kommen, einen halben Figaro zu sehen, während sie gar nicht daran denken, sich ein Dutzend ›Herzlose Väter‹ anzusehen. Wir wollen daher irgendeinem den Mantel des Figaro umwerfen und diese Tatsache in unserem Titel ankündigen.«
»Aber ich als Haupt der Truppe...« begann Monsieur Binet schwach.
»Wenn Sie Ihren eigenen Interessen gegenüber blind sein wollen, werden Sie bald ein Haupt ohne Glieder sein. Was hat das für einen Zweck? Können die Schultern Pantalons den Mantel Figaros tragen? Sie lachen! Natürlich lachen Sie, dieser Gedanke ist absurd. Die geeignete Persönlichkeit ist Scaramouche, der von Natur Figaros Zwillingsbruder ist.«
Unter dieser Tyrannei ergab sich der Tyrann Binet, getröstet durch die Überlegung, daß, falls er überhaupt etwas von dem Theater verstünde, er für fünfzehn Livres im Monat etwas erworben hätte, was ihm rasch ebenso viele Louisdors eintragen würde.
Sieht man von Polichinelle ab, der, verärgert über den Verlust der Hälfte seiner Rolle, das neue Szenarium für albern erklärte, so bestätigte die Aufnahme, die das Textbuch bei der Truppe fand, Binets Überzeugung.
»Ah, Sie nennen mein Werk albern, he?« zankte Monsieur Binet.
»Ihr Werk?« sagte Polichinelle, um dann mit unverschämtem Ausdruck hinzuzufügen: »Ach, Verzeihung, ich hatte noch nicht begriffen, daß Sie der Autor seien.«
»Dann begreifen Sie es jetzt.«
»Sie waren mit Monsieur Parvissimus bei dieser Arbeit äußerst intim beisammen«, fuhr Polichinelle mit dreister Anzüglichkeit fort.
»Na, und was folgt daraus? Worauf wollen Sie hinaus?«
»Daß Sie ihn hinzuzogen, um Ihnen die Federn zuzustutzen, ganz natürlich.«
»Ich werde Ihnen die Ohren stutzen, wenn Sie nicht höflich sind«, polterte Binet wütend.
Polichinelle erhob sich langsam und reckte sich.
»Himmel Herrgott«, erklärte er, »wenn Pantalon den Rhodomont spielt, halt ich's für angebracht, meinen Abschied zu nehmen. Er ist in dieser Rolle nicht amüsant.« Und ehe Monsieur Binet sich von seiner Sprachlosigkeit erholt hatte, stolzierte er zum Zimmer hinaus.

Am Montag, nachmittags vier Uhr, hob sich der Vorhang über ›Figaro-Scaramouche‹ vor einer Zuhörerschaft, die drei Viertel der Markthalle füllte. Monsieur Binet schrieb diesen guten Besuch dem Zustrom der Landbevölkerung nach Guichen anläßlich des Jahrmarkts zu, sowie dem prunkvollen Zuge seiner Gesellschaft durch die Straßen des Städtchens zur Zeit des lebhaftesten Verkehrs. André-Louis dagegen meinte, daß lediglich der Titel das bewirkt hätte. Der Hinweis auf den Figaro hatte in den besseren Bürgerkreisen, die mehr als die Hälfte der Zwanzig-Sous-Plätze und drei Viertel der Zwölf-Sous-Plätze füllten, gezündet. Dieser Köder hatte die Leute angelockt. Ob er sich auch in Zukunft als zugkräftig erweisen würde, hing von der Art ab, in der das Stück, das André-Louis zum Ruhme Binets verfaßt hatte, von der Truppe aufgeführt würde. An den Vorzügen des Textes selbst zweifelte er keinen Augenblick. Die Verfasser, von denen er die Elemente der Komödie entlehnt hatte, waren tadellos, und er hatte das Beste von ihnen ausgewählt, wie er es diesen Erlauchten schuldig zu sein glaubte.

Die Gesellschaft übertraf sich selbst. Die Zuhörerschaft verfolgte mit Beifall die schlauen Intrigen Scaramouches, begeisterte sich an der Schönheit und Frische Climènes, ließ sich von deren hartem Geschick, das sie vier lange Akte hindurch den sehnsuchtsvollen Armen des jugendschönen Léandre fernhielt, fast bis zu Tränen rühren, brüllte vor Entzücken über die Niedertracht Pantalons, über die Schnurren seines munteren Dieners Harlekin, sowie über den prahlerischen Gang und die polternde Wut des feigherzigen Rhodomont.

Der Erfolg der Binet-Truppe in Guichen war gesichert. An jenem Abend trank die Gesellschaft auf Monsieur Binets Kosten Burgunder. Die Einnahmen erreichten die Summe von acht Louisdors, das beste Geschäft, das Monsieur Binet während seiner ganzen bisherigen Laufbahn gemacht hatte. Er war hocherfreut. Sein fetter Leib schwitzte förmlich Anerkennung aus, er ließ sich sogar so weit herab, Monsieur Parvissimus einen Anteil an dem Erfolge zuzugestehen.

»Sein Vorschlag«, meinte er, fürsorglich diesen Anteil gerecht einschränkend, »war, wie ich sofort begriff, ganz vortrefflich.«

»Na, und das Zustutzen der Federn?« grunzte Polichinelle. »Das dürfen Sie auch nicht vergessen. Es ist außerordentlich wichtig, einen Mann neben sich zu haben, der es versteht, eine Feder zuzuschneiden. Wenn ich Autor werde, will ich mich dessen erinnern.«

Doch selbst diese Sticheleien vermochten nicht, Monsieur Binet seine satte Selbstzufriedenheit zu rauben.

Am Dienstag erzielte das Stück den gleichen künstlerischen Erfolg, und die Einnahmen stiegen. Zehn Louis und sieben Livres betrug die gewaltige Summe, die André-Louis als Kassierer Monsieur Binet nach der Vorstellung aushändigte. Noch nie hatte Binet an einem Abend soviel Geld eingenommen – und ein elendes kleines Städtchen wie Guichen war bestimmt der letzte Ort, in dem er einen derartigen Glücksfall erwartet hätte.

»Ja, aber Guichen zur Jahrmarktszeit«, erinnerte ihn André-Louis. »Gegenwärtig sind selbst Leute aus Nantes und Rennes hier zu Kauf und Verkauf. Da morgen der letzte Tag des Jahrmarktes ist, wird das Gedränge sogar noch größer sein. Unsere Kasseneinnahme wird sich heute abend noch erhöhen.«

»Erhöhen? Lieber Freund, ich will ganz zufrieden sein, wenn sie so bleibt.«

»Darauf können Sie sich verlassen«, beruhigte ihn André-Louis. »Bekommen wir heute Burgunder?«

Doch dann geschah das Unglück. Es kündete sich durch eine Folge von Stößen und Plumpsen an, die mit einem Krachen vor der Tür, das alle erschreckt auffahren ließ, ihren Höhepunkt erreichten.

Pierrot sprang auf, um zu öffnen, und erblickte am Fuße der Treppe den sich wälzenden Körper eines Mannes. Ein Stöhnen zeigte, daß noch Leben in diesem Körper war. Pierrot trat rasch vor, drehte den Körper auf den Rücken und entdeckte, daß er das schmerzverzerrte Antlitz eines Scaramouche trug, eines grimassierenden, ächzenden, sich windenden Scaramouche.

Die ganze Truppe, die hinter Pierrot nachdrängte, brach in Lachen aus.

»Ich habe ja immer gesagt, du solltest die Rollen mit mir tauschen«, schrie Harlekin, »du gäbest einen ausgezeichneten Gauner! Hast du schon geprobt?«

»Narr!« ächzte Scaramouche. »Was ist da zu lachen? Ich habe mir fast das Genick gebrochen.«

»Hast ganz recht, wir sollten eigentlich weinen, daß du dir's nicht gebrochen hast. Komm, Mensch, aufgestanden!« Und er hielt dem am Boden liegenden Schelm die Hand hin.

Scaramouche ergriff die Hand, klammerte sich an ihr fest und zog sich in die Höhe, um sich mit einem Aufschrei wieder zurücksinken zu lassen.

»Mein Fuß«, jammerte er.

Binet wälzte sich durch die Schar der Schauspieler, sie rechts und links zur Seite stoßend. Böse Vorahnungen quälten ihn. Schon früher hatte ihm das Schicksal ähnliche Streiche gespielt.

»Was ist mit deinem Fuß los?« erkundigte er sich mürrisch.

»Ich glaube, ich hab' ihn mir gebrochen«, klagte Scaramouche.

»Gebrochen? Pah! Steh auf, Mann.« Er packte ihn unter den Achseln und zerrte ihn hoch.
Aufheulend stand Scaramouche auf einem Fuß, das andere Bein versagte, sobald er damit auftreten wollte, und er wäre von neuem gestürzt, hätte Binet ihn nicht gehalten. Während Binet eine erstaunliche Fülle von Flüchen hervorstieß, erfüllte Scaramouche den Vorplatz mit seinen Klagen.
»Mußt du denn wie ein Kalb blöken, Narr! Halt den Mund! Rasch einen Stuhl her.«
Ein Stuhl wurde gebracht, Binet preßte Scaramouche in den Sessel.
»Wollen uns mal deinen Fuß ansehen.« Ohne Scaramouches Schmerzensgebrüll zu beachten, riß er ihm Schuhe und Strümpfe herunter.
»Wo tut's weh? Ich kann nichts finden.« Damit packte er mit der einen Hand den Hacken, mit der anderen die Zehen und begann den Fuß zu bewegen.
Scaramouche stöhnte vor Schmerz, bis Climène Binets Arm ergriff und ihm Einhalt gebot.
»Mein Gott, hast du denn gar kein Mitgefühl?« schalt sie ihren Vater. »Der Bursche hat seinen Fuß verletzt, mußt du ihn noch quälen? Als ob das etwas hilft.«
»Den Fuß verletzt?« widersprach Binet. »Ich kann nicht sehen, daß dem Fuß etwas fehlt – nichts, um diesen Lärm zu rechtfertigen. Er hat sich vielleicht ein bißchen weh getan...«
»Ein Mensch, der sich den Fuß nur etwas verstaucht hat, stöhnt nicht derart!« rief Madame über Climènes Schulter. »Vielleicht hat er ihn ausgerenkt!«
»Das fürchte ich eben«, winselte Scaramouche.
Voller Widerwillen stand Binet auf.
»Schafft ihn ins Bett«, befahl er, »und holt einen Arzt, der nach ihm sehen soll.«
Es geschah, und der Doktor kam. Sobald er den Patienten untersucht hatte, erklärte er, daß nichts Ernstes vorläge, daß er sich aber augenscheinlich bei dem Sturz den Fuß etwas verrenkt hätte. Ein paar Tage Ruhe, dann würde alles wieder in Ordnung sein.
»Ein paar Tage!« schrie Binet. »Gott, mein Gott! Meinen Sie, er kann nicht gehen?«
»Es wäre unklug, ja sogar unmöglich, wenn es sich um mehr als wenige Schritte handelt.«
Monsieur Binet bezahlte dem Arzt sein Honorar und setzte sich hin, um nachzudenken. Er goß sich ein Glas Burgunder ein und stürzte es wortlos hinunter, dann saß er da und stierte in das leere Gefäß.
»So etwas kann selbstverständlich immer nur mir passieren«, brummte er,

ohne sich an irgend jemand besonders zu wenden. Die Mitglieder der Truppe umstanden ihn schweigend, seine Bestürzung teilend. »Ich hätt's ja wissen können, daß sich dies – oder was Ähnliches – ereignen würde, um den ersten Glücksstrahl, der mir seit Jahren lächelt, zu vernichten. Na, schön, es ist erledigt. Morgen packen wir und reisen ab. Der beste Tag des Jahrmarkts, auf der Höhe unserer Erfolge – gut fünfzehn Louisdors zu gewinnen – und da muß dies passieren! O Gott, mein Gott!«

»Wollen Sie denn die Vorstellung morgen aufgeben?«

Alle fuhren herum und starrten gleich Binet André-Louis an.

»Sollen wir etwa ›Figaro-Scaramouche‹ ohne Scaramouche spielen?« höhnte Binet.

»Natürlich nicht«, widersprach André-Louis; »aber es läßt sich doch sicherlich eine andere Rollenverteilung durchführen. Zum Beispiel ist Polichinelle ein ausgezeichneter Schauspieler.«

Polichinelle machte André einen Kratzfuß. »Überwältigt«, meinte er sardonisch.

»Aber der hat doch seine eigene Rolle«, widersprach Binet.

»Eine unbedeutende Partie, die Pasquariel spielen könnte.«

»Und wer wird Pasquariel spielen?«

»Niemand, wir streichen die Rolle. Das Stück braucht darunter nicht zu leiden.«

»Er denkt an alles«, spottete Polichinelle. »Was für ein Mann!«

Doch Binet war keinesweg derselben Meinung. Zweifelnd fragte er: »Schlagen Sie wirklich vor, daß Polichinelle den Scaramouche spielen soll?«

»Warum nicht, er besitzt die Fähigkeiten!«

»Von neuem überwältigt«, warf Polichinelle dazwischen.

»Mit so einer Figur den Scaramouche spielen?« Binet erhob sich und deutete mit anklagendem Finger auf Polichinelles gedrungene, fettleibige Kürze.

»In Ermangelung eines besseren«, entgegnete André-Louis.

»Überwältigter denn je!« Polichinelles Verbeugung war diesmal einfach großartig. »Meiner Treu, ich glaube, ich muß in die frische Luft gehen, um mich nach soviel Erröten abzukühlen.«

»Scher dich zum Teufel!« schleuderte ihm Binet nach.

»Immer besser.« Polichinelle begab sich zur Tür. Auf der Schwelle blieb er stehen und stellte sich in Pose. »Verstehen Sie mich recht, Binet, jetzt spiele ich den Scaramouche unter keinen Umständen.« Und er schritt hinaus. Im ganzen war es ein äußerst würdevoller Abgang.

André-Louis zuckte die Achseln, warf die Arme hoch und ließ sie wieder sinken. »Sie haben alles ruiniert«, erklärte er Monsieur Binet. »Die Sache

hätte sich so leicht einrichten lassen. Na schön, Sie sind ja hier der Herr, und da Sie wünschen, daß wir zusammenpacken und abreisen, wird es ja wohl auch so kommen.«
Mit diesen Worten ging er ebenfalls hinaus. Monsieur Binet stand einen Augenblick in Gedanken, dann folgte er ihm, einen listigen Blick in den kleinen Augen. An der Torfahrt holte er ihn ein.
»Wir wollen zusammen einen kleinen Spaziergang machen, Monsieur Parvissimus«, sagte er äußerst gewinnend, schob seinen Arm unter den André-Louis' und führte diesen auf die Straße hinaus, auf der noch immer ein ziemliches Treiben herrschte. Sie ließen die Buden, die den Marktplatz umsäumten, hinter sich und gingen den Hügel hinunter auf die Brücke zu.
»Ich glaube nicht, daß wir morgen aufbrechen werden«, eröffnete Monsieur Binet nach kurzer Zeit das Gespräch, »nein, wir werden morgen abend spielen.«
»Nicht, wenn ich Polichinelle richtig kenne. Sie haben...«
»Ich denke dabei gar nicht an Polichinelle.«
»An wen denn?«
»An Sie.«
»Ich fühle mich geschmeichelt, mein Herr. Und in welcher Eigenschaft denken Sie an mich?« Für André-Louis' Geschmack lag in Binets Stimme etwas allzu Glattes, Öliges.
»Ich denke an Sie in der Rolle des Scaramouche.«
»Tagträume«, meinte André-Louis. »Sie machen sich natürlich über mich lustig.«
»Keine Spur. Ich rede im Ernst.«
»Aber ich bin doch kein Schauspieler.«
»Sie erzählten mir, daß Sie einen abgeben könnten.«
»Oh, so gelegentlich... eine kleine Rolle vielleicht...«
»Schön, hier ist eine große Rolle – die Möglichkeit, mit einem Schlage sich durchzusetzen. Wie vielen hat sich wohl je eine derartige Gelegenheit geboten?«
»Es ist eine Aussicht, nach der ich nicht verlange, Monsieur Binet. Wir wollen das Thema wechseln.« Er sagte das hart und frostig, vielleicht weil er in Monsieur Binets Verhalten irgendeine Drohung witterte.
»Wir werden das Thema wechseln, wenn es mir beliebt«, entgegnete Monsieur Binet, und ein Funkeln von Stahl schimmerte durch die äußere seidige Hülle. »Morgen abend spielen Sie den Scaramouche. Ihr Verstand ist schlagfertig genug, Ihre Figur ist ideal, und Sie besitzen gerade den für diese Rolle nötigen beißenden Humor. Sie werden einen ungeheuren Erfolg erzielen.«

»Viel wahrscheinlicher, daß ich einen großartigen Hereinfall erleben würde.«
»Das würde auch nichts machen«, meinte Binet zynisch. »Der Fehlschlag würde nur Sie selbst betreffen, die Kasse wäre bis dahin längst gesichert.«
»Außerordentlich verbunden.«
»Wir würden morgen abend fünfzehn Louis einnehmen.«
»Es ist wirklich ein Unglück, daß Sie keinen Scaramouche haben.«
»Es ist ein Glück, daß ich einen habe, Monsieur Parvissimus.«
André-Louis machte seinen Arm frei. »Sie fangen an, mich zu langweilen. Ich denke, wir wollen umkehren.«
»Einen Augenblick, Monsieur Parvissimus. Falls ich auf diese fünfzehn Louisdors verzichten muß, werden Sie es nicht ungehörig finden, wenn ich mich auf andere Weise entschädige.«
»Das ist Ihre Angelegenheit, Monsieur Binet.«
»Verzeihung, Monsieur Parvissimus, aber vielleicht ist es auch die Ihre.« Binet ergriff wieder seinen Arm. »Seien Sie so freundlich, mit mir über die Straße zu gehen. Nur bis zum Postamt dort drüben. Ich möchte Ihnen etwas zeigen.«
André-Louis ging mit. Ehe sie noch den an der Tür des Postgebäudes befestigten Anschlag erreichten, wußte er genau, was dort zu lesen stünde. Und in der Tat traf seine Annahme zu, daß zwanzig Louis für eine Anzeige gezahlt würden, die zur Verhaftung eines gewissen André-Louis Moreau, Anwalt aus Gavrillac, führte, der unter Anklage des Aufruhrs von dem Generalstaatsanwalt in Rennes verfolgt würde.
Monsieur Binet beobachtete André-Louis, während dieser las. Ihre Arme hatten sie eingehakt, und Binets Griff war stark und fest.
»Na, mein Freund, wollen Sie nun Monsieur Parvissimus bleiben und morgen den Scaramouche spielen, oder wollen Sie André-Louis Moreau aus Gavrillac sein und dem Wunsche des Generalstaatsanwalts entsprechend sich nach Rennes begeben?«
»Und wenn Sie sich zufällig in einem Irrtum befänden?« fragte André-Louis mit undurchdringlichem Gesicht.
»Das Risiko will ich übernehmen«, höhnte Monsieur Binet. »Soviel ich mich erinnere, erwähnten Sie, daß Sie Anwalt wären, eine Unvorsichtigkeit, mein Lieber. Es ist unwahrscheinlich, daß sich zwei Anwälte zur gleichen Zeit und in dem gleichen Bezirk verbergen. Wie Sie sehen, bedarf es meinerseits gar keines besonderen Scharfsinns. Also Monsieur André-Louis Moreau, Anwalt aus Gavrillac, was soll geschehen?«
»Wir können uns auf dem Rückweg darüber unterhalten«, entgegnete André-Louis.
»Was läßt sich darüber noch viel sagen?«

»Nun, ich denke, ein oder zwei Dinge. Ich muß wissen, wo ich stehe. Also bitte, mein Herr, kommen Sie.«

»Ausgezeichnet«, sagte Monsieur Binet, und sie überschritten wieder die Straße, aber Monsieur Binet hielt den Arm seines jungen Freundes sicher gepackt, und war auf dem Sprung und gerüstet für jeden Streich, den der junge Herr vielleicht zu spielen geneigt wäre. Unnötige Vorsicht. André-Louis war nicht der Mann, seine Energie unnütz zu verschwenden. Er wußte, daß er an Körperkraft dem schweren und kräftigen Pantalon bei weitem nicht gewachsen war.

»Wenn ich Ihren so beredten und verführerischen Überredungskünsten zustimme, Monsieur Binet«, begann er verbindlich, »welche Garantie bieten Sie mir dann, daß Sie mich nicht doch noch für zwanzig Louis verschachern, nachdem ich Ihren Zwecken gedient habe?«

»Mein Ehrenwort darauf!« rief Monsieur Binet emphatisch.

André-Louis lachte. »Oh, wollen wir von Ehre sprechen? Ist das Ihr Ernst, Monsieur Binet? Weiß Gott, Sie halten mich für einen Narren!«

Bei der Dunkelheit bemerkte André-Louis nicht die Röte, die über Monsieur Binets rundes Gesicht huschte. Es dauerte einige Sekunden, ehe er antwortete.

»Vielleicht haben Sie recht«, knurrte er. »Also welche Garantien wünschen Sie?«

»Ich weiß nicht, welche Bürgschaft Sie zu geben imstande sind.«

»Ich betonte schon, daß ich es ehrlich mit Ihnen meine.«

»Bis Sie es vorteilhafter finden, mich zu verschachern.«

»Es steht in Ihrer Macht, es stets vorteilhafter zu machen, Ihnen die Treue zu halten. Ihnen ist es zu danken, daß wir in Guichen so gut abschneiden. Oh, ich gebe es freimütig zu.«

»Unter vier Augen«, entgegnete André-Louis.

Monsieur Binet beachtete den Spott nicht.

»Was Sie hier mit dem ›Figaro-Scaramouche‹ für uns getan haben, können Sie anderswo mit anderen Dingen für uns tun. Selbstverständlich möchte ich Sie nicht verlieren. Das ist Ihre Garantie.«

»Trotzdem wollten Sie mich heute abend für zwanzig Louis verkaufen.«

»Ja, in Gottes Namen, weil Sie mich durch die Weigerung, mir einen Dienst zu leisten, den Sie durchaus leisten könnten, in Wut brachten. Wäre ich wirklich der Schurke, für den Sie mich halten, dann hätte ich Sie doch schon vergangenen Samstag verkaufen können. Ich möchte, daß Sie mich verstehen, mein lieber Parvissimus.«

»Oh bitte, nur keine Entschuldigungen. Sie würden mich damit nur noch mehr langweilen als sonst.«

»Sie wollen wieder sticheln. Sie lassen ja nie eine Gelegenheit vorüber, zu sticheln. Das wird Sie im Leben noch in Ungelegenheiten stürzen. Kommen Sie, hier sind wir wieder beim Gasthaus, und Sie haben mir noch nicht Ihre Entscheidung mitgeteilt.«

André-Louis musterte ihn. »Ich muß natürlich einwilligen, mir bleibt ja kein Ausweg.«

Jetzt endlich ließ Monsieur Binet seinen Arm frei und klopfte ihm herzlich auf den Rücken. »Gut gesprochen, mein Junge. Sie werden es nie bereuen. Wenn ich etwas vom Theater verstehe, so weiß ich, daß Sie die beste Entscheidung Ihres Lebens getroffen haben. Morgen abend werden Sie sich bei mir bedanken.«

André-Louis zuckte die Achseln und ging voraus auf das Wirtshaus zu. Doch Monsieur Binet rief ihn zurück.

»Monsieur Parvissimus!«

André-Louis drehte sich um. Da stand der riesige Leib des Mannes, der Mondschein spielte auf dessen rundem, fettem Gesicht, und er streckte ihm die Hand entgegen.

»Keinen Groll, Monsieur Parvissimus. Groll ist etwas, das ich in meinem Leben nicht dulde. Wir wollen uns die Hand schütteln, und damit sei alles vergessen.«

André-Louis betrachtete ihn einen Augenblick voller Ekel. Er fing an, zornig zu werden. Sobald er das erkannte, kam er sich selbst lächerlich vor, fast so lächerlich wie dieser schlaue, schurkische Pantalon. Er lachte laut und ergriff die ausgestreckte Hand.

»Keinen Groll?« beharrte Monsieur Binet.

»O nein, keinen Groll«, bestätigte André-Louis.

5 *Scaramouche betritt die Szene*

Mit dem enganliegenden Gewand aus einem früheren Zeitalter bekleidet, von der flachen Samtkappe bis zu den rosettengeschmückten Schuhen ganz in Schwarz, das Antlitz weiß gepudert, auf der Oberlippe einen leicht hochgezwirbelten Schnurrbart, den Stoßdegen an der Seite und eine Gitarre über die Schulter geworfen, betrachtete sich Scaramouche im Spiegel mit hämisch-heiterer Laune – die richtige Stimmung für diese Rolle.

Sein Leben, das bis vor kurzem eintönig und beschaulich dahingeflossen, war plötzlich von sprudelnder Aktivität erfüllt. Im Verlauf einer einzigen Woche hatte er sich aus einem Anwalt in einen Volksredner, einen Verfemten, einen Requisitenarbeiter und schließlich in einen Hanswurst verwandelt. Verflossenen Mittwoch hatte er sich bemüht, in Rennes eine große Zuhörerschaft bis zur Wut anzustacheln; am heutigen Mittwoch sollte er das Publikum von Guichen zum Lachen bringen. Damals hatte er versucht, Tränen zu entlocken, heute war es seine Aufgabe, Gelächter zu erzeugen: ein gewaltiger Unterschied, und doch bestand eine Parallele. Damals wie heute betätigte er sich als Schauspieler, und die Rolle, die er seinerzeit gespielt, war, wenn man es recht überlegt, der Rolle, die er heute abend spielen sollte, nahe verwandt. War er nicht auch in Rennes schließlich als eine Art Scaramouche aufgetreten – Scaramouche, der kleine Plänkler, der verschmitzte Intrigant, der mit listiger Hand die Saat des Aufruhrs ausstreut? Der einzige Unterschied lag in der Tatsache, daß er heute unter dem Namen auftrat, der seiner Rolle entsprach, während er sich in der vergangenen Woche als achtbarer junger Provinzadvokat verkleidet hatte.

Bei dieser Erwägung verbeugte er sich lächelnd vor dem Spiegel.

»Hanswurst!« lautete seine Anrede. »Endlich hast du deinen wahren Charakter entdeckt. Endlich hast du dein Erbe angetreten. Du müßtest eigentlich einen großen Erfolg erringen.«

Da er Monsieur Binet seinen neuen Namen rufen hörte, ging er die Treppe hinunter und fand unten im Flur des Gasthauses die ganze Gesellschaft voller Erwartung versammelt.

Natürlich bildete er für die Truppe einen Gegenstand lebhaften Interesses. Monsieur Binet und Mademoiselle musterten ihn äußerst kritisch, der erstere mit ernsten, prüfenden Augen, die letztere zeigte ein spöttisches Lächeln um den Mund.

»Hm, ganz gut«, lobte Monsieur Binet seine Maske. »Zum mindesten entsprechen Sie äußerlich der Rolle.«

»Leider entsprechen die Menschen aber nicht immer ihrem Aussehn«, meinte Climène bissig.

»Das ist eine Binsenwahrheit, die auf mich diesmal nicht zutrifft«, entgegnete André-Louis, »denn zum erstenmal in meinem Leben sehe ich genau so aus wie ich bin.«

Mademoiselles Lippen verzogen sich noch schärfer, und sie kehrte ihm den Rücken. Die anderen jedoch hielten ihn für sehr geistreich – wahrscheinlich weil seine Worte dunkel klangen. Columbine ermutigte ihn durch ein freundliches Lächeln, das ihre großen weißen Zähne entblößte, und Monsieur Binet verschwor sich von neuem, daß er einen großen Erfolg erzielen würde, da er sich so mutig in dieses Unternehmen stürze. Dann ordnete Monsieur Binet die Truppe mit einer Stimme, die er für den Augenblick anscheinend von dem lärmenden Hauptmann entlehnt hatte, zu einem kurzen Parademarsch quer durch die Markthalle.

Der neue Scaramouche reihte sich neben Rhodomont dem Zuge ein. Der alte war vor einer Stunde an seiner Krücke fortgehumpelt, um die Stelle

des Türhüters zu übernehmen, die André-Louis gezwungenermaßen aufgegeben hatte. Auf diese Weise wurde der Rollentausch der beiden vervollständigt.
Von Polichinelle, der seine große Trommel bearbeitete, sowie von Pierrot, welcher die Trompete blies, geführt, setzte sich der Zug in Bewegung und vollführte pflichtgemäß seinen Parademarsch vor dem Pöbel, der sich reihenweise aufgestellt hatte, um alles, was von dem Schauspiel nichts kostete, genießen zu können.
Zehn Minuten später erscholl ein dreimaliges Klopfen, der Vorhang teilte sich, und dem Blick zeigte sich eine ziemlich schäbige Szenerie, halb Garten, halb Wald, in deren Mitte Climène fieberhaft Léandres Kommen erwartete. Zwischen den Seitenkulissen stand der schöne melancholische Liebhaber in Erwartung seines Stichworts und unmittelbar hinter ihm der Neuling Scaramouche, der ihm nach einiger Zeit folgen sollte.
André-Louis überkam während dieser quälenden Wartezeit ein Übelsein. Er bemühte sich, im Geiste den ersten Akt des Textbuches, dessen Hauptautor er war, blitzschnell noch einmal an sich vorüberziehen zu lassen, aber in seinem Hirne herrschte vollkommene Leere. Der Angstschweiß brach ihm aus allen Poren, er trat an die Wand zurück, an der über einer trüben Laterne ein Blatt Papier mit der kurzen Inhaltsangabe des Stückes angeheftet war. Während er diese Notizen noch eifrig studierte, packte ihn jemand am Arm und zerrte ihn gewaltsam nach den Kulissen. Flüchtig erkannte er Pantalons groteskes Gesicht sowie dessen wütende Augen und hörte ein giftiges Knurren: »Dreimal hat Climène schon Ihr Stichwort wiederholt!«
Ehe er es recht begriff, war er auf die Bühne gestoßen worden und stand dort blöde und starrte in den Glanz der Rampenlichter mit ihren blechernen Reflektoren. Er sah so grenzenlos dumm und bestürzt aus, daß Lachsalve über Lachsalve von seiten des Publikums, das an diesem Abend die Halle von einem bis zum anderen Ende füllte, seinen Auftritt begrüßte. Ein wenig zitternd und mit wachsender Verwirrung stand er da und ließ den dröhnenden Tribut für seine Abgeschmacktheit über sich ergehen. Climène musterte ihn mit erwartungsvollem Hohne und weidete sich im voraus an seiner Demütigung, Léandre betrachtete ihn bestürzt, während Monsieur Binet hinter der Szene einen Wuttanz aufführte.
»Hölle und Teufel«, rief er stöhnend den ziemlich verängstigten dort versammelten Mitgliedern der Truppe zu, »was soll bloß werden, wenn die Leute merken, daß er gar nicht spielt?«
Aber das Publikum merkte es nicht. Scaramouches schüchterne Lähmung währte nur wenige Sekunden. Er begriff, daß die Leute über ihn lachten und erinnerte sich, daß ja der Scaramouche ein Geschöpf war, *mit* dem,

aber nicht *über* das man lachen sollte. Er mußte die Situation retten, sie, so gut es ging, zu seinem Vorteil drehen. Und jetzt folgten auf seine echte Bestürzung und wirkliche Angst viel stärker betonte, aber nicht ganz so lächerliche gespielte Bestürzung und gespielte Angst. Er mühte sich, es deutlich zu zeigen, daß seine Furcht jemandem hinter der Szene gelte. Er suchte hinter einem gemalten Busch Deckung, und nachdem das Gelächter endlich abzuflauen begann, wandte er sich von dort aus an Climène und Léandre.

»Vergebt mir, schöne Dame, falls mein plötzliches Erscheinen Euch erschreckte. Um die Wahrheit zu bekennen, seit jener letzten Affäre mit Almaviva bin ich nicht mehr ich selbst. Mein Herz schlägt anders, als es zu schlagen pflegte. Dort unten am Ende des Weges stieß ich auf einen älteren Herrn, der einen wuchtigen Knüppel schwang, und mir kam der entsetzliche Gedanke, daß es vielleicht Euer Vater sei, und daß unser kleiner Schlachtplan, Euch sicher zu verehelichen, ihm vielleicht bereits hinterbracht worden wäre. Wahrscheinlich hämmerte mir der Knüppel diesen Gedanken ein. Glaubt nicht, daß ich mich fürchte. Wirkliche Angst kenne ich nicht. Aber ich konnte den Gedanken nicht loswerden, daß, falls es wirklich Euer Vater wäre, und er mir mit seinem Knüppel den Schädel einschlüge, mit mir zugleich auch Eure Hoffnungen dahinschwinden würden. Denn was solltet Ihr wohl ohne mich anfangen, meine armen Kinder?«

Das leise Lachen, das durch die Zuhörerschaft rauschte, hatte ihn von Minute zu Minute ermutigt und gab ihm allmählich seine natürliche Unverfrorenheit zurück. Es war klar, die Leute fanden ihn komisch. Sie fanden ihn viel komischer, als je in seiner Absicht gelegen, und das entsprang größtenteils einem nebensächlichen Begleitumstand, den er nicht genügend in Betracht gezogen hatte. Er lebte in einer starken Angst, von irgend jemand aus Gavrillac oder Rennes erkannt zu werden. Sein Gesicht war zwar hinlänglich maskiert, um jedem Wiedererkennen zu spotten, aber es blieb die Stimme. Um diese zu verändern, zog er aus der Tatsache Nutzen, daß Figaro ein Spanier war. Auf ›Louis le Grand‹ hatte er mit einem Spanier Bekanntschaft geschlossen, der ein fließendes, aber äußerst eigentümliches Französisch mit einem grotesken Überschwang an Zischlauten sprach. Wie die meisten jungen Leute Eigentümlichkeiten, die ihnen Spaß machen, nachäffen, hatte auch er häufig diesen Akzent nachzuahmen versucht. Zu seinem Glück war ihm jetzt jener spanische Student eingefallen, und heute abend bemühte er sich, dessen Aussprache zu kopieren. Das Publikum von Guichen fand diesen Akzent von seinen Lippen genauso lächerlich, wie er und seine Kameraden ihn früher aus dem Munde jenes vielverspotteten Spaniers gefunden hatten.

Inzwischen hatte sich Binet, der hinter der Szene André-Louis' zungenfer-

tigem Impromptu lauschte, von dem das Szenarium auch nicht eine Andeutung enthielt, von seiner Angst erholt.
»Himmel Herrgott!« flüsterte er grinsend, »hat er's am Ende doch absichtlich getan?«
Es erschien ihm unmöglich, daß ein Mensch, der derart verschüchtert gewesen, wie er es von André-Louis vermutet hatte, seinen Witz so rasch und vollständig zurückgewinnen vermöchte. Doch der Zweifel blieb.
Um daher zur Klarheit zu kommen, entschloß sich Monsieur Binet, ihn offen zu fragen, sobald sich der Vorhang über dem ersten Akt senkte, der mit einem bis zu dieser Stunde in den Annalen der Truppe beispiellosen Erfolg endete, einem Erfolg, welcher fast ausschließlich auf den schmächtigen Schultern des neugebackenen Scaramouche ruhte.
Sie standen in dem Raum, der als Konversationszimmer diente, die ganze Gesellschaft war hier versammelt und überschüttete den jungen Rekruten Thalias mit Glückwünschen. Scaramouche, im Augenblick über seinen Erfolg erregt, den er vielleicht morgen schon als etwas Lächerliches betrachten würde, benutzte die Gelegenheit, um an Climène für die boshafte Freude, mit der sie sein plötzliches Lampenfieber begrüßt hatte, gründlich Rache zu nehmen.
»Ihre Frage wundert mich nicht«, entgegnete er Binet. »Ich hätte Sie ja eigentlich darauf aufmerksam machen sollen, daß ich von Anfang an alles daransetzen würde, die Zuhörerschaft in gute Stimmung zu bringen. Mademoiselle hätte jedoch um ein Haar alles verdorben, da nichts von meinem Entsetzen sich in ihrem Verhalten widerspiegelte. Ja, sie tat nicht einmal überrascht. Ein andermal, Mademoiselle, werde ich Ihnen meine Absichten vorher genau erklären.«
Sie errötete unter ihrer Schminke. Ehe sie jedoch eine entsprechend giftige Antwort zu finden vermochte, wetterte ihr Vater ihres Ungeschicks wegen kräftig gegen sie los – um so nachdrücklicher, da er sich ja selbst durch Scaramouches hervorragendes Spiel hatte täuschen lassen.
Scaramouches Erfolg im ersten Akt wurde im Verlaufe der weiteren Aufführung mehr als bestätigt. Jetzt war er wieder völlig Herr seiner selbst, und angeregt, wie nur Erfolg anzuregen vermag, erwärmte er sich für seine Aufgabe. Unverschämt, geschickt, schlau, graziös, verkörperte er das Ideal eines Scaramouche; und zahlreiche in seinem Gedächtnis haften gebliebene Verse Beaumarchais' unterstützten seine angeborene Begabung, so daß die Gebildeteren im Publikum in der Tat den Eindruck gewannen, daß ihnen hier etwas von dem echten Figaro vorgesetzt würde und daß dieser Scaramouche sie in Fühlung mit der großen Welt der Hauptstadt brächte.
Als sich schließlich der Vorhang zum letztenmal senkte, war es Scaramouche, der gemeinsam mit Climène die Ehren des Abends teilte, Scaramou-

che, dessen Name zusammen mit dem ihren in den Beifallsstürmen widertönte, die sie vor den Vorhang riefen.
Als sie sich endlich zurückziehen konnten und der Vorhang sie vor dem scheidenden Publikum verbarg, näherte sich ihnen Monsieur Binet, behaglich seine feisten Hände reibend. Dieser durchgebrannte junge Advokat, den der Zufall in seine Truppe geblasen hatte, war offenbar vom Schicksal gesandt worden, um sein, Binets Glück zu begründen. Der bis dahin beispiellose, unerwartete Erfolg in Guichen würde sich an anderen Orten wiederholen und mehren. In Zukunft würde es kein Nächtigen unter Hecken, kein Engerziehen des Schmachtriemens mehr geben. Die mageren Jahre lagen hinter ihm. Er legte Scaramouche die Hand auf die Schulter und betrachtete ihn mit einem Lächeln, dessen Öligkeit selbst die rote Schminke und die riesige falsche Nase nicht zu vertuschen vermochten.
»Na, und was haben Sie mir jetzt zu sagen?« erkundigte er sich. »Hatte ich nicht recht mit meiner Behauptung, daß Sie Erfolg haben würden? Glauben Sie, ich wäre meinem Glück auf dem Theater ein Menschenalter lang nachgelaufen, ohne einen geborenen Schauspieler zu erkennen, wenn er einmal meinen Weg kreuzt? Sie sind *meine* Entdeckung, Scaramouche, ich habe Sie für sich entdeckt. Ich habe Ihren Fuß auf den Weg zu Ruhm und Vermögen gesetzt. Ich erwarte Ihren Dank.«
Scaramouche lachte ihm ins Gesicht, und sein Lachen klang durchaus nicht angenehm.
»Immer Pantalon!« versetzte er.
Das mächtige Antlitz umwölkte sich. »Sie haben mir also noch immer nicht den kleinen Schachzug verziehen, mit dessen Hilfe ich Sie zwang, sich selbst Gerechtigkeit angedeihen zu lassen? Undankbarer Hund! Konnte mich wohl irgend etwas anderes leiten als der Wunsch, Sie auf die Beine zu stellen? Und das ist mir gelungen. Fahren Sie so fort, und Sie werden in Paris enden. Sie werden noch auf den Brettern der Comédie Française, ein Rivale Talmas, Fleurys und Dugazons, wandeln. Wenn das eintritt, werden Sie vielleicht die Dankbarkeit empfinden, die Sie dem alten Binet schuldig sind, denn alles, alles werden Sie diesem weichherzigen alten Narren zu danken haben.«
»Wären Sie auf der Bühne nur ein halb so guter Schauspieler wie im Leben«, entgegnete Scaramouche, »Sie würden sich schon längst selbst die Comédie Française erobert haben. Aber ich trage Ihnen nichts nach, Monsieur Binet.« Lachend hielt er ihm die Hand hin.
Binet stürzte sich auf sie und schüttelte sie herzlich.
»Das ist wenigstens ein Wort«, erklärte er. »Mein Junge, ich habe große Pläne für Sie – für uns. Morgen geht's nach Maure, dort ist Ende dieser Woche Jahrmarkt. Am Montag versuchen wir dann unser Glück in Pipriac,

danach müssen wir weiter überlegen. Vielleicht gelingt es mir, endlich den Traum meines Lebens zu verwirklichen. Heute abend müssen wir mindestens fünfzehn Louisdors eingenommen haben. Wo zum Teufel treibt sich nur der verdammte Cordemais herum?«
Cordemais lautete der Name des ursprünglichen Scaramouche, der sich seinen Fuß so schlimm und unglücklich verstaucht hatte.
Daß Binet ihn mit seinem bürgerlichen Namen bezeichnete, war ein Zeichen dafür, daß er wenigstens in der Binet-Truppe ein für allemal von der hehren Stellung eines Scaramouche entthront war.
»Wollen gehn, ihn suchen und dann in das Wirtshaus, um einer Flasche vom besten Burgunder, vielleicht auch zweien, den Hals zu brechen.«
Aber Cordemais war nicht so rasch aufzustöbern. Seit Schluß der Vorstellung hatte ihn niemand von der Truppe mehr gesehen. Monsieur Binet begab sich zum Eingang. Cordemais war nicht dort. Zunächst wurde Binet ärgerlich, dann, als er immer wieder vergebens den Namen des Burschen brüllte, wurde er allmählich unruhig; und als schließlich Polichinelle, der sie begleitete, hinter der Tür Cordemais' abgelegte Krücken entdeckte, wandelte sich Monsieur Binets Unruhe in Bestürzung. Ein schrecklicher Argwohn stieg in ihm auf. Er erblaßte unter seiner Schminke.
»Heute abend konnte er doch ohne Krücken noch nicht laufen!« rief er. »Wie ist es nur möglich, daß er sie hier stehen läßt und selbst fort ist?«
»Vielleicht ist er schon in das Wirtshaus vorausgegangen«, meinte einer.
»Aber er konnte doch ohne Krücken nicht gehen«, beharrte Monsieur Binet.
Da aber Cordemais augenscheinlich nirgends in der Markthalle war, machten sich alle nach dem Wirtshause auf den Weg und betäubten die Wirtin mit ihren Fragen.
»Gewiß, gewiß, Monsieur Cordemais kam bereits vor längerer Zeit.«
»Wo ist er jetzt?«
»Er ging sofort wieder weg. Er holte nur sein Gepäck.«
»Sein Gepäck?« Binet kämpfte gegen einen Schlagfluß. »Wie lange ist das schon her?«
Die Wirtin blickte nach der Uhr auf dem Sims. »Vielleicht eine halbe Stunde. Es war ein paar Minuten bevor die Eilpost nach Rennes durchfuhr.«
»Die Eilpost nach Rennes!?« Mühsam stieß Monsieur Binet die Worte hervor. »Konnte er... konnte er denn gehen?« fragte er mit angsterfüllter Stimme.
»Gehen? Er lief wie ein Hase, als er das Wirtshaus verließ. Mir schien seine Behendigkeit selbst verdächtig, da ich gesehen hatte, wie er humpelte, seit er gestern die Treppe hinabgestürzt war. Stimmt etwas nicht?«

Monsieur Binet war in einen Stuhl gesunken. Er vergrub den Kopf in den Händen und stöhnte.
»Der Schurke hat sich die ganze Zeit verstellt!« kreischte Climène. »Sein Sturz war nur ein Vorwand. Alles war Berechnung. Er hat uns betrogen.«
»Wenigstens fünfzehn Louisdors – vielleicht sechzehn!« jammerte Monsieur Binet. »Oh, dieser herzlose Schurke! Mich, der ich ihm ein Vater war, zu betrügen – und gar in solch einem Augenblick mich zu hintergehen!«
Aus den Reihen der schweigenden schreckensstarren Truppe, von der jeder einzelne berechnete, um welchen Betrag dieser Verlust die eigene magere Gage schmälern würde, tönte ein glucksendes Lachen.
Monsieur Binet blickte mit blutunterlaufenen Augen auf und brüllte: »Wer lacht? Welcher gefühllose Wicht hat die Kühnheit, über mein Unglück zu lachen?«
André-Louis, noch immer in der nachtschwarzen Pracht des Scaramouche, trat vor. Er lachte unbekümmert.
»Sie sind es – Sie? Sie werden noch auf einem anderen Loch pfeifen, mein Freund. Ich brauche nur einen mir wohlbekannten Weg einzuschlagen, um mich schadlos zu halten.«
»Dummkopf!« höhnte Scaramouche, »kaninchenhirniger Elefant! Was macht es schon, wenn Cordemais mit fünfzehn Louis durchgebrannt ist? Hat er Ihnen nicht etwas, was zwanzigmal soviel wert ist, zurückgelassen?«
Monsieur Binet riß verständnislos das Maul auf.
»Sie haben offenbar zu tief ins Glas geguckt, Sie sind besoffen.«
»So? So? Meinen Sie? Von der Quelle Thalias! Begreifen Sie denn nicht? Sehen Sie nicht den Schatz, den Cordemais Ihnen zurückgelassen hat?«
»Was hat er zurückgelassen?«
»Eine einzigartige Idee für den Entwurf eines neuen Szenariums! Alles liegt klar vor mir. Einen Teil des Titels werde ich von Molière entleihen. Wir wollen es ›Die Schelmenstreiche Scaramouches‹ nennen, und wenn das Publikum von Maure und Pipriac nicht vor Lachen mit Seitenstichen zurückbleibt, will ich in Zukunft den Dummkopf Pantalon spielen.«
Polichinelle schlug sich mit der Faust in die flache Hand. »Prachtvoll!« rief er erregt. »Glück aus Unglück ziehen, Verlust in Gewinn umwandeln, das nenne ich Genie!«
Scaramouche machte einen Kratzfuß. »Polichinelle, Sie sind ein Kerl nach meinem Herzen. Ich liebe einen Mann, der meine Vorzüge kennt. Besäße Pantalon nur die Hälfte Ihres Verstandes, wir würden trotz Cordemais' Flucht heute abend Burgunder saufen.«
»Burgunder?« tobte Monsieur Binet. Aber ehe er ein weiteres Wort äußern konnte, klatschte Harlekin in die Hände.

»Das nenn' ich den richtigen Geist, Monsieur Binet! Haben Sie gehört, Wirtin? Er bestellt Burgunder.«
»Gar nichts hab' ich bestellt.«
»Aber Sie haben es doch gehört, Madame? Wir alle haben es gehört.«
Die übrigen bildeten den Chor, während Scaramouche Binet zulächelte und ihm auf die Schulter klopfte.
»Kopf hoch, Mensch, und ein bißchen Courage. Sagten Sie nicht selbst, daß uns das Glück erwarte? Und besitzen wir nicht den Zauberstab, das Glück zu zwingen? Also Burgunder zum ... zum Hoch auf ›Scaramouches Schelmenstreiche‹!«
Und Monsieur Binet, der sich der Zugkraft dieses Gedankens nicht verschloß, faßte wieder Mut und betrank sich mit den übrigen.

6 *Climène*

Eifriges Nachstöbern unter den Textbüchern der auf die Nachwelt überkommenen Improvisatoren hat trotzdem nicht das Szenarium von ›Scaramouches Schelmenstreichen‹, auf dem das Glück der Binet-Gruppe sich begründet haben soll, ans Licht gebracht. Zum erstenmal spielten sie dieses Stück in der darauffolgenden Woche in Maure mit André-Louis – der jetzt in der ganzen Gesellschaft und ebenso beim Publikum als Scaramouche bekannt war – in der Titelrolle. Hatte er als Figaro-Scaramouche schon sein Bestes getan, so übertraf er in dem neuen Stück, dessen Szenarium anscheinend bei weitem höher stand, sich selbst.
Auf Maure folgte Pipriac, wo vier Vorstellungen gegeben wurden, je zwei auf Grund der beiden Textbücher, die von da ab das Rückgrat des Binetschen Repertoires bildeten. Allmählich erkannte Scaramouche seine eingeborene Begabung und vervollkommnete sein Spiel ganz bedeutend. Die beiden Schauspiele wurden jetzt so reibungslos gegeben, daß Scaramouche Binet ernstlich den Vorschlag unterbreitete, sie sollten nach Absolvierung von Fougeray, dessen Besuch für die nächste Woche geplant war, ihr Glück auf einer richtigen Bühne in der bedeutenden Stadt Rédon versuchen. Anfangs schreckte Binet dieser Gedanke, aber bei näherem Nachdenken, und da André-Louis geschickt seinem Ehrgeiz schmeichelte, unterlag er schließlich der Versuchung.
Während jener Tage wollte es André-Louis scheinen, daß er endlich seinen wahren Beruf entdeckt hätte, und er begann sein neues Metier nicht nur zu lieben, sondern hoffte tatsächlich, seine Laufbahn als Schauspieler-Autor würde ihn zu guter Letzt wirklich nach dem Mekka aller Komödianten, der Comédie Française führen. Dort gab es noch ganz andere Möglichkei-

ten. Statt lediglich Spielanweisungen für Improvisatoren aufzusetzen, würde er sich vielleicht bald zum Schreiben von richtigen Dialogen, von Theaterstücken im wahren Sinne des Wortes nach Art eines Chénier, Eglantine und Beaumarchais aufschwingen.

Die Tatsache, daß er derartige Träume träumte, zeigt, mit welchem Eifer er sich in den Beruf stürzte, den das Geschick und Monsieur Binet für ihn auserwählt hatten. Daß er sowohl zum Autor wie zum Schauspieler wirkliches Talent besaß, läßt sich nicht bezweifeln, und hätten die Dinge einen anderen Lauf genommen, so würde er sich sicherlich einen dauernden Platz unter den französischen Dramatikern erobert und seine Träume restlos verwirklicht haben.

Waren es aber auch nur Träume, so vernachlässigte er doch keineswegs die praktische Seite.

»Sie müssen doch einsehen, Monsieur Binet«, erklärte er eines Tages, »daß es in meiner Hand liegt, Ihr Glück zu begründen.«

Er und Monsieur Binet saßen allein in dem Gastzimmer des Wirtshauses zu Pipriac bei einer ausgezeichneten Flasche Volnay. Es war am Abend nach der vierten und letzten Aufführung der ›Streiche‹. Das Geschäft in Pipriac hatte sich genauso günstig angelassen wie in Maure und Guichen. Man kann das schon daraus entnehmen, daß Sie Volnay tranken.

»Das will ich nicht bestreiten, mein lieber Scaramouche, und ich bin bereit, die Folgerung zu hören.«

»Ich bin geneigt, meine Macht auszuüben, wenn ich dazu einen entsprechenden Antrieb habe. Sie werden es verstehen, daß man eine so ungewöhnliche Gabe wie die meine nicht für fünfzehn Livres im Monat verschleudert.«

»Die Sache hat ihre Kehrseite«, entgegnete Monsieur Binet dunkel.

»Von Kehrseite ist keine Rede. Seien Sie doch kein Narr, Binet.«

Wie von der Tarantel gestochen, richtete sich Binet auf. Er war es nicht gewohnt, daß Mitglieder seiner Truppe ihn in diesem Tone anschnauzten.

»Ich mache Ihnen mit meinem Talent gewissermaßen ein Geschenk«, fuhr Scaramouche leichthin fort. »Wenn Sie wollen, benutzen Sie es. Meinetwegen können Sie aber auch hinauslaufen, die Polizei verständigen und André-Louis Moreau verhaften lassen. Das würde freilich das Ende Ihrer hochfliegenden Träume, nach Rédon zu gehen und zum erstenmal in Ihrem Leben auf einem richtigen Theater zu spielen, bedeuten. Ohne mich sind Sie dazu nicht imstande. Das wissen Sie genau, und ich denke gar nicht daran, nach Rédon oder anderswohin, ja nicht einmal nach Fougeray, zu ziehen, ehe wir nicht zu einer angemessenen Vereinbarung gelangt sind.«

»So ein Hitzkopf«, klagte Binet, »und wozu das alles? Wie kommen Sie nur dazu, mich für einen Wucherer zu halten? Als wir unsere kleine Ver-

abredung trafen, hatte ich keine Ahnung – wie sollte ich wohl? –, daß Sie sich mir so wertvoll erweisen würden. Sie brauchen mir das doch nur zu sagen, mein lieber Scaramouche, ich bin ein gerechter Mensch, also von heute ab sollen Sie dreißig Livres im Monat erhalten. Sehen Sie, ich verdoppele Ihre Gage mit einem Schlage. Na, bin ich großzügig?«
»Hm, aber nicht ehrgeizig. Hören Sie mal einen Augenblick zu.«
Damit begann er, Binet einen Plan zu unterbreiten, der diesen mit lähmendem Entsetzen erfüllte.
»Nach Rédon Nantes«, schloß André-Louis, »Nantes und das Théatre Feydau.«
Monsieur Binet hielt im Trinken inne. Das Théatre Feydau war gewissermaßen die Comédie Française der Provinz. Der große Fleury hatte dort vor einem Publikum, so kritisch wie nur irgendein anderes in Frankreich, gespielt. Der bloße Gedanke an Rédon, wie sehr sich Monsieur Binet in ihn verliebt hatte, verursachte ihm zuzeiten Magenkrämpfe, so gefährlich anmaßend dünkte er ihn. Dabei war Rédon ein Kasperltheater verglichen mit Nantes, und dieser grüne Junge, den er zufällig vor drei Wochen aufgelesen, und der in dieser Zeit aus einem Provinzadvokaten zu einem Autor und Schauspieler erblüht war, brachte es fertig, ohne die Farbe zu wechseln, von Nantes und dem Théatre Feydau zu schwatzen.
»Warum nicht gleich Paris und die Comédie Française?« fragte Monsieur Binet sarkastisch, sobald er wieder zu Atem gekommen war.
»Das kommt vielleicht später heran«, entgegnete die Unverschämtheit in Person.
»Lieber Freund, Sie sind wohl betrunken!«
Aber André-Louis erläuterte ihm den Plan, der in seinem Kopf gekeimt war. Fougeray sollte eine Vorübung für Rédon und Rédon eine Vorübung für Nantes sein. In Rédon würden sie so lange verweilen, als Rédon angemessen bezahlte, um sie bei ihrer harten Arbeit auf dem Wege zur Vervollkommnung zu sehen. Die Truppe würde drei oder vier neue talentvolle Schauspieler engagieren, er würde drei oder vier neue Szenarien verfassen, und diese sollten so lange geprobt und vervollkommnet werden, bis die Gesellschaft in ihrem Repertoire mindestens über ein halbes Dutzend Stücke verfügte, auf die sie sich verlassen könnte. Einen Teil ihres Gewinns würden sie auf bessere Kostüme und bessere Kulissen verwenden, und falls alles gut ginge, würden sie dann im Verlauf von einigen Monaten vorbereitet sein, den entscheidenden Wurf in Nantes zu wagen. Es war zwar richtig, daß Nantes im allgemeinen große Anforderungen an die Truppen, die in dem Feydau auftraten, stellte, aber andererseits hatte Nantes seit einer Generation oder länger keine Gesellschaft von Improvisatoren mehr gesehen. Sie könnten etwas ganz Neues bieten, dem ganz Nantes zuströmen würde,

vorausgesetzt, daß sie wirklich gute Arbeit leisteten, und Scaramouche erbot sich – ja er verpfändete sein Wort –, falls die Sache in seine Hand gelegt würde, daß die von ihm geplante Neubelebung der Commedia dell'Arte in all ihrer Pracht sämtliche Erwartungen, die das Publikum von Nantes in das Theater locken würden, noch überbieten sollte.

»Von Paris wollen wir nach Nantes reden«, endete er mit erhabener Sachlichkeit, »wie wir uns auch über Nantes erst nach Rédon endgültig schlüssig werden wollen.«

Seine Beredsamkeit, die eine Volksmenge hinzureißen vermochte, riß schließlich auch Monsieur Binet mit. Die Aussicht, die Scaramouche eröffnete, war zwar erschreckend, aber auch berauschend, und da Scaramouche auf jede schwächliche Einwendung sofort eine niederschmetternde Entgegnung wußte, versprach Monsieur Binet schließlich, sich die Sache durch den Kopf gehen zu lassen.

»Rédon wird uns den Weg weisen«, meinte André-Louis, »und ich hege keinen Zweifel, welchen Weg Rédon uns führen wird.«

So schwand das große Abenteuer von Rédon zur Bedeutungslosigkeit. Anstatt eines gefahrvollen Unterfangens wurde es zu einer bloßen Generalprobe für etwas Größeres. In seiner augenblicklichen Erregung schlug Binet eine neue Flasche Volnay vor. Scaramouche wartete, bis der Kork gezogen war, ehe er fortfuhr, dann hob er sein Glas zum Licht und bemerkte beiläufig: »Die Sache ist möglich, solange ich bei Ihnen bin.«

»Zugestanden, mein lieber Scaramouche, zugestanden! Unsere zufällige Begegnung war für uns beide ein Glück.«

»Für uns beide!« wiederholte Scaramouche mit Nachdruck. »Das ist ja gerade mein Wunsch. Ich kann mir daher nicht denken, daß Sie gerade jetzt beabsichtigen, mich der Polizei auszuliefern.«

»Wie sollte mir wohl so ein Gedanke überhaupt in den Kopf kommen! Mein lieber Scaramouche, Sie machen sich lustig. Ich möchte Sie wirklich bitten, diesen kleinen Scherz nie wieder zu erwähnen.«

»Die Sache ist vergessen«, sagte André-Louis, »und nun zu dem Rest meines Vorschlages. Soll ich der Baumeister *Ihres* Glückes werden, es meinem Plane gemäß ausgestalten, so muß ich gleichzeitig und im entsprechenden Maße auch der Architekt *meines* Glückes werden.«

»Im gleichen Maße?« Monsieur Binet runzelte die Stirn.

»Ja, im gleichen Maße. Von heute ab werden wir aber, wenn es Ihnen recht ist, die Angelegenheiten dieser Truppe in ordnungsgemäßer Weise führen und Rechnungsbücher anlegen.«

»Ich bin ein Künstler«, widersprach Monsieur Binet stolz, »ich bin kein Kaufmann.«

»Ihre Kunst hat aber auch eine geschäftliche Seite, und diese soll auf geschäftliche Art geführt werden. Ich habe mir alles für Sie zurechtgelegt. Sie sollen gar nicht mit Einzelheiten belästigt werden, das könnte Sie in der richtigen Ausübung Ihrer Kunst hindern. Alles, was Sie zu tun haben, ist, meinen Vorschlag anzunehmen oder abzulehnen.«

»Ah? Und Ihr Vorschlag?«

»Ist, daß Sie mich zu Ihrem Partner machen mit dem gleichen Anteil an dem Gewinn Ihrer Truppe.«

Pantalons mächtiges Antlitz erblaßte, seine kleinen Augen weiteten sich erschreckend, während er seinem Gefährten ins Gesicht stierte. Dann erfolgte die Explosion.

»Sie sind verrückt, total verrückt, mir einen derart blödsinnigen Vorschlag zu machen!«

»Der Vorschlag enthält gewisse Ungerechtigkeiten, das gebe ich zu. Aber ich habe dagegen Vorsorge getroffen. So würde es zum Beispiel nicht gerecht sein, daß ich außer allem, was ich für Sie zu tun beabsichtige, auch noch den Scaramouche spiele und Ihnen ohne besondere Entlohnung, abgesehen von dem halben Anteil, der mir als Ihr Partner zusteht, Ihre Szenarien verfasse. Ehe daher die Gewinne zur Verteilung gelangen, muß mir eine Gage als Schauspieler und ein gewisser Betrag für jedes Textbuch, das ich der Truppe liefere, gezahlt werden, das ist eine Sache gegenseitiger Verständigung. Entsprechend sollen Sie natürlich eine Gage als Pantalon beziehen. Nach Bezahlung dieser Aufwendungen sowie sämtlicher anderer Gehälter und Unkosten bedeutet der verbleibende Überschuß den Gewinn, der gleichmäßig zwischen uns geteilt wird.«

Das war natürlich kein Vorschlag, den Monsieur Binet auf einmal zu schlucken vermochte. Er weigerte sich schlechthin, ihn auch nur zu überlegen.

»In diesem Falle, mein Freund«, versetzte Scaramouche, »scheiden sich unsere Wege sogleich. Morgen werde ich Ihnen, wenn auch ungern, Lebewohl sagen.«

Binet tobte. In gefühlvollen Worten sprach er von Undankbarkeit, ja, er spielte sogar verstohlen auf jenen kleinen Scherz bezüglich der Polizei an, den er nie wieder zu erwähnen versprochen hatte.

»In dieser Beziehung können Sie ganz nach Ihrem Belieben handeln. In Gottes Namen, spielen Sie den Angeber, aber bedenken Sie, daß Sie dadurch endgültig meiner Dienste beraubt werden, und daß Sie ohne mich nichts sind – wie früher, ehe ich mich Ihrer Truppe anschloß.«

Monsieur Binet scherte sich den Teufel um die Folgen. Ein Dreck auf die Folgen! Er würde diesem unverschämten jungen Provinzadvokaten schon zeigen, daß Monsieur Binet nicht der Mann sei, sich ausnutzen zu lassen.

Scaramouche erhob sich. »Ausgezeichnet«, meinte er zwischen Gleichgültigkeit und Resignation. »Ganz nach Ihrem Belieben. Aber bevor Sie einen Schritt tun, überschlafen Sie die Sache. Im nüchternen Lichte des Morgens werden Sie dann vielleicht unsere beiden Vorschläge in ihrem wahren Verhältnis erkennen. Der meine bedeutet für uns beide ein Vermögen, der Ihre unser beider Ruin. Gute Nacht, Monsieur Binet! Der Himmel verhelfe Ihnen zu einem weisen Entschluß!«

Die Entscheidung, zu der Monsieur Binet schließlich gelangte, war natürlich angesichts einer so festen Entschlossenheit, und da André-Louis alle Trümpfe in der Hand hielt, die einzig mögliche. Selbstverständlich gab es, ehe alles geregelt war, noch weitere Erörterungen, und Monsieur Binet ließ sich erst nach endlosem Feilschen und Handeln, überraschend für einen Mann, der Künstler und nicht Geschäftsmann war, zu einem Vertrage bestimmen. André-Louis machte ein oder zwei Zugeständnisse, so verzichtete er zum Beispiel auf seine Forderung einer besonderen Bezahlung für die Szenarien und willigte auch ein, daß sich Monsieur Binet eine Gage auswarf, die mit seinen schauspielerischen Verdiensten seltsam kontrastierte.

Auf diese Weise gelangte der Vertrag endlich zum Abschluß und wurde dann der versammelten Truppe ordnungsgemäß mitgeteilt.

Natürlich herrschten Eifersüchteleien und Neid. Aber diese wurzelten nicht tief und vergingen rasch, als die Leutchen merkten, daß sich unter dem neuen Regime das Los sämtlicher Mitglieder, was die Gagen betraf, wesentlich besserte. Diese Regelung war anfänglich bei Monsieur Binet auf erheblichen Widerstand gestoßen, aber Scaramouche, der Unwiderstehliche, fegte alle Einwände fort.

»Wenn wir in dem Feydau spielen wollen, brauchen Sie eine Truppe sich selbst achtender Komödianten und kein Pack sich krümmender Hungerleider. Je besser wir die Leute in vernünftigen Grenzen bezahlen, um so mehr werden sie uns einbringen.«

So wurde der Ärger der Truppe über die allzu rasche Beförderung ihres jüngsten Rekruten besiegt. Freudig – bis auf eine Ausnahme – beugte sie sich der Überlegenheit Scaramouches, einer Überlegenheit, die bald so fest begründet war, daß selbst Monsieur Binet sich ihr unterordnen mußte.

Die eine Ausnahme war Climène. Daß es ihr mißglückt war, diesen interessanten jungen Fremden, der an jenem bewußten Morgen vor den Toren von Guichen fast buchstäblich in ihre Mitte geschneit war, an sich zu fesseln, hatte in ihrer Brust eine Bosheit erzeugt, der sein hartnäckiges Ignorieren ihrer Person ständig neue Nahrung verlieh. Als die neue Partnerschaft geschlossen wurde, hatte sie bei ihrem Vater heftig dagegen gesprochen. Ja, sie hatte jede Haltung verloren und Monsieur Binet einen Narren geschimpft, worauf diesem – ganz im Stile Pantalons – auch der

Geduldsfaden riß und er seiner Tochter eine Ohrfeige versetzte. Auch diese Ohrfeige häufte sie auf Scaramouches Schuldkonto und spähte eifrig nach einer Gelegenheit, ihm etwas von der ständig wachsenden Schuld zurückzuzahlen. Aber solche Gelegenheiten boten sich spärlich. Gerade damals war Scaramouche allzusehr beschäftigt. Während der vorbereitenden Woche in Fougeray ließ er sich außer bei den Vorstellungen kaum blicken, und bei dem Aufenthalt in Rédon fegte er zwischen Theater und Gasthaus wie ein Sturmwind hin und her.

Das Experiment von Rédon hatte sich vom ersten Augenblick an als ein Treffer erwiesen. Durch diesen Erfolg angeregt und ermutigt, arbeitete André-Louis in dem Monat, den sie in jener geschäftigen kleinen Stadt verbrachten, Tag und Nacht. Der Zeitpunkt war glücklich gewählt, denn der Handel mit Kastanien, dessen Mittelpunkt Rédon bildet, befand sich zur Zeit auf seiner Höhe. Jeden Nachmittag war das Theater überfüllt. Der Ruhm der Truppe hatte sich durch die Kastanienzüchter des Distrikts, die ihre Waren auf den Markt nach Rédon brachten, weit verbreitet, und das Publikum bestand aus Leuten aus der Umgegend sowie aus den benachbarten Dörfern bis hinaus nach Allaire, Saint-Perrieux und Saint-Nicholas. Um das Geschäft lebendig zu erhalten, arbeitete André-Louis jede Woche ein neues Szenarium aus. Außer den beiden Stücken, mit denen er die Truppe bereits versorgt hatte, schrieb er noch drei neue: ›Die Heirat Pantalons‹, ›Der schüchterne Liebhaber‹ und ›Der schreckliche Hauptmann‹. Von diesen hatte das letzte den größten Erfolg. Es war von Plautus' ›Miles Gloriosus‹ entlehnt mit großen Möglichkeiten für Rhodomont und einer effektvollen Rolle für Scaramouche als schlauen Adjutanten des lärmenden Hauptmanns. Seinen Erfolg verdankte das Stück hauptsächlich der Tatsache, daß André-Louis das Textbuch eingehend ausarbeitete und stellenweise genau die Richtlinien des Dialoges angab, ja, er hatte sogar den Dialog selbst zum Teil wörtlich niedergeschrieben, ohne es indes zur Bedingung zu machen, daß die Schauspieler sich wörtlich an seinen Text hielten.

Während das Geschäft blühte, rannte er in der Zwischenzeit von Schneider zu Schneider, um die Garderobe der Truppe, die dringend eines Ersatzes bedurfte, zu verbessern. Er brachte auch ein paar bedürftige Maler zur Strecke, verlockte sie, sich der Truppe anzuschließen, um kleine Rollen – Apotheker und Notare – zu spielen, und ließ sie in ihrer Freizeit neue Kulissen malen, um, wie er das ausdrückte, für die Eroberung Nantes', die dem neuen Jahr vorbehalten blieb, gerüstet zu sein. Noch nie in seinem Leben hatte er so geschuftet, ja, verglichen mit seiner jetzigen Aktivität, hatte er überhaupt noch nie gearbeitet. Sein Kapital an Energie und Begeisterungsfähigkeit war ebenso unerschöpflich wie sein Vorrat an guter

Laune. Er kam und ging, spielte, schrieb, konzipierte, dirigierte, schmiedete Pläne und führte sie durch, während Monsieur Binet in bescheidenem Wohlstand der Ruhe pflegte, Nacht für Nacht Burgunder trank, Weißbrot und andere Delikatessen aß und sich innerlich dazu beglückwünschte, daß er diesen fleißigen unermüdlichen Menschen zu seinem Partner erwählt. Ja, als er entdeckte, wie müßig seine Befürchtungen, in Rédon zu spielen, gewesen, schwanden allmählich auch die Ängste, die ihm die Erwähnung von Nantes eingejagt hatte.

Sein Glück fand einen Widerhall in den Reihen seiner Truppe, immer mit der einen Ausnahme, Climène. Da sie endlich begriff, daß ihre Spöttereien Scaramouche kalt ließen und nur auf sie selbst zurückschnellten, hörte sie auf, ihn zu höhnen. Aber ihre im Grunde fast unerklärliche und sich durch diese Zurückhaltung nur noch immer steigernde Wut gegen ihn mußte, koste es, was es wolle, einen Ausdruck finden.

Als er daher eines Tages nach der Vorstellung das Theater verließ, stellte sie sich ihm in den Weg. Die anderen waren bereits gegangen, und sie war unter dem Vorwande, etwas vergessen zu haben, zurückgekehrt.

»Möchten Sie mir erklären, was ich Ihnen getan habe?« erkundigte sie sich brüsk.

»Mir getan, Mademoiselle?« Er begriff kein Wort.

Sie machte eine ungeduldige Bewegung: »Aus welchem Grunde hassen Sie mich?«

»Ich Sie hassen, Mademoiselle? Ich hasse keinen Menschen. Haß ist die dümmste aller Gefühlsregungen. Ich habe noch nie gehaßt – nicht einmal meine Feinde.«

»Welche christliche Resignation!«

»Und gerade Sie unter allen Menschen sollte ich hassen!? Weswegen...? Ich halte Sie für anbetungswürdig. Jeden Tag meines Daseins beneide ich Léandre. Ich habe schon ernstlich daran gedacht, ihm die Rolle des Scaramouche zu übertragen und selbst die Liebhaber zu spielen.«

»Kann mir nicht vorstellen, daß Sie Erfolg hätten«, entgegnete die Schöne.

»Das ist auch das einzige Bedenken, das mich abhält. Und doch, hätte ich einen Anreiz, den Léandre hat, ich könnte vielleicht überzeugend wirken.«

»Welchen Anreiz meinen Sie?«

»Den Reiz, mit einer so bezaubernden Climène zu spielen.«

Ihre trägen Augen überflogen aufmerksam sein hageres Antlitz.

»Sie spotten meiner«, meinte sie und rauschte auf ihrer vorgeschützten Suche an ihm vorüber in das Theater. Mit einem derartigen Menschen war nichts zu machen. Er besaß überhaupt kein Gefühl. Er war gar kein Mann.

Doch als sie nach fünf Minuten wieder herauskam, fand sie ihn noch immer am Eingange herumlungernd.
»Noch immer da?« fragte sie hochmütig.
»Ich wartete auf Sie, Mademoiselle. Sie gehen doch wahrscheinlich ins Gasthaus. Wenn ich Sie begleiten...«
»Oh, wie galant! Welche Herablassung!«
»Ziehen Sie es vielleicht vor, auf meine Begleitung zu verzichten?«
»Wie könnte ich das vorziehen, Monsieur Scaramouche? Außerdem haben wir ja beide den gleichen Weg, und die Straßen sind Gemeingut. Ich bin nur von dieser ungewohnten Ehre niedergeschmettert.«
Er betrachtete ihr pikantes kleines Gesichtchen und bemerkte, wie Wolken der Würde es überschatteten. Er lachte.
»Ich fürchtete, diese Ehre könnte vielleicht unerwünscht sein.«
»Ah, jetzt verstehe ich«, rief sie. »Ich soll wohl um die Ehre nachsuchen? Ich muß wohl einen Mann erst umwerben, bevor er mir den Zoll der Höflichkeit entrichtet? Ja, so wird es wohl sein, da Sie, der Sie ja alles verstehen, es behaupten. Ich kann also nur für meine Torheit um Verzeihung bitten.«
»Es macht Ihnen Spaß, die Grausame zu spielen«, entgegnete Scaramouche. »Tut nichts. Wollen wir gehen?«
So machten sie sich gemeinsam auf den Weg und schritten scharf aus, um ihr Blut gegen die winterliche Abendkühle zu erwärmen. Eine Zeitlang gingen sie schweigend, aber beide beobachteten einander verstohlen.
»Also Sie halten mich für grausam?« fragte sie endlich drohend und verriet dadurch, daß seine Anschuldigung ins Ziel getroffen hatte.
Mit leichtem Lächeln sah er sie an. »Wollen Sie es leugnen?«
»Sie sind der erste Mann, der mich dessen zeiht.«
»Ich wage nicht anzunehmen, daß ich der erste sei, demgegenüber Sie sich grausam benehmen, das wäre eine zu schmeichelhafte Anmaßung. Ich will lieber glauben, daß die anderen schweigend duldeten.«
»Mein Gott, haben Sie etwa darunter gelitten?« Sie schwankte zwischen Ernst und Neckerei.
»Dieses Eingeständnis weihe ich dem Altare Ihrer Eitelkeit.«
»Das hätte ich nie vermutet.«
»Wie sollten Sie das auch? Bin ich nicht das, was Ihr Vater einen geborenen Schauspieler nennt? Lange bevor ich Scaramouche wurde, war ich schon Schauspieler, daher habe ich gelacht. Das tue ich oft, wenn man mich verletzt. Da es Ihnen Freude machte, verächtlich zu tun, spielte ich ebenfalls den Verachtungsvollen.«
»Sie spielten ausgezeichnet«, sagte sie, ohne zu überlegen.
»Natürlich. Ich bin ein vorzüglicher Schauspieler.«

»Und woher dieser plötzliche Wandel?«
»Die Antwort auf ihre Veränderung. Sie sind Ihre Rolle der Grausamen leid geworden, Madame, eine dumme Rolle, glauben Sie mir, und Ihrer Talente unwürdig. Wäre ich eine Frau und besäße ich Ihren Liebreiz und Ihre Grazie, Climène, ich würde es verschmähen, diese Gaben als Waffen der Beleidigung zu verwenden.«
»Liebreiz und Grazie?« wiederholte sie mit gutgespielter heiterer Verwunderung, aber die eitle kleine Kreatur war entschieden besänftigt. »Wann haben Sie eigentlich diese Schönheit und diese Grazie entdeckt, Monsieur Scaramouche?«
Er betrachtete sie einen Augenblick und genoß ihre lebendige Schönheit sowie diese bezaubernde Weiblichkeit, die ihn vom ersten Augenblick an so unwiderstehlich angezogen hatte.
»Eines Morgens, als ich Sie eine Liebesszene mit Léandre proben sah.«
Ehe sie ihre Augen vor seinem fragenden Blick unter den gesenkten Lidern zu verbergen vermochte, bemerkte er das plötzliche Erstaunen, das in ihnen aufblitzte.
»Das war ja, als Sie mich zum erstenmal sahen!«
»Vorher fehlte mir eine Gelegenheit, Ihren Charme zu erkennen.«
»Sie verlangen zuviel von meiner Leichtgläubigkeit«, entgegnete sie, aber ihr Ton war sanfter, als er ihn bisher gehört hatte.
»Dann werden Sie mir natürlich auch nicht glauben wollen, wenn ich Ihnen offen bekenne, daß diese Grazie und diese Schönheit mein Schicksal entschieden und mich an jenem Tage bestimmten, mich der Truppe Ihres Vaters anzuschließen.«
Seine Antwort raubte ihr den Atem. Jetzt handelte es sich nicht mehr darum, ein Ventil für ihren Ärger zu finden, ihr Zorn war gänzlich verraucht.
»Aber warum nur? Aus welchem Grunde?«
»Um Sie eines Tages bitten zu können, mein Weib zu werden.«
Erschreckt blieb sie stehen, drehte sich hastig um und starrte ihm ins Gesicht. Jetzt ruhte ihr Auge ohne Scheu in dem seinen. Ein harter Glanz spiegelte sich darin, ihre Wangen überzogen sich mit leichtem Rot. Sie argwöhnte noch immer einen nie zu verzeihenden Spott.
»Sie haben es sehr eilig«, entgegnete sie erregt.
»Richtig. Haben Sie das noch nicht bemerkt? Ich bin ein Mann von schnellem Entschluß. Denken Sie nur, was ich in ein paar Monaten aus der Binet-Truppe gemacht habe. Ein anderer würde ein Jahr gearbeitet haben, ohne halb soviel zu erreichen. Soll ich in der Liebe langsamer als bei der Arbeit sein? Wäre es vernünftig, auf so etwas zu warten? Ich habe mich gezügelt und zurückgehalten, um Sie nicht durch Überstürzung zu verlet-

zen. Ich habe meinen Gefühlen Gewalt angetan, ja mehr als das, indem ich die gleiche kalte Zurückhaltung zeigte, mit der Sie mich zu behandeln liebten. Ich habe gewartet – oh! so geduldig –, daß Ihnen Ihre Grausamkeit selbst leid werden möchte.«
»Sie sind ein erstaunlicher Mensch«, stammelte sie tonlos.
»Das bin ich«, pflichtete er ihr bei. »Lediglich die Überzeugung, daß ich kein Dutzendmensch bin, ließ mich hoffen, was ich erhoffte.«
Mechanisch, wie in stummer Übereinkunft setzten sie ihren Weg fort.
»Wenn Sie sich darüber beschweren, daß ich zu rasch handele, dann vergessen Sie bitte nicht, daß ich Sie trotz allem bisher um nichts gebeten habe.«
»Wie?« fragte sie stirnrunzelnd.
»Ich habe Ihnen nur meine Hoffnungen mitgeteilt. Ich bin nicht so ungestüm, sofort wissen zu wollen, ob sich diese vielleicht verwirklichen werden.«
»Meiner Treu, das nenne ich klug«, meinte sie spitz.
»Natürlich.«
Seine Selbstbeherrschung brachte sie außer Fassung. Die letzte kurze Strecke des Weges legten sie schweigend zurück, und die Angelegenheit hatte für den Augenblick hiermit ihr Bewenden.
Nach dem Abendessen traf es sich zufällig, daß Climène, die sich gerade zur Ruhe begeben wollte, und er allein in dem oberen Zimmer zusammen waren, das ihr Vater ausschließlich für die Truppe hatte reservieren lassen.
Man sieht, die Binet-Truppe kam in der Welt voran.
Sobald Climène aufstand, um schlafen zu gehen, erhob sich auch Scaramouche und zündete ihre Kerze an. Den Leuchter in der linken Hand, reichte sie ihm ihre Rechte, eine lange, schmale, weiße Hand am Ende eines sanft gerundeten, bis zum Ellbogen entblößten Armes.
»Gute Nacht, Scaramouche«, sagte sie, aber so sanft, so zärtlich, daß er den Atem anhielt und sie mit glühenden, dunklen Augen anstarrte.
So stand er einen Augenblick, dann faßte er die Spitzen ihrer Finger, beugte sich über ihre Hand und preßte seine Lippen darauf. Jetzt blickte er ihr wieder ins Gesicht. Ihre starke Weiblichkeit lockte ihn, lud ihn ein, gab sich ihm hin. Ihr Antlitz schimmerte bleich; in ihren Augen war ein Glitzern, um ihre geöffneten Lippen ein seltsames Lächeln, und unter ihrem Fichu-Menteur hob und senkte sich der Busen. Das vollendete den Verrat.
Mit der Hand, die er noch immer hielt, zog er sie zu sich. Sie widerstrebte nicht. Er nahm die Kerze und stellte sie auf die Kredenz, neben der sie standen. Im nächsten Augenblick ruhte ihre schlanke kleine Gestalt in seinen Armen, und er küßte sie, flüsterte ihren Namen.

»Bin ich noch immer grausam?« fragte sie keuchend.
Als Antwort küßte er sie immer wieder. »Du machtest mich grausam, weil du nicht sehen wolltest«, flüsterte sie.
Die Tür öffnete sich, Monsieur Binet trat ein, und seine väterlichen Augen ergötzten sich an dem äußerst indezenten Benehmen seiner Tochter.
Er stand entgeistert, während die beiden ruhig und mit einer Selbstbeherrschung, die zu vollständig war, um natürlich zu wirken, sich voneinander trennten.
»Was soll das heißen?« begehrte Monsieur Binet verwirrt und aufrichtig entrüstet auf.
»Bedarf es noch einer Erklärung?« fragte Scaramouche. »Spricht die Situation nicht für sich selbst – und zwar beredt? Es soll heißen, daß Climène und ich es uns in den Kopf gesetzt haben, uns zu heiraten.«
»Na, und was ich mir vielleicht in den Kopf setze, hat wohl gar nichts auf sich?«
»Natürlich. Aber Sie können doch weder einen so schlechten Geschmack noch ein so böses Herz haben, um dagegen Einspruch zu erheben?«
»So! Scheint Ihnen das so sicher? Ja, das ist so Ihre Art, immer überzeugt zu sein, alle Dinge für selbstverständlich zu halten. Aber meine Tochter nimmt man nicht wie eine Selbstverständlichkeit. Ich hege für meine Tochter ganz bestimmte Absichten. Ihr Benehmen ist unwürdig, Scaramouche, Sie haben mein Vertrauen getäuscht. Ich bin Ihnen aufrichtig böse.«
In seiner gewichtigen, seltsam lautlosen Art schob er sich vorwärts. Scaramouche wandte sich lächelnd Climène zu und reichte ihr die Kerze.
»Wenn du uns jetzt allein lassen willst, Climène, werde ich deinen Vater in gehöriger Form um deine Hand bitten.«
Sie verschwand ein wenig aufgeregt, lieblicher denn je in dieser Mischung von Verwirrung und Furcht. Scaramouche schloß die Tür und trat dann dem erzürnten Monsieur Binet entgegen, der sich in einen Sessel am Ende des Tisches hatte fallen lassen, um diesen, seinem Gelöbnisse getreu, in geziemender Form um Climènes Hand zu bitten. Er tat es auf folgende Art:
»Schwiegervater, ich gratuliere dir. Das bedeutet für Climène die Comédie Française, und zwar schon in aller Kürze, du sollst dich in dem Ruhme, der von ihr ausstrahlt, sonnen. Als Vater von Madame Scaramouche wirst du vielleicht noch berühmt werden.«
Binet, dessen Gesicht röter und röter wurde, starrte ihn in sprachloser Betäubung an. Seine Wut war um so größer, da er die demütigende Überzeugung hatte: er mochte sagen, was er wollte, dieser unwiderstehliche Kerl würde ihm doch seinen Willen aufzwingen. Endlich gewann er die Sprache wieder.

»Sie sind ein verdammter Pirat!« brüllte er keuchend und donnerte mit der hammergleichen Faust auf den Tisch. »Ein Pirat! Erst kommen Sie angesegelt und rauben mir die Hälfte meines rechtmäßigen Gewinns, und jetzt wollen Sie sich auch noch mit meiner Tochter aus dem Staube machen. Doch ich will verdammt sein, wenn ich sie einem solch unverschämten, namenlosen Schuft überlasse, den bereits der Galgen erwartet.«

Keineswegs aus der Ruhe gebracht, zog Scaramouche an der Klingelschnur. Er lächelte. Seine Wangen zeigten eine leichte Röte, und in seinen Augen funkelte es. Heute abend war er mit der Welt restlos zufrieden. Ja, er schuldete Monsieur de Lesdiguières in der Tat sehr viel.

»Binet«, sagte er, »vergessen Sie doch einmal den Pantalon und benehmen Sie sich, wie es einem netten, liebenswürdigen Schwiegervater geziemt, der sich einen Schwiegersohn von ungewöhnlichen Verdiensten gesichert hat. Wir wollen auf meine Kosten eine Flasche Burgunder trinken, und zwar die beste Flasche Burgunder, die in Rédon aufzutreiben ist. Beruhigen Sie sich, um der Pulle gebührende Ehre zu erweisen. Erregungen der Galle beeinträchtigen unvermeidlich die feine Empfänglichkeit des Gaumens.«

7 *Die Eroberung Nantes'*

Wie man in den alten Nummern des ›Courier Nantais‹ nachlesen kann, eröffnete die Binet-Truppe ihr Debüt in Nantes am Tage des Fête de la Purification mit den ›Schelmenstreichen Scaramouches‹. Doch die Truppe hielt ihren Einzug in Nantes ganz anders, als sie bisher in die kleinen Dörfer und Landstädtchen einmarschiert war. Sie kam nicht unangekündigt, begnügte sich nicht damit, durch einen Schauzug die Aufmerksamkeit auf sich zu lenken. André-Louis hatte aus den Geschäftsmethoden der Comédie Française gelernt. Da er großzügig alles ganz nach eigenem Gutdünken durchführte, hatte er bereits in Rédon Theaterzettel drucken lassen, und vier Tage, bevor die Gesellschaft auf Nantes losrückte, prangten diese Zettel an den Mauern des Théatre Feydau sowie überall sonst in der Stadt und erregten – damals waren derartige Ankündigungen noch etwas Ungewohntes – lebhafte Aufmerksamkeit. André-Louis hatte diese Vorbereitungen einem der jüngsten Zöglinge der Gesellschaft anvertraut, einem intelligenten jungen Menschen namens Basquet, den er zu diesem Zwecke voraussandte.

Im Museum Carnavalet kann man heute noch diese Theaterzettel besichtigen. Mit Ausnahme Monsieur Binets und seiner Tochter führen sie die Schauspieler nur mit ihren Bühnennamen auf und lassen es unerwähnt, daß der Akteur, der in einem Stücke den Tribelin spielt, in einem anderen

als Tabarin auftritt, so daß die Gesellschaft zum wenigsten doppelt so zahlreich erscheint, als sie in Wirklichkeit war. Die Zettel verkünden, daß die Truppe ihre Vorstellungen mit den ›Schelmenstreichen Scaramouches‹ eröffnen wird, denen dann fünf weitere, namentlich aufgezählte Aufführungen folgen sollen und auch noch andere, nicht genannte, falls die Gönnerschaft der berühmten und kunstbeflissenen Stadt Nantes die Binet-Truppe ermutigen sollte, ihr Gastspiel im Théatre Feydau zu verlängern. Großer Nachdruck wird der Tatsache beigemessen, daß es sich um eine Truppe von Improvisatoren altitalienischen Stiles handele, dergleichen man in Frankreich seit einem halben Jahrhundert nicht mehr gesehen habe, und das Publikum von Nantes wird beschworen, sich ja diese Gelegenheit, so hervorragende Mimen kennenzulernen, die den Glanz der Commedia dell'Arte neu zu beleben beflissen seien, nicht entgehen zu lassen. Das Gastspiel in Nantes – fährt die Ankündigung fort – sei eine Vorbereitung ihres Auftretens in Paris, wo sie beabsichtigen, den Schauspielern der Comédie Française den Fehdehandschuh hinzuschleudern und der Welt zu beweisen, wie turmhoch überlegen die Kunst des Improvisators der eines Schauspielers wäre, welcher in jedem Worte von einem Autor abhinge, und der daher stets und ständig in dem gleichen Stücke immer nur das nämliche herleiere.
Es war eine kühne Ankündigung, und ihre Kühnheit beraubte Monsieur Binet des letzten Restchens von Verstand, den ihm der Burgunder übrig gelassen, welchen er in jenen Tagen im Übermaß zu trinken sich leisten konnte. Heftig hatte er widersprochen. Einen Teil seiner Einwände räumte André-Louis beiseite, den anderen beachtete er nicht.
»Zugegeben, es ist kühn«, sagte Scaramouche, »aber in Ihrem Alter hätten Sie eigentlich schon lernen können, daß in dieser Welt nichts so erfolgreich ist wie Kühnheit.«
»Ich verbiete es, ich verbiete es ausdrücklich«, beharrte Monsieur Binet.
»Das hab' ich gewußt, genau wie ich weiß, daß Sie mir bald sehr dankbar sein werden, daß ich Ihnen nicht gehorche.«
»Sie beschwören eine Katastrophe herauf.«
»Ich beschwöre Glück und Geld herauf. Die schlimmste Katastrophe, die Ihnen drohen kann, ist, daß Sie wieder in die Markthallen der Provinznester einziehen müssen, aus denen ich Sie herausgeholt habe. Ihnen zum Trotz will ich Sie noch in Paris sehen. Überlassen Sie die Sache nur mir.«
Und er ging fort, um den Druck zu überwachen. Doch damit waren seine Vorbereitungen keineswegs zu Ende. Er schrieb einen pikanten Artikel über die Ruhmestage der Commedia dell'Arte und über deren Neubelebung durch die Improvisatoren-Truppe des großen Mimen Florimond Binet. Binet hieß nicht Florimond, er hieß einfach Pierre. Aber André-Louis

besaß ein sicheres Gefühl für das Theater. Dieser Aufsatz vervollständigte die aufreizende Wirkung der Theaterzettel. Dann überredete er Basque, der in Nantes Verwandte wohnen hatte, seinen ganzen Einfluß geltend zu machen und vor keinen Bestechungen zurückzuscheuen, damit dieser Artikel einige Tage vor dem Eintreffen der Binet-Truppe im ›Courier Nantais‹ erschiene.

Basque hatte Erfolg! Angesichts der unzweifelhaft literarischen Meriten und des wirklich interessanten Inhalts des Aufsatzes nichts Verwunderliches.

So kam es, daß Binet und seine Kompanie in jener ersten Woche des Februar auf eine bereits erwartungsvolle Stadt losmarschierten. Monsieur Binet hätte seinen Einzug am liebsten in der üblichen Art vollzogen – in festlich geschmückter Parade mit dröhnenden Trommeln und klirrenden Becken. André-Louis jedoch setzte diesem Vorhaben ein energisches Nein entgegen.

»Wir würden damit nur unsere Ärmlichkeit enthüllen. Wir wollen uns lieber ganz heimlich in die Stadt schleichen und der Phantasie des Publikums bezüglich unserer Truppe freien Spielraum gönnen.«

Natürlich setzte er seinen Kopf durch. Monsieur Binet, den das Ankämpfen gegen den starken Strom dieses jungen Mannes Willen bereits erschöpft hatte, fühlte keine Kraft des Widerspruches mehr, seit Climène mit Scaramouche verbündet war, ihn mit ihrem Eigensinn unterstützte und um die Wette mit André-Louis ihres Vaters trägen und reaktionären Geist schalt. Metaphorisch reckte Monsieur Binet die Arme gen Himmel und fluchte dem Tage, da er diesen jungen Menschen in seine Truppe aufgenommen hatte. Mochte der Strom ihn treiben, wohin es ihm beliebte. Zu guter Letzt würde er ihn ja doch verschlingen. Das war seine felsenfeste Überzeugung. Na, und inzwischen wollte er seinen Kummer in Burgunder ersäufen. Burgunder gab es wenigstens im Überfluß! Nie in seinem Leben war ihm soviel Burgunder in den Weg geflossen. Für den Burgunder, das ließ sich nicht bestreiten, schuldete er Scaramouche wenigstens Dank. Auf das Schlimmste gefaßt, mühte er sich, das Beste zu erhoffen.

Mit den bösesten Vorahnungen stand er hinter den Kulissen, als der Vorhang zu ihrer ersten Vorstellung im Théatre Feydau emporrauschte vor dem von einem Publikum mäßig gefüllten Hause, dessen Neugier durch die der Aufführung vorausgegangenen Ankündigungen lebhaft erregt war.

Obgleich das Szenarium der ›Schelmenstreiche Scaramouches‹ anscheinend verlorengegangen ist, wissen wir doch aus André-Louis' ›Bekenntnissen‹, daß die Vorstellung von Polichinelle in der Rolle eines arroganten, aufgebrachten und eifersüchtigen Liebhabers eröffnet wurde, im Begriff

die Kammerzofe Columbine zu umgarnen, um ihre Herrin Climène auszuspionieren. Er beginnt mit Schmeicheleien; da aber diese bei der schnippischen Columbine, die von einem Schmeichler wenigstens Anmut und eine Huldigung für ihre eigenen pikanten Reize verlangt, nicht verfangen, droht der wütende, buckelige Schurke mit schrecklichen Racheschwüren, daß er sie vernichten würde, falls sie ihn verriete oder ihm nicht willenlos gehorche. Als er auch damit nichts ausrichtet, nimmt er schließlich seine Zuflucht zur Bestechung, und nachdem die sehr erwartungsvolle Columbine ihn tüchtig hat bluten lassen, willigt sie endlich ein, Climène zu beobachten und ihm über ihrer Herrin Betragen Bericht zu erstatten.
Angeregt durch ihre starke Nervosität, vor einem so erlauchten Publikum auftreten zu müssen, spielte das Paar diese Szene recht gut. Polichinelle gab sich wutschnaubend, verächtlich und beharrlich. Columbine war ein Ausbund frecher Gleichgültigkeit angesichts seiner Schöntuerei, schnippisch und spöttisch bei seinen Drohungen und schließlich schlau wie eine Katze, um möglichst viel herauszuholen, als es endlich zur Annahme des Bestechungsgeldes kam. Vielversprechendes Gelächter rauschte durch das Auditorium. Monsieur Binet jedoch stand zitternd hinter den Kulissen. Ihm fehlte das brüllende Gewieher des bäurischen Publikums, vor dem sie bisher gespielt hatten, und seine Ängste stiegen ständig.
Kaum ist Polichinelle zur Tür hinaus, so schnellt sich Scaramouche durch das Fenster auf die Szene: ein effektvoller Auftritt, gewöhnlich mit zahlreichen komischen Späßen verbunden, die beim Publikum Lachstürme erzeugten. Nicht so diesmal. Während Scaramouche morgens noch im Bette lag, war er zu dem Entschluß gekommen, sich den Zuschauern in ganz anderem Lichte zu präsentieren. Er wollte auf das ganze grobe Spiel, auf all die üblichen Clownerien, die ihre frühere ungebildete Zuhörerschaft entzückt hatten, verzichten und lieber durch feine Effekte wirken. Ja, er würde einen verschlagenen, amüsanten Schelm darstellen, zurückhaltend und voll einer gewissen Würde, dessen Antlitz vollendete Feierlichkeit zeigte, und der nüchtern seine Worte hersagte, scheinbar unbewußt der Scherze, mit denen er sie zu spicken beabsichtigte. Mochte es auch länger dauern, bis die Zuhörer ihn verständen und sein wahres Wesen entdeckten, so würde er sie schließlich doch nur um so sicherer gewinnen.
Treu diesem Entschlusse, spielte er also seine Rolle als Freund und gedungener Verbündeter des liebeskranken Léandre, in dessen Auftrag er kam, um sich nach Climène zu erkundigen, während er gleichzeitig die Gelegenheit benutzte, sein eigenes Liebesabenteuer mit Columbine und seine Absichten auf den Geldbeutel Pantalons zu fördern. Er hatte sich auch hinsichtlich des traditionellen Kostüms des Scaramouche gewisse Freiheiten gestattet und zum Beispiel das schwarze Wams und die Hosen mit Rot ver-

brämen, außerdem ersteres auch à la Henri III spitz zuschneiden lassen. Die konventionelle schwarze Samtkappe war durch einen zuckerhutförmigen Hut mit aufgeschlagener Krempe und einem Federbusch an der linken Seite ersetzt; ebenso hatte er auf die Gitarre verzichtet.

Verzweifelt lauschte Monsieur Binet auf die Lachsalven, die gewöhnlich Scaramouches Auftritt begrüßten, und seine Qual wuchs, als sie ausblieben. Und dann bemerkte er etwas Beunruhigendes, Fremdes in Scaramouches Art. Der zischende, fremdländische Akzent war zwar da, aber nichts von dem lärmenden Ungestüm, das sein Publikum so begeistert hatte. Jammervoll rang er die Hände. »Das ist das Ende! Der Kerl hat uns ruiniert! Es geschieht mir ganz recht! Warum war ich solch ein Narr und habe ihm alles willenlos überlassen!«

Doch er irrte sich gründlich. Eine Ahnung davon dämmerte ihm auf, als er selbst kurz darauf die Bühne betrat, als er sah, wie gespannt das Publikum aufmerkte und wie auf jedem hochgekehrten Antlitz ein Lächeln stummen Beifalls zu lesen war. Allein erst als donnernder Applaus das Sinken des Vorhangs nach dem ersten Akt begrüßte, war er ganz überzeugt, daß sie mit dem Leben davonkommen würden.

Hätte Pantalon in den ›Schelmenstreichen‹ eine andere Rolle als die eines tölpelhaften furchtsamen alten Narren spielen müssen, so wäre der ganze Erfolg an Monsieur Binets Ängstlichkeit gescheitert. Wie die Dinge aber lagen, trug gerade diese Angst, die das in seiner Rolle enthaltene Zaudern und Unschlüssige unterstrich, zu dem Erfolge bei. Ja, es war ein Erfolg, der alle Ruhmredigkeit, deren sich Scaramouche schuldig gemacht, vollauf rechtfertigte.

Für Scaramouche selbst beschränkte sich dieser Erfolg nicht auf das Publikum. Am Schluß der Vorstellung wartete seiner ein großer Empfang von seiten der Kollegen, die sich in dem Konversationszimmer des Theaters versammelt hatten. *Sein* Talent, *sein* Erfindungsgeist, *seine* Energie hatten sie in wenigen Wochen aus einer Rotte Schmierenkomödianten in eine geachtete Truppe erstklassiger Schauspieler verwandelt. In einer Polichinelle anvertrauten Ansprache erkannten sie das großmütig an und fügten als Tribut seines Genies hinzu: wie sie Nantes erobert hätten, so würden sie unter seiner Führung die ganze Welt erobern.

In ihrer Begeisterung berücksichtigten sie etwas zu wenig die Empfindungen Monsieur Binets. Die Vernachlässigung seiner Wünsche, die Erkenntnis seiner Schwäche, sobald er Scaramouche widersprach, hatten ihn bereits hinlänglich verärgert. Obgleich er die schrittweise Übernahme der Macht geduldet hatte, denn jeder solche Schritt bedeutete ja für ihn selbst vermehrte Einnahmen, so lebte doch tief in seiner Seele Neid, der jedes Fünkchen Dankbarkeit, die er seinem Partner schuldete, erstickte. Heute abend waren seine Nerven zudem bis zum Zerreißen gespannt. Er hatte Angstqualen ausgestanden, derentwegen er Scaramouche so bitterlich zürnte, daß nicht einmal der schließliche Erfolg – fast rätselhaft, wenn man alles in Betracht zog – seinen Kompagnon in seinen Augen zu rechtfertigen vermochte.

Und sich jetzt noch obendrein von seiner eigenen Truppe vernachlässigt zu sehen – seiner ureigenen Truppe, die er langsam und mühsam zusammengetrommelt und unter den Begabten hier und dort aus der Hefe der Städte aufgelesen hatte –, das trieb ihm die Galle ins Blut, stachelte die ganze Bosheit auf, die in seiner Seele höchstens gelegentlich schlummerte. So sehr aber die Wut in seinem Inneren tobte, ließ er sich doch nicht zu der Torheit hinreißen, etwas davon zu verraten. Allein er mußte unbedingt noch in dieser Stunde seine Autorität wieder herstellen, wollte er nicht ein für allemal zum Popanz dieser Truppe werden, über die er lange Monate widerspruchslos geherrscht hatte, bis jener Eindringling ihm in den Weg lief, um seine Börse zu füllen und sein Ansehen zu untergraben.

Kaum hatte Polichinelle geendet, trat Monsieur Binet daher vor. Seine Maske half ihm seine bitteren Empfindungen verbergen. Er gab vor, Polichinelles dankerfüllten Worten seinem Partner gegenüber seine eigene Anerkennung hinzufügen zu wollen, aber er tat das in einer Art, die jedem zeigte, daß alles, was Scaramouche erreicht hatte, er dank seiner, Monsieur Binets, Gunst erreicht habe, und daß Monsieur Binet in allem der eigentliche Leiter gewesen sei. Indem er sich so mit Polichinelle verband, sprach er Scaramouche seinen Dank aus, wie ein großer Herr seinem Bedienten für Dienste dankt, die dieser gewissenhaft und den Befehlen entsprechend ausgeführt hat.

Das täuschte aber weder die Truppe, noch brachte es Monsieur Binet Befriedigung. Ja, das Bewußtsein der Lächerlichkeit mehrte noch seine Verbitterung. Allein die Rede wahrte wenigstens sein Gesicht und ließ ihn nicht als Null erscheinen – ihn, der doch ihr aller Haupt war.

Die Behauptung, daß seine Worte die Schauspieler nicht täuschten, ist vielleicht zu weitgehend, denn sie täuschten sie wenigstens über Binets wahre Gefühle. Nach Abzug seiner Anspielungen, in denen er alles Lob für sich selbst in Anspruch nahm, waren sie überzeugt, daß er im Herzen von gleicher Dankbarkeit wie sie selbst erfüllt wäre. Diesen Glauben teilte auch André-Louis, der in kurzen Dankesworten Monsieur Binet sehr edelmütig behandelte und die von Monsieur Binet erhobenen Ansprüche noch nachdrücklich unterstrich.

Und dann folgte André-Louis' Ankündigung, daß ihr Erfolg in Nantes für ihn um so süßer wäre, da er seinen teuersten Herzenswunsch, Climène zur Gattin zu nehmen, in fast greifbare Nähe rücke. Seine völlige Unwürdigkeit eines solchen Glückes erkenne *er* am besten. Diese Ehe würde ihn in noch nähere Beziehungen zu seinem verehrten Freunde, Monsieur Binet, bringen, dem er alles verdanke, was er für sich und für die Truppe erreicht hätte. André-Louis' Mitteilung löste Beifallsstürme aus, ist doch bei dem Theatervölkchen ein Liebhaber genauso beliebt wie in der größeren Welt. Mit alleiniger Ausnahme des armen Léandre, dessen Augen melancholischer denn je dreinblickten, feierten alle das glückliche Paar.

Ja, es war eine glückliche Familie, die an diesem Abend im ersten Stock des Gasthauses am Quai La Fosse versammelt saß – dem gleichen Wirtshause, aus dessen Tür André-Louis erst vor wenigen Wochen ausgezogen war, um ebenfalls vor einer Zuhörerschaft von Nantes eine so wesentlich verschiedene Rolle zu kreieren. War sie aber wirklich so verschieden gewesen, fuhr es ihm durch den Kopf? Hatte er nicht auch damals so eine Art Scaramouche gespielt – einen Intriganten, glatt und sprühend, der die Menge verführt, ihr zynisch Ansichten aufdrängt, die in Wahrheit gar nicht seine eigenen sind? War es wirklich so erstaunlich, daß er als Mime einen so raschen blendenden Erfolg erzielt hatte? War er nicht im Grunde von jeher der gleiche gewesen, der Schaumschläger, zu dem die Natur ihn bestimmt?

Am nächsten Abend spielten sie vor einem überfüllten Hause den ›Schüchternen Liebhaber‹. Der Ruhm ihres Debüts hatte sich herumgesprochen, und diese Vorstellung befestigte noch den Erfolg vom Montag. Mittwoch gaben sie ›Figaro-Scaramouche‹, und am Donnerstag brachte der ›Courier Nantais‹ einen mehr als spaltenlangen Artikel, eine Lobeshymne auf diese ausgezeichneten Improvisatoren, die in künstlerischer Hinsicht die bloßen Rezitatoren auswendig gelernter Rollen tief in den Schatten stellten.

Als André-Louis beim Frühstück die Zeitung las, lachte er innerlich und ließ sich durch das Törichte einer solchen Behauptung nicht den Kopf verdrehen. Das Neue der Sache und die Anmaßung seiner Vorankündigungen hatten die Leutchen auf den Leim gelockt. Er stand auf, um Binet und Climène zu begrüßen, die im Augenblick eintraten, und schwenkte triumphierend die Zeitung über dem Kopfe.

»Die Sache ist entschieden! Wir bleiben bis Ostern in Nantes!«

»So?« meinte Monsieur Binet sauer. »Sie entscheiden alles, mein Freund.«

»Lesen Sie selbst.« Er reichte Binet die Zeitung.

Mürrisch las Monsieur Binet. Stumm warf er das Blatt auf den Tisch und wandte seine Aufmerksamkeit dem Frühstück zu.

»Nun, bin ich gerechtfertigt oder nicht?« fragte André-Louis, der Monsieur Binets Verhalten ziemlich seltsam fand.

»Worin?«

»In unserem Kommen nach Nantes.«
»Hätte ich das nicht angenommen, wären wir ja nicht hier«, entgegnete Binet und begann zu essen.
Verwundert ließ André-Louis das Thema fallen. Nach dem Frühstück machte er sich mit Climène auf den Weg, um auf den Quais Luft zu schöpfen. Es war ein strahlend heller Morgen, weniger kalt als die Tage vorher. Als sie hinauseilten, schloß sich ihnen Columbine taktloserweise an, allein es war nicht so schlimm, da auch Harlekin ihnen nachgelaufen kam und Columbine mit Beschlag belegte.
André-Louis, der mit Climène voranschritt, sprach natürlich von dem, was im Augenblick sein Denken am meisten beschäftigte.
»Dein Vater benimmt sich mir gegenüber recht merkwürdig. Es scheint fast, als betrachte er mich plötzlich als seinen Feind.«
»Das bildest du dir ein. Vater ist dir genauso dankbar wie wir alle.«
»Er ist alles eher als dankbar. Nein, er ist einfach wütend auf mich. Ich glaube auch den Grund zu kennen. Du etwa nicht? Kannst du ihn wirklich nicht erraten?«
»Nein, keine Ahnung.«
»Wärest du meine Tochter, Climène – Gott sei Dank bist du es nicht –, so würde ich dem Manne, der dich mir entführt, bestimmt auch gram sein. Armer alter Pantalon! Als ich ihm erklärte, daß ich dich heiraten wollte, schalt er mich einen Piraten.«
»Mit Recht! Du bist wirklich ein frecher Straßenräuber, Scaramouche.«
»Das liegt nun mal in der Rolle. Dein Vater hält es für richtig, seine Schauspieler auf der Bühne die Rollen spielen zu lassen, die am besten ihrer natürlichen Veranlagung entsprechen.«
»Ja, du nimmst dir alles, was du dir wünschst, nicht wahr?« Halb bewundernd, halb scheu blickte sie zu ihm auf.
»Wenn möglich, ja«, sagte er. »Deines Vaters Zustimmung zu unserer Heirat erzwang ich durch einen Handstreich. Ich wartete gar nicht, bis er sie gab, sondern im Moment, als er sie verweigerte, erpreßte ich sie ihm, und jetzt werde ich alles daransetzen, zu verhindern, daß er sein Wort zurücknimmt. Ich glaube, das kränkt ihn am meisten.«
Sie lachte und wollte ihm eine übermütige Antwort geben. Aber er hörte kein Wort. Durch das geschäftige Treiben auf dem Quai hatte sich ihnen ein Kabriolett genähert, dessen Aufsatz fast ganz aus Glas bestand. Es wurde von zwei prächtigen Füchsen gezogen, und auf dem Bock thronte ein Kutscher in prunkender Livree.
In dem Kabriolett saß eine schlanke junge Dame mit lieblich zartem Gesicht, um die Schultern einen Überwurf aus Luchspelz geschlungen. Die Lippen leicht geöffnet, beugte sie sich vor, und ihre Augen verschlangen

Scaramouche, bis sie seine Aufmerksamkeit erregte. Wie vom Donner gerührt, blieb er stehen.
Climène unterbrach sich mitten in einem Satz, blieb gleichfalls stehen und zupfte ihn am Ärmel.
»Was hast du, Scaramouche?«
Er aber dachte gar nicht daran, zu antworten; im gleichen Augenblick parierte auch der Kutscher, dem die junge Dame einen Befehl zugerufen hatte, neben ihnen die Equipage. In dem üppigen Rahmen jener Kutsche mit ihren wappengeschmückten Schlägen, dem gewichtigen Kutscher und dem weißbestrumpften Lakaien – der sich im Augenblick, da die Equipage hielt, vom Bock herabschwang – erschien Climène die zarte Insassin wie eine Prinzessin aus dem Märchenland. Und diese Prinzessin beugte sich mit glänzenden Augen und glühenden Wangen vor und streckte Scaramouche eine kostbar behandschuhte Hand entgegen.
»André-Louis!« rief sie, und Scaramouche ergriff die Hand jenes hehren Wesens, wie er Climènes Hand genommen haben würde, während seine Augen die gleiche Freude wie die ihren widerspiegelten und in seiner Stimme die gleiche frohe Überraschung wie in ihrer erklang, und redete die Märchenprinzessin mit dem Vornamen an, genau wie diese selbst es bei ihm getan hatte: »Aline!«

8 *Der Traum*

»Öffne den Schlag«, befahl Aline dem Lakaien, und »Steig zu mir ein«, befahl sie André-Louis im gleichen Atemzug.
»Einen Augenblick, Aline.« Er wandte sich an seine Begleiterin, die, ein Bild des Staunens, dastand, sowie an Harlekin und Columbine, welche im gleichen Moment Climène einholten. »Du entschuldigst mich wohl, Climène«, sagte er atemlos, allein es war weniger eine Frage als eine Erklärung. »Zum Glück bist du ja nicht allein. Harlekin wird sich deiner annehmen. Auf Wiedersehen beim Essen.«
Ohne eine Antwort abzuwarten, sprang er in die Equipage. Der Bediente schloß den Schlag, der Kutscher knallte mit der Peitsche, und das fürstliche Gefährt rollte den Quai entlang und ließ die drei Komödianten mit offenem Munde zurück.
»Ein verkleideter Prinz, unser Scaramouche!« lachte Harlekin.
Columbine klatschte in die Hände und entblößte die kräftigen weißen Zähne: »Gelt, Climène, eine romantische Überraschung! Wundervoll!«
Climènes gerunzelte Stirn glättete sich, ihr Ärger verwandelte sich in Bestürzung.

»Wer mag sie nur sein?«
»Natürlich seine Schwester«, entgegnete Harlekin bestimmt.
»Seine Schwester? Woher weißt du das?«
»Ich weiß, was er dir bei seiner Rückkehr erzählen wird.«
»Aber warum nur?«
»Na, wenn er sagte, daß sie seine Mutter wäre, würdest du es ja doch nicht glauben.«
Ihre Augen folgten der sich entfernenden Karosse. Und in der Karosse betrachtete Aline, die Lippen leicht zusammengepreßt und eine dünne Falte zwischen ihren schöngeschwungenen Brauen, André-Louis mit ernstem Ausdruck.
»Du hast dir eine komische Gesellschaft auserwählt, André«, lautete ihr erstes Wort, »oder irre ich mich in der Annahme, daß deine Begleiterin Mademoiselle Binet vom Théatre Feydau war?«
»Nein, du irrst dich nicht. Ich ahnte gar nicht, daß Mademoiselle Binet bereits so berühmt ist.«
»Oh, was das anbetrifft...« Ihr Ton war eitel Verachtung. Dann zuckte sie die Achseln: »Die Sache ist ganz einfach, ich war gestern in der Vorstellung. Ich glaubte, sie wiederzuerkennen.«
»Du warst gestern abend im Feydau? Und ich habe dich gar nicht bemerkt!«
»Warst du denn auch dort?«
»Ob ich dort war!« rief er. Dann stockte er und änderte seinen Ton. »Ja natürlich war ich dort«, meinte er so gleichgültig wie nur möglich. Es wurde ihm schwer, einzugestehen, daß er so leichtherzig in Tiefen hinuntergestiegen war, die sie als unwürdig empfinden mußte, und er war von Herzen dankbar, daß seine Maske und seine veränderte Aussprache ihn selbst ihr, die ihn so genau kannte, unkenntlich gemacht hatten.
»Ich verstehe«, sagte sie, und ihre Lippen preßten sich fester zusammen.
»Was verstehst du?«
»Die einzigartige Anziehungskraft dieser Mademoiselle Binet. Natürlich warst du im Theater. Dein Ton verriet das deutlich. Weißt du, daß du mich enttäuschst, André? Vielleicht ist es dumm von mir. Wahrscheinlich entspringt das meiner unvollkommenen Kenntnis des männlichen Geschlechts. Die meisten jungen Leute von Welt werden ja von derartigen Geschöpfen, die sich auf der Bühne zur Schau stellen, unwiderstehlich angezogen. Von dir freilich hätte ich nicht erwartet, daß du den Lebemann spielen würdest. Ich war töricht genug, dich höher einzuschätzen, und traute dir solche Banalitäten nicht zu. Du erschienst mir immer als ein Idealist.«
»Welche Schmeichelei!«

»Ja, das sehe ich jetzt ein, aber du selbst hast diese Täuschung bewirkt. Du sprachst soviel über Moral, hieltest so philosophische Reden, daß ich mich täuschen ließ. Nein, wirklich, eine solche bodenlose Heuchelei hätte ich dir nie zugetraut! Es wundert mich fast, daß du dich bei deinem schauspielerischen Talent nicht Mademoiselle Binets Truppe anschließt.«

»Das habe ich ja getan«, entgegnete er.

Die Erklärung war unvermeidlich, denn notgedrungen mußte er unter zwei Übeln wählen.

Zuerst drückte ihr Gesicht Unglauben, dann Bestürzung, endlich Abscheu aus.

»Natürlich, natürlich«, meinte sie nach langer Pause, »das hatte ja den Vorzug, dich mit deiner Angebeteten in noch engere Beziehungen zu bringen.«

»Das war nur einer der Gründe. Es gab auch noch andere. Da ich gezwungen war, zwischen der Bühne und dem Galgen zu wählen, besaß ich die unglaubliche Schwäche, erstere vorzuziehen. Für einen Menschen von meinen hohen Idealen natürlich eine Unwürdigkeit – aber was willst du? Gleich anderen Ideologen finde ich es einfacher, zu predigen, als nach meinen Worten zu handeln. Soll ich den Wagen halten lassen und dich von der unreinen Berührung meiner verabscheuungswürdigen Person befreien? Oder soll ich dir erzählen, wie alles gekommen ist?«

»Erzähle mir erst, wie es kam, dann können wir uns entscheiden.«

Er berichtete ihr also, wo und wie er mit der Binet-Truppe zusammengetroffen und wie die Gendarmerie ihm die Überzeugung beibrachte, daß er im Schoße der Truppe sicher ruhen könne, bis die Jagd auf ihn aufgegeben wäre. Seine Erklärung ließ das Eis schmelzen.

»Mein armer André! Warum hast du mir das nicht gleich gesagt?«

»Erstens ließest du mir gar keine Zeit, und dann fürchtete ich auch, dich durch die Zurschaustellung meiner Erniedrigung zu erschrecken.«

Sie nahm seine Worte ernst. »Aber warum war das nötig?« fragte sie. »Warum ließest du uns ohne jede Nachricht, als ich überall nach deinem Verbleib forschte?«

»Das habe ich mir erst gestern selbst überlegt. Mein Zögern hatte verschiedene Ursachen.«

»Du glaubtest wohl, es würde uns verletzen, wenn wir hörten, was du triebest?«

»Ich zog es vor, dich durch die Größe meiner neuesten Erfolge zu überraschen.«

»Oh, du möchtest wohl ein großer Schauspieler werden?« fragte sie mit unverhülltem Hohn.

»Das ist nicht ausgeschlossen. Aber mir liegt mehr daran, ein großer

Schriftsteller zu werden. Du hast gar keinen Grund, zu spotten. Dieser Beruf ist durchaus ehrenvoll. Die ganze Welt ist stolz auf Männer wie Beaumarchais, Chénier.«
»Und du hoffst, es ihnen gleichzutun?«
»Ich hoffe, sie zu übertreffen, obwohl ich anerkenne, daß sie mich die ersten Schritte lehrten. Wie gefiel dir gestern das Stück?«
»Es war amüsant und gut erfaßt.«
»Gestatte mir, dir den Autor vorzustellen.«
»Du? Aber es ist doch eine Gesellschaft von Improvisatoren.«
»Auch Improvisatoren brauchen einen Autor, der ihnen das Szenarium schreibt. Gegenwärtig ist das meine einzige schriftstellerische Tätigkeit, aber bald werde ich Stücke in der modernen Manier verfassen.«
»Du täuschst dich selbst, mein armer André. Ohne die Schauspieler wäre das gestrige Stück überhaupt nichts gewesen. Euer Glück ist euer Scaramouche.«
»Im Vertrauen – ich mache dich hiermit mit ihm bekannt.«
»Du – Scaramouche? *Du?«* Sie wandte sich ihm zu und blickte ihm starr ins Gesicht. Er lächelte sein dünnes Lächeln, das seine Wangen wie mit Narben überzog. Dann nickte er.
»Und ich habe dich nicht erkannt!«
»Ich danke dir für diesen Ehrentribut. Wahrscheinlich vermutetest du, daß ich mich als Kulissenschieber betätige? Na, jetzt weißt du alles über mich; und wie steht es in Gavrillac? Was macht mein Pate?«
Es ginge ihm gut, erzählte sie ihm. Freilich wäre er noch immer tief empört über André-Louis' Abtrünnigkeit, im geheimen aber mache er sich seinetwegen große Sorgen.
»Ich werde ihm heute schreiben, daß ich dich gesprochen habe.«
»Tu es. Erzähle ihm, daß es mir gutginge, und daß ich vorwärtskäme. Aber weiter kein Wort. Schreibe ihm nicht, was ich treibe. Er steckt ja auch voller Vorurteile. Außerdem wäre es vielleicht auch unklug. Und jetzt die Frage, die mir auf den Lippen brennt, seit ich hier neben dir im Wagen sitze: Warum bist du in Nantes, Aline?«
»Ich bin zu Besuch bei meiner Tante, Madame de Sautron. Ich war auch gestern abend mit ihr zusammen im Theater. Wir haben uns auf dem Schlosse gelangweilt, aber das wird jetzt anders werden. Heute empfängt Madame, meine Tante, Besuch von zahlreichen Gästen. Einer derselben ist Marquis de La Tour d'Azyr.«
André-Louis' Stirn umwölkte sich, er seufzte. »Hast du eigentlich gehört, Aline, auf welche Weise der arme Philippe de Vilmorin starb?«
»Ja, zuerst erzählte es mir mein Onkel, später hörte ich es auch von Marquis de La Tour d'Azyr selbst.«

»Und hat das nicht geholfen, dir über die Frage deiner Verheiratung klarzuwerden?«
»Wie sollte es das? Du vergißt, daß ich nur eine Frau bin. Du kannst doch nicht erwarten, daß ich mich in solchen Dingen zum Richter aufwerfe?«
»Nicht? Dazu wärst du sehr wohl in der Lage, um so mehr, nachdem du beide Parteien gehört hast. Mein Pate hat dir bestimmt die Wahrheit berichtet. Wenn du nicht zu urteilen vermagst, so willst du einfach nicht urteilen.« Seine Stimme wurde rauh. »Bereitwillig verschließt du der Gerechtigkeit die Augen, um dich in deinen ungesunden, unnatürlichen, ehrgeizigen Plänen nicht stören zu lassen.«
»Ausgezeichnet!« rief sie, und in ihren Augen blitzte Spott sowie noch etwas anderes. »Du bist wirklich komisch. Ohne zu erröten, erhebst du dich aus der Hefe des Lebens, in dem ich dich finde, schüttelst den Arm jener Theaterdirne ab und kommst und hältst mir Predigten.«
»Selbst wenn dies die Hefe des Daseins wäre, dürfte ich doch aus alter Achtung und Treue zu dir, Aline, dir einen guten Rat erteilen.« Steif und streng saß er da. »Aber es sind gar nicht die Tiefen des Lebens. Auch eine Theaterdirne kann Ehre und Tugend besitzen; einer Dame jedoch, die sich ihrem Ehrgeiz zuliebe verkauft, die für Macht, Reichtum und einen hohen Titel sich selbst verschachert, sind das fremde Begriffe.«
Fassungslos starrte sie ihn an; Zorn ließ sie erbleichen, sie griff nach der Klingelschnur.
»Ich glaube, es ist besser, wenn ich dich hier aussteigen lasse, du kannst dann hingehen und mit diesem Frauenzimmer vom Theater dich in Tugend und Ehre üben.«
»So darfst du nicht von ihr sprechen, Aline.«
»Weiß Gott, wir werden uns ihretwegen wohl noch herumstreiten! Meinst du, ich bin so zartfühlend? Meinst du, ich sollte von ihr als einer...«
»Wenn du ihrer überhaupt Erwähnung tun mußt«, unterbrach er sie hitzig, »so sollst du von ihr als von meiner Frau reden.«
Erstaunen milderte ihren Zorn. Ihre Blässe steigerte sich noch.
»Mein Gott!« rief sie und blickte ihn entsetzt an. »Du bist verheiratet? Verheiratet – mit jener?«
»Noch nicht. Aber bald. Und laß mich dir versichern, Aline, daß dieses Mädchen, über das du die ganze Schale deiner törichten Verachtung ausgießt, genauso gut und so rein ist wie du selbst. Sie besitzt Verstand und Talent, die sie zu ihrer jetzigen Stellung erhoben haben und die sie noch wesentlich weiter fördern werden. Und sie besitzt die echte Weiblichkeit, sich bei der Wahl ihres Gatten durch den natürlichen Instinkt leiten zu lassen.«
Aline zitterte vor Leidenschaft. Sie zerrte an der Schnur.

»Du verläßt sofort den Wagen! Daß du einen Vergleich zu ziehen wagst zwischen mir und dieser...«

»Und meiner künftigen Frau«, unterbrach er sie, ehe sie das entehrende Wort sprach. Ohne auf den Lakaien zu warten, öffnete er selbst die Türe und sprang auf das Pflaster. »Meine Empfehlungen dem von dir Erwählten – dem Mörder!« rief er wütend und warf die Tür ins Schloß. »Weiter!« befahl er dem Kutscher.

Die Equipage rollte den Faubourg Gigant entlang, während er bebend vor Zorn stehenblieb, wo er ausgestiegen war. Als er dann langsam zum Wirtshaus zurückschlenderte, dämpfte sich allmählich seine Entrüstung, und im gleichen Maße, wie sein Zorn verflog, begann er ihren Standpunkt zu begreifen und verzieh ihr schließlich. Daß sie so dachte, wie sie es tat, war ja nicht ihre Schuld. Nach ihrer ganzen Erziehung war sie gewohnt, jede Schauspielerin als Hure zu betrachten, genau wie diese Erziehung es auch verschuldet hatte, daß sie der monströsen Konvenienzehe, die sie eingehen sollte, mit solcher Ruhe entgegensah.

Als er das Wirtshaus erreichte, saß die Gesellschaft bereits bei Tisch. Sein Eintritt erzeugte eine so plötzliche Stille, daß es klar war, er selbst mußte als Gesprächsthema gedient haben. Harlekin und Columbine hatten das Märchen von dem verkleideten Prinzen, der von einer Prinzessin in ihre Equipage aufgenommen und entführt worden sei, ausposaunt, und beim Weitererzählen hatte die Geschichte nichts eingebüßt.

Stumm und gedankenvoll hatte Climène über dieses romantische Abenteuer, wie Columbine es nannte, nachgegrübelt. Scaramouche mußte ein ganz anderer sein, als es bisher den Anschein gehabt, sonst hätten diese Dame von Welt und er unmöglich auf so vertrautem Fuße stehen können. Climène hatte ihn erwählt, ohne ihn für etwas Besseres zu halten als das, wofür er sich gab, und jetzt kam die Belohnung für ihre uneigennützige Liebe.

Selbst des alten Binets geheime Feindschaft gegen André-Louis schmolz dahin vor dieser erstaunlichen Entdeckung. Vergnügt hatte er seiner Tochter Ohrläppchen gezwickt: »Haha, du hast natürlich seine Verkleidung längst durchschaut, mein Kind.«

Ärgerlich wies sie seine Unterstellung zurück: »Nein. Ich hielt ihn für das, was er zu sein schien.«

Ihr Vater zwinkerte ihr feierlich zu und lachte: »Natürlich, natürlich! Aber gleich deinem Vater, der einst ein Kavalier war und die Art von Kavalieren kennt, entdecktest du in ihm ein gewisses Etwas, verschieden von jenen Menschen, mit denen zusammenzuleben uns das Unglück bis jetzt gezwungen hat. Diesen Hochmut, diesen Kommandoton konnte er nie in einem muffigen Anwaltbüro lernen. Das wußtest du genausogut wie ich, und ebenso, daß seine Sprache nicht den Klang, seine Gedankengänge nicht die Farbe des Bourgeois hatten, der zu sein er vorgab. Es war sehr klug von dir, ihn dir zu angeln. Ich werde auf dich noch einmal sehr stolz werden, Climène.«

Ohne ihn einer Antwort zu würdigen, ließ sie ihn stehen. Ihres Vaters Schleimigkeit verletzte sie. Natürlich war Scaramouche ein großer Herr, vielleicht ein Sonderling, aber ein Mann von Geburt. Und sie würde seine Gemahlin werden. Ihr Vater mußte lernen, sie ganz anders zu behandeln.

Scheu – mit einer ganz neuen Schüchternheit – betrachtete sie ihren Liebsten, als er das Speisezimmer betrat. Zum erstenmal fiel ihr die stolze Kopfhaltung auf mit dem vorgereckten Kinn, und sie bemerkte auch, mit welcher Grazie er sich bewegte – mit der Grazie eines Mannes, der in seiner Jugend seine Tanz- und Fechtmeister gehabt hatte.

Es gab ihr förmlich einen Stich, als er sich in einen Stuhl fallen ließ und sich mit Harlekin in der üblichen Art wie mit einem Gleichgestellten in ein Wortgefecht einließ, und es verletzte sie noch stärker, daß Harlekin, der doch alles wußte, ihn mit der gleichen unziemlichen Vertraulichkeit behandelte.

9 *Das Erwachen*

»Hör mal«, sagte Climène, »ich erwarte dringend eine Erklärung, die bist du mir schuldig.«

Sie saßen allein zusammen bei Tisch, und André-Louis stopfte sich gerade eine Pfeife. Seit seinem Eintritt in die Binet-Truppe hatte er sich das Rauchen angewöhnt. Die anderen hatten sich entfernt, einige um noch frische Luft zu schöpfen, andere, wie Binet und Madame, aus Zartgefühl, um die beiden in der ihnen notwendig dünkenden Unterredung nicht zu stören. André-Louis teilte dieses Empfinden nicht. Er entzündete einen Fidibus und näherte ihn gemächlich seiner Pfeife. Allmählich furchte sich seine Stirn.

»Erklärung?« fragte er nach einiger Zeit und blickte zu ihr auf. »Worüber eine Erklärung?«

»Über die Täuschung, deren du dich uns – mir gegenüber – schuldig gemacht.«

»Ich habe dich nie getäuscht«, versicherte er.

»Ach, du meinst, du habest nur einfach den Mund gehalten und Verschweigen sei keine Täuschung? Aber es ist doch ein Betrug, vor deiner künftigen Frau deine wahre Stellung im Leben und Tatsachen, die dich eng angehen, zu verschleiern. Wie konntest du dich als simplen Provinzadvokaten ausgeben, wo doch jeder merken muß, daß du das nicht bist? Das ist ja vielleicht sehr romantisch, aber – na, enfin, heraus mit der Wahrheit!«

»Ach so«, brummte er und tat einen tiefen Zug aus der Pfeife, »aber du täuschst dich wirklich, Climène. Ich habe nichts verheimlicht. Wenn ich dir verschiedenes, was mich angeht, noch nicht erzählte, so nur, weil ich den Dingen keinen Wert beimaß. Ich habe tatsächlich niemals vorgeschützt, ein anderer zu sein, als ich bin. Ich bin weder mehr noch weniger, als ich dir gesagt habe.«

Seine Hartnäckigkeit fing an sie zu ärgern, und dieser Ärger drückte sich deutlich auf ihrem liebreizenden Gesicht und in ihrer klangvollen Stimme aus.

»So!? Und das hübsche Edelfräulein, mit dem du so intim warst und das dich mir so unzeremoniös entführte? In welchem Verhältnis stehst du zu dem?«

»Sie ist gewissermaßen meine Schwester.«

»Gewissermaßen deine Schwester!?« Sie war empört. »Daß du das behaupten würdest, sagte schon Harlekin, dabei machte er sich nur lustig. Aber es war gar nicht komisch, und aus deinem Munde klingt es noch weniger komisch. Vermutlich hat diese sogenannte Schwester doch einen Namen?«

»Natürlich hat sie einen Namen. Sie ist Mademoiselle Aline de Kercadiou, die Nichte von Quintin de Kercadiou, Herrn von Gavrillac.«

»Oh, oh! Für eine sogenannte Schwester von dir, weiß Gott, ein recht vornehmer Name! Na, und was für eine Art Schwester ist sie denn, mein Freund?«

Zum erstenmal seit Beginn ihrer Beziehungen bemerkte und beklagte er in ihrem Ton einen leichten Anstrich von Gewöhnlichkeit und Zanksucht.

»Korrekter wäre es gewesen, sie als eine Art Cousine linker Hand zu bezeichnen.«

»Eine Cousine linker Hand? Was ist das für eine merkwürdige Verwandtschaft? Deine Logik erregt mir direkt Schädelbrummen.«

»Du hast recht, die Sache bedarf der Erklärung.«

»Das ist schon lange meine Ansicht, aber bisher hast du dich immer um diese Erklärung herumgedrückt.«

»Ach, Unsinn! Die Geschichte ist wirklich nur so gänzlich unwichtig. Aber urteile selbst. Ihr Onkel, Monsieur de Kercadiou, ist mein Pate, daher waren wir von frühster Kindheit an Spielgefährten. In Gavrillac hält man Monsieur de Kercadiou allgemein für meinen Vater. Jedenfalls hat er von frühster Jugend an für meine Erziehung gesorgt, und ich habe es nur ihm zu danken, daß ich auf ›Louis le Grand‹ erzogen wurde. Alles, was ich habe, oder richtiger, alles, was ich hatte, schulde ich seiner Güte; aus eigenem freien Willen habe ich alles wieder von mir geworfen, und heute besitze ich nichts außer dem, was ich mir durch eigene Kraft auf dem Theater oder anderswo verdiene.«

Eine schöne Enttäuschung für ihren aufkeimenden Ehrgeiz! Stumm und bleich saß sie da. Hätte er ihr das gleiche gestern erzählt, so würde es auf sie keinen Eindruck gemacht, ihr nichts bedeutet haben. Das heutige Erlebnis hätte ihn in ihren Augen höchstens noch gehoben. Aber jetzt, da ihre Phantasie ihm einen so prunkvollen Hintergrund geschaffen, da die leichtgläubig hingenommene Entdeckung seiner vornehmen Abstammung sie zum Gegenstand des Neides der ganzen Truppe erhoben und sie selbst in deren und in ihren eigenen Augen dank der Ehe mit ihm zu einer großen Dame erhöht hatte, jetzt demütigte und erniedrigte sie diese Enthüllung. Ihr verkleideter Prinz war also nichts weiter als der verstoßene Bastard eines Landjunkers! Sie würde zum Gespött jedes einzelnen Mitgliedes der Truppe werden, zum Gespött dieser Menschen, die sie um ihr romanhaftes Glück eben noch so beneidet hatten.

»Das hättest du mir früher erzählen sollen«, sagte sie mit dumpfer Stimme, der sie vergeblich Festigkeit zu verleihen suchte.

»Vielleicht wäre das richtiger gewesen, aber was liegt denn schon daran?«

»Was daran liegt?« Mühsam unterdrückte sie ihre Wut, um ihm eine neue Frage zu stellen: »Du sagst, man halte Monsieur de Kercadiou allgemein für deinen Vater? Was meinst du damit?«

»Genau das, was ich sage. Es ist eine Annahme, die ich nicht teile. Vielleicht sagt mir das ein gewisser Instinkt. Einmal fragte ich Monsieur de Kercadiou direkt und erhielt einen verneinenden Bescheid. Ob man unter den gegebenen Umständen dieser Ableugnung allzuviel Wert beimessen kann, weiß ich nicht, aber ich habe Monsieur de Kercadiou stets als einen absoluten Ehrenmann kennengelernt und möchte an seinem Wort nicht zweifeln, besonders da seine Behauptung meinem eigenen Gefühl entspricht. Er versicherte mir, er wisse nicht, wer mein Vater sei.«

»Und deine Mutter kannte er auch nicht?« spottete sie, ohne daß er den Hohn bemerkte. Sie stand mit dem Rücken gegen das Licht.

»Monsieur de Kercadiou wollte mir ihren Namen nicht nennen, gestand mir aber dann, daß sie eine sehr liebe Freundin von ihm wäre.«

Sie lachte, und ihr Lachen klang wenig angenehm und verletzte ihn.

»Eine sehr liebe Freundin, natürlich, du Einfaltspinsel! Und wie ist eigentlich dein Name?«

Mühsam kämpfte er seine eigene aufkeimende Empörung nieder und antwortete ihr ruhig: »Moreau. Wie man mir sagte, wurde ich so nach dem bretonischen Dorfe getauft, in dem ich zur Welt gekommen bin. Aber ich habe keinen rechtlichen Anspruch auf diesen Namen. Tatsächlich besitze

ich überhaupt keinen Namen außer dem selbsterworbenen Titel Scaramouche. Du siehst also, liebes Kind«, schloß er lächelnd, »daß ich mich keiner Täuschung schuldig gemacht habe.«
»Ja, ja, das sehe ich«, lachte sie, aber ohne Fröhlichkeit, dann seufzte sie tief und erhob sich. »Ich bin sehr müde.«
Besorgt sprang er auf, aber sie winkte ihm erschöpft ab: »Ich will ruhen, bis das Theater beginnt.«
Mit schleppendem Schritt ging sie zur Tür. Er sprang hin, um zu öffnen, doch ohne ihn eines Blickes zu würdigen, ging sie hinaus.
Ihr kurzer Märchentraum war ausgeträumt. Das herrliche Luftschloß, das sie in der letzten Stunde sich errichtet und mit solcher Sorgfalt ausgeschmückt hatte, das Königreich, zu dessen erlauchter Herrin das Schicksal sie erwählt, lag in Trümmern zu ihren Füßen, und jedes einzelne Restchen bildete ein unübersteigliches Hindernis, ließ sie nicht wieder zu dem Scaramouche, wie er wirklich war, zurückfinden.
André-Louis hockte paffend in der Fensternische und blickte müßig über den Fluß. Er war verstimmt und nachdenklich. Er hatte sie verletzt. Diese Tatsache war klar, nicht so der Grund. Daß er namenlos war, konnte ihn doch in den Augen eines Mädchens, aufgewachsen in Climènes bisheriger Umgebung, nicht so herabsetzen. Und doch bestand kein Zweifel, daß ihm sein Bekenntnis bei ihr geschadet hatte.
So fand ihn Columbine eine halbe Stunde später bei ihrer Rückkehr, noch immer vor sich hinbrütend.
»Ganz allein, mein Prinz?« lautete ihr lachender Gruß, der plötzlich ein grelles Licht in das Dunkel seines Denkens warf. Die Hoffnungen Climènes, welche die ungereimten Phantasien der Komödianten anläßlich seines zufälligen Zusammentreffens mit Aline zusammengedichtet hatten, waren ebenso rasch wieder vernichtet. Armes Kind! Launig lächelte er Columbine zu.
»Die Prinzenherrlichkeit dürfte nur so lange dauern, bis es allgemein bekannt wird, daß ich trotzdem keiner bin.«
»Kein Prinz? Oh, aber dann doch ein Herzog – oder wenigstens ein Marquis?«
»Nicht einmal ein Chevalier, höchstens ein Glücksritter! Ich bin einfach Scaramouche, meine sämtlichen Schlösser liegen auf dem Monde.«
Enttäuschung malte sich auf dem hübschen, gutmütigen Antlitz der Kleinen. »Und ich hatte geglaubt...«
»Ich weiß, ich weiß«, unterbrach er sie, »das ist ja das Unglück!«
Das ganze Ausmaß dieses Mißgeschicks hätte er an jenem Abend aus Climènes Verhalten den Modeherrchen gegenüber schließen können, die sich in den Zwischenakten in dem Konversationszimmer drängten, um der un-

vergleichlichen Liebhaberin ihre Huldigungen darzubringen. Bis zu dieser Stunde hatte Climène diese Kavaliere mit Achtung gebietender Vorsicht empfangen, heute war sie ausgelassen, unverschämt, fast dirnenhaft. Auf dem Nachhauseweg tadelte er sie sanft und riet ihr für die Zukunft größere Zurückhaltung an.

»Vorläufig sind wir noch nicht verheiratet«, wies sie ihn schroff zurück. »Ehe du mein Benehmen kritisierst, warte gefälligst bis dahin.«

»Dann werde ich sicherlich keine Ursache dazu haben.«

»So? Ha, natürlich. Du bist sehr überzeugt.«

»Climène, ich habe dich verletzt, es tut mir leid.«

»Das hat nichts auf sich, du bist nun mal, was du bist.«

Auch das beunruhigte ihn noch nicht. Er kannte ja die Quelle ihrer schlechten Laune, beklagte zwar den Anlaß, aber verstand sie. Und da er verstand, verzieh er. Er merkte auch, daß ihr Vater diese Mißstimmung teilte, und das machte ihm unverhohlen Spaß. Monsieur Binet gegenüber war duldsame Verachtung das einzige Gefühl, das eine genaue Bekanntschaft mit diesem Herrn erzeugen konnte. Die übrigen Mitglieder der Truppe benahmen sich Scaramouche gegenüber besonders herzlich. Ja, sie taten fast, als wäre er in Wirklichkeit aus den luftigen Höhen, in die ihre Phantasie ihn versetzt hatte, in die Tiefe gestürzt. Vielleicht entsprang ihre Teilnahme auch der Einsicht, welchen Eindruck dieser Sturz aus seiner fiktiven und so flüchtigen hohen Stellung bei Climène hervorgerufen hatte.

Nur Léandre bildete eine Ausnahme. Seine gewohnte Melancholie schien endlich verflogen, und seine Augen sprühten vor boshafter Genugtuung, so oft sie auf Scaramouche ruhten, den er auch weiter mit schlauem Spott gelegentlich als ›Mein Prinz‹ anredete.

Am folgenden Morgen sah André-Louis nur wenig von Climène. Das war an sich nicht auffallend, denn er war eifrig mit den Vorbereitungen für ›Figaro-Scaramouche‹ beschäftigt, der am Samstag in Szene gesetzt werden sollte. Außer seinen vielseitigen Theaterpflichten widmete er auch jeden Morgen eine Stunde dem Fechtunterricht. Das geschah nicht nur, um einen Mangel in seiner Erziehung auszugleichen, sondern gleichzeitig, ja hauptsächlich, um ihm auf der Bühne größere Grazie und Haltung zu verleihen. Heute morgen waren seine Gedanken zwischen Climène und Aline zerrissen. Und seltsam genug, Aline verursachte ihm größere Unruhe. Climènes Stellungnahme betrachtete er als etwas Vorübergehendes, dem man nicht ernsthafte Beachtung zu schenken brauchte. Aber die Erinnerung an Alines Benehmen ihm gegenüber fraß an ihm, und noch stärker nagte an ihm der Gedanke ihrer eventuellen Heirat mit Marquis de La Tour d'Azyr.

Diese Erwägung gemahnte ihn mit neuer Kraft an seine sich selbst auferlegte und inzwischen halb vergessene Mission. Er hatte sich gerühmt, daß er die Stimme, die Marquis de La Tour versucht hatte zum Schweigen zu bringen, durch das ganze Land seiner Weite und Breite nach würde ertönen lassen. Und was hatte er zur Erfüllung seiner Ruhmredigkeit bisher getan? Er hatte den Pöbel von Rennes und den Pöbel von Nantes mit Worten, wie sie der arme Philippe vielleicht gebraucht haben würde, aufgepeitscht, und dann war er wie ein feiger Köter vor den Verfolgern geflohen und hatte in der ersten besten Hundehütte, die sich ihm bot, Zuflucht gesucht und lag jetzt dort behaglich, widmete sich anderen Aufgaben – selbstsüchtigen Aufgaben. Wahrlich ein schöner Gegensatz zwischen Versprechen und Erfüllung.

So sprach André-Louis in seiner Selbstverachtung zu sich, und während er seine Zeit vertrödelte, den Scaramouche spielte und seine ganzen Hoffnungen darauf richtete, in Bälde der Rivale von Männern wie Chénier und Mercier zu werden, verfolgte Marquis de La Tour d'Azyr in stolzer Hoffart ungehindert seinen Weg und setzte nach wie vor seinen Willen durch. Müßig, sich einzureden, daß die von ihm, André-Louis, ausgestreute Saat Früchte gezeitigt, daß Monsieur Necker hauptsächlich dank der Bewegung, die André-Louis' anonyme Ansprache ausgelöst, die in Nantes für den Dritten Stand erhobenen Forderungen gewährt hatte. Das war gar nicht seine Aufgabe, seine wahre Mission. Was hatte er mit der Wiedergeburt der Menschheit, mit der Neugründung der sozialen Struktur Frankreichs zu schaffen? *Seine* Aufgabe war es, dafür zu sorgen, daß Marquis de La Tour d'Azyr bis zum letzten Heller für das Philippe de Vilmorin angetane brutale Unrecht zahle. Es trug auch nicht zur Mehrung seiner Selbstachtung bei, daß die Gefahr, Aline könne mit dem Marquis verehelicht werden, der eigentliche Sporn seiner Rachsucht war und ihm sein Gelübde erst wieder in Erinnerung rief. Er war – vielleicht eine Ungerechtigkeit – nur zu geneigt, seinen eigenen Einwand, daß er nichts zu tun vermöchte, als bloße Sophisterei von der Hand zu weisen, jenen Einwand nämlich: er brauche nur sein Gesicht zu zeigen, um sofort nach Rennes geschleppt und dort unter Mitwirkung des Galgens gezwungen zu werden, endgültig von der Weltbühne abzutreten.

Man kann diesen Teil seiner ›Bekenntnisse‹ nicht ohne ein gewisses Mitgefühl lesen. Man sieht, in welcher Geistesverfassung er gewesen sein muß, wie die widerstreitendsten Empfindungen sein Herz zerrissen, und wenn man sich in der Phantasie an seine Stelle versetzt, wird man auch begreifen, daß nur der eine Entschluß, zu dem er endlich selbst gelangte, möglich war: nämlich erst in dem Augenblick zu handeln, da er zu erkennen vermöchte, wie er am besten seinen wahren Plänen dienen könnte.

Als er an jenem bewußten Donnerstagabend die Bühne betrat, war zufällig die erste Person, die er erblickte, Aline; die zweite der Marquis de La Tour

d'Azyr. Sie saßen in einer Loge zur Rechten unmittelbar oberhalb der Bühne. Auch noch andere Personen befanden sich in ihrer Begleitung – in erster Linie eine hochgewachsene, ältliche, prächtig gekleidete Dame, in der André-Louis Madame la Comtesse de Sautron vermutete. Aber damals besaß er nur Augen für jene beiden, die seine Gedanken eben noch so quälend beschäftigt hatten. Der Anblick jedes einzelnen allein wäre schon peinigend genug gewesen. Der Anblick dieser beiden zusammen ließ ihn fast den Zweck vergessen, dessentwegen er die Bühne betreten. Aber er riß sich zusammen und spielte. Er spielte, wie er selbst schreibt, mit ungewöhnlicher Kraft und erntete in seiner kurzen aber ereignisreichen Laufbahn nie stärkeren Beifall. Das war die erste Aufregung dieses Abends. Die nächste kam nach dem zweiten Akt. Als er das Konversationszimmer betrat, fand er es noch überfüllter als gewöhnlich; an dem äußersten Ende stand Climène und, die schlanke Gestalt zu ihr niedergebeugt, die Augen gespannt auf ihrem Antlitz ruhend: Marquis de La Tour d'Azyr in lächelndem Gespräch mit ihr. Er hatte sie vollständig mit Beschlag belegt, ein Privilegium, dessen sich bisher noch keiner der jungen Lebemänner, welche die Kulissen zu besuchen pflegten, erfreut hatte. Wie sich Schakale vor dem Löwen zurückziehen, so hatten sich die kleineren Salonlöwen jetzt vor dem Marquis zurückgezogen.
Gebannt betrachtete André-Louis einen Augenblick die Gruppe. Allmählich erholte er sich von seiner Überraschung und musterte den Marquis kritischer. Er bemerkte die Schönheit, die Grazie und Pracht seiner Haltung, sein höfisches Wesen, seine absolute unerschütterliche Selbstbeherrschung.
Vor allem aber fiel ihm der Ausdruck dieser dunklen Augen auf, die Climènes liebreizendes Gesicht verschlangen, und André-Louis' Lippen preßten sich zusammen.
Marquis de La Tour d'Azyr schenkte weder ihm noch seinem starrenden Blick Beachtung. Selbst wenn er gewußt hätte, wer ihn hinter der Maske des Scaramouche betrachtete, würde das an seinem Benehmen nichts geändert und ihn durchaus nicht gestört oder beunruhigt haben.
Einen Vulkan in der Brust, ließ sich André-Louis abseits auf einen Stuhl fallen. Nach kurzer Zeit wandte sich ein stutzerhaftes junges Herrchen an ihn, und er beeilte sich, diesem, wie man es von ihm erwartete, zu antworten. Da Climène vollauf beschäftigt und Columbine von zahlreichen Galanen umlagert war, mußten sich die unbedeutenderen Besucher mit Madame und den männlichen Mitgliedern der Truppe begnügen. Monsieur Binet bildete den Mittelpunkt eines fröhlichen Gedränges, das sich über seine lustigen Ausfälle vor Lachen schüttelte. Binets Trübsinn der letzten zwei Tage hatte sich plötzlich in wilde Ausgelassenheit verwandelt, und

Scaramouche beobachtete, wie eifrig seine flackernden Augen die Tochter und deren prunkvollen Verehrer musterten.
In jener Nacht kam es zwischen André-Louis und Climène zu einem scharfen Wortwechsel, und zwar gingen die heftigen Worte von Climène aus. Als André-Louis erneut und dringender seiner Verlobten Vorsicht anempfahl und sie zu bedenken bat, wie sehr sie durch ihr Verhalten die Zudringlichkeit eines Mannes wie des Marquis de La Tour d'Azyr ermutige, wurde sie ausfallend. Ihr keifender, zänkischer Ton und der unerwartete Vorrat an Schimpfworten stießen ihn ab und betäubten ihn.
Er versuchte, ihr vernünftig zuzureden, und schließlich kamen sie auch zu einer gewissen Verständigung.
»Wenn du dich mit mir verlobt hast, um mir Steine in den Weg zu werfen, dann wollen wir lieber heute als morgen Schluß machen.«
»Du liebst mich nicht, Climène.«
»Liebe hat damit gar nichts zu tun. Ich denke aber nicht daran, mir deine törichte Eifersucht gefallen zu lassen. Ein Mädel von der Bühne muß Huldigungen von jedem entgegennehmen. Das gehört zu ihrem Geschäft.«
»Zugegeben, dagegen ist auch nichts einzuwenden, vorausgesetzt, daß sie dafür kein Entgelt zahlt.«
Bleich, mit wutsprühenden Augen fuhr sie auf ihn los: »Was soll das heißen?«
»Meine Ansicht ist doch klar; ein junges Mädchen deiner Stellung kann ruhig jede Huldigung, die man ihr bietet, entgegennehmen, immer unter der Voraussetzung, daß sie diese Huldigung mit würdiger Zurückhaltung aufnimmt und klar zum Ausdruck bringt, daß man außer der Gunst ihres Lächelns keine andere Gunst von ihr zu erwarten habe. Ist sie klug, so wird sie auch darauf achten, daß ihr dieser Tribut stets nur gemeinsam von ihren Bewunderern gezollt wird, daß kein einzelner je den Vorzug besitzt, sich allein ihr zu nähern. Ist sie klug, wird sie nie jemand ermutigen und keine Hoffnungen erwecken, deren Verwirklichung sie später eventuell nicht mehr ablehnen kann.«
»Was? Das wagst du mir zu sagen?«
»Ich kenne die Welt, und ich kenne Marquis de La Tour d'Azyr. Er ist ein Mensch ohne Güte, ja fast ohne Menschlichkeit. Ein Mann, der sich alles nimmt, was er begehrt, gleichgültig, wo er es findet – und ob es freiwillig gewährt wird oder nicht; ein Mann, unbekümmert um das Unheil, das seine Genußsucht anrichtet, ein Mann, der nur das Faustrecht anerkennt. Bedenke das, Climène, und prüfe dich selbst, ob ich dir mit meiner Warnung nicht nur Ehre erweise.«
Im Gefühl, daß eine Fortsetzung des Gesprächs eine Erniedrigung wäre, verließ er das Zimmer.

Die folgenden Tage waren für ihn und zum mindesten für noch einen anderen unglückliche Tage. Dieser zweite war Léandre, den Marquis de La Tour d'Azyrs emsige Annäherungsversuche an Climène in tiefste Verzweiflung stürzten. Man konnte den Marquis bei jeder Vorstellung bemerken. Eine Loge war ständig für ihn reserviert, und er erschien unvermeidlich entweder allein oder in Begleitung seines Vetters, Monsieur de Chabrillanes.

Am Dienstag der folgenden Woche ging André-Louis frühmorgens allein aus. Er war mißgestimmt, ein Gefühl starker Demütigung fraß an ihm, und er hoffte, der Spaziergang würde ihm zur Klarheit verhelfen. Als er um die Ecke des Place du Bouffay bog, lief er einem schlanken, äußerst adrett in Schwarz gekleideten gelbwangigen Herrn in die Arme, der unter einem runden Hut eine Perücke mit Zopfband trug. Beim Anblick André-Louis' fuhr der Herr zurück, führte sein Lorgnon an die Augen und begrüßte ihn dann mit einer vor Erstaunen zitternden Stimme: »Moreau! Wo, zum Teufel, haben Sie diese ganzen Monate gesteckt?«

Es war Le Chapelier, der Anwalt und Vorsitzende des Literarischen Klubs von Rennes.

»Unter den Rockschößen von Thespis«, entgegnete Scaramouche.

»Ich verstehe kein Wort.«

»Das lag auch nicht in meiner Absicht. Na, und wie geht es Ihnen, Isaac? Und was geht in der Welt vor? Sie scheint in neuester Zeit zum Stillstand gelangt zu sein.«

»Zum Stillstand?!« Le Chapelier lachte. »Wo sind Sie bloß gewesen? Stillstand!« Er deutete nach einem Café jenseits des Platzes im Schatten des düsteren Gefängnisses. »Lassen Sie uns dort einkehren und ein Glas Wein trinken. Sie sind der Mensch, den wir dringend brauchen, der Mann, den wir überall gesucht haben, und – siehe da! – plötzlich schneit Sie der Himmel in meinen Weg.«

Sie überquerten den Platz und betraten das Café. »Also Sie glauben, die Welt habe stillgestanden! Gottes Wunder! Anscheinend wissen Sie noch gar nichts von der königlichen Ordre zur Einberufung der Generalstaaten und von den näheren Bedingungen – endlich soll unseren Forderungen, die Sie hier für uns in Nantes aufstellten, entsprochen werden! Sie haben wohl auch nichts davon gehört, daß der Befehl für die vorbereitenden Wahlen – die Wahl der Wahlmänner – erlassen worden ist? Nichts von dem neuen Aufruhr in Rennes vorigen Monat? Der Befehl lautet, daß die drei Stände in den Generalstaaten der Amtsbezirke gemeinsam tagen sollen, aber natürlich benahmen sich die Edlen in dem Amtsbezirk von Rennes wieder aufsässig. Ja, sie griffen zu den Waffen – sechshundert samt ihrem Anhang, geführt von Ihrem alten Freunde, Marquis de La Tour d'Azyr! Sie wollten

uns, die Mitglieder des Dritten Standes, niedersäbeln, um unserer Anmaßung ein Ende zu bereiten.« Er lachte fein. »Doch, bei Gott, wir bewiesen ihnen, daß wir gleichfalls zu den Waffen greifen können. Alles geschah genau, wie Sie es vorigen November hier in Nantes angeraten hatten. Wir lieferten ihnen in den Straßen unter Führung Ihres Namensvetters Moreau eine regelrechte Schlacht und verprügelten sie derart, daß sie froh waren, im Cordelier-Kloster Zuflucht zu finden. Damit war der Widerstand gegen die königliche Autorität und den Willen des Volkes gebrochen.«
Eilig erzählte er André-Louis die verschiedenen Ereignisse und kam schließlich zu dem Grund, der ihn, wie er betonte, veranlaßt hätte, überall nach André-Louis zu suchen, bis er endlich die Hoffnung aufgegeben, ihn aufzustöbern.
Nantes sollte fünfzig Delegierte in die Versammlung von Rennes entsenden, deren Aufgabe es wäre, die Deputierten des Dritten Standes zu wählen und die Liste ihrer Beschwerden aufzustellen. Rennes selbst war ebenso zahlreich vertreten, während Dörfer wie Gavrillac für je zweihundert Familien zwei Delegierte entsandten. Alle drei Kreise hätten verlangt, André-Louis Moreau solle einer ihrer Delegierten sein. Gavrillac wünschte seine Ernennung, da er zu der Gemeinde gehörte, und man die Opfer kannte, die er der Sache des Volkes gebracht. Rennes forderte seine Aufstellung wegen seiner anfeuernden Ansprache an dem Tage, als auf die Studenten gefeuert wurde, und Nantes – wo man zwar seine Identität nicht kannte – verlangte die Wahl des Redners, der unter dem Namen ›Omnes Omnibus‹ aufgetreten war und für sie jenes Memorandum ausgearbeitet hatte, das auf Monsieur Necker bei der Formulierung der Bedingungen für den Zusammentritt der Versammlung einen so tiefgehenden Einfluß ausgeübt haben sollte.
Da er unauffindbar gewesen, waren die Delegationen ohne ihn aufgestellt worden. Zufällig wären aber gerade ein oder zwei Stellen in der Vertretung Nantes' vakant, und die Aufgabe, für diese Ersatz zu schaffen, hätte Le Chapelier nach Nantes geführt.
Als Antwort auf Le Chapeliers Vorschlag schüttelte André-Louis energisch den Kopf.
»Sie lehnen ab?« rief der andere. »Sind Sie verrückt? Ablehnen, wo man doch von so zahlreichen Seiten sich um Sie reißt? Bedenken Sie doch, es ist mehr als wahrscheinlich, daß man Sie zum Deputierten wählt, daß Sie in die Generalstaaten von Versailles entsandt werden, um uns bei der Aufgabe, Frankreich zu retten, zu vertreten!«
Aber André-Louis interessierte sich bekanntlich nicht für Frankreichs Rettung. Im Augenblick galt sein ganzes Interesse der Rettung zweier Frauen, die er beide, freilich auf ganz verschiedene Art, liebte, aus den Klauen eines

Menschen, dessen Vernichtung er sich geschworen. Unbeirrt blieb er bei seiner Ablehnung, bis Le Chapelier enttäuscht auf weitere Versuche, ihn zu überreden, verzichtete.

»Es ist merkwürdig«, meinte André-Louis, »wie ich so völlig in Nebensächlichkeiten verstrickt sein konnte und gar nicht bemerkt habe, daß Nantes politisch aufgewacht ist.«

»Aufgewacht?! Mein Freund, Nantes ist ein Hexenkessel politischer Erregung. Nur die Überzeugung, daß alles seinen guten Gang nimmt, läßt es oberflächlich ruhig erscheinen. Ein Hinweis auf das Gegenteil, und der Kessel brodelt über.«

»Wirklich?« fragte Scaramouche nachdenklich. »Das zu wissen, ist vielleicht nützlich.« Dann änderte er das Thema. »Wissen Sie übrigens, daß La Tour d'Azyr hier ist?«

»In Nantes? Sich hier zu zeigen, beweist Mut. Keine sanftmütigen Lämmer, diese Nanteser! Und sie kennen des Marquis Ruf und die Rolle, die er bei dem Aufstand in Rennes gespielt hat. Wundert mich, daß sie ihn nicht schon gesteinigt haben. Früher oder später werden sie es nachholen. Es braucht nur jemand den Vorschlag zu machen.«

»Das ist sehr wahrscheinlich«, entgegnete André-Louis lächelnd. »Er zeigt sich auch nicht sehr häufig, wenigstens nicht in den Straßen. Er hat gar nicht soviel Mut, wie Sie annehmen, ja überhaupt keinen Mut. Das hab' ich ihm einst ins Gesicht gesagt. Er ist nur unverschämt.«

Beim Abschied drängte ihn Le Chapelier noch einmal, sich seinen Vorschlag doch zu überlegen. »Geben Sie mir sofort Nachricht, falls Sie Ihre Ansicht ändern. Ich wohne im ›Cerf‹ und bleibe dort bis übermorgen. Wenn Sie Ehrgeiz besitzen: hier ist Ihre Gelegenheit.«

»Anscheinend bin ich nicht ehrgeizig«, sagte André-Louis und machte sich auf den Heimweg.

Am gleichen Abend kam ihm der boshafte Einfall, Le Chapeliers Behauptung über das Volksempfinden in der Stadt einer Probe zu unterziehen. Sie gaben ›Den schrecklichen Hauptmann‹, in dessen letztem Akt Scaramouche die hohle Feigheit des tyrannischen Aufschneiders Rhodomont enthüllt.

Nach dem Beifallssturm, den die Entlarvung des lärmenden Hauptmanns stets hervorrief, war es Scaramouches Aufgabe, diesen mit ein paar verächtlichen Worten fortzujagen, die jedesmal je nach André-Louis' momentaner Inspiration wechselten. Diesmal verlieh er seiner Rede einen politischen Anstrich: »Somit, oh, du Feigling, ist deine Hohlheit enthüllt. Dank deiner Länge und des großen Schwertes an deiner Seite sowie deines schief aufgestülpten Hutes fürchteten sich die Leute vor dir, glaubten deinen Worten, hielten dich für ebenso schrecklich und furchtbar, wie es deiner Unverschämtheit entsprach. Doch das erstemal, da du auf wahren Mut stößt, schrumpfst du zusammen, erzitterst, winselst zum Gotterbarmen, und ruhig bleibt das große Schlachtschwert in der Scheide. Dein Verhalten gemahnt mich an das der privilegierten Klassen, als der Dritte Stand diesen entgegentrat.«

Die Worte waren kühn, und er war auf alles gefaßt – auf Lachen, Beifall, Unwillen oder auf alles zusammen. Aber auf das, was geschah, war er nicht vorbereitet. Und es geschah so plötzlich, so eruptiv von seiten derer, die Parterre und Galerie füllten, daß er fast selbst davor erschrak – wie ein Junge erschrickt, der ein Streichholz an einen trockenen Heuhaufen hält.

Ein Sturm wütenden Applauses brach los. Männer fuhren hoch, sprangen auf die Bänke, schwenkten ihre Hüte, betäubten ihn mit tosendem Jubelgeschrei. Ja, der Beifall nahm kein Ende und schwieg erst, als der Vorhang fiel.

Die Lippen fest zusammengepreßt, stand Scaramouche nachdenklich lächelnd.

Im letzten Augenblick hatte er Marquis de La Tour d'Azyrs Gesicht bemerkt, das sich weiter als sonst aus dem Schatten seiner Loge vorbeugte, und dieses Gesicht war von Wut verzerrt. Die Augen flammten.

»Mein Gott!« lachte Rhodomont, der sich allmählich von der echten Furcht, die seinem gespielten Erschrecken gefolgt war, erholte, »du verstehst es wirklich, Scaramouche, die Leute an der richtigen Stelle zu kitzeln.«

Scaramouche blickte spöttisch auf: »Gelegentlich kann das ganz nützlich sein.« Damit eilte er in seine Garderobe, sich umzukleiden.

Doch ein Verweis wartete seiner. Der Aufbau der Szenerie des neuen Stükkes, das morgen in Szene gehen sollte, hielt ihn noch im Theater zurück. Als er mit dieser Arbeit fertig war, hatte sich die übrige Truppe längst zurückgezogen. Er bestellte eine Sänfte und ließ sich in vornehmer Isolierung in das Gasthaus tragen. Das war eine der zahlreichen kleinen Annehmlichkeiten, die ihm seine gegenwärtig verhältnismäßig günstigen Verhältnisse gestatteten.

Als er das Gesellschaftszimmer der Truppe im Obergeschoß betrat, sprach Monsieur Binet gerade laut und heftig. Schon auf der Treppe hatte André-Louis seine Stimme gehört, bei Scaramouches Eintritt unterbrach sich Binet kurz und fuhr auf ihn los.

»Endlich kommen Sie!« Diese etwas seltsame Begrüßung versetzte André-Louis in leichtes Erstaunen.

»Ich erwarte eine Erklärung der beschämenden Szene, die Sie heute abend provozierten.«

»Beschämend? Ist es beschämend, wenn das Publikum mir Beifall klatscht?«
»Das Publikum? Der Pöbel, wollen Sie wohl sagen. Durch ordinäres Heraufbeschwören der niedrigen Leidenschaften des Mobs möchten Sie uns wohl der Protektion des ganzen Adels berauben?«
André-Louis ließ Monsieur Binet stehen und trat an den Tisch. Verächtlich zuckte er die Achseln. Trotzdem ärgerte ihn der Kerl: »Sie übertreiben maßlos – wie gewöhnlich.«
»Ich übertreibe gar nicht. Und ich bin Herr in meinem eigenen Theater. Dies ist die Binet-Truppe, und sie soll in der Binetschen Art geführt werden.«
»Wer sind denn diese Adeligen, deren Protektion das Feydau-Theater so schmerzlich entbehren würde?« erkundigte sich André-Louis.
»Sie meinen wohl, es gäbe keine? Da täuschen Sie sich gründlich. Nach der Vorstellung suchte mich Monsieur le Marquis de La Tour d'Azyr auf und beschwerte sich in den schärfsten Ausdrücken über Ihr skandalöses Verhalten. Ich mußte mich entschuldigen und...«
»Narr!« erwiderte André-Louis. »Ein Mann von Selbstachtung hätte dem Herrn die Tür gewiesen.« Monsieur Binets Antlitz begann sich zu röten. »Sie nennen sich das Haupt der Binet-Truppe, rühmen sich, Herr in Ihrem eigenen Theater zu sein und stehen dann da wie ein Lakai, um die Befehle des ersten besten unverschämten Kerls entgegenzunehmen, der in Ihr Büro kommt und erklärt, irgendeine Zeile, die einer Ihrer Gesellschaft gesprochen hat, gefiele ihm nicht! Ich wiederhole: ein Mann von wirklicher Selbstachtung würde den Betreffenden hinausgeworfen haben.«
Verschiedene Mitglieder der Truppe, die den anmaßenden Ton des Marquis gehört hatten und empört über den ihnen allen angetanen Schimpf waren, murmelten Beifall.
»Und ich sage ferner«, fuhr André-Louis fort, »ein Mann von Selbstachtung wäre aus noch ganz anderen Gründen nur zu froh gewesen, diesen Vorwand benutzen zu können, um Marquis de La Tour d'Azyr die Tür zu weisen.«
»Was soll das bedeuten?« Drohung grollte aus der Frage.
André-Louis' Augen überflogen die beim Nachtmahl versammelte Gesellschaft. »Wo ist Climène?« fragte er scharf.
Léandre fuhr bleich und vor Erregung zitternd auf: »Sie verließ unmittelbar nach der Vorstellung das Theater in des Marquis de La Tour d'Azyr Equipage. Wie wir hörten, erbot er sich, sie hierher zu bringen.«
André-Louis warf einen flüchtigen Blick nach der Uhr auf dem Kamin. Seine Ruhe erschien unnatürlich.
»Das war also vor einer Stunde – vielleicht auch noch länger –, und sie ist

immer noch nicht heimgekommen?« Seine Augen suchten die Monsieur Binets. Monsieur Binet wich diesem Blicke aus. Wieder übernahm Léandre die Antwort.
»Nein, noch immer nicht.«
»Ah!« André-Louis setzte sich und schenkte sich Wein ein. Drückendes Schweigen lastete in dem Zimmer. Léandre beobachtete ihn erwartungsvoll, Columbine mitleidig. Selbst Monsieur Binet schien auf ein weiteres Wort Scaramouches zu warten. Aber Scaramouche enttäuschte ihn. »Habt ihr mir etwas zu essen übriggelassen?« war alles, was er sagte.
Schüsseln wurden ihm zugeschoben, stumm bediente er sich und aß scheinbar mit gutem Appetit. Auch Monsieur Binet nahm Platz, goß sich Wein ein und trank. Dann versuchte er, bald mit dem einen, bald mit dem anderen, ein Gespräch anzuknüpfen. Die Antworten kamen kurz und einsilbig. An diesem Abend schien Monsieur Binet bei seiner Truppe nicht in Gunst zu stehen.
Endlich tönte von unten Räderrollen und das Stampfen haltender Hufe. Dann klangen Stimmen und Climènes helles trillerndes Lachen herauf. Ohne sich stören zu lassen, aß André-Louis weiter.
»Was für ein Schauspieler!« flüsterte Harlekin Polichinelle zu, und Polichinelle nickte düster.
Wie eine Primadonna auf der Bühne schwebte Climène herein, den Kopf zurückgeworfen, die Nase in der Luft, in den Augen sprühendes Lachen. Ihr ganzes Wesen spiegelte Triumph und Anmaßung. Ihr Antlitz war gerötet, die Fülle nußbraunen Haares, die ihr Haupt schmückte, zerzaust. In der linken Hand hielt sie ein riesiges Bukett weißer Kamelien, ihren Mittelfinger zierte ein kostbarer Brillant, dessen Funkeln sofort aller Augen auf sich zog.
Mit betonter Zurschaustellung väterlicher Zärtlichkeit sprang Monsieur Binet auf, sie zu begrüßen. »Endlich, mein Kind!«
Er führte sie zum Tisch. Sie sank in einen Sessel, ein wenig ermüdet, ein wenig nervös, aber das Lächeln blieb auf ihrem Antlitz, selbst als sie zu Scaramouche hinüberblickte. Nur Léandre, der sie mit hungrigen, finsteren Blicken verschlang, bemerkte den leisen Ausdruck der Furcht in den braunen Augen unter den zuckenden Lidern. André-Louis aß gleichmütig weiter, ohne ihr auch nur einen Blick zu schenken. Allmählich begriff die Gesellschaft, daß, so sicher auch ein scharfer Auftritt sich vorbereitete, diese Szene nicht stattfinden würde, solange sie dablieben. Polichinelle gab schließlich das Zeichen zum Aufbruch, und nach zwei Minuten waren nur noch Monsieur Binet, seine Tochter und André-Louis in dem Zimmer. Jetzt endlich legte André-Louis Messer und Gabel beiseite, spülte die Kehle mit einem Schluck Burgunder, lehnte sich in den Sessel zurück und be-

trachtete Climène: »Hoffentlich war es eine unterhaltsame Spazierfahrt, Mademoiselle.«
»Ja, sehr unterhaltsam, Monsieur.« Frech versuchte sie seine Kühle nachzuahmen, erzielte aber keinen vollendeten Erfolg.
»Und auch ganz einträglich, soweit ich auf diese Entfernung den Brillanten abzuschätzen vermag. Er muß mindestens ein paar hundert Louisdors wert sein, und das ist selbst für einen so reichen Edelmann wie Marquis de La Tour d'Azyr eine beträchtliche Summe. Wäre von jemand, der eine gewisse Aussicht hatte, Ihr Gatte zu werden, die Frage unbescheiden, Mademoiselle, was Sie als Entgelt dafür bezahlten?«
Monsieur Binet lachte dröhnend: eine seltsame Mischung von Zynismus und Verachtung.
»Nichts habe ich bezahlt«, entgegnete Climène empört.
»Ah, dann ist der Stein also gewissermaßen eine Vorschußzahlung?«
»Zum Teufel, Mensch, Sie benehmen sich nicht anständig«, protestierte Monsieur Binet.
»Anständig?« André-Louis' brennende Augen ruhten auf Monsieur Binet mit so beispielloser Verachtung, daß der alte Gauner unruhig auf seinem Stuhle hin- und herrückte. »Sprechen Sie von Anstand, Binet? Weiß Gott, Sie könnten mich fast in Rage bringen, und es gibt nichts, was ich mehr verabscheue!« Langsam kehrte sein Blick wieder zu Climène zurück, die, ihre Ellbogen auf den Tisch gestützt und das Kinn in den Händen vergraben, ihn zwischen Spott und Trotz musterte.
»Mademoiselle«, sagte er gemessen, »lediglich in Ihrem eigenen Interesse bitte ich Sie zu bedenken, wohin Sie steuern.«
»Ich bin durchaus imstande, mir selbst darüber Rechenschaft abzulegen und ohne Ihren Rat, Monsieur, meine Entscheidung zu treffen.«
»Da haben Sie Ihre Antwort«, kicherte Binet. »Hoffentlich macht sie Ihnen Freude.«
André-Louis erblaßte leicht. In seinen großen düsteren Augen, die immer noch auf Climène ruhten, stand Unglaube. Monsieur Binet schenkte er keine Beachtung.
»Mademoiselle, das kann doch unmöglich heißen, daß Sie freiwillig, offenen Auges und im vollen Bewußtsein, was Sie tun, eine ehrenhafte Ehe für – für das eintauschen wollen, was Leute wie Marquis de La Tour d'Azyr Ihnen zu bieten haben?«
Monsieur Binet wandte sich mit großartiger Geste an seine Tochter: »Hörst du diesen heuchlerischen Stolzen? Na, endlich wirst du doch wohl einsehen, daß eine Ehe mit ihm dein Ruin wäre. Stets würde er – als unbequemer Ehemann – dazwischenstehen und dir, mein Kind, jede Chance verderben.«

Zustimmend neigte sie ihr hübsches Köpfchen: »Ja, Vater, mit seiner albernen Eifersucht wird er mir allmählich langweilig. Als Gatte würde er wahrscheinlich unerträglich sein.«
André-Louis' Herz schnürte sich zusammen, aber stets der Schauspieler, verriet er äußerlich davon nichts. Er lachte leicht, nicht gerade freundlich, und erhob sich.
»Ich beuge mich Ihrer Wahl, Mademoiselle. Geb's Gott, daß Sie sie nicht zu bereuen haben.«
»Bereuen?« rief Monsieur Binet. Sein Gesicht strahlte. Endlich war seine Tochter von diesem Freier befreit, dessen Annäherung er nie gebilligt hatte, außer in jenen wenigen Stunden, da er ihn für einen distinguierten Sonderling hielt. »Und was sollte sie wohl bereuen? Daß sie die Gunst eines so mächtigen und reichen Herrn annahm, der ihr – die reinste Bagatelle – ein Schmuckstück schenkte, mehr wert, als eine Schauspielerin der Comédie Française in einem ganzen Jahr verdienen kann?«
Er erhob sich und trat auf André-Louis zu. Seine Stimmung wurde immer versöhnlicher. »Kopf hoch, lieber Freund. Keine Feindschaft! Was, zum Teufel, Sie wollen doch dem Mädel nicht im Wege stehen? Sie können sie doch nicht im Ernst wegen ihrer Wahl schelten? Haben Sie sich überlegt, was eine derartige Freundschaft für sie bedeutet? Haben Sie es sich überlegt, daß es keine Höhen gibt, die sie durch die Protektion eines solchen Herrn nicht zu erklimmen vermöchte? Es ist doch wirklich ein fabelhaftes Glück! Wenn Sie Climène wirklich lieben, können Sie sich doch, namentlich bei Ihrer eifersüchtigen Veranlagung, selbst gar nichts Besseres wünschen.«
André-Louis betrachtete ihn eine Weile stumm. Dann lachte er: »Sie sind phantastisch. Sie sind nicht von dieser Welt!« Er machte kurz kehrt und schritt zur Tür.
Dieses Verhalten, besonders die Verachtung in Blick und Lachen sowie in seinen Worten, peitschte Monsieur Binets Zorn auf und verscheuchte seine freundschaftlichen Gefühle.
»Phantastisch sind wir?« rief er und verfolgte den scheidenden Scaramouche mit seinen kleinen Augen, in denen jetzt unbeschreibliche Bosheit blitzte. »Phantastisch, weil wir die mächtige Gönnerschaft dieses vornehmen Herrn der Heirat mit einem bettelhaften namenlosen kleinen Bastard vorziehen? Oh, wir *sind* phantastisch!«
Die Hand schon auf dem Türgriff, wandte sich André-Louis noch einmal zurück.
»Nein«, bestätigte er, »ich irrte mich. Sie sind nicht phantastisch, Sie sind nur gemein – Sie alle beide.« Und er verließ das Zimmer.

Mademoiselle de Kercadiou ging eines Sonntags im März im Sonnenschein auf der Terrasse von Schloß Sautron mit ihrer Tante spazieren.
Für ein Mädchen von Alines natürlich heiterer, liebenswürdiger Veranlagung war sie in letzter Zeit merkwürdig reizbar gewesen. Ja, sie hatte Beweise einer zynischen, weltlichen Gesinnung abgelegt, die mehr denn je Madame de Sautron davon überzeugten, daß ihr Bruder Quintin des Kindes Erziehung skandalös vernachlässigt habe. Aline schien in all den Dingen wohl unterrichtet, von denen ein junges Mädchen am besten nichts weiß, aber gänzlich unwissend in bezug auf das, was ein Mädchen wissen sollte. Wenigstens wollte es Madame de Sautron so erscheinen.
»Sagen Sie mir, Madame«, begann Aline, »sind alle Männer Tiere?«
Im Gegensatz zu ihrem Bruder war Madame la Comtesse von hohem majestätischem Wuchs. In ihrer Mädchenzeit, vor ihrer Ehe mit Monsieur de Sautron, hatten boshafte Nachbarn sie als den einzigen Mann in der Familie bezeichnet. Erschrocken blickte sie von ihrer imponierenden Höhe auf ihre kleine Nichte herab.
»Wahrhaftig, Aline, du hast eine sonderbare Art, die störendsten und unpassendsten Fragen zu stellen.«
»Vielleicht hat das seinen Grund darin, daß ich das Leben selbst störend und unpassend finde.«
»Das Leben? Ein junges Mädchen sollte überhaupt nicht vom ›Leben‹ sprechen.«
»Weshalb nicht? Bin ich nicht lebendig? Sie wollen doch nicht etwa behaupten, daß es unschicklich sei, zu leben?«
»Es schickt sich nicht für ein junges unverheiratetes Mädchen, zuviel vom Leben wissen zu wollen. Und was deine lächerliche Frage über die Männer betrifft, so genügt es dir vielleicht, wenn ich dich daran erinnere, daß der Mann die Krone der Schöpfung ist.«
Madame de Sautron zeigte sich wenig geneigt, das Thema weiter zu erörtern. Aber Mademoiselle de Kercadious unglaubliche Erziehung hatte diese halsstarrig gemacht.
»Wenn das der Fall ist«, erwiderte sie, »wollen Sie mir vielleicht gütigst erklären, weshalb die Männer sich von den Unzüchtigen unseres Geschlechts so unwiderstehlich angezogen fühlen?«
Madame blieb stehen und hob entsetzt die Hände gen Himmel. Dann blickte sie an ihrer feingeschnittenen Habichtsnase herab.
»Mitunter – nein, häufig, meine liebe Aline – bist du mir gänzlich unverständlich. Ich werde Quintin schreiben, daß du, je eher desto besser, unter die Haube kommst. Das wird für alle Teile das Richtigste sein.«

»Onkel Quintin hat die Entscheidung über diese Angelegenheit mir selbst überlassen«, gemahnte sie Aline.
»Das«, entgegnete Madame mit niederschmetternder Überzeugungskraft, »ist der letzte und vielleicht skandalöseste aller seiner Mißgriffe. Wer hätte je gehört, daß ein junges Mädchen über ihre eigene Ehe zu beschließen habe? Es ist fast unzart, sie derartigen Gedanken auch nur auszusetzen.« Madame de Sautron schauderte. »Quintin ist der reinste Bauer. Sein Benehmen ist einfach unerhört. Was für ein Einfall, Monsieur de La Tour d'Azyr vor dir paradieren zu lassen, damit du dir darüber klar wirst, ob er für dich der richtige Mann sei!« Abermals durchrann sie ein Schauer. »Das ist so roh, – so, so lasziv, möchte ich sagen – mon Dieu! Als ich deinen Onkel heiratete, wurde alles zwischen unseren Eltern vereinbart. Ich sah meinen Gatten zum erstenmal bei Unterzeichnung des Ehekontrakts. Anderenfalls wäre ich vor Scham gestorben. Das ist die Art, wie man derartige Angelegenheiten führen sollte.«
»Sie haben ohne Zweifel recht, Madame. Da die Angelegenheit in meinem Falle jedoch anders geführt wird, werden Sie mir verzeihen, wenn ich sie als einen Sonderfall behandele. Monsieur de La Tour d'Azyr wünscht mich zu ehelichen. Man hat ihm gestattet, mir den Hof zu machen. Ich wäre Ihnen verbunden, wenn Sie ihm mitteilten, daß er damit jetzt aufhören möchte.«
Madame de Sautron blieb vor Erstaunen wie angewurzelt stehen. Ihr langes Gesicht erbleichte, nur mit Mühe vermochte sie zu atmen.
»Was – was – was sagst du da?« keuchte sie.
Aline wiederholte ihre Erklärung mit aller Ruhe.
»Aber das ist ja unerhört! Man kann dir nicht erlauben, mit einem Edelmann von Monsieur le Marquis' Rang Katze und Maus zu spielen! Es ist ja erst eine Woche her, daß du die Mitteilung an ihn gelangen ließest, du willigtest ein, seine Frau zu werden!«
»Das geschah in einem Augenblick der – der Unüberlegtheit. Monsieur le Marquis' eigenes Betragen hat mich von meinem Irrtum überzeugt.«
»Aber – mon Dieu!« rief die Gräfin. »Bist du denn blind gegenüber der ungeheuren Ehre, die man dir erweist? Monsieur le Marquis wird dich zur vornehmsten Dame in der Bretagne erheben. Dennoch spielst du kleine Närrin, spielt Quintin, jener größere Narr, leichtfertig mit diesem unglaublichen Glücksfall! Laß dich warnen.« Sie hob mahnend den Zeigefinger. »Wenn du bei dieser törichten Laune beharrst, wird Monsieur de La Tour d'Azyr sein Angebot vielleicht noch widerrufen und sich in berechtigter Entrüstung zurückziehen.«
»Das, Madame, ist mein glühendster Wunsch, wie ich Ihnen die ganze Zeit über klarzumachen bemüht bin.«

»Du bist wahnsinnig.«
»Vielleicht, Madame, bin ich im Gegenteil äußerst vernünftig, da ich es vorziehe, mich von meinen Instinkten leiten zu lassen. Vielleicht bin ich sogar durchaus gerechtfertigt, es dem Manne, der nach meiner Hand strebt, übelzunehmen, daß er sich gleichzeitig geflissentlich um eine elende Bühnenprinzessin vom Théatre Feydau bemüht.«
»Aline!«
»Ist das etwa nicht wahr? Aber vielleicht finden Sie es gar nicht merkwürdig, daß Monsieur de La Tour d'Azyr sich in dieser Zeit derart aufführt?«
»Aline, du bist ein so seltsames Gemisch. Zuzeiten verletzt du mich auf das tiefste durch die Unschicklichkeit deiner Ausdrücke, und dann wieder staune ich über dein Übermaß an Prüderie. Ich glaube, man hat dich wie eine kleine Bourgeoise erzogen. Quintin war ja im Grunde seines Herzens stets ein Krämer.«
»Ich bat Sie um Ihre Meinung betreffs des Verhaltens von Monsieur de La Tour d'Azyr, Madame, nicht betreffs meines eigenen Betragens.«
»Aber es ist doch unzart von dir, solche Dinge überhaupt zu bemerken! Du solltest sie gar nicht erfahren, und ich kann mir nicht vorstellen, wer so – sowenig feinfühlend war, sie dir mitzuteilen! Da du nun aber schon Bescheid weißt, solltest du wenigstens eine schickliche Blindheit gegenüber den Dingen zur Schau tragen, die – die außerhalb der Sphäre einer korrekt erzogenen Demoiselle liegen.«
»Werden sie auch außerhalb meiner Sphäre liegen, wenn ich erst verheiratet bin?«
»Wenn du klug bist, ja. Du solltest nichts von ihnen wissen, sie – sie rauben deiner Unschuld die Blüte. Ich möchte um die Welt nicht, daß Marquis de La Tour d'Azyr erführe, wie seltsam instruiert du bist. Hätte man dich, wie es sich gehört, im Kloster erzogen, wäre Derartiges nie passiert.«
»Aber Sie anworten mir ja nicht, Madame!« rief Aline verzweifelt. »Hier steht ja gar nicht *meine* Keuschheit in Frage, sondern die von Marquis de La Tour d'Azyr.«
»Keuschheit!« Madames Lippen bebten vor Entsetzen. Entsetzen malte sich auf ihrem Antlitz. »Wo hast du nur jenes fürchterliche, unzüchtige Wort gehört?«
Doch jetzt tat Madame de Sautron ihren Gefühlen Gewalt an. Sie erkannte: hier war größte Vorsicht geboten. »Mein Kind, da du schon vieles weißt, was du gar nicht wissen solltest, kann es nichts schaden, wenn ich noch hinzufüge, daß ein Edelmann derartige kleine Zerstreuungen braucht.«
»Aber weshalb nur, Madame? Weshalb?«
»Oh, mon Dieu, das sind Rätsel der Natur. Es ist so, weil es so ist. Weil die Männer eben so sind.«

»Weil Männer Tiere sind, wollen Sie sagen – womit wir wieder bei der Frage angelangt sind, die ich Ihnen anfangs stellte.«

»Du bist unverbesserlich dumm, Aline.«

»Sie meinen, daß ich die Dinge nicht so sehe, wie Sie sie zu sehen belieben, Madame? Ich hege keine so hohen Erwartungen, wie Sie augenscheinlich annehmen, und doch habe ich ohne Zweifel das Recht, zu verlangen, daß Marquis de La Tour d'Azyr, solange er um mich wirbt, nicht gleichzeitig einem Frauenzimmer vom Theater nachläuft. Ich fühle mich dadurch auf irgendeine unerklärliche Weise, die mich beschmutzt und beleidigt, mit jenem unbeschreiblichen Geschöpf auf eine Stufe gestellt. Der Marquis ist ein Dummkopf, dessen Werbung bestenfalls die Form gedrechselter, törichter und langweiliger Komplimente annimmt. Diese gewinnen durchaus nicht an Wert, wenn sie von Lippen fallen, die noch warm sind von der Besudelung durch die Küsse jenes Weibes.«

Madame fühlte sich so grenzenlos schockiert, daß es ihr im Augenblick den Atem verschlug. Dann brach sie los: »Mon Dieu! Nie hätte ich geglaubt, daß du eine so unzarte Phantasie besäßest!«

»Ich kann nichts dafür, Madame. Jedesmal, wenn seine Lippen meine Finger berühren, muß ich an das Geschöpf denken, mit dem sie zuletzt in Berührung waren, und sogleich ziehe ich mich zurück, um mir die Hände zu waschen. Das nächste Mal, Madame, werde ich mir Wasser kommen lassen und meine Hände in seiner Gegenwart waschen, falls Sie nicht die Güte haben, ihm meine Wünsche zu übermitteln.«

»Aber was soll ich ihm nur sagen? Wie – in welche Worte soll ich einen derartigen Auftrag kleiden?« Madame war außer sich vor Bestürzung.

»Seien Sie ihm gegenüber ganz offen, Madame. Das ist immer das einfachste. Sagen Sie ihm, so unkeusch sein Leben auch in der Vergangenheit gewesen sein mag, so unkeusch er es in Zukunft zu gestalten beabsichtigte: zum mindesten müsse er sich der Keuschheit befleißigen, solange er sich als künftiger Gatte einer Jungfrau nähert, die selbst rein und ohne Makel ist.«

Madame fuhr zurück und hielt sich die Ohren zu; Schrecken breitete sich über ihr schönes Gesicht. Ihr üppiger Busen wogte.

»Oh, wie kannst du nur?! Wie kannst du nur so furchtbare Worte gebrauchen?« keuchte sie. »Wo in aller Welt hast du sie gelernt?«

»In der Kirche«, antwortete Aline.

»Ah – in der Kirche wird manches gesagt, was man in Gesellschaft, selbst im Traume nicht wiederholen würde. Mein liebes Kind, wie könnte ich Monsieur le Marquis wohl solche Dinge sagen! Wie sollte ich nur!«

»Soll ich es tun?«

»Aline!«

»Da haben wir's! Etwas muß geschehn, um mich vor Beleidigungen zu schützen. Monsieur le Marquis ekelt mich geradezu an – ein ekelhafter Mensch. Und mag das Glück noch so groß sein, Marquise de La Tour d'Azyr zu werden: offen gestanden, ich würde lieber einen Schuster heiraten, der sich anständig benimmt.«

Alines Energie und Entschlossenheit waren so offenbar, daß Madame de Sautron in ihrer Verzweiflung zur Überredung griff. Aline war ihre Nichte! Eine Heirat wie die geplante würde der ganzen Familie zur Ehre gereichen. Unter keinen Umständen durfte diese Ehe scheitern.

»Hör zu, mein Kind«, sagte sie. »Seien wir vernünftig. Monsieur le Marquis ist verreist und wird erst morgen zurückkehren.«

»Jawohl, und ich weiß auch, wohin – oder wenigstens mit wem er gereist ist. Mon Dieu, und das Frauenzimmer besitzt sogar noch einen Vater und einen Tölpel von Kerl, der sie zur Frau nehmen will. Und keinem von beiden fällt es ein, sich dazwischenzuwerfen! Wahrscheinlich werden sie mit Ihrer Ansicht übereinstimmen, Madame, daß ein großer Herr seine kleinen Zerstreuungen braucht.« Ihre Verachtung brannte wie Feuer. »Aber – Sie geruhten soeben zu bemerken, Madame?«

»Morgen wirst du nach Gavrillac zurückkehren. Marquis de La Tour d'Azyr wird, sobald seine Zeit es ihm gestattet, nachkommen.«

»Sie meinen, sobald seine schmutzige Kerze niedergebrannt ist.«

»Nenne es, wie du willst.« Man sieht, Madame hatte es aufgegeben, die unpassenden Ausdrücke ihrer Nichte zu monieren. »In Gavrillac wird es keine Mamsell Binet geben. Das alles wird bereits der Vergangenheit angehören. Es ist ungemein beklagenswert, daß er sie gerade in dieser Zeit kennenlernen mußte. Du mußt doch zugeben, die Kleine ist ungewöhnlich reizvoll. Das kannst du nicht leugnen. Und du mußt ein wenig Nachsicht üben.«

»Monsieur le Marquis hat vor einer Woche in aller Form um meine Hand angehalten. Teils um den Wünschen der Familie nachzukommen, teils –« sie brach ab, zögerte einen Augenblick und fuhr dumpf und schmerzlich fort: »teils weil es mir ziemlich belanglos schien, wen ich heiratete, gab ich meine Einwilligung. Diese Einwilligung ziehe ich aus den Ihnen angegebenen Gründen hiermit endgültig zurück.«

Madame geriet in die wildeste Erregung: »Aline! Ich würde es dir niemals verzeihen! Dein Onkel Quintin wäre verzweifelt. Du weißt nicht, was du sagst, welche wunderbare Sache du ausschlägst! Bist du dir denn gar nicht der Stellung, des Ranges bewußt, in den hinein du geboren bist?«

»Wäre ich das nicht, Madame, ich hätte längst ein Ende gemacht. Wenn ich diese Werbung einen einzigen Augenblick geduldet habe, so geschah es nur, weil ich die Bedeutung einer passenden Heirat im weltlichen Sinne erkannte. Aber ich verlange von der Ehe etwas mehr, und Onkel Quintin hat die Entscheidung in meine Hand gelegt.«

»Gott verzeihe ihm!« sagte Madame. Dann fuhr sie eilig fort: »Überlasse die Sache mir, Aline. Laß dich von mir leiten – oh, laß dich von mir leiten!« Ihr Ton war flehend. »Ich werde mich mit deinem Onkel Charles beraten. Aber triff keine endgültige Entscheidung, bis nicht diese unglückselige Affäre vergessen ist. Charles wird sie einzurenken wissen. Monsieur le Marquis soll Buße tun, mein Kind, da deine Tyrannei das verlangt, wenn auch nicht in Sacktuch und Asche. Das wenigstens wirst du doch nicht fordern?«

Aline zuckte die Achseln. »Ich fordere gar nichts«, sagte sie. In ihren Worten lag weder Zustimmung noch Ablehnung.

Madame de Sautron suchte ihren Gatten auf, einen schmächtigen Mann mittleren Alters, von hocharistokratischem Äußeren und einem gewissen gesunden Menschenverstand. Sie bediente sich ihm gegenüber genau des gleichen Tones, den Aline angeschlagen und den Madame so peinlich und anstößig gefunden hatte. Ja, sie entlieh Alines Wortschatz wortwörtlich einige Phrasen...

Die Folge war, daß Marquis de La Tour d'Azyr eines schönen Montagnachmittags, als seine Berline auf dem Heimweg vor dem Schlosse hielt, von Monsieur le Comte de Sautron empfangen und zu einer Unterredung aufgefordert wurde, noch ehe der Marquis die Kleider gewechselt hatte.

»Gervais, du bist ein Narr«, lautete die ausgezeichnete Einleitung von Monsieur le Comte.

»Charles, das ist nichts Neues«, entgegnete Monsieur le Marquis. »Über welche besondere Narrheit nimmst du dir Mühe dich zu beklagen?«

Er warf sich erschöpft auf ein Sofa und streckte die langen, wohlgeformten Glieder. Dann blickte er seinen Freund an, ein müdes Lächeln auf dem edelgeschnittenen, schönen Gesicht, das allen Verwüstungen des Alters zu trotzen schien.

»Über deine letzte. Jenes Binet-Mädel.«

»Darüber? Pah! Eine Bagatelle, kaum eine Torheit.«

»Eine Torheit – zu dieser Zeit«, beharrte Sautron. Der Marquis blickte fragend auf. Der Graf antwortete ihm: »Aline.« Sein Ton war inhaltsschwer. »Sie weiß es. Woher, kann ich dir nicht sagen, aber sie fühlt sich schwer gekränkt.«

Das Lächeln erstarb auf dem Antlitz des Marquis. Er raffte sich zusammen.

»Gekränkt?« Sorge sprach aus seiner Stimme.

»Jawohl. Du kennst sie doch. Kennst die Ideale, die sie sich gebildet hat. Es verletzt sie, daß du in solcher Zeit – während du in der ausdrücklichen

Absicht, um sie zu werben, dich hier aufhältst – gleichzeitig einer Affäre mit der kleinen Binet nachgehst.«
»Woher weißt du das?« forschte La Tour d'Azyr.
»Sie hat es ihrer Tante anvertraut. Und das arme Kind erscheint gewissermaßen im Recht. Sie sagt, sie dulde nicht, daß du ihr die Hand küßt, während deine Lippen noch besudelt sind von – na, du verstehst schon. Du mußt doch begreifen, welchen Eindruck so etwas auf ein reines empfindsames Mädchen wie Aline macht. Sie sagt – es ist besser, du erfährst es –, das nächste Mal, wenn du ihr die Hand küßt, wird sie sich Wasser kommen lassen und sie in deiner Gegenwart waschen.«
Flammende Röte färbte des Marquis Gesicht. Er sprang auf. Monsieur de Sautron, der seines Freundes unduldsame Heftigkeit kannte, war auf einen Wutausbruch gefaßt. Aber nichts dergleichen geschah. Der Marquis wandte sich ab und schritt langsam, gebeugten Hauptes, die Hände auf dem Rücken verschränkt, zum Fenster. Dort blieb er stehen und sprach, ohne sich umzudrehen, nachdenklich, ein wenig verächtlich: »Du hast recht, Charles, ich bin ein Narr – ein leichtsinniger Narr. Ich besitze gerade noch soviel Vernunft, das einzusehen. Meine Lebensweise ist wohl daran schuld. Niemals hab' ich die Notwendigkeit gekannt, mir etwas, was ich begehrte, zu versagen.« Plötzlich machte er auf dem Absatz kehrt, und jetzt kam der Ausbruch: »Aber, bei Gott, ich begehre Aline, wie ich noch nie etwas begehrt habe! Ich glaube, ich würde mich vor Wut umbringen, falls ich sie durch meine Torheit verlöre.« Er schlug sich gegen die Stirn. »Ich bin ein Vieh! Ich hätte wissen sollen, daß jene süße Heilige, wenn sie von meinen kleinen Teufeleien etwas erfährt, mich verachten würde, doch ich sage dir, Charles, ich würde durchs Feuer schreiten, um ihre Achtung wiederzugewinnen.«
»Ich hoffe, das wird sich unter leichteren Bedingungen machen lassen«, meinte Charles, und dann griff er, um die ihn drückende Feierlichkeit der Situation zu bannen, zu einem Witz: »Es wird lediglich von dir verlangt, daß du auf gewisse Feuer verzichtest, die Mademoiselle nicht gerade für läuternd hält.«
»Was das Binet-Frauenzimmer anbetrifft, so bin ich mit ihr fertig – fertig«, sagte der Marquis.
»Gratuliere. Wann bist du zu jenem Entschluß gekommen?«
»In diesem Augenblick. Ich wollte bei Gott, es wäre bereits vor vierundzwanzig Stunden geschehen. So wie die Dinge liegen« – er zuckte die Achseln –, »haben diese vierundzwanzig Stunden mir genügt, wie sie jedem Manne genügt hätten – eine käufliche, selbstsüchtige kleine Person mit der Seele einer Hure. Puh!«
Er schüttelte sich in Ekel vor sich selbst und ihr.

»Ah! Das macht es für dich um so leichter«, bemerkte Monsieur de Sautron zynisch.
»Sage das nicht, Charles. Du irrst dich. Wärest du nicht so töricht gewesen, du hättest mich rechtzeitig gewarnt.«
»Vermutlich kommt meine Warnung noch früh genug, wenn du sie nur beherzigst.«
»Es gibt keine Buße, die ich nicht auf mich nehmen will. Ich werde mich ihr zu Füßen werfen, mich vor ihr demütigen. Ich werde ihr mit wahrhafter Reue beichten, und so Gott will, werde ich um ihretwillen an meinem guten Vorsatz festhalten.« Es war ihm tragisch ernst mit seinem Entschluß. Für Monsieur de Sautron, der ihn stets nur als den selbstsicheren, anmaßenden Spötter gekannt, bedeutete das eine überraschende Offenbarung. Fast schreckte er davor zurück, ihm war zumute, als spähe er durch ein Schlüsselloch. Er klopfte seinem Freunde auf die Schulter: »Welch prachtvoll romantische Stimmung, mein lieber Gervais! Doch genug hiervon. Halte daran fest, und ich verspreche dir, alles wird bald wieder gut werden. Ich werde dein Gesandter sein, und du sollst dich über mich nicht zu beklagen haben.«
»Aber kann ich denn nicht selbst zu ihr gehen?«
»Wenn du klug bist, machst du dich unsichtbar. Schreibe ihr, wenn du willst – tue brieflich Buße. Ich werde ihr auseinandersetzen, weshalb du sie nicht aufgesucht hast. Ich werde ihr sagen, es wäre auf meinen Rat hin geschehen – werde es ihr recht taktvoll beibringen. Ich bin ein guter Diplomat, Gervais, verlaß dich drauf.«
Monsieur le Marquis blickte auf, und Schmerz brannte nach wie vor in seinen Augen. Er streckte seinem Freunde die Hand hin. »Gut, Charles. Sei in dieser Sache mein Freund, und du kannst in allen Dingen auf mich zählen.«

11 *Der Aufruhr im Théatre Feydau*

Der Marquis überließ es seinem Wirt, als sein Bevollmächtigter mit Mademoiselle de Kercadiou zu verhandeln und ihr auseinanderzusetzen, daß nur tiefste Reue ihn bewogen hätte, ohne förmlichen Abschied von hier fortzureisen. Dann rollte er, in eine düstere Wolke von Schwermut gehüllt, davon. Vierundzwanzig Stunden in La Binets Gesellschaft hatten mehr als genügt, einen Mann von seinem erlesenen und kritischen Geschmack zu übersättigen. Er betrachtete jene Episode jetzt mit einem gewissen Ekel – die unvermeidliche psychische Reaktion – und wunderte sich über sich selbst, daß er das Mädchen bis gestern noch so begehrenswert gefunden.

Ja, er verfluchte sich, daß er um des flüchtigen und wertlosen Genusses willen ernstlich seine Möglichkeiten, Mademoiselle de Kercadiou zur Gattin zu gewinnen, aufs Spiel gesetzt hatte.
Monsieur de Chabrillane – der in Wahrheit bei dem Marquis die Stelle einer Art Kammerherrn bekleidete – saß ihm gegenüber in der riesigen Reise-Berline. Zwischen ihnen war ein kleiner Klapptisch aufgeschlagen, und der Chevalier schlug eine Partie Piquet vor. Allein, Monsieur le Marquis stand der Sinn nicht nach Karten. Seine Gedanken beschäftigten ihn vollauf. Während der Wagen über die Pflastersteine von Nantes rasselte, erinnerte er sich seines Versprechens an La Binet, sie am heutigen Abend in ›Der ungetreue Liebhaber‹ spielen zu sehen. Und jetzt war er im Begriff, vor ihr zu fliehen. Diese Erwägung war ihm aus einem doppelten Grunde widerwärtig: er brach sein gegebenes Wort, und er handelte wie ein Feigling. Ja, mehr noch: er hatte die feile, kleine Dirne – seine Gedanken nahmen mit einer gewissen Berechtigung gegenwärtig diese Färbung an – glauben lassen, daß sie neben dem üppigen Lohn, den sie bereits von ihm empfangen, noch weitere Gunstbezeugungen von ihm zu erwarten hätte. Das Frauenzimmer beabsichtigte, mit ihm im Hinblick auf ihre Zukunft einen Handel abzuschließen. Er sollte sie nach Paris nehmen, sie dort einrichten – wie der Ausdruck damals hieß und auch heute noch heißt – und dafür sorgen, daß unter seiner mächtigen Gönnerschaft die Tore der großen Theater sich ihren Talenten öffneten. Erleichtert erinnerte er sich, daß er sich ja nicht ausdrücklich dazu verpflichtet habe, aber er hatte es ihr auch nicht rundweg abgeschlagen. Jetzt galt es, hier Klarheit zu schaffen, denn er war gezwungen, zwischen seiner oberflächlichen – bereits erloschenen – Neigung für sie und seiner leidenschaftlichen, fast vergeistigten Liebe zu Mademoiselle de Kercadiou zu wählen.
Seine Ehre, überlegte er sich, erheische, sich auf der Stelle aus seiner zweideutigen Lage zu befreien. La Binet würde zwar eine Szene machen, allein er kannte ein unfehlbares Mittel gegen derartige Hysterie. Alles in allem hatte das Geld ja auch seine guten Seiten.
Er zog an der Klingelschnur. Die Kutsche blieb stehen, am Schlag erschien ein Lakai.
»Zum Théatre Feydau.«
Der Lakai verschwand, die Berline rollte weiter. Monsieur de Chabrillane schlug eine zynische Lache an.
»Unterdrücken Sie gefälligst Ihre Heiterkeitsausbrüche«, bemerkte bissig der Marquis. »Sie sind völlig im Irrtum.« Daraufhin klärte er den Chevalier auf. Dies war eine seltene Herablassung seinerseits. Aber er konnte es nicht ertragen, in dieser Sache mißverstanden zu werden. Chabrillane setzte als Spiegel von des Marquis Ernst gleichfalls eine ernste Miene auf.

»Weshalb nicht schreiben?« schlug er vor. »Ich persönlich finde, das ist der leichtere Weg.«
Nichts hätte aufschlußreicher für Monsieur le Marquis' Gemütszustand sein können als die Antwort, die er jetzt gab.
»Briefe können sowohl verlorengehen wie mißverstanden werden. Zwei gefährliche Möglichkeiten, denen ich mich nicht auszusetzen gedenke. Ich würde nie erfahren, welcher ich zum Opfer gefallen wäre. Ich werde auch keine Ruhe haben, bis ich diese Affäre nicht abgeschlossen habe. Die Berline kann warten, während wir im Theater sind. Wir fahren dann gleich weiter. Nötigenfalls werden wir die ganze Nacht durch reisen.«
»Pest!« erwiderte Monsieur de Chabrillane mit einer Grimasse. Das war alles.
Der mächtige Reisewagen hielt vor dem erleuchteten Portal des Feydau, und der Marquis stieg aus. Er betrat in Begleitung Chabrillanes das Theater, ohne zu ahnen, daß er sich damit André-Louis direkt in die Hände spielte.
André-Louis befand sich in einem Zustand äußerster Gereiztheit, hervorgerufen durch Climènes lange Abwesenheit von Nantes in Gesellschaft von Monsieur le Marquis, obendrein noch genährt durch die unaussprechliche Zufriedenheit, mit der Monsieur Binet dieses unzweifelhaft bedeutsame Ereignis betrachtete.
So sehr André-Louis sich auch mühte, nach außen hin eine stoische Ruhe zu zeigen und die Angelegenheit mit möglichster Objektivität zu beurteilen, tiefinnerst in seinem Herzen fühlte er sich gequält und abgestoßen. Hieran trug Climène keine Schuld. Er hatte sich in ihr getäuscht. Sie war nur ein armes, gebrechliches Schiff, machtlos dem ersten besten Winde preisgegeben, der, mochte er noch so verpestet sein, sie in ihrer Laufbahn weitertrieb. Sie litt an dem Übel der Habsucht, und er beglückwünschte sich, sie erkannt zu haben, ehe er sie zu seiner Gattin gemacht. Jetzt empfand er für sie nur noch tiefes Mitleid, untermischt mit Verachtung. Das Mitleid entsprang der Liebe, die sie vor kurzem in ihm erweckt hatte. Man konnte dieses Gefühl der schalen Neige des Trankes vergleichen, nachdem er den stärkenden Wein schon genossen. Sein Zorn konzentrierte sich auf den Vater und Climènes Verführer.
Die Gedanken, die ihn an jenem Montagmorgen bewegten, als es sich herausstellte, daß Climène von ihrem Ausflug am vorigen Tage mit Monsieur le Marquis noch nicht zurückgekehrt war, waren auch ohne die aufreizenden Reden des völlig aufgelösten Léandre bitter genug und von Haß erfüllt.
Bisher hatten diese beiden Männer in ihrer Haltung zueinander stillschweigende Verachtung gezeigt. Jetzt schloß das gemeinsame Unglück sie

zu einer Art Bündnis zusammen. Wenigstens wollte es Léandre so scheinen, als er André-Louis suchen ging, der scheinbar unbekümmert auf dem Quai unmittelbar gegenüber dem Gasthaus seine Pfeife rauchte.
»Zum Teufel!« sagte Léandre. »Wie können Sie in solcher Zeit gemütlich paffen?«
Scaramouche warf einen Blick zum Himmel: »Ich finde es nicht kalt. Die Sonne scheint ja. Ich fühle mich hier sehr wohl.«
»Spreche ich denn vom Wetter?« Léandre war sehr aufgeregt.
»Wovon sonst?«
»Von Climène natürlich!«
»Ah, – die Dame hat aufgehört, mich zu interessieren«, log André-Louis.
Léandre hatte sich mitten vor ihm aufgepflanzt, eine schöne Erscheinung, in diesen Tagen auch schön gekleidet, mit gepudertem Haar und seidenen Strümpfen. Sein Gesicht war bleich, seine großen Augen erschienen noch größer als sonst.
»Aufgehört, Sie zu interessieren? Wollen Sie sie denn nicht heiraten?«
André-Louis stieß eine Tabakswolke aus. »Sie können mich unmöglich beleidigen wollen. Und doch schlagen Sie vor, daß ich mich von anderer Männer Brosamen nähre.«
»Mein Gott!«, rief Léandre überwältigt und starrte André-Louis eine Weile schweigend an. Dann brach er von neuem los: »Haben Sie denn überhaupt kein Herz? Sind Sie immer nur der Scaramouche?«
»Was meinen Sie denn, das ich tun sollte?« fragte André-Louis und legte nun seinerseits ein mäßiges Erstaunen an den Tag.
»Ich meine, Sie sollten sie doch nicht ohne Kampf gehen lassen.«
»Aber sie ist doch bereits gegangen.« André-Louis sog an seiner Pfeife, während Léandre in ohnmächtiger Wut die Hände ballte und wieder löste.
»Was hat es für einen Zweck, gegen das Unvermeidliche anzukämpfen? Haben Sie sich gesträubt, als ich sie Ihnen entriß?«
»Sie war ja gar nicht mein. Ich suchte sie nur zu gewinnen, Sie haben in dem Rennen gesiegt. Aber selbst wenn es anders gekommen wäre: wo bleibt da der Vergleich? Das eine ging in Ehren vor sich, während dieses – dieses die Hölle bedeutet.«
Seine Erregung rührte André-Louis. Er ergriff Léandres Arm.
»Sie sind ein guter Kerl, Léandre. Ich freue mich doch, daß ich dazwischentrat, um Sie vor Ihrem Schicksal zu bewahren.«
»Oh, Sie lieben sie nicht!« rief der andere leidenschaftlich. »Sie haben sie nie geliebt. Sie wissen überhaupt nicht, was Liebe heißt, sonst würden Sie nicht so reden. Mein Gott! Wäre sie meine Verlobte gewesen und wäre dies geschehn, ich hätte den Mann getötet – getötet! Haben Sie verstanden? Sie aber... Ach Sie, Sie kommen hierher und rauchen und schöpfen frische

Luft und sprechen von ihr als von eines anderen Mannes Hure. Ich wundere mich, daß ich Sie nicht niederschlage!«

Er riß sich gewaltsam los, fast hatte es den Anschein, als wolle er ihn jetzt niederschlagen.

»Sie hätten es tun sollen«, sagte André-Louis. »Das liegt in Ihrer Rolle.«

Mit einem Fluche wandte sich Léandre ab. André-Louis hielt ihn auf.

»Einen Augenblick, mein Freund. Urteilen Sie nach sich selber. Würden Sie sie jetzt noch heiraten?«

»Ob ich es tun würde?« Des Jünglings Augen flammten. »Ob ich es tun würde? Sie soll sagen, daß sie mich will, und ich bin ihr Sklave.«

»Sklave ist das richtige Wort – ein Sklave in der Hölle.«

»Es würde keine Hölle sein, wenn sie nur da wäre, was immer sie auch getan hätte. Ich liebe sie, Mann, ich bin nicht wie Sie. Ich liebe sie, haben Sie das verstanden?«

»Ich habe es seit längerer Zeit schon gewußt«, sagte André-Louis. »Obwohl ich nicht ahnte, daß die Krankheit bei Ihnen so heftige Formen angenommen hätte. Nun, Gott weiß es, ich habe sie auch geliebt, aufrichtig genug, um Ihren Rachedurst zu teilen. Was mich betrifft, so vermöchte das blaue Blut Marquis de La Tour d'Azyrs schwerlich diesen Durst zu löschen. Ich möchte auch noch das schmutzige Gebräu hinzufügen, das in den Adern dieses unaussprechlichen Binet strömt.«

Eine Sekunde lang hatte seine Leidenschaft ihn überwältigt, durch den beißenden Ton, mit dem er die letzten Worte gesprochen, hatte er Léandre einen Teil der Flammen enthüllt, die unter seinem eisigen Äußeren brannten. Der Jüngling ergriff André-Louis' Hand.

»Ich wußte ja, daß Sie schauspielerten«, meinte er. »Sie fühlen – fühlen wie ich.«

»So wären wir also Gefährten in der Sünde! Es scheint, ich habe mich verraten. Nun, und was jetzt? Möchten Sie Zeuge sein, wie dieser hübsche Marquis Glied um Glied zerfleischt wird? Ich kann Ihnen vielleicht zu dem Schauspiel verhelfen.«

»Wie?« Léandre starrte in stummem Staunen über diesen neuen Zynismus Scaramouches.

»Das ist gar nicht so schwierig, wenn mir jemand dabei hilft. Ich brauche nur ganz geringen Beistand. Wollen Sie ihn mir leihen?«

»Verfügen Sie über mich«, brach es aus Léandre hervor. »Mein Leben gehört Ihnen, wenn Sie es brauchen.«

André-Louis ergriff wieder seinen Arm. »Gehen wir spazieren«, sagte er. »Ich werde Sie instruieren.«

Bei ihrer Rückkehr war die Gesellschaft bereits versammelt. Mademoiselle war noch nicht heimgekommen. An der Tafel herrschte mürrisches

Schweigen. Columbine und Madame sahen sorgenvoll drein. In Wahrheit verschlechterten sich die Beziehungen zwischen Binet und seiner Truppe von Tag zu Tag.
André-Louis und Léandre begaben sich an ihre Plätze. Binets kleine Augen folgten ihnen, boshaft funkelnd, seine wulstigen Lippen öffneten sich zu einem schiefen Lächeln.
»Ihr beide seid ja in letzter Zeit dick befreundet«, spottete er.
»Sie sind ein scharfer Beobachter, Binet«, sagte Scaramouche, und der kalte Abscheu, der aus seiner Stimme klang, war eine Beleidigung an sich. »Vielleicht haben Sie sogar den Grund dazu herausgefunden?«
»Der ist leicht zu finden.«
»So geben Sie ihn doch der Gesellschaft zum besten.« André-Louis machte eine Pause. »Wie? Sie zögern noch? Ist's möglich, hat Ihre Schamlosigkeit Grenzen?«
Binet warf den dicken Kopf zurück. »Wollen Sie einen Streit vom Zaune brechen, Scaramouche?« Donnergrollen klang aus seinem Baß.
»Einen Streit? Sie scherzen wohl? Man streitet sich nicht mit Kreaturen wie Sie. Wir alle wissen, welches Ansehen die gefälligen Ehemänner beim Publikum genießen. Aber im Namen Gottes: Welchen Platz gibt es da noch für die gefälligen Väter?«
Binet wälzte sich von seinem Stuhl, eine gewaltige Masse imponierender, herausfordernder Mannheit. Heftig schüttelte er die mahnende Hand Pierrots ab, der zu seiner Linken saß.
»Tausend Teufel!« brüllte er, »wenn Sie diesen Ton anschlagen, zerbreche ich Ihnen sämtliche Knochen in Ihrem dreckigen Leib.«
»Wenn Sie auch nur einen Finger gegen mich erheben, Binet, geben Sie mir damit die letzte Herausforderung, die ich noch brauche, um Sie zu töten.« André-Louis war so ruhig wie immer und daher um so furchtbarer. Schrecken packte die Gesellschaft. Er zog den Lauf einer neu gekauften Pistole aus seiner Tasche. »Ich bin bewaffnet, Binet. Es ist nicht mehr als billig, Sie zu warnen. Fordern Sie mich weiter heraus, wie Sie es beabsichtigen, so töte ich Sie mit nicht mehr Gewissensbissen, als würde ich eine Schnecke töten, ein Geschöpf, dem Sie alles in allem noch am meisten gleichen – eine Schnecke, Binet, ein dicker, schleimiger Körper, Fäulnis ohne Seele und ohne Intelligenz. Wenn ich es mir recht überlege, kann ich es nicht ertragen, mit Ihnen an einem Tische zu sitzen. Es dreht mir den Magen um.«
Er schob seinen Teller weg und erhob sich. »Ich gehe und esse unten in der Schankstube.«
Columbine sprang auf: »Ich gehe mit Ihnen, Scaramouche!«
Das wirkte wie ein Signal. Wäre alles vorausgeplant gewesen, es hätte sich

nicht glatter abwickeln können. Tatsächlich glaubte Binet auch fest an eine Verschwörung. Auf Columbine folgte Léandre, auf Léandre Polichinelle, und dann die anderen alle, eine dichtgedrängte Schar, bis Binet sich allein an der Spitze einer leeren Tafel in einem leeren Zimmer fand – ein schwer aus der Fassung gebrachter Mann, dessen Wut keine Stütze gegen die Angst bot, die sich plötzlich seiner bemächtigte.

Er setzte sich, um die Sache zu verdauen, und befand sich noch bei dieser melancholischen Beschäftigung, als etwa eine halbe Stunde später seine Tochter endlich von ihrem Ausflug heimkehrte.

Sie sah blaß, ja, ein wenig verängstigt aus – in Wahrheit war sie über die Maßen verlegen angesichts der peinlichen Situation, der versammelten Gesellschaft gegenübertreten zu müssen.

Da sie außer ihrem Vater niemand in dem Zimmer erblickte, blieb sie auf der Schwelle stehen.

»Wo sind denn die anderen?« fragte sie mit einer Stimme, die dank größter Anstrengung natürlich klang.

Monsieur Binet hob das mächtige Haupt und musterte sie mit blutunterlaufenen Augen. Er runzelte die Stirn, spitzte die dicken Lippen und räusperte sich unmelodisch. Dennoch betrachtete er sie genau, sie, die in ihrem langen flaschengrünen, pelzverbrämten Reisemantel mit dem großen Muff und dem breiten, mit einer funkelnden Straßschnalle gezierten Hut auf dem wundervoll frisierten braunen Haar so schön und anmutig, so ganz die große Dame war. Was brauchte er die Zukunft fürchten, solange er eine solche Tochter besaß? Mochte Scaramouche nach Belieben seine Ränke spinnen.

Er hütete sich jedoch, diesen trostreichen Gedanken Ausdruck zu verleihen.

»Bist also endlich zurückgekehrt, kleine Närrin?« knurrte er als Begrüßung. »Ich fragte mich gerade, ob wir wohl heute abend spielen würden. Hätte mich durchaus nicht gewundert, wenn du nicht rechtzeitig zurückgekehrt wärst. Seit du es vorgezogen hast, die niedlichen Trümpfe, die du in der Hand hältst, nach deinem eigenen Kopf zu spielen und meinen Rat für nichts zu erachten, überrascht mich gar nichts mehr.«

Sie schritt durch das Zimmer zur Tafel hin, lehnte sich gegen dieselbe und blickte fast verächtlich auf ihn herab.

»Ich bedauere nichts«, entgegnete sie.

»Das sagt jede Närrin zu Anfang. Außerdem würdest du es nie zugeben, wenn es der Fall wäre. So bist du nun mal. Gehst deine eigenen Wege trotz guter Ratschläge von Leuten, die älter sind als du. Mort de ma vie, Mädel, was weißt du von Männern?«

»Ich beklage mich nicht«, erinnerte sie ihn.

»Nein, aber du wirst dich noch beklagen, sowie du entdeckst, daß du besser getan hättest, deinem alten Vater zu folgen. Solange dein Marquis nach dir schmachtete, hättest du alles, was du wolltest, mit dem Narren anfangen können. Solange du ihm nicht gestattetest, mehr als auch nur deine Fingerspitzen zu küssen... ah, nom d'un nom! – das war der richtige Moment, deine Zukunft aufzubauen! Und wenn du tausend Jahre alt wirst, nie wieder kommt dir eine derartige Gelegenheit, und jetzt hast du sie verpaßt – und für was?«

Mademoiselle setzte sich. »Du bist ein Krämer«, sagte sie angeekelt.

»Ein Krämer bin ich? So?« Wieder kräuselten sich die wulstigen Lippen. »Ich hab' genug von den Gossen des Lebens, und ich sollte meinen, du auch. Du hieltest Trümpfe in der Hand, die dir ein Vermögen gewonnen hätten, hättest du sie nach meinem Rate ausgespielt. Nun, die Karten sind gefallen, und wo ist das Vermögen? Wir können uns was pfeifen, wie der Seemann, der auf den Wind wartet. Und beim Himmel, du wirst pfeifen lernen, wenn das Wetter in der Truppe bleibt, wie es ist. Der Schuft, der Scaramouche, hat ihr gegenüber seine Affenstreiche gespielt. Sind plötzlich alle moralisch geworden. Wollen mit mir nicht mehr an einem Tische sitzen!« Er stieß die Worte zwischen Wut und sardonischer Heiterkeit hervor. »Dein Freund Scaramouche ist ihnen mit gutem Beispiel vorangegangen. Mein Leben hat er bedroht, wahrhaftig. Mein Leben! Nannte mich... aber was tut das schon zur Sache? Worauf es ankommt, ist, daß die Binet-Truppe nächstens entdecken wird, daß sie ohne Monsieur Binet und seine Tochter auskommen kann. Dieser Halunke von einem Bastard, dem ich geholfen habe, hat mir Stück um Stück alles geraubt. Heute liegt es in seiner Macht, mich meiner Truppe zu berauben, und der Gauner ist undankbar und schuftig genug, sich seiner Macht zu bedienen.«

»Laß ihn doch«, sagte Mademoiselle verächtlich.

»Ihn lassen?« Er gaffte sie an, mit offenem Munde. »Und was soll aus uns werden?«

»Auf keinen Fall wird mich die Binet-Truppe noch sehr lange interessieren«, entgegnete sie. »Ich gehe bald nach Paris. Es gibt bessere Theater als das Feydau. Da ist Mademoiselle Montansiers Theater im Palais Royal, da ist das Ambigu Comique, da ist die Comédie Française; ja, es besteht sogar die Möglichkeit, daß ich noch mal mein eigenes Theater besitzen werde.«

Jetzt wenigstens riß er die Augen auf. Er streckte ihr seine fette Hand entgegen und legte sie auf die ihre. Sie bemerkte, daß jene Hand zitterte.

»Hat er dir das versprochen? Hat er's dir versprochen?«

Sie blickte ihn an, den Kopf schief geneigt, einen listigen Ausdruck in den Augen und ein leichtes rätselhaftes Lächeln um die wundervoll geschwungenen Lippen.

»Er hat es mir nicht abgeschlagen, als ich ihn drum bat«, erwiderte sie, fest überzeugt, daß alles so wäre, wie sie es sich nur wünschen könnte.
»Pah!« Er zog die Hand zurück und erhob sich schwerfällig. Tiefste Enttäuschung malte sich auf seinem Gesicht. »Er hat es dir nicht abgeschlagen!« Er spottete ihrer, dann fuhr er leidenschaftlich fort: »Hättest du gehandelt, wie ich dir geraten habe, so würde er in alles gewilligt haben, was du verlangt hättest, ja, mehr noch, er hätte dafür gesorgt, daß du es kriegst – alles, alles, was seine Mittel beschaffen können, und seine Mittel sind unerschöpflich. Du hast eine Gewißheit in eine Möglichkeit verwandelt, und ich hasse Möglichkeiten – Dieu de Dieu! Ich habe von Möglichkeiten gelebt und war höllisch nah daran, dabei zu verhungern.«
Hätte sie von der Unterredung gewußt, die in jener Stunde auf Schloß Sautron stattfand, sie würde ihres Vaters düstere Vorahnungen nicht so vertrauensvoll verlacht haben. Aber es sollte ihr Schicksal werden, nie die Wahrheit zu erfahren, und das war wohl die härteste Strafe. Sie sollte all das Schlimme, das so plötzlich hereinbrach, das Scheitern all der Hoffnungen, die sie auf den Marquis gegründet, sowie die unerwartete Auflösung der Binet-Truppe dem boshaften Dazwischentreten des Schuftes Scaramouche zur Last legen.
Insofern war sie im Recht, daß der Marquis möglicherweise auch ohne die Warnung seitens Monsieur de Sautrons in den Ereignissen jenes Abends im Théatre Feydau Grund genug gesehen haben würde, eine Liaison zu enden, die mit so zahlreichen aufreibenden Unannehmlichkeiten verbunden war. Die Auflösung der Binet-Truppe war entschieden das Resultat von André-Louis' Wirken. Allein es war ein Resultat, das er keineswegs beabsichtigt oder auch nur vorausgesehen hatte.
So sehr war dies der Fall, daß er in der Pause nach dem zweiten Akt die von Polichinelle und Rhodomont geteilte Garderobe aufsuchte. Polichinelle war im Begriff, das Kostüm zu wechseln.
»Ich würde mir nicht die Mühe machen, mich umzukleiden«, sagte André-Louis. »Das Stück wird wahrscheinlich nicht über meine Eröffnungsszene mit Léandre im nächsten Akt hinausgehen.«
»Was soll das heißen?«
»Das werden Sie schon sehen.« Er legte ein Papier auf Polichinelles Tisch zwischen die Schminktöpfe. »Überfliegen Sie das mal. Es ist eine Art Testament zugunsten der Truppe. Ich war ja einst Anwalt, das Dokument ist rechtskräftig. Ich verzichte auf meinen Anteil an den Gewinnen der Truppe zugunsten von euch allen.«
»Aber Sie wollen uns doch nicht verlassen?« rief Polichinelle erschrocken, während Rhodomonts weit aufgerissene Augen die gleiche Frage stellten.
Scaramouches Achselzucken war beredt. Düster fuhr Polichinelle fort:

»Natürlich habe ich das kommen sehen. Aber weshalb müssen Sie derjenige sein, der geht? Sie haben uns zu dem gemacht, was wir sind, Sie sind das wahre Haupt und das Gehirn der Truppe, Sie sind es, der uns erst zu einer wirklichen Schauspielergesellschaft erzogen hat. Wenn einer gehen muß, dann soll es Binet sein – Binet und seine verdammte Tochter. Oder, wenn Sie schon gehen wollen – nom d'un nom! – dann gehen wir mit Ihnen!«

»Ja«, setzte Rhodomont hinzu, »wir haben genug von dem fetten Gauner.«

»Ich habe natürlich auch *daran* gedacht«, meinte André-Louis. »Das hatte seinen Grund nicht in Eitelkeit, sondern in dem Vertrauen auf eure Freundschaft. Ist der heutige Abend erst vorüber, so können wir weiter drüber reden, vorausgesetzt, daß ich ihn überlebe.«

»Daß Sie ihn überleben?« riefen beide wie aus einem Munde.

Polichinelle sprang auf. »Was für eine neue Tollheit haben Sie im Sinn?«

»Erstens tue ich Léandre einen Gefallen, und zweitens verfolge ich damit einen alten Streit.«

In diesem Augenblick ertönte ein dreimaliges Klopfen.

»Da, ich muß fort. Heben Sie das Papier auf, Polichinelle, wenn es vielleicht auch nicht gebraucht werden wird.«

Fort war er. Rhodomont starrte Polichinelle, Polichinelle Rhodomont an.

»Was, zum Teufel, hat er vor?« fragte letzterer.

»Das werden wir am besten erfahren, wenn wir es uns ansehn«, erwiderte Polichinelle. Er beendete, trotz allem, was Scaramouche gesagt hatte, hastig den Kostümwechsel und schritt dann mit Rhodomont zur Bühne.

Als sie sich den Kulissen näherten, traf sie ein Sturm von Applaus seitens der Zuhörerschaft. Es war Applaus, aber nicht Applaus allein; der Beifall hatte einen ganz besonderen Klang. Während er sich langsam legte, hörten sie die Stimme Scaramouches klar wie eine Glocke: »Sie sehen also, mein lieber Monsieur Léandre, daß es notwendig ist, sich deutlicher auszudrükken, wenn Sie von dem Dritten Stand sprechen. Was eigentlich ist der Dritte Stand?«

»Nichts«, entgegnete Léandre.

Ein Keuchen des Erstaunens, das bis zu ihnen drang, ging durch die Zuschauer; blitzschnell erfolgte Scaramouches nächste Frage: »Wahr, Gott sei's geklagt! Und was sollte er sein?«

»Alles!« lautete Léandres Erwiderung.

Tosender Beifall seitens des Publikums, um so heftiger dank des Unverhofften dieser Antwort.

»Wahr, abermals wahr!« versetzte Scaramouche. »Mehr noch: er wird das bald sein, ja, er ist es bereits. Zweifeln Sie daran?«

»Ich hoffe es«, sagte der gut gedrillte Léandre.
»Sie können es getrost glauben«, sagte Scaramouche, und wieder grollte donnernder Applaus.
Polichinelle und Rhodomont tauschten Blicke, ersterer kniff nicht ohne Heiterkeit das eine Auge zu.
»Sacré nom!« knurrte eine Stimme in ihrem Rücken. »Ist der Halunke wieder bei seinen politischen Streichen?«
Sie drehten sich um und sahen Monsieur Binet. Mit dem ihm eigenen lautlosen Schritt hatte er sich herangeschlichen, und jetzt stand er da in dem scharlachroten Kostüm Pantalons unter dem schleppenden Schlafrock, über der falschen Nase funkelten zornig die kleinen Augen. Jedoch die Stimme Scaramouches fesselte von neuem ihre Aufmerksamkeit. Er war vor an die Rampe getreten.
»Er zweifelt noch«, redete er das Publikum an. »Aber dieser Monsieur Léandre ist selbst verwandt mit jenen, die das wurmzerfressene Idol der Privilegien anbeten, daher fürchtet er sich ein wenig, an eine Wahrheit zu glauben, die jetzt der ganzen Welt offenbar wird. Soll ich ihn überzeugen? Soll ich ihm erzählen, wie eine Kompagnie von Edelleuten, von ihrer bewaffneten Dienerschaft unterstützt – alles in allem sechshundert Mann –, erst vor wenigen Wochen versuchten, in Rennes dem Dritten Stand ihren Willen aufzuzwingen? Muß ich ihn erinnern an die kriegerische Front, die der Dritte Stand bei jener Gelegenheit zeigte, wie er die Straßen rein fegte von diesem adeligen Pöbel – cette canaille noble...?«
Er wurde von Beifall unterbrochen. Die Phrase hatte gezündet. Alle, die sich vormals unter dieser Bezeichnung gewunden hatten, die so gern von jenen angewendet wurde, die sich über das Volk erhaben dünkten, sprangen auf, als das Wort jetzt für die Adligen gebraucht wurde.
»Aber ich will euch von deren Führer erzählen – le plus noble de cette canaille, ou bien le plus canaille de ces nobles! Ihr kennt ihn – diesen Mann. Er fürchtet viele Dinge, aber am meisten fürchtet er die Stimme der Wahrheit. Bei ihm und seinesgleichen gilt die zündende Wahrheit, zündend ausgesprochen als ein Etwas, das augenblicks zum Schweigen gebracht werden muß. Daher sammelte er seine Pairs und seine Leibeigenen um sich und führte sie zur Schlacht gegen jene elenden Bourgeois, die gewagt hatten, ihre Stimme zu erheben. Jedoch diese elenden Bourgeois dachten nicht daran, sich in den Straßen von Rennes niedermetzeln zu lassen. Vielmehr kamen sie auf den Gedanken, daß nun, da die Edlen beschlossen hatten, daß Blut fließen müsse, dieses Blut ebensogut das Blut der Edlen selbst sein könne. Auch sie scharten sich zusammen – diese edle Rotte gegen die verrotteten Edlen –, und sie taten es so gut, daß sie Marquis de La Tour d'Azyr und sein kriegerisches Gefolge mit blutigen Köpfen und zertrümmerten Il-

lusionen vom Kampfplatz verjagten. Bei den Ordensbrüdern mußten jene Zuflucht suchen, und die Glatzköpfe gewährten ihnen in ihrem Kloster Obdach – wohlgemerkt: den Überlebenden, darunter auch ihrem stolzen Führer, Marquis de La Tour d'Azyr. Ihr habt doch gehört von diesem tapferen Marquis, diesem gewaltigen Herrn über Leben und Tod?«

In den nächsten Sekunden war das Parterre ein wogendes Meer. Der Aufruhr legte sich, als Scaramouche fortfuhr: »Oh, es war ein prächtiges Schauspiel, diesen mächtigen Jäger wie ein Kaninchen in seinen Bau, in das Cordelier-Kloster flüchten zu sehen! Seither hat ihn Rennes nicht wieder erblickt. Rennes würde ihn gern wieder zu Gesichte bekommen. Allein, ist er auch tapfer, so mangelt es ihm doch nicht an Vorsicht. Und wohin glaubt ihr, ist er jetzt geflohen, dieser große Herr, der die Straßen von Rennes mit dem Blut seiner Bürger waschen, dieser Mann, der jung und alt von der erbärmlichen Canaille abschlachten wollte, um die Stimme der Vernunft und Freiheit zum Schweigen zu bringen, die heute die Frechheit besitzt, von einem Ende Frankreichs bis zum anderen zu ertönen? Wo, glaubt ihr, hält er sich verborgen?! Hier in Nantes!«

Von neuem tosender Lärm.

»Was, ihr meint, unmöglich? Liebe Freunde, er befindet sich in diesem Augenblick hier im Theater – hinterlistig dort in jener Loge versteckt. Er ist zu schüchtern, sich zu zeigen – oh, er ist ein sehr bescheidener Herr! Aber dort sitzt er, dort, hinter den Gardinen. Wollen Sie sich nicht Ihren Freunden zeigen, Marquis de La Tour d'Azyr, Monsieur le Marquis, der Sie Beredsamkeit für eine so gefährliche Gabe halten? Hören Sie nicht, daß man gern mit Ihnen ein Wörtchen reden möchte? Man glaubt mir nicht, daß Sie hier sind.«

Nun war aber Marquis de La Tour d'Azyr, was immer er sonst sein mochte, durchaus kein Feigling. Die Behauptung, daß er sich in Nantes verborgen hielte, entsprach nicht der Wahrheit. Er kam und ging ganz offen und furchtlos. Zufällig jedoch ahnten die Nanteser bis zu diesem Augenblick nichts von seiner Anwesenheit in ihrer Mitte, und er selbst würde es verschmäht haben, sie davon in Kenntnis zu setzen, ebenso wie er es verschmäht hätte, sich vor ihnen zu verbergen.

So herausgefordert jedoch, der drohenden Haltung zum Trotz, die das Bourgeoiselement im Theater nach Scaramouches Aufpeitschung der Leidenschaften angenommen hatte, und entgegen allen Versuchen Monsieur de Chabrillanes, ihn zurückzuhalten, fegte der Marquis mit einer einzigen heftigen Handbewegung die Seitenvorhänge der Loge beiseite und zeigte sich, bleich, aber beherrscht, den Blicken aller, während er zuerst den tollkühnen Scaramouche und dann jene, die bei seinem Anblick erneut in tobende Wut ausbrachen, hochmütig musterte.

Grölen, Brüllen begrüßte ihn, Fäuste, Stöcke reckten sich drohend.
»Meuchelmörder! Schuft! Feigling! Verräter!«
Unbewegt hielt er stand und lächelte nur voll unaussprechlicher Verachtung. Er wartete lediglich, bis der Tumult sich gelegt, wartete, um dann seinerseits zu ihnen zu sprechen. Jedoch, wie er sehr bald erkennen mußte, wartete er vergeblich.
Die Verachtung, die zu verbergen er sich nicht die geringste Mühe gab, stachelte sie nur noch zu größerer Leidenschaft auf.
Das Parterre war ein einziger Hexenkessel. Man schlug sich, stieß sich, rang miteinander, hier und dort wurden Degen gezückt. Zum Glück war das Gedränge zu groß, als daß man sich ihrer hätte bedienen können. Wer sich in weiblicher Begleitung befand und die von Natur aus Feigen beeilten sich, das Theater zu verlassen, das jetzt einer Kampfarena glich, wo Stühle zu Waffen zertrümmert wurden und Teile der Kronleuchter als Wurfgeschosse dienten.
Eines dieser von der Hand eines Edelmanns aus einer der Logen geschleuderten Geschosse fuhr hart an Scaramouches Schläfe vorüber. Dort stand er und blickte mit bitterem Triumph auf die Verwüstung, die seine Worte geschaffen. Er kannte den Zündstoff, der in diesem Publikum vorhanden war, vorsätzlich hatte er die brennende Fackel des Streits in das Pulverfaß geworfen und diesen Brand entfacht.
Er sah, wie die Männer sich eilig zu Gruppen von der einen oder anderen Partei zusammenschlossen, um den gewaltigen Konflikt ausfechten zu helfen, der bereits ganz Frankreich zerriß. Schlachtrufe dröhnten durch das Theater: »Nieder mit der Canaille!«
»Nieder mit den Privilegierten!«
Und hoch über dem allgemeinen Tumult erklang scharf und nachdrücklich der Ruf: »Nach der Loge! Tod dem Schlächter von Rennes! Tod de La Tour d'Azyr, der Krieg führt gegen das Volk!«
Man stürmte gegen eine der Türen, die von dem Parterre aus auf die Treppe mündete, welche nach den Logen führte.
Und jetzt, während das Gewühl, die Verwirrung wie Flammen um sich griff und sich auf die Straße ergoß, wurde die Loge von La Tour d'Azyr, die den Hauptangriffspunkt der Bourgeoisie bildete, zum Sammelplatz des im Theater befindlichen Adels sowie derer, die, ohne selbst dem Adel anzugehören, es mit den Edelleuten hielten.
La Tour d'Azyr hatte sich in den Hintergrund der Loge zurückgezogen, um seine Parteigänger um sich zu scharen. Gleichzeitig stieß eine wütende Gruppe von Kavalieren, die in das Parterre gesprungen waren, um über das leere Orchester hinweg sich des unverschämten Komödianten zu bemächtigen, der allein die Schuld an dieser Explosion trug, mit einer zweiten

Gruppe von Männern zusammen, deren Gefühlen André-Louis mit seinen Worten Ausdruck verliehen hatte.
Bei diesem Anblick und in Erinnerung an den Kronleuchter wandte er sich an den neben ihm stehenden Léandre: »Ich glaube, es ist Zeit zu gehen.«
Léandre glich unter seiner Schminke einem Gespenst und murmelte voller Schrecken über diesen Sturm, der bei weitem alles übertraf, was sein phantasiearmes Gehirn sich hatte vorstellen können, mit erstickter Stimme Zustimmung. Aber schon schien es zu spät, denn im gleichen Augenblick wurden sie von hinten angegriffen.
Jetzt war es Monsieur Binet gelungen, sich an Polichinelle und Rhodomont vorbeizudrängen, die versucht hatten, ihn in seiner besinnungslosen Wut aufzuhalten. Ein halbes Dutzend Kavaliere, Habitués des Konversationszimmers, hatten sich von rückwärts der Bühne genähert, um den Kerl abzuschlachten, der diesen Aufruhr angezettelt hatte; sie waren es auch, die endlich Binet von den beiden Komödianten befreiten. Sie folgten ihm auf dem Fuß, die Degen gezückt. Ihnen nach stürmten Polichinelle, Rhodomont, Harlekin, Pierrot, Pasquariel und der Kulissenmaler Basquet, bewaffnet mit den nächstbesten Geräten, die sie in ihrer Hast hatten aufraffen können, und fest entschlossen, den Mann, mit dem sie trotz allem sympathisierten und auf dem all ihre Hoffnungen ruhten, zu retten.
Ihnen weit voran wälzte sich Binet, eiliger, als man ihn je hatte sich bewegen sehen, den langen, von Pantalon unzertrennlichen Stock schwingend.
»Infamer Halunke!« brüllte er. »Du hast mich ruiniert! Aber nom d'un nom, du sollst dafür büßen!«
André-Louis trat ihm entgegen. »Sie verwechseln Ursache und Wirkung«, sagte er. Aber er kam nicht weiter. Binets Stock sauste mit furchtbarem Schwung auf seine Schulter nieder und zerbrach. Wäre er nicht eilig zur Seite gewichen, der Hieb hätte wahrscheinlich seine Stirn getroffen und ihn vermutlich betäubt. Er fuhr mit der Hand in die Tasche, und im gleichen Augenblick, da Binets splitternder Stock krachte, krachte auch André-Louis' Pistole.
»Ich hab' dich gewarnt, du schmutziger Kuppler!« schrie er und schoß ihm durch den Leib.
Aufbrüllend brach Binet zusammen, während der wilde Polichinelle, wilder denn je in diesem Moment wildester Wirklichkeit, André-Louis hastig ins Ohr flüsterte: »Narr! So weit brauchten Sie's nicht zu treiben! Machen Sie, daß Sie fortkommen, sonst müssen Sie Ihre Haut hier lassen. Fort!«
André-Louis hielt den Rat für gut und befolgte ihn. Die Kavaliere, die Binet bei seinem Strafangriff unterstützten, ließen André-Louis ziehen, in Schach gehalten teils durch die improvisierten Waffen der Schauspieler,

teils durch den zweiten Pistolenschuß, mit dem Scaramouche sie bedrohte. So gelangte er hinter die Bühne und fand sich hier ein paar Sergeanten gegenüber, Mitgliedern der Polizei, die bereits das Theater besetzt hatten, um die Ordnung wiederherzustellen. Ihr Anblick erinnerte ihn unliebsam an die Tatsache, daß er sich dem Gesetze gegenüber für die Arbeit dieser Nacht, insbesondere für die Kugel in Binets feistem Körper, würde verantworten müssen. Er hielt die Pistole hoch: »Platz gemacht, oder ich blase euch das Gehirn aus!« Eingeschüchtert, da sie selbst keine Feuerwaffen besaßen, wichen sie zurück und ließen ihn passieren. Er glitt an der Tür des Konversationszimmers vorbei, in dem sich die Damen der Gesellschaft eingeschlossen hatten, bis der Sturm vorüber war, und gewann so die rückwärts an das Theater grenzende Straße. Sie lag menschenleer. Im Laufschritt eilte er hinunter in Richtung des Gasthauses, um sich mit Kleidern und Geld zu versehen, denn unmöglich konnte er sich in dem Kostüm des Scaramouche auf die Wanderschaft begeben.

Drittes Buch Das Schwert

1 *Verwandlung*

»Sie werden mir zustimmen«, schrieb André-Louis aus Paris an Le Chapelier in einem uns erhalten gebliebenen Brief, »es ist bedauerlich, daß ich endgültig das Kostüm des Scaramouche ablegen mußte, denn offenbar gibt es kein Kostüm, das besser zu mir paßt. Es scheint die mir vorgeschriebene Rolle zu sein, überall Streit anzustiften und vom Schauplatz abzutreten, ehe der Zusammenprall der von mir aufgepeitschten feindlichen Elemente mich zu zermalmen vermag. Das ist ein beschämender Gedanke. Ich suche meinen Trost in der Mahnung Epiktets – lesen Sie je den Epiktet? –, daß wir lediglich Akteure in einer Rolle sind, wie sie uns vorzuschreiben dem Direktor beliebt. Indes es ist ein schlechter Trost, für eine so erbärmliche Rolle auserwählt zu sein und unablässig in der Kunst des Durchbrennens glänzen zu müssen. Aber bin ich auch nicht tapfer, so bin ich doch weise, und wenn ich der einen Tugend entbehre, darf ich mich der anderen fast im Übermaß brüsten. Bei einer früheren Gelegenheit woillte man mich wegen Aufruhrs henken. Hätte ich bleiben und mich aufknüpfen lassen sollen? Diesmal will man mich aus den verschiedensten Gründen sogar wegen Mordes hängen – ich weiß nämlich nicht, ob jener Schurke Binet noch lebt oder an der Dosis Blei gestorben ist, die ich ihm in seinen fetten Wanst jagte. Ich kann nicht einmal behaupten, daß es mich sonderlich interessierte. Hegte ich überhaupt einen Wunsch in dieser Angelegenheit, so nur den, daß er tot sein möchte – tot und verdammt. In Wahrheit jedoch ist es mir gleichgültig. Meine eigenen Affären machen mir genug zu schaffen. Das wenige Geld, das mir bei meiner Flucht aus Nantes in jener furchtbaren Nacht an meinem Leibe zu verbergen gelang, ist so gut wie aufgezehrt, und die beiden Professionen, von denen ich etwas verstehe – Jurisprudenz und Schauspielkunst –, sind mir verschlossen, da ich in keiner Beschäftigung zu finden vermöchte, ohne mich als einen Mann vorzustellen, den der Henker dringend benötigt. In dieser Lage ist es durchaus wahrscheinlich, daß ich Hungers sterben werde, insbesondere, wenn man die gegenwärtigen Preise von Nahrungsmitteln in dieser ausgehungerten Stadt in Betracht zieht. Wiederum suche ich bei Epiktet Zuflucht. ›Es ist besser‹, schreibt er, ›nach einem Leben ohne Kummer und Furcht zu verhungern, als unruhigen Gemüts mitten im Überfluß zu leben!‹ Mich dünkt es mehr als wahrscheinlich, daß ich in dem von ihm als so beneidenswert geschilderten Zustande sterben werde. Daß mir dieser zur Zeit nicht gerade beneidenswert erscheint, beweist lediglich, daß ich nicht zum Stoiker berufen bin.«

Es gibt noch einen zweiten Brief aus seiner Feder – etwa um dieselbe Zeit an den Marquis de La Tour d'Azyr gerichtet –, einen Brief, inzwischen von Monsieur Emile Quersac in seinen ›Unterströmungen der Revolution in der Bretagne‹ veröffentlicht. Dieser hat das Schreiben in den Archiven von Rennes ausgegraben, wohin es von Monsieur de Lesdiguières verwiesen wurde, der es wiederum von dem Marquis zur Strafverfolgung erhalten hatte.

»Ich ersehe aus den Pariser Zeitungen«, schreibt André-Louis, »die den Aufruhr im Théatre Feydau ziemlich ausführlich schildern und die wahre Identität des Scaramouche, der ihn anstiftete, enthüllen, daß Sie dem Schicksal entronnen sind, welches ich Ihnen an jenem Abend zugedacht hatte, als ich den Sturm der Empörung entfesselte. Ich möchte nicht, daß Sie sich an dem Gedanken, ich bedauere Ihr Entkommen, weiden. Das ist durchaus nicht der Fall. Im Gegenteil, ich freue mich dessen. Justiz üben durch den Tod hat den Nachteil, daß der Delinquent nicht weiß, daß die Justiz ihn erreicht hat. Wären Sie gestorben, hätte das Volk Sie Glied um Glied zerrissen: mich würde jetzt der Gedanke an Ihren ungestörten ewigen Schlaf martern. Nicht in Euthanasie, nein, in Gewissensqualen sollen die Schuldigen büßen. Sie sehen, ich bin nicht ganz sicher, daß es in der Tat eine Hölle gibt, und es ist mein Wunsch, Sie möchten noch eine Weile am Leben bleiben, um etwas von dessen Bitternis zu kosten.

Sie ermordeten Philippe de Vilmorin, weil Sie, wie Sie sich ausdrückten, seine ungemein gefährliche Gabe der Beredsamkeit fürchteten. An jenem Tage leistete ich einen Eid, Ihre böse Tat solle fruchtlos bleiben, ich würde dafür Sorge tragen. Ich schwor, daß die Stimme, derentwegen Sie einen Mord begingen, gleich einer Trompete das ganze Land durchtönen sollte. Das war mein Begriff von Rache. Merken Sie jetzt, wie ich diese Rache verwirkliche und wie ich auch fortfahren werde, sie zu verwirklichen, je nachdem sich mir die Gelegenheit bietet? Vernahmen Sie nicht in der Rede, mittels welcher ich das Volk von Rennes am Morgen nach Ihrer Tat zum Aufruhr stachelte, die Stimme Philippe de Vilmorins? Hörten Sie diese Stimme nicht die Ideen wiederholen, die einst die seinen waren, aber mit einem Feuer, einer Leidenschaft, stärker als er sie hätte aufbringen können, da Nemesis mir ihren flammenden Beistand lieh? Und aus der Stimme des Omnes Omnibus in Nantes, als dieser die Petition aufstellte, welche das Todesläuten all Ihrer Hoffnungen, den Dritten Stand zu vergewaltigen, bedeutete – vernahmen Sie nicht auch aus ihr die Stimme Philippe de Vilmorins? Ist es Ihnen nie eingefallen, daß es der Geist des von Ihnen ermordeten, des in mir, seinem Freunde, wiederauferstandenen Mannes war, der Sie zu jenem vergeblichen Januaraufstand zwang, in dem Sie und Ihresgleichen so schmählich unterlagen und genötigt wurden, im Cordelier-Kloster Obdach zu suchen? Und in jener Nacht, als man Sie von der Bühne des Feydau herab brandmarkte – hörten Sie nicht auch damals aus der Stimme des Scaramouche die Stimme Philippe de Vilmorins heraus, der sich abermals jener gefährlichen Gabe der Beredsamkeit bediente, welche Sie törichterweise vermeinten durch einen Degenstich ersticken zu können? Sie wird jetzt zu einer Plage, einer Verfolgung – nicht wahr? Diese Stimme aus dem Grabe, diese Stimme, die sich nicht erdrosseln läßt, die Ihnen keine Ruhe geben wird, ehe Sie nicht in den Abgrund versinken? Sie werden mittlerweile bedauert haben, daß Sie nicht auch mich töteten, wie ich es damals von Ihnen verlangte. Ich kann mir die Bitterkeit Ihres Bedauerns vorstellen, und ich male sie mir voll Befriedigung aus. Reue über eine versäumte Gelegenheit ist die ärgste Hölle, die eine Seele – besonders eine Seele wie die Ihre – sich schaffen kann. Aus allen diesen Gründen freue ich mich, daß Sie den Aufruhr im Théatre Feydau überlebt haben, obwohl es damals nicht in meiner Absicht lag, Sie zu schonen. Aus eben diesen Gründen bin ich es zufrieden, daß Sie weiterleben und sich zermürben und leiden werden im Schatten Ihrer bösen Tat und in der verspäteten Erkenntnis, die Ihnen nicht einmal von selbst gekommen – dazu fehlt es Ihnen an Geist –, daß die Stimme Philippe de Vilmorins Sie verfolgen wird, um Sie lauter, hartnäckiger denn je zu brandmarken, bis Sie nach einem Leben voller Furcht eines blutigen Todes sterben, gefällt von dem gerechten Zorn, den Ihres Opfer gefährliche Gabe der Beredsamkeit heraufbeschworen.«

Man wundert sich, daß in diesem Briefe Mademoiselle Binets keine Erwähnung getan wird, und gelangt zu der Überzeugung, daß es zum mindesten eine partielle Unaufrichtigkeit ist, wenn er seine Handlung im Feydau-Theater ausschließlich auf seine selbsterwählte Mission und in keiner Weise auf seine geschändeten Gefühle betreffs Climènes zurückführt.

Diese beiden im April des Jahres 1789 geschriebenen Briefe hatten zur Folge, daß die Suche nach André-Louis Moreau sich noch verstärkte.

Le Chapelier wünschte ihn aufzuspüren, um ihm zu helfen und ihn nochmals zur Beschreitung der politischen Laufbahn zu überreden. Die Wählerschaft von Nantes hegte bei jeder der zahlreichen Gelegenheiten, da ein Sitz in ihren Reihen frei wurde, aufs lebhafteste den Wunsch, ihn zu finden – zum mindesten forschte sie nach dem Verbleib von Omnes Omnibus, von dessen Identität mit André-Louis sie jedoch nichts wußte. Und der Marquis de La Tour d'Azyr endlich, sowie Monsieur de Lesdiguières wünschten seiner habhaft zu werden, um ihn an den Galgen bringen zu können.

Aus einem nicht weniger rachsüchtigen Grunde suchte ihn auch Monsieur Binet, der unglücklicherweise von seiner Wunde genesen war, nur um sich Auge in Auge seinem vollständigen Ruin gegenüber zu finden. Seine Truppe hatte ihn während seiner Krankheit verlassen und sich unter der Leitung Polichinelles, der sie mit ganz hübschem Erfolg nach den von André-Louis niedergelegten Grundsätzen weiterführte, neu gebildet. Monsieur le Marquis, den der Aufruhr verhindert hatte, Mademoiselle Binet in Person seine Absicht auszudrücken, ihrem Verhältnis ein Ende zu machen, ließ sich überreden, dies wenige Tage später von Azyr aus schriftlich nachzuholen. Er milderte den Schlag durch Beilegung einer Anweisung über hundert Louis auf die Caisse d'Escompte zwecks Ablösung seiner sämtlichen Verbindlichkeiten. Dennoch brach die unglückliche Climène unter dieser Enttäuschung beinahe völlig zusammen, zudem erhielt ihr Vater dadurch ein Mittel, sie nach seiner Genesung erneut durch den Hinweis zu quälen, daß sie eine derartige Wendung der Dinge lediglich ihrer verfrühten Übergabe und der Nichtachtung seiner von einem gesunden weltlichen Sinn diktierten Ratschläge zu verdanken habe. Vater sowohl wie Tochter schrieben den Abfall des Marquis begreiflicherweise dem Aufruhr im Théatre Feydau zu. Sie legten dieses Ereignis samt allem übrigen Scaramouche zur Last und waren in ihrer Bitterkeit gezwungen, anzuerkennen, daß der Schuft sich eine wahrhaft königliche Rache verschafft habe. Vielleicht kam Climène mitunter sogar der Gedanke, daß sie besser daran getan haben würde, den geraden Weg mit Scaramouche zu gehen, ihn zu heiraten und es seinen unzweifelhaft großen Talenten zu überlassen, sie auf jene Höhe zu erheben, zu der ihr Ehrgeiz sie trieb und die sie jetzt niemals zu erklimmen vermöchte. War das der Fall, so muß diese Erwägung für sie eine hinreichende Strafe bedeutet haben. Denn wie André-Louis sehr richtig bemerkt, gibt es keine ärgere Hölle als die Reue über versäumte Gelegenheiten.

Inzwischen war der so fieberhaft gesuchte André-Louis Moreau für den Augenblick vollständig vom Erdboden verschwunden. Vergeblich fahndete die tüchtige, von des Königs Statthalter in Rennes noch angefeuerte Pariser Polizei nach ihm. Und doch hätte man ihn innerhalb Steinwurfweite vom Palais Royale finden können, in einem Haus auf der Rue du Hasard, wohin ihn der reinste Zufall verschlagen hatte.

Was er in dem Briefe an Le Chapelier als dicht bevorstehend geschildert hatte, war in Wahrheit bereits eingetreten. Er stand völlig ohne Mittel da. Sein Geld war aufgebraucht, einschließlich der geringen Summen, die er durch Verkauf sämtlicher überflüssiger Habseligkeiten hatte erzielen können.

So verzweifelt war seine Lage, daß er eines stürmischen Aprilmorgens, als

er auf der Suche nach irgendeiner Verdienstmöglichkeit durch die Rue du Hasard schlenderte, vor einem Anschlag an der Tür eines Hauses auf der linken Seite in Richtung zur Rue de Richelieu stehenblieb. Er hatte nicht den leisesten Grund gehabt, die Rue du Hasard für seinen Spaziergang zu wählen. Vielleicht hatte ihn der zu seiner Lage passende Name angezogen.
Der Zettel war in großer, runder Schrift verfaßt und kündigte an, daß Monsieur Bertrand des Amis, im zweiten Stock wohnend, einen geschickten jungen Mann mit einigen Kenntnissen in der Fechtkunst benötige. Über dem Plakat war ein längliches schwarzes Brett befestigt und auf dieses ein Schild gemalt, das man vulgär als rot bezeichnen konnte, mit zwei gekreuzten Schwertern und vier Fleurs de Lys, eine in jeder Ecke. Unter dem Schild stand in Goldbuchstaben die Devise:

BERTRAND DES AMIS
Maître en fait d'Armes des Académies du Roi.

André-Louis stand da und überlegte. Er konnte seiner Meinung nach auf den Besitz der verlangten Eigenschaften Anspruch erheben. Ganz entschieden war er jung, auch, wie er annehmen durfte, leidlich geschickt, und die in Nantes empfangenen Fechtstunden hatten ihm zum mindesten einige elementare Kenntnisse in der Fechtkunst vermittelt. Der Anschlag sah aus, als hinge er bereits seit mehreren Tagen dort, das deutete darauf hin, daß der Bewerber um den freien Posten nicht allzu viele waren. In diesem Falle würde Monsieur Bertrand des Amis vielleicht in seinen Anforderungen nicht gar zu rigoros sein. Wie dem auch sein mochte, André-Louis hatte seit vierundzwanzig Stunden nichts gegessen, und wenn auch die Beschäftigung, die sich ihm hier bot – deren eigentliche Natur er obendrein erst noch herausfinden mußte –, nicht ganz seinen Neigungen entsprach, so befand er sich dennoch gegenwärtig nicht in der Lage, den Wählerischen zu spielen.
Außerdem gefiel ihm der Name Bertrand des Amis. Er vereinigte in glücklicher Verbindung Andeutungen von Ritterlichkeit und Freundschaft. Da zudem des Mannes Beruf nicht frei von Romantik war, schien es immerhin möglich, daß Monsieur Bertrand des Amis nicht zu viele Fragen stellen würde.
Entschlossen stieg er in den zweiten Stock hinauf. Auf dem Vorplatz hielt er vor einer Tür mit der Aufschrift: »Akademie von Monsieur Bertrand des Amis« inne. Er stieß sie auf und befand sich in einem spärlich möblierten menschenleeren Vorzimmer. Aus dem anschließenden Gemach, dessen Tür geschlossen war, erscholl das Scharren von Füßen, Geklirr von Stahl sowie, all diese Geräusche übertönend, eine klingende, sonore Stimme, die

zwar Französisch sprach, aber ein Französisch, wie er es außerhalb einer Fechtschule noch niemals zu hören bekommen hatte.

»Coulez! Mais, coulez donc!... So! Jetzt die Flanconnade – en carte – Und hier der Gegenstoß – Fangen wir noch einmal an! Los! Als Parade eine Terz – Jetzt die Coupé und dann die Quinte par dessus les armes... O, mais allongez! Allongez! Allez au fond!« rief die Stimme beschwörend. »Gut, das war schon besser!« Die Klingen schwiegen.

»Vergessen Sie nicht: die Hand einwärts gedreht, den Ellbogen nicht zu sehr gespreizt. So, für heute ist's genug. Mittwoch werden wir tirer au mur üben. Das ist geruhsamer. Die Schnelligkeit folgt dann schon von selber, wenn die Mechanik der Bewegungen Ihnen in Fleisch und Blut übergegangen ist.«

Eine zweite Stimme murmelte Antwort. Schritte entfernten sich. Die Lektion war beendet, André-Louis pochte an die Tür.

Sie wurde von einem großen, schlanken, schöngewachsenen Mann von vielleicht vierzig Jahren geöffnet. Von der Taille abwärts war er mit schwarzseidenen Kniehosen und leichten Schuhen bekleidet. Darüber trug er ein enganliegendes Plastron aus Leder, das ihm bis ans Kinn reichte. Er hatte eine gebräunte Haut, eine Hakennase, große, dunkle Augen sowie einen energischen Mund, und sein glänzend schwarzes Haar, in dem bereits Silberfäden spielten, war hinten in einen Zopf zusammengeflochten. Unter dem linken Arm hielt er eine Fechtmaske, ein ledernes Etwas mit einem Drahtgitter zum Schutz der Augen. Sein kühner Blick maß André-Louis vom Kopf bis zu den Füßen.

»Monsieur wünschen?« erkundigte er sich höflich.

Es war klar, er täuschte sich in André-Louis' Stellung. Das war nicht verwunderlich, da dessen Äußeres trotz seiner reduzierten Verhältnisse tadellos war und Monsieur des Amis ja nicht ahnen konnte, daß er seine gesamte Habe am Leibe trüge.

»Sie haben unten einen Zettel angeschlagen, Monsieur«, sagte André-Louis und er sah aus dem Aufblitzen in des Fechtmeisters Augen, daß seine Annahme, die Bewerber um den ausgeschriebenen Posten hätten sich auf dieser Schwelle nicht eben gedrängt, zutreffend war. Diesem Aufleuchten der Befriedigung folgte ein Blick des Erstaunens.

»Deswegen kommen Sie?«

André-Louis zuckte die Achseln und lächelte leicht. »Man muß leben«, meinte er.

»Treten Sie näher. Nehmen Sie Platz – ich stehe in einer Minute zu Ihrer Verfügung.«

André-Louis setzte sich auf eine Bank an einer der weißgetünchten Wände. Der Raum war lang und niedrig, der Fußboden vollkommen kahl. Hier und dort standen längs der Wände einfache Holzbänke gleich der, auf welcher er Platz genommen hatte. Die Wände selbst waren mit Fechtpreisen, Masken, gekreuzten Floretten, ausgestopften Plastrons und einer Unmenge Schwerter, Dolche und Tartschen aus aller Herren Ländern und Zeiten übersät. Ferner hing dort das Porträt eines wohlbeleibten Herrn mit großer Habichtsnase in sorgfältig gekräuselter Perücke, der das blaue Band des Heiligengeistordens trug und in dem André-Louis den König wiedererkannte. Schließlich erblickte er noch ein eingerahmtes Pergament – Monsieur des Amis' Zertifikat von der königlichen Akademie. Die eine Ecke des Zimmers wurde von einem Bücherspind eingenommen, daneben, gegenüber dem letzten der vier Fenster, die den langgestreckten Raum freundlich erhellten, befand sich ein kleiner Schreibtisch mit einem Sessel davor. Ihm zur Seite stand ein rundlicher, vornehm gekleideter junger Herr, im Augenblick damit beschäftigt, Rock und Perücke anzulegen. Monsieur des Amis schlenderte zu diesem hin, wobei er sich, wie es André-Louis dünkte, mit seltener Anmut und Elastizität bewegte, und fing an, mit ihm zu plaudern, während er ihm zugleich bei Beendigung der Toilette half.

Endlich verabschiedete sich der junge Herr, indem er sich mit einem zarten Batisttaschentuch, das eine Wolke Parfüm ausströmte, die Stirne wischte. Monsieur des Amis schloß hinter ihm die Tür und wandte sich an den Bewerber, der sich sogleich erhob.

»Wo haben Sie studiert?« erkundigte sich der Fechtmeister.

»Studiert?« André-Louis wunderte sich über die Frage. »Auf dem Lyzeum Louis le Grand.«

Monsieur des Amis runzelte die Stirn und blickte scharf auf, um sich zu überzeugen, ob dieser Stellungslose sich nicht etwa irgendwelche Freiheiten herauszunehmen gestatte.

»Im Namen des Himmels! Ich frage nicht, wo Sie die Matura machten, sondern auf welcher Fechtakademie Sie studierten?«

»Oh – auf welcher Fechtakademie?« André-Louis war nie der Gedanke gekommen, daß man die Fechtkunst als ein ernsthaftes Studium bezeichnen könne. »Ich habe nicht sehr lange studiert. Ich hatte einmal Fechtstunden auf – auf dem Lande.«

Der Fechtlehrer zog die Brauen hoch. »Wie?« rief er erstaunt. »Aber weshalb machten Sie sich dann die Mühe, diese zwei Treppen zu ersteigen?« Seine Stimme verriet Ungeduld.

»Der Anschlag verlangte kein so großes Können. Habe ich auch keine sehr große Übung, so beherrsche ich doch die elementaren Begriffe der Fechtkunst und würde unschwer noch dazu lernen. Ich lerne meist sehr leicht«, fuhr André-Louis in seinem Selbstlobe fort. »Im übrigen besitze ich auch noch weitere Qualifikationen. Ich bin, wie Sie bemerkt haben werden, jung, und Sie können selber beurteilen, ob ich gewandt bin. Dem Beruf nach bin ich ein Mann der Robe, obgleich ich einsehe, daß das Motto hier ›cedat toga armis‹ lautet.«

Monsieur des Amis lächelte beifällig. Ohne Zweifel besaß dieser junge Mann Gewandtheit und anscheinend auch einen gewissen behenden Witz. Er musterte kritisch seine Figur.

»Wie ist Ihr Name?« forschte er.

André-Louis zögerte einen Augenblick. Dann antwortete er: »André-Louis.«

Die scharfen dunklen Augen prüften ihn eingehender denn je.

»Nun und? André-Louis –?«

»Nur André-Louis. Louis ist mein Nachname.«

»Oh! Ein merkwürdiger Nachname! Ihrer Aussprache nach kommen Sie aus der Bretagne. Weshalb sind Sie dort fortgegangen?«

»Um meinen Hals zu retten«, entgegnete André-Louis ohne jede Überlegung. Dann beeilte er sich, seine Ungeschicklichkeit wieder gutzumachen. »Ich habe einen Feind«, setzte er erläuternd hinzu.

Monsieur des Amis' Gesicht verfinsterte sich, er streichelte sein energisches Kinn. »Sie sind davongelaufen?«

»Man kann es so nennen.«

»Ein Feigling, was?«

»Ich glaube, nein.« Und dann log er romantisch drauflos. Sicherlich würde ein Mann, der von dem Schwerte lebte, auch eine gewisse Schwäche für Romantik besitzen. »Sehen Sie, mein Feind ist ein ungemein starker Fechter – die beste Klinge in der Provinz, wenn nicht in ganz Frankreich. So wenigstens ist sein Ruf. Ich dachte nun, ich würde nach Paris gehen und etwas von jener Kunst erlernen und dann heimkehren und ihn töten. Offen gestanden war das der Grund, weshalb Ihr Anschlag mich so reizte. Ich besitze nicht die Mittel, es auf andere Weise zu erlernen, verstehen Sie? Ich gedachte, hier irgendwo beim Gericht unterzukommen, allein das ist mir mißlungen. Es gibt schon zu viele Anwälte in Paris. Und während der Wartezeit habe ich das bißchen Geld, das ich bei mir hatte, aufgezehrt, so daß – enfin, Ihr Anschlag kam mir wie eine Fügung des Himmels vor.«

Monsieur des Amis packte ihn an den Schultern und blickte ihm ins Gesicht. »Ist das auch alles wahr, mein Freund?«

»Nicht eine Silbe«, sagte André-Louis und vernichtete damit, einem unwiderstehlichen Impulse folgend, alle seine Verdienstmöglichkeiten. Aber er vernichtete sie dennoch nicht. Monsieur des Amis brach in Gelächter aus und gestand, nachdem er sich ausgelacht, daß seines Bewerbers restlose Ehrlichkeit ihn entzücke.

»Ziehen Sie den Rock aus«, sagte er. »Wir wollen sehen, was Sie können.

Wenigstens hat die Natur Sie zum Fechter geschaffen. Sie sind leicht, gewandt und gelenkig, mit einer hübschen Länge des Arms – und anscheinend auch intelligent. Ich kann vielleicht noch was aus Ihnen machen und Sie genügend für meine Zwecke ausbilden. Diese bestehen darin, daß Sie die Grundbegriffe meiner Kunst den Anfangsschülern beibringen, bis ich sie dann selbst in die Hand nehme. Wir wollen es versuchen. Nehmen Sie jene Maske und jenes Florett und treten Sie hierher.«

Er führte ihn zum einen Ende des Zimmers, wo der kahle Fußboden mit Kreidestrichen bedeckt war, um dem Anfänger anzuzeigen, wie er die Füße zu setzen habe.

Nach einem Gang von zehn Minuten Dauer bot Monsieur des Amis ihm den Posten an und erläuterte ihm seine Pflichten. Außer daß er den Anfängern die Grundbegriffe der Fechtkunst beizubringen hatte, mußte André-Louis auch jeden Morgen den Fechtsaal auskehren, die Florette putzen, den Herren, die zur Stunde kamen, beim An- und Auskleiden behilflich sein und sich in jeder Hinsicht nützlich machen. Als Entlohnung würde er zunächst vierzig Livres im Monat erhalten, außerdem könnte er auch, falls er kein anderes Unterkommen hätte, in einem Alkoven hinter dem Fechtsaal schlafen.

Die Stellung war mit gewissen Demütigungen verknüpft. Wollte aber André-Louis die Hoffnung auf ein Mittagessen nicht endgültig begraben, so mußte er als Hors-d'œuvre den eigenen Stolz hinunterwürgen.

»Na«, meinte er, bemüht, eine Grimasse zu unterdrücken, »die Robe ergibt sich nicht nur dem Schwerte, nein, gleichzeitig auch dem Besen. Doch sei es! Ich bleibe.«

Nachdem er einmal diese Wahl getroffen, stürzte er sich, wie das seiner Natur entsprach, voller Enthusiasmus in die neue Arbeit. Es war von jeher seine Art, alles, was er angriff, mit der ganzen Energie seines Geistes und seines Körpers durchzuführen. Wenn er nicht die jungen Herrchen in die Elemente der Fechtkunst einweihte, ihnen die verwickelte und sorgfältig durchgearbeitete Begrüßungszeremonie vormachte – worin er es nach ein paar Tagen harter Arbeit zur Meisterschaft gebracht hatte –, sowie die acht Paraden zeigte, übte er sich selbst eifrig in den verschiedenen Auslagen und trainierte Auge, Handgelenk und Knie.

Sobald Monsieur des Amis André-Louis' Begeisterung bemerkte und erkannt hatte, daß er ihn zu einem wirklich brauchbaren Mitarbeiter für sich heranziehen könne, nahm er ihn ernsthafter in die Hand.

Am Schluß der ersten Woche erklärte der Meister: »Ihr Fleiß und Eifer, Freund, verdienen mehr als vierzig Livres im Monat. Vorläufig jedoch will ich Ihnen den Restbetrag, den ich Ihnen schulde, auf andere Weise vergüten, Sie nämlich in die Geheimnisse unserer edlen Kunst einweihen. Ihre

Zukunft hängt davon ab, welchen Nutzen Sie aus dem seltenen Glücksfalle, daß Sie diese Lehren von mir empfangen, ziehen werden.«
Von jenem Tage an pflegte der Meister vor Eröffnung der Fechtschule eine halbe Stunde mit seinem neuen Gehilfen zu üben. Dank des wirklich vorzüglichen Unterrichts machte André-Louis rasche Fortschritte, die beide erstaunten und Monsieur des Amis schmeichelten. Er wäre weniger geschmeichelt und noch erstaunter gewesen, hätte er gewußt, daß wenigstens die Hälfte von André-Louis' überraschenden Fortschritten der Tatsache zuzuschreiben war, daß dieser des Meisters Bibliothek verschlungen hatte, bestehend aus etwa einem Dutzend Büchern über die Fechtkunst von so hervorragenden Meistern wie La Bessière, Danet, sowie dem Syndikus der königlichen Akademie, Augustin Rousseau. Für Monsieur des Amis, dessen Kunst lediglich auf der Praxis und nicht auf der Theorie beruhte, der in keiner Beziehung Theoretiker oder Büchergelehrter war, bedeutete diese kleine Bibliothek nur das einer Fechtschule geziemende Inventar, ein angemessenes kleines Schmuckstück. Im übrigen hatten die Bücher selbst keinerlei Wert für ihn. Seiner Geistesveranlagung nach vermochte er sie nicht mit Nutzen zu studieren, ja, er begriff nicht einmal, daß dies einem anderen möglich sein könnte. André-Louis dagegen, ein Mann des Studiums, von Jugend auf daran gewöhnt, sein Wissen aus Büchern zu schöpfen, las jene Werke mit größtem Nutzen, behielt die darin enthaltenen Regeln fest im Gedächtnis, verglich kritisch die Anweisungen des einen Meisters mit denen eines anderen, traf seine Wahl und bemühte sich, diese Lehren allmählich in die Praxis umzusetzen.
Am Ende des ersten Monats dämmerte es Monsieur des Amis ganz plötzlich, daß sich sein Gehilfe zu einem keineswegs zu verachtenden Fechter verwandelt hatte, einem Gegner, demgegenüber er seine ganze Kunst einsetzen mußte, um einer Niederlage zu entgehen.
»Habe ich Ihnen nicht von Anfang an gesagt, die Natur hätte Sie zu einem Fechter ausersehen?« erklärte er ihm eines Tages. »Habe ich nicht recht behalten, und habe ich nicht auch verstanden, das Material, mit dem Natur Sie beschenkte, zu formen?«
»Der Ruhm gebührt dem Meister«, entgegnete André-Louis.
Inzwischen waren seine Beziehungen zu Monsieur des Amis direkt freundschaftliche geworden, und der Lehrer fing an, ihm auch andere Schüler als bloße Anfänger zuzuweisen. Ja, André-Louis wurde allmählich im wahren Sinne des Wortes der Gehilfe. Monsieur des Amis, ein chevaleresker, freigebiger Mensch, dachte gar nicht daran, aus des jungen Mannes vermutlichen Schwierigkeiten Vorteil zu ziehen, vielmehr belohnte er dessen Eifer, indem er das Gehalt auf vier Louisdors im Monat erhöhte.
Wie es nicht selten geschieht, begann André-Louis nach dem ersten sorg-

fältigen Studium der Theorien anderer allmählich auch seine eigenen Theorien zu entwickeln. Eines schönen Junimorgens lag er auf seinem Rollbett in dem Alkoven hinter dem Fechtsaal und durchdachte einen Satz, den er am Abend vorher bei Danet über doppelte und dreifache Finten gelesen. Schon bei der Lektüre hatte er den Eindruck gewonnen, daß Danet, unmittelbar auf der Schwelle einer großen Entdeckung in der Fechtkunst stehend, plötzlich haltgemacht hätte. Ein Theoretiker reinsten Wassers, durchschaute André-Louis die von Danet gegebene Anregung, deren weittragende Bedeutung dieser selbst nicht begriffen hatte, bis in deren letzte Konsequenzen. Jetzt lag er auf dem Rücken, betrachtete die Risse in der Decke und überlegte sich die Frage genauer, mit jener Klarheit, welche die frühe Morgenstunde häufig einer scharfen Intelligenz verleiht. Man darf nicht vergessen, daß seit fast zwei Monaten das Schwert André-Louis' tägliche Arbeit und sein fast stündlicher Gedanke gewesen war. Ununterbrochene Konzentration auf diesen einen Gegenstand hatte ihm tiefen Einblick in das Wesen der Fechtkunst verliehen. Diese Kunst, wie er sie lernte und lehrte und täglich ausgeübt sah, bestand aus einer Serie von Ausfällen und Paraden, einer Reihe von Übergängen aus einer Stellung in die andere, immer aber einer begrenzten Reihenfolge. Ein halbes Dutzend Ausfälle und Paraden auf beiden Seiten waren, genau genommen, der ganze Inhalt eines Ganges. Dann ging es von vorne los. Und selbst diese verschiedenen Bindungen und Lösungen waren zufällig. Wie jedoch, wenn man sie von Anfang bis zu Ende genau vorausberechnete?

Diese Erwägung bildete den einen Teil seines Denkens – war das eine der beiden Beine, auf denen seine Theorie stehen sollte. Das zweite war: Was wäre die Folge, wenn man Danets Theorie über die dreifache Finte weiter ausarbeitete, sie zu einer Reihenfolge genau vorausberechneter Bindungen und Lösungen erweiterte, deren Höhepunkt erst bei der vierten, fünften oder gar sechsten Lösung erreicht würde? Mit anderen Worten: Wie wär's, wenn man eine bestimmte Reihe von Ausfällen machte, um Gegenstöße zu erzwingen, die durch neue Gegenstöße pariert würden, nicht beabsichtigt, den Gegner zu erledigen, nein, lediglich seiner Klinge eine bestimmte Richtung zu geben, bis dieser schließlich dem letzten vorausberechneten, nicht zu parierenden Ausfall gegenüber ungeschützt dastünde? Jeder Gegenstoß des Gegners mußte bei dieser erzwungenen Eröffnung seiner Auslage genau vorher überlegt sein, einer so allmählichen Eröffnung, daß dem Duellanten diese Tatsache gänzlich unbewußt blieb und er nur daran dachte, selber einen Treffer bei einem seiner Gegenstöße zu landen.

André-Louis war seinerzeit ein Schachspieler erheblicher Qualität gewesen und hatte sich beim Schach durch seine Fähigkeit, mehrere Züge sorgfältig voraus zu überlegen, ausgezeichnet. Diese Tugend, auf das Fechten angewandt, mußte jene Kunst von Grund auf revolutionieren. Natürlich arbeitete man auch jetzt mit Überlegung, aber lediglich in einer primitiven und äußerst begrenzten Art durch bloße Finten, einfache, doppelte oder dreifache. Und selbst die dreifache Finte würde im Vergleich zu der Methode, an der André-Louis sein Denken übte, zu einem ziemlich plumpen Kunstgriff werden.

Immer weiter grübelte er darüber nach und immer mehr festigte sich in ihm die Überzeugung, daß er den Schlüssel zu einer Entdeckung in der Hand hielte. Voller Ungeduld wartete er darauf, seine Theorie einer Probe zu unterziehen. Am gleichen Vormittag mußte er mit einem Schüler von ziemlicher Stärke üben, gegen den sich zu verteidigen ihm gewöhnlich redliche Mühe kostete. Gleich bei der Auslage nahm er sich vor, ihn bei der vierten Lösung zu treffen, nachdem er sich die vier Ausfälle, die zu diesem Endziele führen sollten, genau vorausüberlegt hatte. Sie begannen mit einer Terz, und André-Louis eröffnete den Angriff durch einen mit gestrecktem Arm geführten Stoß. Es folgte der erwartete demi-contre, den er prompt mit einer Quinte abwehrte. Nach Parierung dieses Stoßes machte er einen noch tieferen Ausfall, und sobald der Gegner auch diesen, wie vorausgesehen, richtig pariert hatte, fiel André-Louis zu einer Quart aus und brachte seine Spitze mitten auf des Gegners Brust. Die Leichtigkeit seines Erfolges überraschte ihn.

Sie begannen von neuem. Diesmal beschloß André-Louis, bei der fünften Loslösung den entscheidenden Stoß zu führen und erreichte sein Ziel mit der gleichen Leichtigkeit. Dann, um sich die Sache schwieriger zu machen, wollte er versuchen, bei der sechsten zu treffen und überlegte sich genau die Reihenfolge der fünf vorausgehenden Ausfälle. Wieder erzielte er genauso sicher wie vorher einen Erfolg.

Sein junger Opponent lachte mit einem leichten Anflug von Ärger: »Heute morgen bin ich total erledigt.«

»Sie sind nicht so gut in Form wie sonst«, pflichtete André-Louis höflich bei, um dann, immer nur von dem Wunsche getragen, seine Theorie bis ins letzte zu erproben, wagemutig hinzuzufügen: »Ja, so wenig, daß ich Sie fast mit Sicherheit treffen würde, wann und wo ich es vorausbestimme.«

Der junge und begabte Schüler betrachtete ihn mit halbem Spott: »Na, das denn wohl doch nicht.«

»Wollen's versuchen. Ich werde Sie beim vierten Ausfall berühren. Allons! En guarde!«

Es trat ein, was er prophezeit hatte. Der junge Herr, der von André-Louis' Fechtkunst bis dahin keine große Meinung gehabt und ihn gerade noch für Übungszwecke gut genug gehalten hatte, wenn der Meister anderweit beschäftigt war, stand mit aufgerissenen Augen da. In einer Aufwallung von Edelmut und Glücksrausch hätte André-Louis fast seine Methode enthüllt – eine Methode, die kurz danach zum Gemeingut jeder Fechtschule werden sollte –, jedoch er hielt sich noch rechtzeitig zurück. Die Darlegung seines Geheimnisses würde das Prestige zerstören, das ihm aus dessen Ausübung erwachsen müßte.

Als sich gegen Mittag die Akademie geleert hatte, rief Monsieur des Amis André-Louis zu einer der üblichen Lehrstunden. Zum erstenmal in all seinen Waffengängen mit André-Louis mußte Monsieur des Amis im Verlaufe des ersten Ganges einen unparierten Stoß hinnehmen. Großherzig, wie er war, lachte er erfreut.

»Bravo, mein Freund! Sie machen rasch Fortschritte.«

Er lachte ebenfalls noch, wenn auch nicht mehr ganz so erfreut, als er beim zweiten Gang getroffen wurde. Aber er begann jetzt im Ernst zu fechten, und es glückte ihm, André-Louis dreimal hintereinander zu treffen. Die Raschheit und Akkuratesse des Fechtmeisters, wenn dieser sich voll ins Zeug legte, erschütterten André-Louis' Theorie, die aus Mangel an Übung noch zuviel Überlegung erforderte.

Daß seine Theorie trotzdem gesund war, hielt er für erwiesen und war für den Augenblick mit diesem Ergebnis zufrieden. Er brauchte ihre Durchführung nur noch durch die Praxis zu vervollkommnen. Dieser Aufgabe widmete er sich von nun an mit dem leidenschaftlichen Enthusiasmus des Entdeckers. Er beschränkte sich auf ein halbes Dutzend Kombinationen, die er sorgfältig einübte, bis jede fast automatisch geworden war. Und er erprobte ihre Unfehlbarkeit an den besten unter Monsieur des Amis' Schülern.

Etwa eine Woche nach jenem letzten Gang mit des Amis forderte ihn der Meister endlich wieder zu einer neuen Übungsstunde auf.

Nachdem der Meister im ersten Gange eine Abfuhr erlitten, raffte er seine ganze Geschicklichkeit gegen seinen Gehilfen zusammen. Aber André-Louis' stürmischen Angriffen gegenüber nützte ihm das diesmal nichts. Nach dem dritten Treffer trat Monsieur des Amis zurück und riß seine Maske herunter.

»Was ist los?« rief er. Er war bleich, und seine dunklen Brauen zogen sich zusammen. Seit Jahren war er in seiner Eigenliebe nicht so verletzt worden. »Hat Ihnen jemand einen geheimen Stoß beigebracht?«

Stets hatte er sich gebrüstet, daß er viel zuviel von dem Degen verstünde, um an den Unfug geheimnisvoller Stöße zu glauben, aber diese Leistung von André-Louis hatte seine Überzeugung von Grund auf erschüttert.

»Nein«, entgegnete André-Louis, »ich habe nur tüchtig geschuftet und fechte nebenbei mit dem Verstande.«

»Ah, ich begreife. Schön, schön, ich glaube, Sie haben bei mir genug gelernt, mein Freund. Ich beabsichtige nicht, einen Gehilfen zu behalten, der mir überlegen ist.«

»Keine Gefahr«, versetzte André-Louis mit liebenswürdigem Lächeln. »Sie haben den ganzen Morgen unermüdlich gefochten und sind erschöpft, während ich nur wenig getan habe und daher vollkommen frisch bin. Das ist das ganze Geheimnis meines momentanen Erfolges.«

André-Louis' Takt sowohl wie auch das grundgütige Naturell Monsieur des Amis' ließen die Sache den Weg, den sie zu nehmen drohte, nicht weitergehen. Und wenn die beiden von nun an zusammen fochten, achtete André-Louis, der seine Theorie täglich mehr zu einem fast unfehlbaren System ausbaute, sorgfältig darauf, daß Monsieur des Amis immer wenigstens zwei Treffer für jeden Stoß von ihm buchen konnte. Diese Konzession machte er der Klugheit, mehr jedoch nicht. Monsieur des Amis sollte zwar seine Stärke erkennen, aber nicht deren wirkliches Ausmaß ahnen, damit diese Erkenntnis nicht in überflüssigem Grade des Meisters Eifersucht erwecke.

Die Durchführung dieses Vorsatzes gelang André-Louis so gut, daß er dem Meister nicht nur als Gehilfe immer wertvoller wurde – denn sein Stil und seine Fechtkunst hatten sich auch im allgemeinen wesentlich verbessert –, sondern auch zu einer Quelle des Stolzes als der hervorragendste sämtlicher Schüler, die je die Akademie besucht hatten. André-Louis nahm ihm auch nie diese Illusion und verschwieg die Tatsache, daß er seine Kunst in weit höherem Maße Monsieur des Amis' Bibliothek und seinem eigenen Mutterwitz als dem eigentlichen Unterricht verdankte.

2 *Quos Deus perdere vult*

Wieder einmal, genau wie nach seinem Eintritt in die Binet-Truppe, widmete sich André-Louis mit ganzer Inbrunst dem neuen Beruf, zu dem ihn der Zwang der Notwendigkeit getrieben, und der ihn wirksam jenen verbarg, die ihn zu seinem Schaden suchten. In seiner neuen Profession hätte er sich endlich auch als Mann der Tat fühlen können, in Wirklichkeit war das aber nicht der Fall. Er blieb auch weiterhin der Mann des Denkens, und die Ereignisse jener Frühlings- und Sommermonate des Jahres 1789 in Paris gaben ihm mehr als genügend Stoff zum Nachdenken. Er las in Rohschrift die vielleicht erstaunlichste Seite aus der Geschichte menschlicher Entwicklung und kam schließlich wider Willen zu dem Schluß, daß all seine früheren Annahmen auf Irrtum beruhten und jene übersteigerten leidenschaftlichen Enthusiasten gleich Vilmorin recht gehabt hätten.

Ja, vermutlich war er auf seinen früheren Irrtum sogar noch stolz und schrieb ihn selbstgefällig der Tatsache zu, daß sein Denken viel zu gesund und logisch gewesen wäre, um die ganze Tiefe menschlicher Unvernunft, wie sie sich jetzt enthüllte, ermessen zu können.

Er verfolgte das Zunehmen der Hungersnot, die während des Frühlings wachsende Armut und das rasch sich vergrößernde Elend in Paris und führte diese Erscheinungen ebenso wie die Geduld, mit der das Volk seine Leiden trug, auf ihre wahren Ursachen zurück. Ganz Frankreich befand sich in einem Zustande stummer, lähmender Spannung, wartete auf den Zusammentritt der Generalstaaten und auf das Ende einer jahrhundertealten Tyrannei. Infolge dieser Erwartung war die Industrie zum Stillstand gelangt und der Strom des Handels zu einem winzigen Bächlein eingeschrumpft. Die Menschen wollten weder kaufen noch verkaufen, ehe sich nicht klar die Mittel erkennen ließen, mit deren Hilfe der Genius des Schweizer Bankiers, Monsieur Necker, sie diesem Morast zu entreißen vermöchte. Aber infolge dieser Lähmung der Geschäftstätigkeit verloren die Männer des Volkes ihre Arbeit und wurden mit Weibern und Kindern dem Hungertode preisgegeben.

André-Louis lächelte herbe auf seinem Beobachtungsposten. So weit hatte er recht behalten. Das Proletariat war stets der Leidtragende. Die Männer, die diese Revolution durchzuführen versuchten, die Wahlmänner – ob hier in Paris oder anderswo – waren Leute von Vermögen, vornehme Bürger, reiche Handelsherren. Und derweil diese, auf die Canaille herabblickend und die Privilegierten beneidend, des langen und breiten von Gleichheit schwatzten – worunter sie eine aufsteigende Gleichheit, eine Vermischung mit dem Adel verstanden –, krepierte das Proletariat aus Mangel und Not in der Gosse.

Endlich, zu Beginn des Mai, trafen die Deputierten – und unter ihnen besonders hervorragend André-Louis' Freund Le Chapelier – ein, und die Versammlung der Generalstaaten wurde in Versailles eröffnet. Jetzt begannen die Dinge interessant zu werden, und André-Louis kamen ernstliche Zweifel an der Richtigkeit seiner bisherigen Anschauungen. Nach Erlaß der königlichen Proklamation, die bestimmte, daß die Deputierten des Dritten Standes die doppelte Anzahl wie jene der beiden anderen Stände zusammen betragen sollten, glaubte André-Louis, dieses so dem Dritten Stande gesicherte Übergewicht an Stimmen müsse unabweislich die Reformen, zu denen sie sich verpflichtet hatten, durchdrücken. Er hatte jedoch den Einfluß der Privilegierten auf die stolze Österreicherin und deren Macht über den feisten, phlegmatischen, unschlüssigen Monarchen nicht genügend in Betracht gezogen. Daß die Privilegierten zur Verteidigung ihrer Vorrechte kämpfen würden, konnte André-Louis verstehen. Wie nun einmal der Mensch ist, getrieben von dem Fluch seiner Habgier, verzichtet er nie freiwillig auf Besitztitel, mögen sie gerecht oder ungerecht sein. Eine Überraschung bereitete André-Louis nur die unsäglich dumme Art, wie sich die Privilegierten auf den Kampf vorbereiteten. Vernunft und Philosophie setzten sie brutale Gewalt, Ideen die Bataillone fremder Söldner entgegen. Als wenn man Ideen mit Bajonetten aufspießen könnte!

Der Kampf zwischen den Privilegierten und dem Hof auf der einen Seite und der Versammlung und dem Volk auf der anderen hatte begonnen.

Der Dritte Stand hielt sich zurück und wartete, wartete mit der Geduld der Natur, wartete einen Monat, währenddessen bei dem jetzt vollständigen Brachliegen der Geschäfte die knöcherne Hand des Hungers Paris immer härter gepackt hielt, wartete einen Monat, im Verlauf dessen die Privilegierten allmählich zur Einschüchterung Versailles' dort eine Armee sammelten – eine Armee von fünfzig Regimentern, neun davon Schweizer und Deutsche – und vor dem Gebäude, in welchem die Deputierten tagten, einen Artilleriepark aufpflanzten. Aber die Deputierten ließen sich nicht einschüchtern, sie nahmen keine Notiz von den Kanonen und den fremden Uniformen, sie hatten nichts im Auge außer den Zweck, zu welchem die königliche Proklamation sie zusammenberufen hatte.

So ging's bis zum 10. Juni, an welchem Tage jener große Denker und Metaphysiker, der Abbé Siéyès, das Signal gab: »Es ist Zeit, das Kabel zu kappen!«

Und bald bot sich dazu Gelegenheit! Gleich zu Beginn des Juli. Monsieur de Châtelet, ein harter, hochmütiger Zuchtmeister, schlug vor, die elf verhafteten französischen Gardisten aus dem Militärgefängnis der Abbaye nach dem verlausten, nur für Diebe und Verbrecher niederster Sorte bestimmten Gefängnis von Bicêtre schaffen zu lassen. Als sich die Nachricht von dieser Absicht verbreitete, setzte das Volk endlich der Gewalt Gewalt entgegen. Ein Pöbelhaufen, viertausend Kopf stark, brach in die Abbaye ein und befreite nicht nur die elf Gardisten, sondern auch sämtliche anderen Gefangenen mit Ausnahme eines einzigen, der sich als Dieb entpuppte, und den sie daher wieder zurückschafften. Hier war endlich offene Empörung, und mit Empörern verstanden die Privilegierten umzuspringen! Diese Tat sollte das meuterische Paris unter den eisernen Griff der fremden Regimenter bringen! Rasch wurden die erforderlichen Maßnahmen getroffen. Der alte Maréchal de Broglie, ein Veteran aus dem Siebenjährigen Kriege, erfüllt von der ganzen Verachtung eines Soldaten für Zivilisten und überzeugt, bereits der Anblick einer Uniform würde genügen, um Friede und Ordnung wieder herzustellen, übernahm mit Besenval als Zweitkommandierendem die Führung. Er quartierte die ausländischen Regimenter, Regimenter, deren bloße Namen schon den Parisern ein Ärgernis bereiteten – Regiment Reisbach, Diesbach, Nassau, Esterhazy und Roehmer – in der Umgebung von Paris ein. Schweizer Verstärkungen wurden in die Bastille geworfen, zwischen deren Zinnen man schon seit dem 30. Juni die drohenden Mündungen scharfgeladener Geschütze hatte erblicken können.

Am 10. Juli wandten sich die Wähler erneut an den König mit der Bitte, den Rückzug der Truppen anzuordnen. Tags darauf erhielten sie zur Antwort, die Truppen wären zur Verteidigung der Freiheit der Versammlung bestimmt! Und am folgenden Tage, einem Sonntag, verließ der Philanthrop Dr. Guillotin – dessen menschenfreundliche Maschine zum schmerzlosen Köpfen bald so reiche Arbeit erhalten sollte – die Versammlung, deren Mitglied er war, und versicherte den Wählern von Paris, dem Anschein zum Trotz stünde alles ausgezeichnet, da Necker fester denn je im Sattel säße. Er wußte natürlich nicht, daß im selben Augenblick, da er seine zuversichtliche Erklärung abgab, der so oft entlassene und ebenso oft wieder berufene Necker dank einer gehässigen Kabale seitens der Partei der Königin gerade wieder einmal seines Postens enthoben worden war. Die Privilegierten forderten entscheidende Maßnahmen, und entscheidende Maßnahmen waren es – entscheidend für sie selbst.

Zur gleichen Zeit schrieb noch ein zweiter Philanthrop, ebenfalls ein Arzt, ein gewisser Jean-Paul Mara, italienischer Abstammung – besser unter der von ihm angenommenen französischen Form Marat bekannt – und gleich Guillotin ein Gelehrter, welcher mehrere Jahre in England verbracht und dort verschiedene Bücher über Soziologie veröffentlicht hatte:

»Aufgepaßt! Bedenkt die schreckliche Wirkung einer aufrührerischen Bewegung! Solltet ihr so übel beraten sein, der Empörung freie Bahn zu lassen, so wird man euch gleich Empörern behandeln! Blut wird fließen!«

André-Louis befand sich an jenem Sonntagmorgen in den Gärten des Palais Royal, jener Stätte der Verkaufsbuden und Puppentheater, der Zirkusse und Cafés, der Spielhäuser und Bordelle, dem Rendezvousplatz aller Stände, als sich die Nachricht von Neckers Entlassung verbreitete und überall Wut und Enttäuschung hervorrief. Das Volk erblickte in Neckers Rücktritt den Sieg der feindlichen Partei. Das war die Totenglocke jeder Hoffnung auf Abstellung des dem Volke angetanen Unrechts.

André-Louis sah, wie ein schlanker, junger Mensch mit pockennarbigem Gesicht, dessen abstoßende Häßlichkeit ein Paar wundervolle Augen milderten, ein bloßes Schwert in der Rechten, mit dem Ruf: »Zu den Waffen!« auf einen Tisch vor dem Café de Foy sprang. Und während des erstaunten Schweigens, das jenem Rufe folgte, entströmte den Lippen dieses jungen Mannes in einer Stimme, die nur manchmal durch Stottern entstellt war, eine Flut aufpeitschender Worte. Er erklärte dem Volke, daß die Deutschen auf dem Marsfelde noch heute nacht in Paris eindringen würden, um die Bürger niederzumetzeln. »Laßt uns eine Kokarde erwählen!« schrie er und riß zu diesem Zweck ein Blatt von einem Baum – »die grüne Kokarde der Hoffnung!«

Begeisterung packte die Menge, diese buntscheckige Menge, zusammengesetzt aus Männern und Frauen aller Klassen, vom Vagabunden bis zum Adeligen, von der Dirne bis zur Weltdame. Bäume wurden ihrer Blätter beraubt, und schon prangte an fast jedem Haupte die grüne Kokarde.

»Ihr steht zwischen zwei Feuern!« raste des Aufwieglers Stotterstimme weiter. »Zwischen den Deutschen auf dem Marsfelde und den Schweizern in der Bastille! Auf zu den Waffen! Zu den Waffen!«

Wilde Empörung brauste empor. Aus einem benachbarten Wachsbudenkabinett wurde Neckers Büste hervorgeholt und bald darauf auch die jenes Komödianten, des Herzogs von Orléans, eines Parteigängers, der gleich den anderen aufstrebenden Opportunisten jener Tage stets bereit war, aus dem Augenblick Vorteil zu ziehen, um die eigene Macht zu mehren. Nekkers Büste ward in Trauerflor gehüllt.

André-Louis blickte sich um, Furcht packte sein Herz. Marats Streitschrift hatte Eindruck auf ihn gemacht. In ihr waren die gleichen Gedanken ausgesprochen, die er selbst vor nun mehr als einem halben Jahr dem Pöbel in Rennes verkündet hatte. Wenn nichts dagegen geschah, würde dieser hitzköpfige, unverantwortliche Stotterer die Stadt noch vor Anbruch der Nacht in Flammen getaucht haben. Der junge Mensch, der später eine Berühmtheit werden sollte, ein beschäftigungsloser Advokat des Palais, namens Camille Desmoulins, sprang, noch immer sein Schwert schwingend und noch immer mit dem Ruf: »Zu den Waffen! Mir nach!« vom Tisch herunter. André-Louis drängte sich vor, um seinerseits die improvisierte Tribüne, die der Stotterer soeben verlassen, zu besteigen und den Versuch zu machen, jener aufreizenden Rede entgegenzuwirken. Er bahnte sich einen Weg durch das Gedränge und stand plötzlich vor einem hochgewachsenen, prächtig gekleideten Mann, dessen schön geschnittenes Antlitz einen harten Ausdruck trug und dessen große dunkle Augen vor unterdrückter Wut funkelten.

Sie standen eine Zeitlang Aug in Auge, derweil die sich stoßende Menge unbeachtet vorüberflutete. Endlich lachte André-Louis:

»Jener Bursche dort besitzt ebenfalls eine äußerst gefährliche Gabe der Beredsamkeit, Monsieur le Marquis! Ja, heutzutage gibt es deren nicht wenige in Frankreich. Sie schießen wie Pilze aus dem Boden, den Sie und Ihresgleichen mit dem Blute der Märtyrer der Freiheit gedüngt haben. Bald vielleicht wird Ihr eigenes Blut fließen. Der Boden ist ausgedorrt, er dürstet schon danach!«

»Galgenvogel!« lautete die Antwort. »Die Polizei wird Ihnen Ihr Handwerk legen. Ich werde dem Generalstaatsanwalt einen Wink geben, daß Sie in Paris zu finden sind!«
»Mein Gott, Mann!« rief André-Louis. »Werden Sie denn nie zur Vernunft kommen? Was soll dieses Gerede von Generalstaatsanwälten, jetzt, da Paris selbst über Ihnen zusammenbricht und der Boden unter Ihren Füßen brennt? Erheben Sie doch Ihre Stimme, Monsieur le Marquis! Denunzieren Sie mich diesen hier! In einer Stunde wie der gegenwärtigen würden Sie mich zu einem Volkshelden machen! Oder soll ich Sie etwa denunzieren? Ich glaube: ja. Es scheint mir hohe Zeit, daß Sie Ihren Lohn empfangen. He! Ihr dort! Hört einmal zu! Darf ich mir gestatten, euch Monsieur...«
Ein Menschenstrom prallte gegen ihn an, riß ihn, wie sehr er auch dagegen ankämpfte, mit sich fort und trennte ihn von dem so unverhofft wiedergefundenen Marquis de La Tour d'Azyr. Er versuchte, sich dieser Menschenflut entgegenzustemmen, denn der Marquis, der in einen Wirbel dieses Stroms geraten, war an Ort und Stelle stehengeblieben, und André-Louis' letzter Blick traf auf einen Mann, der mit zusammengepreßten Lippen lächelte – ein häßliches Lächeln.
Inzwischen begannen sich die Gärten zu leeren, denn die Menge strömte hinter jenem stotternden Feuerkopf her, der die grüne Kokarde aufgepflanzt hatte, und ergoß sich in die Rue de Richelieu. André-Louis war gezwungen, sich wenigstens bis zur Rue du Hasard mittreiben zu lassen. Dort entwich er. Er spürte weder den Wunsch, sich totquetschen zu lassen, noch an dem kommenden Wahnsinn teilzunehmen. Er schlüpfte die Straße hinunter und erreichte die verödete Akademie. Heute waren keine Schüler dort, ja sogar Monsieur des Amis war, dem Beispiele André-Louis' folgend, ausgegangen, um zu hören, was sich in Versailles zugetragen.
Für die Akademie Bertrand des Amis' bedeutete das etwas ganz Ungewohntes. Was auch sonst in Paris jüngst zum Stillstand gekommen sein mochte, die Fechtakademie blühte wie nie zuvor. Gemeinhin waren Meister und Gehilfe von morgens bis zur Dunkelheit voll beschäftigt, und André-Louis erhielt bereits seine Entlohnung nach der von ihm erteilten Stundenzahl, denn der Meister gewährte ihm von jedem Schüler die Hälfte des Honorars, eine Vereinbarung, die sich für den Gehilfen als recht einträglich erwies. Selbst an Sonntagen machte die Akademie nur Halbfeiertag, allein an diesem Sonntag waren die Spannung und Gärung in der Stadt so stark, daß sowohl des Amis wie André-Louis ausgingen, da bis elf Uhr niemand erschienen war. Als sie sich flüchtig voneinander verabschiedeten – sie waren inzwischen gute Freunde geworden –, ahnten beide nicht, daß sie sich in diesem Leben nie wiedersehen würden.

Mord hauste an jenem Tag in Paris. Eine Abteilung Dragoner erwartete auf dem Place Vendôme die Menge, der sich André-Louis entzogen hatte. Die Kavalleristen sprengten auf den Pöbel ein, zerstreuten ihn, zertrümmerten das wächserne Bildnis Monsieur Neckers und töteten auf der Stelle einen Mann – einen unglücklichen französischen Gardisten, der auf Posten gestanden, und das war nur der Anfang. Besenval führte seine Schweizer von dem Marsfelde herbei und stellte sie mit vier Geschützen bewaffnet auf den Champs-Elysées in Schlachtordnung auf. Seine Dragoner postierte er auf dem Place Louis XV. Die gewaltige Volksmenge, die an jenem Abend die Champs-Elysées und die Tuilerien-Gärten füllte, beobachtete diese kriegerischen Maßnahmen mit erschreckten Augen. Schimpfworte prasselten auf die fremden Söldner nieder, Steine flogen durch die Luft. Besenval, der entweder den Kopf verloren hatte, vielleicht auch auf Befehl handelte, rief seine Dragoner herbei und gab das Kommando, die Menge auseinanderzutreiben. Allein die Masse stand zu dicht, als daß sie sich auf diese Weise hätte zerstreuen lassen, sie stand so dicht, daß es für die Berittenen zur Unmöglichkeit wurde, sich zu rühren, ohne jemand niederzureiten. Mehrere Leute aus dem Volk wurden niedergetrampelt, und als endlich die Dragoner unter Führung des Prince de Lambesc in die Tuilerien-Gärten vordrangen, antwortete ihnen der empörte Haufen mit einem Hagel von Steinen und Flaschen. Lambesc kommandierte: »Feuer!« Eine wilde Flucht begann. Das aufgebrachte Volk strömte aus den Tuilerien in die Stadt und verkündete überall, daß deutsche Kavallerie Weiber und Kinder niederritte, und jetzt erscholl der Ruf »Zu den Waffen!«, den Desmoulins um die Mittagszeit im Palais Royal ausgestoßen hatte, im grimmigsten Ernst.
Die Opfer wurden aufgehoben und fortgeschafft. Unter diesen Opfern befand sich Bertrand des Amis – gleich allen, die vom Schwert leben, ein glühender Anhänger des Adels –, zu Tode getrampelt unter den Hufen fremder, vom Adel entsandter und von einem Edelmann angeführter Reiter. Vier Leute aus dem Volk brachten die zerstampfte Leiche eines der ersten Opfer der Revolution, die jetzt tatsächlich ernsthaft ausgebrochen war, zu André-Louis, welcher im zweiten Stock des Hauses Rue du Hasard Numero 13 vergeblich seinen Freund und Meister erwartete.

3 Präsident Le Chevalier

Das Gären in Paris, das während der nächsten zwei Tage eher einem Feldlager als einer Stadt glich, verzögerte die Beerdigung Bertrand des Amis' bis zum Mittwoch jener ereignisreichen Woche. Im Rahmen all der Vorgänge, die eine ganze Nation bis in ihre Grundfesten erschütterten, blieb der Tod

eines Fechtmeisters selbst unter seinen Schülern, die während der beiden Tage, da seine Leiche aufgebahrt lag, der Akademie zum größten Teil fern blieben, fast unbemerkt. Einige hatten sich jedoch auch jetzt nicht abhalten lassen, zum Unterricht zu erscheinen, und diese erzählten die Neuigkeit den anderen Schülern, so daß der Meister von etwa zwanzig jungen Leuten, an deren Spitze André-Louis als der Hauptleidtragende schritt, zum Père Lachaise zur letzten Ruhe geleitet wurde.
Soweit André-Louis unterrichtet war, brauchte er keine Verwandten von dem Trauerfall zu verständigen, allein noch innerhalb Wochenfrist nach dem Todesfall kam eine Schwester Monsieur des Amis' von Passy herbeigeeilt, um des Bruders Erbe anzutreten. Dieses war beträchtlich, denn der Meister hatte vorteilhaft gearbeitet und Geld gespart, das zum größten Teil in der Compagnie des Eaux und in nationalen Schuldverschreibungen angelegt war. André-Louis verwies die Schwester an die Anwälte und sah sie nie wieder.
Der Tod des Amis' hinterließ ihn in einem Zustande so völliger Vereinsamung und Bekümmernis, daß er dem unvermuteten Glücksfall, der ihm automatisch aus diesem Tode erwuchs, keinen Gedanken und keine Beachtung schenkte. Des Meisters Schwester fiel zwar das gesamte, von diesem angesammelte Vermögen zu, aber André-Louis gelangte in den Besitz der Mine, aus der jener Reichtum geflossen war, nämlich in den der Fechtakademie selbst, in der er mittlerweile so festen Fuß als Lehrer gefaßt hatte, daß seine zahlreichen Schüler die erfolgreiche Fortführung der Anstalt unter seiner Leitung für selbstverständlich hielten. Noch nie hatten Fechtschulen derart geblüht wie in jenen aufgeregten Tagen, da jeder sein Schwert schärfte und sich in dessen Gebrauch übte.
Erst einige Wochen später begriff André-Louis, was sich eigentlich zugetragen, und merkte gleichzeitig, daß er am Ende seiner Kräfte angelangt war, hatte er doch während dieser vierzehn Tage Arbeit für zwei geleistet. Wäre er nicht auf den glücklichen Ausweg gekommen, seine fortgeschritteneren Schüler gegeneinander antreten zu lassen, während er selbst kritisierend, verbessernd und Rat erteilend danebenstand, die Aufgabe hätte bei weitem seine Spannkraft überschritten. Trotz allem mußte er täglich etwa sechs Stunden fechten, und tagtäglich erhob er sich des Morgens mit einem Rest von Müdigkeit vom Tage vorher, so daß er in Gefahr stand, der wachsenden Bürde zu erliegen. Schließlich nahm er zum Unterricht der Anfänger, die die größte Arbeit verursachten, einen Gehilfen an. Zum Glück fand er ohne Mühe einen geeigneten Mann in einem seiner früheren Schüler, einem Mann namens Le Duc. Ja, als mit dem Fortschreiten des Sommers die Anzahl der Schüler ständig wuchs, erwies es sich sogar als notwendig, einen zweiten Gehilfen – einen befähigten jungen Fechtlehrer, Galoche mit

Namen – anzustellen, sowie einen zweiten Saal im oberen Stockwerk zu mieten.

Es waren für André-Louis anstrengende Tage, anstrengendere noch, als er sie selbst zur Zeit der Ausgestaltung der Binet-Truppe je gekannt hatte, aber es waren auch Tage außerordentlichen Wohlstandes. Traurig war aber für ihn die Tatsache, daß Bertrand des Amis durch einen unglücklichen Zufall gerade auf der Schwelle einer so einträglichen Konjunktur der Fechtkunst sterben mußte.

Das Wappen der Académie du Roi, zu dessen Führung André-Louis nicht berechtigt war, prangte trotzdem weiter über dem Eingang. Er hatte diese Schwierigkeit in einer eines Scaramouche würdigen Weise überwunden. Er ließ das Schild samt der Devise »Académie de Bertrand des Amis, Maître en faits d'Armes des Académies du Roi« unverändert und fügte nur die Zeile hinzu: »Unter Leitung von André-Louis.«

Da ihm nur wenig Zeit zum Ausgehen verblieb, erfuhr er lediglich von seinen Schülern und durch die Zeitungen – die mit der Begründung der Pressefreiheit in reicher Anzahl in Paris aufgeschossen waren – von den revolutionären Fortschritten draußen, die gewissermaßen als Antiklimax dem Sturz der Bastille folgten. Dieses Ereignis war am Tage vor dem Leichenbegängnis, noch während Monsieur des Amis aufgebahrt lag, eingetreten und war der Hauptgrund für die Verzögerung der Beerdigung gewesen. Den Anlaß zur Erstürmung hatte jene übelberatene Attacke des Prinzen Lambesc geboten, bei welcher der Fechtmeister gefallen war.

Das aufgepeitschte Volk belagerte die Wahlmänner in dem Hotel de Ville und forderte Waffen, um sein Leben gegen die fremden, vom Despotismus angeworbenen Mörder zu verteidigen. Schließlich hatten die Wahlmänner eingewilligt, das Volk mit Waffen zu versehen, oder richtiger – da sie nicht genügend Waffen zur Verteilung besaßen – gestattet, daß sich die Menge selbst bewaffnete. Ebenso hatte man dem Volke eine Kokarde gegeben, rot und blau, die Farben von Paris. Da aber diese Farben gleichzeitig jene der Livreen des Herzogs von Orléans waren, hatte man Weiß hinzugefügt, das Weiß der alten Standarte Frankreichs – so wurde die Trikolore geboren. Ferner wurde auch ein ständig tagendes Komitee von Wahlmännern eingesetzt, das über die öffentliche Ordnung zu wachen hatte.

Auf diese Weise gestärkt machte sich das Volk mit solcher Tatkraft an die Arbeit, daß innerhalb von sechsunddreißig Stunden sechzigtausend Piken geschmiedet waren. Dienstag früh um neun Uhr standen dreißigtausend Mann auf dem Place des Invalides, um elf Uhr hatte die Menge das Waffenlager, etwa dreißigtausend Musketen, geplündert, während andere das Arsenal gestürmt und sich mit Pulver versehen hatten.

So rüsteten sich die Massen, dem Angriff standzuhalten, der an jenem

Abend von sieben Punkten aus gegen die Stadt unternommen werden sollte. Aber Paris wartete diesen Angriff nicht erst ab. Das Pariser Volk ergriff seinerseits die Initiative. Wahnsinnig vor Begeisterung, faßte es den sinnlosen Entschluß, jene schreckliche drohende Festung, die Bastille, zu stürmen; ja, mehr noch, es erzielte bei diesem Unterfangen, von der französischen Garde mit Kanonen unterstützt, noch ehe am gleichen Abend die Uhr fünf schlug, einen vollen Sieg.

Die Nachricht hiervon wurde von dem Prinzen Lambesc, der sich samt seinen Dragonern vor der so gewaltigen, über Nacht aus dem Pariser Straßenpflaster erwachsenen bewaffneten Macht in voller Flucht befand, nach Versailles gebracht und ließ den Hof auf der bereits beschrittenen Bahn innehalten. Die in der Bastille eroberten Kanonen befanden sich in der Gewalt des Volkes. Sofort begann die Menge, in den Straßen von Paris Barrikaden zu errichten und die Kanonen dort aufzupflanzen. Man hatte den Angriff allzulange hinausgeschoben. Jetzt mußte man ihn aufgeben, denn die einzige Folge wäre nun sinnloses Blutvergießen gewesen, welches das bereits stark erschütterte Prestige der Monarchie nur noch mehr erschüttert haben würde.

So kam es, daß der Hof, durch Furcht vorübergehend zur Vernunft gebracht, den Weg der Verhandlungen einschlug. Man versprach, Necker zurückzurufen, die drei Stände sollten, den Forderungen der Versammlung entsprechend, in vereinter Sitzung tagen. Die Gewalt wich restlos der stärkeren Gewalt: dem einzigen wirksamen Argument. Unbegleitet erschien der König in der Nationalversammlung, um diese – zur unaussprechlichen Erleichterung ihrer Mitglieder, welche die furchterregenden Zustände in Paris voller Schmerz und Angst betrachteten – von dem in elfter Stunde gefaßten Entschluß in Kenntnis zu setzen. »Keine Gewalt außer der Gewalt der Vernunft und Überredung«, lautete die Parole, die auch während zweier langer Jahre mit nie genug zu würdigender Geduld und Standhaftigkeit angesichts zahlloser Herausforderungen aufrechterhalten wurde.

Auf dem Heimweg von der Nationalversammlung umklammerte ein Weib des Königs Knie und verlieh mit ihren Worten der Frage, die ganz Frankreich bewegte, Ausdruck:

»Ah, Sire, sind Sie auch wirklich aufrichtig? Sind Sie überzeugt, daß Sie Ihre Meinung nicht ändern werden?«

Dennoch stellte keiner eine derartige Frage, als der König wenige Tage darauf, allein und unbehütet, außer von den Vertretern der Nation, nach Paris eilte, um den Frieden, die Aufgabe aller Privilegien, zu vollenden. Schrekken packte den Hof angesichts dieses tollkühnen Wagnisses. Waren jene meuterischen Pariser nicht »der Feind«? Durfte sich ein König allein in die Reihen des Feindes begeben? Teilte der König auch bis zum gewissen Grade diese Furcht, was man, nach seiner düsteren Stimmung zu schließen, glauben möchte, so fand er sie dennoch eitel. Wenn auch zweihunderttausend Mann unter Waffen ihn erwarteten – Männer ohne Uniform und ausgerüstet mit dem buntesten Gemisch an Waffen, das die Erde je gesehen –, sie warteten seiner nur als Ehrengarde.

Bürgermeister Bailly überreichte dem Könige vor den Toren der Stadt die Schlüssel. »Es sind dieselben Schlüssel, die Heinrich IV. überreicht wurden. Er hatte sich sein Volk zurückerobert. Heute hat sich das Volk seinen König zurückerobert.«

Auf dem Rathaus bot Bürgermeister Bailly dem König die neue Kokarde, das dreifarbige Symbol des konstitutionellen Frankreich, und nachdem er seine königliche Zustimmung zur Bildung einer Bürgergarde sowie zur Ernennung Baillys und Lafayettes erteilt hatte, fuhr er unter den Rufen »Vive le Roi« seitens seines getreuen Volkes nach Versailles zurück.

Und jetzt seht das Schauspiel der Privilegierten, wie sie sich in letzter Stunde vor den Mündungen der Geschütze unterwerfen, jetzt, da es zu spät ist. Hätten sie sich früher gebeugt, sie hätten ein Meer von Blut – vornehmlich ihr eigenes Blut – zu fließen verhindern können. Jetzt kamen sie, Adel und Geistlichkeit, um teilzunehmen an der Nationalversammlung, an dem Werk der Schaffung einer Konstitution, die Frankreichs Wiedergeburt herbeiführen sollte. Allein diese Mitarbeit ist ein Gespött – ein ebensolches Gespött wie die Tat des Erzbischofs von Paris, der zu Ehren des Falles der Bastille ein Tedeum zelebrierte – dieses ungeheuerlichsten und unglaublichsten Ereignisses jener ungeheuerlichen und unglaublichen Zeit. Und die einzige Veränderung in der Nationalversammlung ist der Eintritt von fünf- bis sechshundert Feinden in deren Reihen, lediglich anwesend, die Beratungen zu stören und zu verschleppen.

Jedoch das gehört der Geschichte an und ist in allen Einzelheiten anderswo zu lesen. Hier soll nur das wiederholt werden, was sich in André-Louis' Schriften findet, und es wird fast in seinen eigenen Worten wiederholt, welche alle Wandlungen seines Denkens widerspiegeln. Nun, da er verstummt war, lernte er allmählich an jene Dinge glauben, an die er, während er sie gepredigt, nicht geglaubt hatte.

Mittlerweile vollzog sich mit der Wandlung seines Geschicks auch eine Wandlung seiner Stellung gegenüber dem Gesetz, eine Wandlung, die durch die zahllosen Veränderungen in den bestehenden Verhältnissen herbeigeführt wurde. Er brauchte sich nicht länger zu verbergen. Wer hätte ihn wohl in diesen Tagen der Taten wegen, die er in der Bretagne vollbracht, des Aufruhrs angeklagt? Welcher Gerichtshof würde es gewagt haben, ihn an den Galgen zu schicken, nur weil er im voraus das gesagt, was jetzt ganz Frankreich wiederholte? Und was jenes andere Vergehen betraf

– wer kümmerte sich jetzt noch um den Tod des elenden Binet, den er – wie André-Louis immer noch hoffte – in Notwehr getötet hatte.
Und so geschah es, daß André-Louis eines schönen Morgens Anfang August einen Tag Urlaub nahm – die Akademie arbeitete jetzt unter Leitung seiner Gehilfen reibungslos –, sich eine Chaise mietete und hinaus nach Versailles in das Café d'Amaury fuhr, wo, wie er wußte, der Bretonische Klub tagte, aus dessen Schoß die Gesellschaft der Freunde der Konstitution, besser unter dem Namen »Jakobiner« bekannt, hervorgehen sollte. Er beabsichtigte Le Chapelier aufzusuchen, einen der Gründer jenes Klubs, ein Mitglied von weitreichendem Einfluß, und zur Zeit, da über eine Erklärung der Menschenrechte beraten wurde, Präsident der Nationalversammlung.
Le Chapeliers Bedeutung spiegelte sich in der Servilität des weißärmeligen, weißbeschürzten Kellners wieder, bei dem sich André-Louis nach dem Volksvertreter erkundigte.
Monsieur Le Chapelier befände sich oben mit seinen Freunden. Der Kellner würde dem Herrn zwar gerne dienen, aber er schrecke davor zurück, Monsieur le Député während der Sitzung mit dessen Freunden zu stören.
André-Louis drückte dem Manne ein Silberstück in die Hand, um ihm Mut zu machen. Dann ließ er sich an einem der Marmortische neben dem Fenster nieder, das auf den weiten baumumschlossenen Platz hinausblickte.
Und hier in dem allgemeinen Gastzimmer des Cafés, das um diese Nachmittagsstunde verödet lag, begrüßte ihn der große Mann. Noch war kein Jahr verflossen, da hatte er in den subtilen Fragen politischer Führerschaft André-Louis den Vortritt gelassen, heute stand er auf den Höhen politischer Macht, war einer der mächtigen Führer einer ringenden Nation, während André-Louis tief unten im Schatten der großen Masse weilte.
Derartige Gedanken beschäftigten die beiden, als sie einander prüfend gegenüberstanden und jeder die bedeutsamen Veränderungen, die wenige Monate in ihnen bewirkt, wahrnahm. An Le Chapelier fiel André-Louis vor allem eine gewisse Verfeinerung des gesamten Habitus auf, die mit anderen unnennbaren Verfeinerungen des Ausdrucks Schritt hielt. Er war hagerer geworden, sein Antlitz war bleich, und die Augen, die seinen Besuch durch das goldgeränderte Lorgnon musterten, blickten müde. Und an André-Louis selbst bemerkten diese ermüdeten aber rastlosen Augen des bretonischen Deputierten noch viel auffallendere Veränderungen. Die anhaltenden Fechtübungen der letzten paar Monate hatten André-Louis eine ungewöhnliche Grazie der Bewegungen, eine stolze Haltung, sowie eine seltsame unbeschreibliche Autorität und Würde verliehen, dank der er größer erschien, als er in Wirklichkeit war. Seine Kleidung war von ruhiger, aber reicher Eleganz, an der Seite hing ihm ein kleiner mit einem Silberknauf geschmückter Degen, den er wie etwas Altgewohntes trug, und sein

schwarzes Haar, das Le Chapelier bisher stets nur in langen Strähnen die hageren Wangen hatte umflattern sehen, war jetzt gepflegt und glänzend und zu einem Zopf geflochten. Ja, fast erweckte er den Eindruck eines Petit-Maître.
Bei beiden Männern jedoch waren diese Veränderungen rein äußerlicher Art, wie sie sehr bald entdecken sollten. Le Chapelier war der gleiche gerade, offene Bretone geblieben, schroff in Rede und Wesen. Einen kurzen Augenblick lächelte er ein Lächeln, halb der Überraschung, halb der Freude, dann breitete er weit die Arme aus. Sie umarmten einander vor den erstaunten Augen des in Ehrfurcht erstarrten Kellners, der sich alsbald diskret zurückzog.
»André-Louis, mein Freund! Sind Sie vom Himmel gefallen?«
»Wir fallen vom Himmel. Ich jedoch komme lediglich aus den Tiefen, um aus der Nähe einen zu bewundern, der jetzt auf den Höhen wandelt.«
»Auf den Höhen? Hätten Sie es nur gewollt, Sie könnten jetzt an meiner Stelle stehen.«
»Mein Kopf ist zu schwach für jene Gipfel, die Luft erscheint mir dort zu dünn. In Wahrheit, Sie sehen selbst nicht allzu wohl aus, Isaac. Sie sind blaß.«
»Die Nationalversammlung hat gestern die ganze Nacht getagt. Das ist der einzige Grund. Diese verdammten Privilegierten mehren nur unsere Schwierigkeiten. Und sie werden das so lange tun, bis wir ihre Abschaffung dekretieren.«
Sie setzten sich. »Ihre Abschaffung? Beabsichtigen Sie so weit zu gehen? Nicht, daß es mich überrascht! Sie waren stets radikal.«
»Ich beabsichtige es, um sie zu retten. Ich will sie offiziell abschaffen, um zu verhüten, daß sie auf andere Art seitens des Volkes, das sie aufreizen, abgeschafft werden.«
»Ich verstehe. Und der König?«
»Der König ist die Verkörperung der Nation. Wir werden ihn zusammen mit der Nation aus der Knechtschaft der Privilegierten befreien. Unsere Konstitution soll das bewerkstelligen. Stimmen Sie mir zu?«
André-Louis zuckte die Achseln. »Kommt es darauf an? In der Politik bin ich ein Träumer und kein Mann der Tat. Bis vor kurzem war ich ein Gemäßigter, weit gemäßigter, als Sie glauben. Heute bin ich fast Republikaner. Ich habe die Augen offen gehalten, und ich habe erkannt: dieser König ist ein Nichts, ein glattes Nichts, eine Marionette, die tanzt, wie die Hand, die den Draht zieht, es vorschreibt.«
»*Dieser* König, sagen Sie? Welch anderer König wäre möglich? Sie gehören doch nicht zu denen, die um Orléans ihre Träume spinnen? Er besitzt zwar eine Art Partei, eine Gefolgschaft, die sich hauptsächlich auf den Volkshaß

gegen die Königin sowie auf die bekannte Tatsache, daß sie Orléans' Feindin ist, gründet. Einige spielen sogar mit dem Gedanken, Orléans zum Regenten zu machen, ja, sie gehen noch weiter. Robespierre gehört zum Beispiel zu diesen.«

»Wer?« forschte André-Louis, dem dieser Name unbekannt war.

»Robespierre – ein unmöglicher kleiner Anwalt, der Arras repräsentiert, ein schäbiger, tolpatschiger, schüchterner Dummkopf, der durch die Nase Reden schwingt, auf die keiner hört – ein Ultraroyalist, den die Royalisten und Orléanisten für ihre Zwecke mißbrauchen. Er ist indes zäh und besteht darauf, gehört zu werden. Vielleicht wird man eines Tages sogar in der Tat auf ihn hören. Aber daß er und die anderen je etwas aus Orléans machen werden – pah! Orléans selbst wird es wohl wünschen, allein – der Mann ist ein Eunuch des Verbrechens, er möchte gern und kann nicht. Die Phrase stammt von Mirabeau.«

Er brach ab, um sich nach André-Louis' Ergehen zu erkundigen.

»Sie haben nicht als Freund an mir gehandelt, als Sie mir schrieben«, beschwerte sich Le Chapelier. »Sie gaben mir keine Möglichkeit, Ihren Aufenthaltsort zu entdecken, Sie schilderten Ihre Verhältnisse als trostlos und verhinderten gleichzeitig, daß man Ihnen half. Ich befand mich Ihretwegen in schwerer Sorge, André. Allein Ihrem Aussehen nach hätte ich mir das ersparen können. Sie scheinen in guten, ja sicheren Verhältnissen zu leben. Erzählen Sie mir, wie das kam.«

André-Louis berichtete ungeschminkt, was es zu berichten gab.

»Wissen Sie, daß Sie mich in Erstaunen setzen?« meinte der Deputierte. »Von der Robe zum Kothurn, und vom Kothurn zum Schwert! Wo werden Sie wohl noch enden?«

»Am Galgen, vermutlich.«

»Unsinn! Bleiben wir ernst. Weshalb nicht in der Toga eines Senators des senatorischen Frankreich? Sie ist Ihnen sicher, wenn Sie nur wollen.«

»Von allen der sicherste Weg zum Galgen«, lachte André-Louis.

Le Chapeliers Wesen verriet Ungeduld. Ob ihm dieser Satz wohl vier Jahre später wieder einfiel, an jenem Tage, da er selbst auf dem Todeskarren zum Grèveplatz fuhr?

»Wir sind in der Versammlung sechsundsechzig bretonische Delegierte. Würden Sie, falls ein Sitz frei wird, als Stellvertreter einspringen? Ein Wort von mir, verbunden mit dem Klang, den Ihr Name in Rennes und Nantes genießt, und die Sache ist gemacht.«

André-Louis lachte laut auf. »Wissen Sie, Isaac, daß wir nie zusammen sein können, ohne daß Sie mich mit Gewalt in die Politik hineinzudrängen versuchen?«

»Weil Sie die Gabe dafür besitzen. Sie sind zur Politik geboren.«

»Ja, ja –– Scaramouche auch im wirklichen Leben. Ich habe ihn auf der Bühne gespielt. Das mag genügen. Sagen Sie, Isaac, was wissen Sie Neues von meinem alten Freund, La Tour d'Azyr?«

»Er sitzt in Versailles – der Teufel hol ihn –, ein Dorn im Fleische der Versammlung. Sein Schloß in La Tour d'Azyr haben sie ihm niedergebrannt. Unglücklicherweise befand er sich zur Zeit nicht daheim. Aber die Flammen haben seiner Unverschämtheit keinen Abbruch getan. Er träumt davon, daß die Leibeigenen es ihm nach den philosophischen Verirrungen dieser Zeit wieder aufbauen werden.«

»Also es hat in der Bretagne Unruhen gegeben?« André-Louis war plötzlich ernst geworden, seine Gedanken kehrten zu Gavrillac zurück.

»Eine Fülle von Unruhen, dort und anderswo. Wundern Sie sich darüber? Dieser ewige Aufschub in solcher Zeit, da Hungersnot im Lande herrscht? Überall sind während der letzten vierzehn Tage Schlösser in Rauch aufgegangen. Die Bauern haben von den Parisern gelernt und betrachten jedes Schloß als eine Art Bastille. Allein, man hat wie hier auch dort die Ordnung wieder hergestellt, und die Bauern sind wieder friedlicher geworden.«

»Wie steht es in Gavrillac? Wissen Sie darüber Bescheid?«

»Ich glaube, gut. Monsieur de Kercadiou war kein Marquis de La Tour d'Azyr. Seine Leute hingen an ihm. Es ist nicht wahrscheinlich, daß sie sich an Gavrillac vergreifen werden. Aber stehen Sie denn mit Ihrem Paten nicht in Verbindung?«

»Unter den jetzigen Verhältnissen: nein. Was Sie mir da erzählen, macht die Lage schwieriger denn je, denn er muß mich zu jenen zählen, die mithalfen, die Fackel zu entzünden, welche so manchen seiner Klasse gehörigen Besitz in Flammen aufgehen ließ. Erkundigen Sie sich, bitte, an meiner Statt, ob alles gut steht, und geben Sie mir dann Nachricht.«

»Gern! Sofort!«

Beim Abschied, als er bereits in das Kabriolett stieg, das ihn nach Paris zurückbringen sollte, fragte André-Louis noch nach einer anderen Angelegenheit.

»Wissen Sie nicht zufällig, ob Marquis de La Tour d'Azyr schon geheiratet hat?«

»Nein, was gleichbedeutend damit ist, daß er es nicht getan hat. Denn von jenem erhabenen Privilegierten hätte ich es bestimmt gehört.«

»Sicherlich.« André-Louis' Ton war gleichgültig. »Auf Wiedersehen, Isaac! Besuchen Sie mich – Nr. 13 Rue du Hasard. Kommen Sie bald.«

»Sobald und sooft meine Pflichten es mir gestatten. Im Augenblick halten sie mich hier angekettet.«

»Sie armer Sklave Ihrer vielgerühmten Freiheit!«

»Wahr! Aus eben diesem Grunde werde ich kommen! Ich habe eine Pflicht

gegenüber der Bretagne: Omnes Omnibus zu einem ihrer Vertreter in der Nationalversammlung zu machen!«
»Das ist eine Pflicht, die ich Sie gefälligst zu vernachlässigen ersuche«, lachte André-Louis und fuhr davon.

4 *In Meudon*

Noch in der gleichen Woche erhielt er kurz vor der Mittagsstunde einen Besuch Le Chapeliers.
»Ich habe Neuigkeiten für Sie, André. Ihr Pate befindet sich in Meudon. Er ist vor zwei Tagen dort angekommen. Wußten Sie das schon?«
»Nein! Woher sollte ich das wissen? Weshalb ist er in Meudon?« André-Louis spürte eine gewisse Erregung, deren Ursachen er kaum hätte nennen können.
»Ich weiß es nicht. Es hat in der Bretagne erneute Unruhen gegeben. Vielleicht ist das der Grund.«
»Er hat also bei seinem Bruder Zuflucht gesucht?« forschte André-Louis.
»In seines Bruders Haus, ja, aber nicht bei seinem Bruder. Wo haben Sie in letzter Zeit nur gelebt, André? Hören Sie denn gar keine Neuigkeiten? Etienne de Gavrillac ist schon vor Jahren ausgewandert. Er gehörte zum Hofstaat Monsieur d'Artois' und hat mit diesem die Grenze überschritten. Inzwischen ist er ohne Zweifel längst in Deutschland gelandet, von wo aus er gegen Frankreich konspiriert. Das tun diese Emigranten ja alle. Die Österreicherin dort oben in den Tuilerien wird zum Schluß die Monarchie noch völlig ruinieren.«
»Ja, ja«, meinte André-Louis ungeduldig. Er interessierte sich an jenem Morgen nicht für Politik. »Und wie steht es mit Gavrillac?«
»Habe ich Ihnen nicht eben erst erzählt, Gavrillac befände sich in Meudon, in dem Hause, das sein Bruder dort zurückgelassen hat? Spreche ich etwa nicht Französisch, oder verstehen Sie diese Sprache nicht? Ich glaube, sein Verwalter Rabouillet betreut inzwischen die Herrschaft Gavrillac. Ich überbringe Ihnen die Nachricht im Augenblick, da ich sie selbst erfuhr. Ich nahm an, daß Sie Ihren Paten wahrscheinlich in Meudon würden besuchen wollen.«
»Natürlich. Ich werde es sogleich tun – das heißt, sobald ich fort kann. Heute geht es nicht, und morgen auch nicht. Ich habe hier zuviel zu tun.« Er deutete mit der Hand nach dem hinteren Zimmer, aus dem das Klingen von Stahl, eiliges Scharren von Füßen und die Stimme des Lehrers Le Duc herüberdrangen.
»Schön, schön, das ist Ihre Sache. Sie sind beschäftigt. Ich will Sie jetzt ver-

lassen. Wollen wir heute im Café de Foy zu Abend speisen? Kersain wird ebenfalls kommen.«

»Einen Augenblick!« André-Louis' Stimme rief ihn noch auf der Schwelle zurück. »Ist Mademoiselle de Kercadiou bei ihrem Onkel?«

»Wie, zum Teufel, soll ich das wissen? Gehen Sie hin und sehen Sie nach.«

Fort war er, und André-Louis verharrte einen Augenblick in tiefen Gedanken. Dann wandte er sich um und kehrte zu seinem Schüler, dem Vicomte de Villeniort zurück, um den unterbrochenen Unterricht über den Danetschen Demi-contre wieder aufzunehmen. Er bediente sich dabei des Stoßdegens, um die Vorteile aus der Anwendung dieser Parade zu illustrieren. Anschließend daran focht er mit dem Vicomte, der im Augenblick vielleicht der tüchtigste seiner Schüler war. Die ganze Zeit über weilten seine Gedanken auf den Höhen von Meudon, und er überlegte hin und her, welche Stunden er an diesem Nachmittage und am kommenden Morgen absagen könne, ohne den Gang der Akademie zu stören. Nachdem er den Vicomte dreimal berührt hatte, brach er ab und riß sich mit Gewalt in die Gegenwart zurück, voller Erstaunen über die Genauigkeit seines rein mechanischen Tuns. Ohne daß er auch nur einen Gedanken seiner Tätigkeit zugewandt, hatten Handgelenk, Arm und Knie automatisch ihre Pflicht getan, wie es sich für die sorgfältig durchgearbeitete Kampfmaschine schickte, in die ihn ununterbrochene Übung während der Dauer eines Jahres verwandelt hatte.

Erst am Sonntag war André-Louis in der Lage, einen Wunsch zu befriedigen, den die Ungeduld der dazwischenliegenden Tage zur Sehnsucht gesteigert hatte. Sorgfältiger denn je gekleidet, das Haar elegant frisiert – von einem Coiffeur des Adels, den die sich immer mehr vergrößernde Zahl der Auswanderer, wie so viele seinesgleichen, arbeitslos gemacht –, bestieg André-Louis die Mietkutsche und fuhr hinaus nach Meudon.

Das Haus des jüngeren Kercadiou glich dem Wohnsitz des Oberhauptes der Familie ebensowenig, wie es die Person des Besitzers getan. Ein Höfling, im Gegensatz zu Quintin de Kercadiou, der vornehmlich Landmann war, ein Beamter im Haushalt von Monsieur le Comte d'Artois, hatte Etienne de Kercadiou für sich und seine Familie auf den Höhen von Meudon in einem Miniaturpark eine stattliche Villa errichtet, bequem auf halbem Wege zwischen Versailles und Paris gelegen und von beiden Punkten aus leicht erreichbar. Monsieur d'Artois – der königliche Tennisspieler – war als einer der ersten ausgewandert. Zusammen mit den Condés, Contis, Polignacs und anderen aus der nächsten Umgebung der Königin, zugleich mit dem alten Maréchal de Broglie und dem Prinzen de Lambesc, die beide erkannt hatten, daß ihre Namen allein schon genügten, sie beim Volke verhaßt zu machen, hatte er unmittelbar nach dem Fall der Bastille Frankreich verlas-

sen. Er spielte jetzt jenseits der Grenze Tennis und vollendete dort das Werk, dem er und seinesgleichen sich in Frankreich geweiht hatten, nämlich die französische Monarchie zu ruinieren. In seiner Begleitung befand sich unter anderen auch Etienne de Kercadiou, begleitet von seiner Familie – Gattin und vier Kinder. So konnte der Seigneur von Gavrillac froh sein, einer so unruhigen Provinz, wie es die Bretagne war, wo der Adel zu dem steifnackigsten von ganz Frankreich gehörte, den Rücken kehren zu können, und während seines Bruders Abwesenheit von dieser prächtigen Villa in Meudon Besitz nehmen.
Daß er sich dort sehr wohl fühlte, ist kaum anzunehmen. Ein Mann von seiner spartanischen Lebensweise, an schlichte Kost und Selbstbedienung gewöhnt, vermochte sich an diesem luxuriösen Ort mit den weichen Teppichen, der üppigen Vergoldung und einer Schar geschmeidiger lautloser Bedienter – der jüngere Kercadiou hatte seine gesamte Dienerschaft zurückgelassen – nicht heimisch zu fühlen. Hier ging die Zeit, die auf Gavrillac durch die Landwirtschaft voll ausgefüllt war, schleppenden Schrittes vorwärts. Aus schierer Selbstverteidigung schlief er viel, und wäre Aline nicht gewesen, die in keiner Weise ihr Entzücken über die Nähe von Paris als dem Herzen aller Ereignisse zu verbergen suchte, er hätte wahrscheinlich auf der Stelle zum Rückzug geblasen. So hoffte er, sich vielleicht im Laufe der Zeit doch noch an diese fremde Umgebung gewöhnen und sich in diesen üppigen Müßiggang finden zu können. Einstweilen aber war er verdrießlich und launenhaft, und in dieser verdrießlichen und ziemlich schläfrigen Stimmung traf ihn auch André-Louis, als er in den ersten Stunden jenes Sonntagnachmittags im Juni zu ihm geführt wurde. André-Louis war unangemeldet erschienen, wie das in Gavrillac von jeher Sitte gewesen war. Die Schuld daran trug Bénôit, Monsieur de Kercadious alter Seneschall, der seinen Herrn bei diesem luxuriösen Abenteuer begleitet hatte und jetzt – zur ständigen und nur schlecht verhehlten Erheiterung der frechen Kammerdiener Monsieur Etiennes' – in Meudon als Maître d'Hôtel amtierte.
Bénôit hatte Monsieur André mit stammelndem Entzücken begrüßt, fast hätte er ihn wie ein treuer, alter Hund umsprungen, während er ihn in den Salon und vor das Angesicht des Herrn von Gavrillac geleitete, der – um mit Bénôit zu reden – außer sich, ja außer sich vor Freude sein würde, Monsieur André wiederzusehen.
»Monseigneur! Monseigneur!« rief er mit zitternder Stimme und betrat ein paar Schritte vor dem Besucher das Zimmer. »Hier ist Monsieur André – Monsieur André, Euer Patenkind, er ist gekommen, Euch die Hand zu küssen. Hier ist er – und so elegant, man möchte ihn fast nicht wiedererkennen. Hier ist er, Monseigneur! Ist er nicht prächtig?«

Und der alte Diener rieb sich in der Vorfreude auf die Freude, die er seinem Herrn zu bereiten glaubte, die Hände.
André-Louis überschritt die Schwelle jenes weiten Gemachs, dessen weiche Teppiche dem Fuße schmeichelten und dessen Pracht das Auge blendete. Es war ungeheuer hoch, kannelierte Säulen mit vergoldeten Kapitälen trugen die mit Blumengewinden geschmückte Decke. Die Tür, durch die André-Louis eingetreten, sowie die auf den Garten führenden Fenster hatten fast die volle Höhe des Zimmers. Dieses selbst war überreich vergoldet mit einer Unmenge Or-moulu-Ornamenten an den Möbeln, hierin unterschied es sich in keiner Weise von den üblichen Wohnungen reicher adeliger Familien. Ja, wohl nie zuvor und nie wieder gab es eine Periode, in der so viel Gold auf Verzierungen verschwendet wurde wie in diesem Jahrhundert, in dem doch zu gleicher Zeit gemünztes Gold so gut wie nicht vorhanden war, so daß man gezwungen war, an seiner Statt Papiergeld in Umlauf zu setzen. André-Louis hatte das Bonmot geprägt, daß die Finanzen des Königreichs sich sehr rasch heben würden, hätte man diese Leute nur bewegen können, das Papier an ihre Wände zu kleben und dafür das Gold in die Taschen zu stecken.
Der Seigneur – im Einklang mit seiner Umgebung geschniegelt und geputzt – hatte sich erhoben, aufgerüttelt durch die stürmische Invasion Bénôits, der seit ihrer Übersiedelung nach Meudon fast im gleichen Maße wie er selber Trübsal geblasen hatte.
»Wer ist da, he?« Er blinzelte seinen Besuch aus blassen kurzsichtigen Augen an. »André!« rief er halb überrascht, halb streng, und die Farbe vertiefte sich auf seinem dicken roten Gesicht.
Bénôit, der seinem Herrn den Rücken zukehrte, kniff vielsagend das eine Auge zu und grinste André-Louis ermutigend an, als wolle er ihm zu verstehen geben, daß er sich durch äußere Feindseligkeit seitens seines Paten nicht abschrecken lassen möge. Dann zog sich der schlaue alte Bursche diskret zurück.
»Was willst du hier?« fragte Monsieur de Kercadiou knurrend.
»Nichts, als Ihnen die Hand küssen, Monsieur Pate, wie Bénôit meldete«, entgegnete André-Louis unterwürfig.
»Du hast es zwei Jahre lang ohne das ausgehalten.«
»Machen Sie mir keinen Vorwurf aus meinem Unglück, Monsieur.«
Der kleine Mann stand steif aufgerichtet, den unverhältnismäßig großen Kopf in den Nacken geworfen, einen harten Ausdruck in den wässerigen vorquellenden Augen.
»Gedachtest du deine haarsträubenden Verfehlungen dadurch wieder gutzumachen, daß du auf so herzlose Weise verschwandest, ohne uns wissen zu lassen, ob du lebtest oder tot wärest?«

»Anfänglich war es gefährlich – lebensgefährlich für mich –, meinen Aufenthaltsort zu verraten. Später befand ich mich eine Zeitlang in dürftigen Verhältnissen, ja fast in Not, und mein Stolz verbot mir, mich nach dem, was ich getan hatte, und wie sich Ihnen die Dinge zeigen mußten, an Sie um Hilfe zu wenden. Dann...«

»In Not?« unterbrach ihn der Seigneur. Einen kurzen Augenblick zitterten seine Lippen. Doch sogleich hatte er sich wieder in Gewalt, und die Furchen auf seiner Stirn vertieften sich, als er sein sehr verändertes und reich gekleidetes Patenkind musterte. Er bemerkte die ruhige Eleganz der Kleidung, die Straßschnallen und roten Absätze an den Schuhen, den Degen mit dem Knauf auf Perlmutter und Silber sowie das sorgfältig gepflegte Haar, das sonst stets André-Louis' Gesicht lose umflattert hatte. »Zum mindesten siehst du heute nicht so aus, als wärest du in Not«, höhnte er.

»Das bin ich auch nicht. Es ist mir seither gutgegangen. Darin, Monsieur, unterscheide ich mich von dem üblichen verlorenen Sohn, der wiederkehrt, wenn er Hilfe braucht. Ich kehre lediglich zurück, weil ich Euch liebe, Monsieur – und um Euch das zu sagen. Ich kam im gleichen Augenblick, da ich von Eurem Aufenthalt hier erfuhr.« Er trat einen Schritt vor. »Herr Pate!« bat er und streckte ihm beide Arme entgegen.

Allein Monsieur de Kercadiou blieb unbewegt, in kalte Würde und Erbitterung gehüllt.

»Was immer für Entbehrungen du erlitten haben magst oder erlitten zu haben glaubst, sie sind weit geringer, als du deinem schändlichen Benehmen nach verdientest, und du hast, wie ich bemerke, auch nichts an Unverschämtheit eingebüßt. Du glaubst, du brauchtest nur hierherzukommen und ›Herr Pate!‹ zu sagen, und schon würde alles vergeben und vergessen sein. Darin irrst du dich jedoch. Das Unrecht, das du begangen, ist zu groß, du hast dich gegen alles vergangen, was mir teuer ist, und hast durch den Verrat an meinem Vertrauen auch an mir selbst gesündigt. Du bist einer jener unbegreiflichen Halunken, die für diese Revolution verantwortlich sind.«

»Leider sehe ich, Monsieur, daß auch Sie in der allgemeinen Täuschung befangen sind. Diese unbegreiflichen Halunken verlangen nichts weiter als eine Verfassung, wie sie uns vom Thron herab versprochen wurde. Sie konnten nicht wissen, daß dieses Versprechen unaufrichtig war, noch daß seine Erfüllung durch die privilegierten Klassen verhindert werden würde. Die Männer, welche diese Revolution geschürt haben, Monsieur, sind die Edlen und Prälaten.«

»Du wagst es – wagst es zu solcher Zeit – hier zu stehen und mir derartig infame Lügen vorzutragen? Du wagst zu behaupten, die Adligen hätten die Revolution hervorgerufen, obwohl Dutzende von ihnen nach dem Beispiel

des Herrn Herzogs von Aiguillon ihre Privilegien, ja selbst ihre Besitztitel dem Volke in den Schoß geworfen! Aber am Ende bestreitest du auch das?«
»O nein. Nachdem sie in ihrem Übermut vorsätzlich das Haus angezündet haben, suchen sie jetzt mit Wasser die Flammen zu löschen, und wo ihnen dies mißlingt, schieben sie die ganze Schuld auf die Tatsache, daß es eben brennt.«
»Ich sehe, du bist hierhergekommen, um über Politik zu schwatzen.«
»Da sei Gott vor! Ich bin gekommen, um, wenn möglich, mein Verhalten zu erklären. Verstehen heißt immer verzeihen. Das ist ein großes Wort Montaignes. Wenn ich Ihnen nur klarzumachen vermöchte –«
»Du vermagst es nicht. Du wirst mir niemals erklären können, weshalb du dich damals in der Bretagne so notorisch anrüchig machtest.«
»Ah, doch nicht anrüchig, Monsieur!«
»Doch, anrüchig – bei denen, auf die es ankam. Man behauptet sogar, du seist Omnes Omnibus, obwohl ich das nicht glauben kann, nicht glauben will.«
»Und doch ist es wahr.«
Monsieur de Kercadiou rang nach Atem. »Du gestehst es ein? Du wagst, das einzugestehen?«
»Was ein Mann zu tun wagt, das muß er auch einzugestehen wagen – wenn er kein Feigling ist.«
»Oh, natürlich, es war sehr tapfer, jedesmal davonzulaufen, wenn du Unheil angestiftet hattest, Komödiant zu werden, als Komödiant neues Unheil zu stiften, in Nantes neuen Aufruhr anzuzetteln und dann wieder davonzulaufen, um Gott weiß was zu werden – irgend etwas Unehrliches, deinem wohlhabenden Äußeren nach zu schließen. Mein Gott, Mensch, ich sage dir, ich habe diese zwei Jahre immer gehofft, du wärest tot, und ich bin tief enttäuscht, daß es nicht der Fall ist!« Er klatschte in die Hände und erhob die schrille Stimme und rief: »Bénôit!« Purpurröte im Gesicht, zitternd vor Leidenschaft, in die er sich allmählich hineingeredet, schritt er zum Kamin. »Wärest du tot, hätte ich dir vielleicht verziehen, wie man jemandem verzeiht, der für das Böse und die Torheiten, die er begangen, gebüßt hat. Solange du lebst, kann ich dir nicht verzeihn. Du bist zu weit gegangen. Gott allein weiß, wie das enden wird. Bénôit, die Tür! Die Tür für Monsieur André-Louis Moreau!«
Sein Ton klang unwiderruflich entschlossen. Bleich und gefaßt, aber mit seltsam wehem Gefühl im Herzen vernahm André-Louis diesen Befehl, erblickte er Bénôits kreidebleiches erschrecktes Gesicht, sah dessen zitternde Hände, beschwörend zu seinem Herrn erhoben. Und dann schnitt eine andere Stimme ein, knabenhaft, brüsk: »Onkel!« Eine Welt der Em-

pörung und Überraschung lag in diesem Ausruf. »André!« Der Ton, in dem der Name gesprochen wurde, verriet Freude, ein herzliches Willkommen, vermischt mit einem letzten Rest von Staunen.
Beide fuhren herum, zwischen sich die halbe Länge des Zimmers, und sahen in einer der hohen geöffneten Glastüren Aline, die, im Begriff vom Garten her das Haus zu betreten, dort stehengeblieben war: Aline in einem Milchmädchenhut neuester Mode, freilich ohne die dreifarbigen Verzierungen, die man zu dieser Zeit so oft an derartigen Modeschöpfungen erblicken konnte.
Die schmalen Lippen von Andrés breitem Munde verzogen sich zu seltsam schiefem Lächeln. Blitzartig tauchte in seinem Gedächtnis die Erinnerung an ihren letzten Abschied auf. Er sah sich wieder, kochend vor Entrüstung, auf dem Nanteser Straßenpflaster stehen und der Kutsche nachschauen, wie sie längs der Avenue de Gigan entschwand.
Jetzt kam ihm Aline mit ausgestreckten Händen entgegen, helle Röte auf dem Antlitz, ein willkommenheißendes Lächeln um die Lippen. Er verneigte sich tief und küßte ihr stumm die Hand.
Durch Blick und Geste entließ sie Bénôit und warf sich sogleich in ihrer gebieterischen Art zu Andrés Verteidigerin auf.
»Onkel«, sagte sie und trat auf Monsieur de Kercadiou zu, »ich muß mich Ihrer schämen! Wie können Sie nur gestatten, daß Übellaunigkeit Ihre Liebe zu André überwältigt!«
»Ich fühle keine Liebe zu ihm. Das war einmal. Er hat vorgezogen, diese Liebe zu töten. Mag er zum Teufel gehn, und du nimm gefälligst zur Kenntnis, daß ich eine Einmischung deinerseits nicht dulde.«
»Aber wenn er doch zugibt, unrecht gehandelt zu haben...«
»Er denkt gar nicht daran! Platzt hier mir nichts, dir nichts herein und streitet mit mir über diese verdammten Menschenrechte. Er brüstet sich geradezu mit seinem Mangel an Reue. Erklärt voller Stolz, er wäre – was die ganze Bretagne immer schon behauptet hat – jener Schuft, der sich unter dem Spitznamen Omnes Omnibus verbirgt. Gibt es dafür noch Verzeihung?«
Sie drehte sich um und blickte André, von dem sie jetzt ziemlich weit entfernt stand, an.
»Ist das wirklich wahr? Fühlst du denn gar keine Reue, André – jetzt, nachdem du all das Böse siehst, das daraus entstanden ist?«
Es war eine unzweideutige Aufforderung, eine Bitte, einzugestehen, daß er bereue, und Frieden zu schließen mit seinem Paten. Einen kurzen Augenblick hätte er fast nachgegeben. Jedoch er hielt eine derartige Unaufrichtigkeit seiner nicht für würdig und antwortete wahrheitsgemäß und bedächtig, während tiefer Schmerz aus seiner Stimme klang: »Sich zur

Reue bekennen, hieße gleichzeitig ein ungeheuerliches Verbrechen bekennen. Seht Ihr das denn nicht ein? Ah, Monsieur, haben Sie Geduld mit mir, erlauben Sie, daß ich mich mit Ihnen auseinandersetze. Sie sagen, ich sei mitverantwortlich für alles, was geschehen ist. Man behauptet, meine Rede an die Bevölkerung von Rennes sowie jene beiden Ansprachen in Nantes hätten die sich daran anschließenden Ereignisse zum Teil mit hervorgerufen. Das mag zutreffen. Es läge außerhalb meiner Macht, es positiv zu leugnen. Revolution begann und Blutvergießen. Weiteres Blutvergießen wird vielleicht noch folgen. Wie kann ich zugeben, daß ich unrecht tat, und mit diesem Eingeständnis einen Teil der Verantwortlichkeit für all das Blut auf meine Seele laden? Ich will Ihnen gegenüber ganz offen sein, will Ihnen zeigen, daß ich im Gegenteil weit davon entfernt bin, zu bereuen. Was ich getan habe, tat ich seinerzeit wahrhaftig gegen meine Überzeugung. Da es in Frankreich keine Gerechtigkeit gegen den Mörder Philippe de Vilmorins gab, ergriff ich das einzige Mittel, von dem ich glaubte, es werde das begangene Unrecht auf den Täter zurückschnellen lassen, sowie auf jene, welche die Macht, nicht aber den Willen besaßen, zu strafen. Seither habe ich eingesehen, daß ich mich im Irrtum befand, ja, daß Philippe de Vilmorin und jene, welche gleich ihm dachten, im Recht waren.
Sie müssen begreifen, Monsieur, mit aufrichtigster Dankbarkeit habe ich erkannt, daß ich nichts getan, was ich zu bereuen hätte. Daß ich im Gegenteil, wenn Frankreich demnächst die unschätzbare Wohltat einer Konstitution erhält, stolz auf die Rolle sein kann, die ich bei der Herbeiführung von Zuständen, welche Derartiges erst möglich machten, spielen durfte.«
Eine Pause entstand. Monsieur de Kercadious Gesichtsfarbe ging von Rot in Blaurot über.
»Bist du fertig?« fragte er hart.
»Wenn Sie mich verstanden haben, ja, Monsieur.«
»Oh, ich habe dich verstanden, und – ich bitte dich zu gehen.«
André-Louis zuckte die Achseln und senkte das Haupt. Er war so freudig, so voller Sehnsucht gekommen, um nun diese endgültige Zurückweisung zu erleben. Er blickte zu Aline hinüber. Ihr Antlitz war bleich und sorgenvoll, allein sie wußte keinen Weg, hier zu helfen. Seine schrankenlose Ehrlichkeit hatte alle Brücken hinter ihm verbrannt.
»Gut, Monsieur. Doch möchte ich Sie bitten, wenn ich gegangen bin, folgendes im Gedächtnis zu behalten. Ich bin nicht gekommen, Ihren Beistand zu suchen, gleich jemandem, den die Not treibt. Wie ich schon einmal betonte: ich bin nicht der verlorene Sohn. Ich bin ein Mensch, der nichts braucht, nichts fordert, Herr meines eigenen Geschicks, und ich bin einzig und allein gekommen, weil Liebe mich trieb, Liebe und Dankbarkeit, die ich Ihnen auch fernerhin bewahren werde.«

»Ja, ja!« rief Aline, sich an ihren Onkel wendend. Jetzt hatte sie endlich ein Argument zu Andrés Gunsten. »Das ist wahr. Das muß doch...«

»Vielleicht wird Ihnen das später helfen, etwas freundlicher von mir zu denken, Monsieur.«

»Ich sehe keinen Grund, überhaupt noch an dich zu denken. Noch einmal fordere ich dich auf zu gehen.«

Eine Sekunde lang blickte André-Louis Aline an, als zögere er noch immer.

Sie antwortete ihm durch einen Blick auf ihren aufgebrachten Oheim, zuckte leicht die Achseln und zog die Augenbrauen hoch, obwohl der bekümmerte Ausdruck nicht aus ihren Augen wich.

Es war, als wolle sie ihm bedeuten: »Du siehst ja, wie seine Stimmung ist. Da läßt sich nichts machen.«

Er verbeugte sich mit seltener Anmut, wie sie ihm der Fechtsaal verliehen, und schritt zur Tür hinaus.

»Oh, das ist grausam!« rief Aline mit erstickter Stimme, die Fäuste geballt und sprang zur Tür.

»Aline!« hielt ihres Onkels Stimme sie zurück. »Wohin gehst du?«

»Wir wissen ja gar nicht, wo er wiederzufinden ist.«

»Wer will denn jenen Schuft wiederfinden?«

»Wir werden ihn vielleicht nie wiedersehen.«

»Das wäre dringend zu wünschen.«

»Uf!« machte Aline und war zur Tür hinaus.

Er rief ihr nach, befahl ihr gebieterisch, umzukehren. Allein Aline hielt sich als folgsame Nichte beide Ohren zu, damit sie ihm nicht ungehorsam zu sein brauche, und eilte leichtfüßig über den Rasen der Allee zu, um André-Louis abzufangen.

Als er in tiefer Mißstimmung sich der Straße näherte, trat sie hinter den Bäumen am Wegrande hervor und ihm entgegen.

»Aline!« rief er fast freudig.

»Ich wollte dich nicht so ziehen lassen. Ich konnte es nicht«, erklärte sie. »Ich kenne ihn besser als du und weiß, daß sein großes liebevolles Herz bald schmelzen wird. Er wird voller Bedauern sein. Er wird dich sehen wollen und nicht wissen, wo dich suchen.«

»Glaubst du?«

»Ich weiß es genau! Du bist in einem unglücklichen Moment gekommen. Er ist launisch und verstimmt, der Arme, seit er hier ist. Diese üppige Umgebung ist ihm fremd. Er sehnt sich nach seinem geliebten Gavrillac, nach seiner Jagd und seinen Äckern, und im stillen schiebt er einen sehr großen Teil der Schuld an dem Vorgefallenen – an der Notwendigkeit, oder sagen wir lieber an dem Gebot der Klugheit, hierherzukommen – dir in die

Schuhe. Die Bretagne wurde uns zu gefährlich, mußt du wissen. Schloß La Tour d'Azyr wurde mit vielen anderen Schlössern bereits vor Monaten eingeäschert. Jeden Augenblick, bei einer neuen Empörung, kann Gavrillac an die Reihe kommen. Das und die gegenwärtige Unbehaglichkeit legt er dir zur Last, dir und deinen Freunden. Aber der Umschwung wird bald kommen. Es wird ihm leid tun, daß er dich so fortschickte – denn ich weiß, daß er dich liebt, André, trotz alles Vorgefallenen. Ich werde ihn schon zur Vernunft bringen, wenn er wieder ruhiger ist. Und dann wird er wissen wollen, wo du zu finden bist.«

»Rue du Hasard, Numero 13. Die Nummer ist eine Unglückszahl, aber der Name der Straße ist passend. Deswegen sind beide leicht zu behalten.«

Sie nickte. »Ich werde dich bis ans Tor begleiten.« Seite an Seite schlenderten sie gemächlich die lange Allee entlang, durch den Junisonnenschein, in den die benachbarten Bäume dunkle Schatten woben. »Du siehst wohl aus, André, weißt du auch, daß du dich sehr verändert hast? Ich freue mich, daß es dir gutgeht.« Abrupt, noch ehe er Zeit gefunden, zu antworten, wechselte sie das Thema und kam auf die Dinge zu sprechen, die ihr am Herzen lagen.

»Ich habe dich diese ganzen langen Monate so dringend sprechen wollen, André. Du warst der einzige, der mir hätte helfen können – der einzige, der mir die Wahrheit gesagt hätte, und ich war dir sehr böse, daß du auch nicht durch eine einzige Zeile verrietest, wo man dich finden konnte.«

»Du hattest mich ja auch so ungemein dazu ermutigt, als wir uns das letztemal in Nantes sahen.«

»Wie? Immer noch nachtragend?«

»Ich trage nie etwas nach. Das solltest du doch wissen.« Er verlieh hiermit einer seiner kleinen Eitelkeiten Ausdruck, denn er liebte es, sich als Stoiker hinzustellen. »Aber ich trage immer noch die Narbe einer Wunde, welcher der Balsam deiner Abbitte wohltun würde.«

»Schön, ich bitte ab, André. Jetzt sage mir aber …«

»Eine eigennützige Abbitte also«, meinte er. »Du schenkst, um eine Gegengabe zu erhalten.« Er lachte, aber es war ein freundliches Lachen. »Schön, schön, befiehl über mich.«

»Sage mir, André …« Sie hielt wie in Verlegenheit inne und fuhr dann, die Lider gesenkt, fort: »Sage mir – die Wahrheit über jenen Vorfall im Feydau.«

Die Bitte rief ein Stirnrunzeln bei ihm hervor. Er erriet sogleich den Gedankengang, dem diese Bitte entsprang. Schlicht und knapp erzählte er ihr seine Auffassung jener Affäre.

Sie hörte ihm aufmerksam zu. Als er geendet, seufzte sie, ihr Gesicht trug einen tiefnachdenklichen Ausdruck.

»Das entspricht im großen und ganzen dem, was man mir berichtet hat«, sagte sie. »Aber man fügte noch hinzu, Marquis de La Tour d'Azyr sei eigens in das Theater gegangen, um endgültig mit La Binet zu brechen. Weißt du, ob das stimmt?«
»Nein, ich sehe auch nicht ein, weshalb es stimmen sollte. La Binet gewährte ihm diejenige Art von Amüsement, die er und seinesgleichen stets suchen...«
»Oh, es war schon ein besonderer Anlaß vorhanden«, unterbrach sie ihn. »Ich war dieser Anlaß. Ich hatte mit Madame de Sautron gesprochen, hatte ihr gesagt, ich würde niemanden weiter empfangen, der derart – derart besudelt zu mir käme.« Sie sprach mit größter Anstrengung, und die Röte auf ihrem halb abgewandten Gesicht vertiefte sich.
»Hättest du auf mich gehört...« begann André-Louis, aber sie unterbrach ihn abermals.
»Monsieur de Sautron teilte ihm meinen Entschluß mit und bedeutete mir später, er wäre verzweifelt, bußfertig, bereit, mir Beweise – jeden Beweis seiner Aufrichtigkeit und Liebe zu geben. Er erzählte mir, Marquis de La Tour d'Azyr hätte ihm geschworen, er würde jene Affäre abbrechen und La Binet nicht wiedersehen. Und dann, noch am nämlichen Tage, hörte ich, er wäre im Theater fast ums Leben gekommen. Unmittelbar nach seiner Unterredung mit Monsieur de Sautron, nach all seinen Versicherungen künftiger Treue, war er zu La Binet geeilt. Ich war empört. Ich zog mich endgültig zurück. Ich erklärte klipp und klar: nie wieder würde ich Marquis de La Tour d'Azyr empfangen. Und dann kam man mir mit jener Erklärung. Lange Zeit wollte ich sie nicht glauben.«
»Aber jetzt glaubst du«, sagte André rasch. »Weshalb nur?«
»Ich habe nicht gesagt, daß ich daran glaube. Aber – aber – ich kann mich auch nicht dazu bringen, nicht zu glauben. Seit wir hier in Meudon wohnen, hat Marquis de La Tour d'Azyr uns besucht und mir geschworen, daß dem wirklich so sei.«
»O natürlich, wenn Marquis de La Tour d'Azyr es beschworen hat...« André-Louis lachte in bitterem Sarkasmus.
»Hast du ihn je eine Lüge aussprechen hören?« unterbrach sie ihn scharf. Er schwieg. »Marquis de La Tour d'Azyr ist trotz allem ein Mann von Ehre, und Männer von Ehre sagen keine Unwahrheit. Hast du ihn je bei einer Lüge ertappt, daß du seiner jetzt spottest?«
»Nein«, gab er zu. Gerechtigkeit verlangte, zum mindesten diese eine Tugend seinem Feinde zuzugestehen. »Ich habe ihn nie lügen hören, das ist wahr. Er und seine ganze Sippe sind zu arrogant, zu selbstherrlich, um zu einer Unwahrheit ihre Zuflucht zu nehmen. Aber ich habe ihn Dinge tun sehen, die ebenso niedrig...«

»Nichts ist so niedrig wie lügen«, fiel sie ihm ins Wort, dem Ehrenkodex gehorchend, nach welchem man sie erzogen hatte. »Für Lügner allein – die den Dieben am nächsten stehen – gibt es keine Hoffnung. Ausschließlich in der Unwahrheit liegt der wahre Verlust der Ehre.«

»Ich glaube, du verteidigst jenen Satyr noch«, entgegnete er kalt.

»Ich wünschte lediglich, gerecht zu sein.«

»Diese Gerechtigkeit wird dir vermutlich in ganz anderem Lichte erscheinen, sobald du dich erst entschlossen hast, Marquise de La Tour d'Azyr zu werden«, sagte er bitter.

»Ich glaube nicht, daß ich diesen Entschluß je fassen werde.«

»Allein, du bist immer noch nicht sicher – trotz allem Vorgefallenen.«

»Kann man auf dieser Welt irgendeiner Sache sicher sein?«

»Ja. Daß man Dummheiten begeht.«

Entweder hörte sie ihn nicht, oder sie beachtete ihn nicht.

»Du weißt nicht aus eigener Erfahrung, daß es sich nicht so verhielt, wie Marquis de La Tour d'Azyr behauptet – daß er damals zu jenem Zweck das Feydau besuchte?«

»Nein«, mußte er zugeben. »Natürlich ist das möglich. Aber kommt es darauf an?«

»Es könnte darauf ankommen. Sage mir, was wurde später aus La Binet?«

»Ich weiß es nicht.«

»Du weißt es nicht?« Sie wandte sich ihm zu und musterte ihn. »Du kannst das mit solcher Gleichgültigkeit sagen? Ich dachte – ich dachte, du liebtest sie, André.«

»Das tat ich auch – kurze Zeit! Es war ein Irrtum. Es bedurfte La Tour d'Azyrs, um mir die Augen zu öffnen. Mitunter sind diese Herren doch zu etwas nütze. Sie helfen Dummköpfen wie mir bedeutsame Wahrheiten erkennen. Ich hatte Glück, daß mir diese Offenbarung noch vor der Ehe kam. Ich vermag jetzt mit Gleichmut auf jene Episode zurückzublicken und bin voller Dankbarkeit, daß ich um Haaresbreite den Folgen einer Sache entronnen bin, die letzten Endes nichts als eine Verirrung der Sinne war. Wie du siehst, ist jene Erfahrung sehr lehrreich gewesen.«

Sie betrachtete ihn mit unverhohlenem Erstaunen.

»Weißt du, André, mitunter glaube ich, du hast überhaupt kein Herz.«

»Vermutlich weil ich gelegentlich auch einen Funken von Intelligenz zeige? Und wie steht es mit dir, Aline? Mit deiner Haltung, die du von Anfang an Marquis de La Tour d'Azyr gegenüber einnahmst? War das etwa ein Beweis von Herz? Würde ich sagen, was dein Verhalten in Wahrheit beweist, wir würden uns nur zanken, und weiß Gott, ich kann es mir nicht leisten, mich jetzt mit dir zu überwerfen. Ich... ich werde einen anderen Ausweg suchen.«

»Was willst du damit sagen?«
»Nichts, im Augenblick wenigstens, es besteht ja keine Gefahr, daß du jenes Tier heiratest.«
»Und wenn sie bestünde?«
»Ah! In diesem Falle würde meine Zuneigung zu dir Mittel und Wege finden, das zu verhindern, es sei denn –« Er schwieg.
»Es sei denn?« wiederholte sie herausfordernd, den Kopf in den Nacken geworfen, einen herrischen Ausdruck in den Augen.
»Es sei denn, du erklärtest mir, daß du ihn liebtest«, sagte er schlicht, und ihre Schroffheit milderte sich sogleich, und zwar auf die seltsamste Weise. Kopfschüttelnd setzte er hinzu: »Aber das ist natürlich ausgeschlossen.«
»Weshalb?« fragte sie ihn sehr sanft.
»Weil du bist, wie du bist, Aline – gut und rein und anbetungswürdig. Engel paaren sich nicht mit Teufeln. Seine Gattin kannst du vielleicht werden, aber nie sein Weib, Aline – niemals!«
Mittlerweile hatten sie das schmiedeeiserne Tor am Ende der Allee erreicht. Dahinter sahen sie die gelbe Chaise warten, die André-Louis hierhergeführt hatte. Ganz aus der Nähe ertönte Räderrollen und Pferdegetrappel; ein zweites Fuhrwerk kam in Sicht und hielt neben der gelben Chaise, eine prächtige Equipage mit polierten Mahagonischlägen, auf denen ein Wappen in Gold und Azur im Sonnenlicht blitzte. Ein Lakai schwang sich vom Tritt, um die Tore aufzureißen, doch im nämlichen Augenblick hatte die Dame in der Kutsche Aline erkannt; sie winkte ihr zu und erteilte einen Befehl.

5 *Madame de Plougastel*

Der Kutscher parierte die Pferde, der Lakai öffnete den Schlag, ließ den Tritt herunter und bot seiner Herrin den Arm, um ihr beim Aussteigen behilflich zu sein, denn diesen Wunsch hatte sie geäußert. Dann schwang er einen der eisernen Torflügel zurück und hielt ihn fest, um sie passieren zu lassen. Sie war eine Frau von über vierzig und mußte einst sehr schön gewesen sein, ja, sie war immer noch sehr schön, von jener edlen, vergeistigten Schönheit, wie sie das zunehmende Alter manchen Frauen verleiht. Kleidung wie Haltung verrieten einen sehr hohen Rang.
»Ich will mich verabschieden, da ihr Besuch bekommt«, sagte André-Louis.
»Aber sie ist ja auch eine alte Bekannte von dir, André. Erinnerst du dich nicht an Madame de Plougastel?«
André blickte nach der Dame hin, die jetzt näherkam und der Aline entge-

geneilte, und nun, da man ihren Namen genannt, erkannte er sie auch. Und doch – hätte er nur genauer hingesehen, er würde sie auch ohne diesen Wink überall wiedererkannt haben, obgleich rund sechzehn Jahre seit ihrem letzten Zusammensein verflossen waren. Ihre Erscheinung ließ die damaligen Geschehnisse bis in alle Einzelheiten wieder aufleben – eine liebe Erinnerung, welche selbst die späteren Ereignisse nicht ganz hatten auslöschen können.

In seinem elften Lebensjahr, kurz vor seinem Eintritt in die Schule in Rennes, hatte sie seinen Paten, ihren Vetter, besucht. Zufällig hatte Rabouillet ihn damals auf das Schloß mitgenommen, und dort hatte man ihm Madame de Plougastel vorgestellt. Die große Dame, im vollen Glanze ihrer Jugendschönheit, mit ihrer sanften gepflegten Stimme – so gepflegt, daß ihre Redeweise den kleinen bretonischen Buben fast wie eine fremde Sprache anmutete – hatte ihn anfänglich ein wenig eingeschüchtert. Behutsam, unendlich behutsam hatte sie diese Schüchternheit überwunden, bis sie ihn auf irgendeine geheimnisvolle Weise vollständig zu ihrem Sklaven machte. Noch vermochte er sich der Angst zu erinnern, mit der er, gehorsam dem Befehle, sie zum erstenmal umarmt, sowie des Widerwillens, mit dem er sich später aus den weichen runden Armen gelöst hatte. Er erinnerte sich des süßen Dufts, der von ihr ausgegangen, ja selbst des Parfüms, das sie zu gebrauchen pflegte – Flieder –, denn in diesen Dingen ist das Gedächtnis seltsam zäh.

An drei aufeinanderfolgenden Tagen, während welcher sie sich in Gabrillac aufgehalten, hatte er sie besucht und viele Stunden in ihrer Gesellschaft verbracht. Eine kinderlose Frau mit starken mütterlichen Instinkten, hatte sie diesen altklugen, intelligenten, großäugigen Knaben ins Herz geschlossen.

»Lassen Sie ihn mir, Vetter Quintin«, hatte er sie am letzten Tage noch zu seinem Paten sagen hören. »Lassen Sie mich ihn als meinen Adoptivsohn nach Versailles mitnehmen.«

Allein der Seigneur hatte nur ernst und stumm das Haupt geschüttelt, und die Frage war niemals wieder angeschnitten worden. Und dann, beim Abschied – die ganze Szene stand ihm plötzlich wieder deutlich vor Augen – hatte er Tränen in ihren Augen funkeln sehen.

»Denk mitunter an mich, André-Louis«, waren ihre letzten Worte gewesen.

Er erinnerte sich noch, wie sehr es ihm geschmeichelt hatte, innerhalb so kurzer Frist die Zuneigung dieser großen Dame gewonnen zu haben. Es hatte ihm auf Monate hinaus ein Gefühl von Wichtigkeit gegeben, bis allmählich der ganze Vorfall ins Reich der Vergessenheit geschwunden. Nun war all das wieder aufgelebt, jetzt, da er sie nach sechzehn Jahren wie-

dersah, sehr verändert und gereift, die Mädchenerscheinung – in jenen alten Tagen war sie kaum mehr als ein Mädchen gewesen – aufgegangen in dieser Weltdame mit dem würdevollen, ruhigen, vollendet selbstbeherrschten Wesen. Und dennoch – überall hätte er sie wiedererkannt.
Aline umarmte sie zärtlich und meinte dann in Beantwortung des fragenden, von einem kaum merklichen Hochziehen der Augenbrauen begleiteten Blickes Madames nach dem jungen Mann an ihrer Seite: »Es ist André-Louis. Sie erinnern sich doch André-Louis', Madame?«
Madame hielt inne. André-Louis sah eine Welle der Überraschung über ihr Antlitz fluten und einen Teil der Farbe mitnehmen, sah sie einen Augenblick sprachlos.
Und dann vernahm er die so wohlbekannte, volle, musikalische Stimme, voller und tiefer als ehedem: »André-Louis!«
Der Ton, in dem sie seinen Namen aussprach, verriet, daß auch in ihr Erinnerungen wach geworden waren, Erinnerungen an ihre verlorene Jugend vielleicht, mit der er ja eng verknüpft gewesen. Sie musterte ihn einen langen Augenblick mit großen Augen, derweil er sich vor ihr verneigte.
»Natürlich erinnere ich mich seiner«, sagte sie endlich und ging mit ausgestreckter Hand auf ihn zu. Pflichtschuldigst, ehrerbietig, instinktiv küßte er die Hand. »So haben Sie sich also entwickelt?« Sie sah ihn prüfend an, und er errötete vor Stolz über die Befriedigung, die aus ihrer Stimme sprach. Es war ihm plötzlich, als sei die Zeit vor sechzehn Jahren in Gavrillac zurückgekehrt und er wieder der kleine bretonische Junge. Sie wandte sich an Aline. »Wie sehr hat sich Quintin in seiner Annahme geirrt. Er war natürlich erfreut, ihn wiederzusehen?«
»So überaus erfreut, Madame, daß er mir die Tür wies«, entgegnete André-Louis.
»Ah!« Sie runzelte die Stirn und musterte ihn immer noch prüfend mit ihren dunklen, nachdenklichen Augen. »Da müssen wir einschreiten, Aline. Er ist natürlich sehr böse auf Sie. Allein, das ist nicht die rechte Art, um jemanden zu bekehren. Ich werde für Sie bitten, André-Louis. Ich bin eine gute Fürsprecherin.«
Er dankte ihr und verabschiedete sich.
»Ich lege meine Sache voller Dankbarkeit in Ihre Hände. Meine tiefste Verehrung, Madame.«
Und so geschah es, daß er, trotz des abweisenden Empfangs von seiten seines Paten, mit dem Fragment eines Liedes auf den Lippen nach Paris und in die Rue du Hasard zurückrollte. Jenes Zusammentreffen mit Madame de Plougastel hatte ihm wieder Mut gemacht, ihr Versprechen, vereint mit Aline seine Angelegenheit führen zu wollen, ließ ihn vertrauen, daß noch alles gut werden würde.

Daß er darin nicht irrte, stellte sich am folgenden Donnerstagmittag heraus, als Monsieur de Kercadiou in der Akademie erschien. Gilles, der Laufbursche, meldete ihn André-Louis, der sogleich den Unterricht abbrach, seine Maske abriß und so, wie er stand und ging – in gamsledererner, bis zum Hals zugeknöpfter Weste, das Florett unter dem Arm – sich in den bescheidenen kleinen, im Erdgeschoß liegenden Salon begab, wo sein Pate seiner harrte.

Der rundliche kleine Herr von Gavrillac begrüßte ihn in fast trotziger Haltung.

»Man hat mich gegen meinen Willen überredet, dir zu verzeihen«, verkündete er in aggressivem Ton, der scheinbar andeuten sollte, daß er, lediglich um Belästigungen zu entgehen, in eine Versöhnung gewilligt hätte.

André-Louis ließ sich jedoch nicht täuschen. Er durchschaute die kleine Ausflucht, die dem Seigneur den geordneten Rückzug ermöglichen sollte.

»Meinen Segen den Fürsprechern, wer immer sie auch gewesen sein mögen. Sie schenken mir mein Glück zurück, Herr Pate.«

Er nahm die Hand, die sich ihm entgegenstreckte, und küßte sie, dem Impuls einer unverbrüchlichen Gewohnheit aus seiner Kinderzeit nachgebend. Diese Handlung war symbolisch für seine rückhaltlose Unterwerfung und erneuerte zwischen seinem Paten und ihm das Band des Beschützers und des Schützlings samt allen gegenseitigen Ansprüchen und Verpflichtungen. Worte hätten nicht vermocht, den Frieden mit diesem Manne, der ihn liebte, so restlos wiederherzustellen.

Monsieur de Kercadious rotes Gesicht errötete noch tiefer, seine Lippen bebten, und seine Stimme klang heiser, als er »Mein lieber Junge!« murmelte. Dann faßte er sich von neuem, warf das dicke Haupt in den Nacken und runzelte die Stirn.

Er verfiel wieder in den gewohnten schrillen Ton. »Du siehst hoffentlich ein, daß du dich infam benommen hast – infam und undankbar?«

»Hängt das nicht von dem Standpunkt ab, von dem aus man mein Tun betrachtet?« fragte André-Louis, jedoch in geflissentlich versöhnlichem Tone.

»Es hängt von einer Tatsache ab und durchaus nicht von irgendeinem Standpunkte. Da man mich überredet hat, das zu übersehen, hoffe ich zum mindesten, daß du die Absicht hegst, dich zu bessern.«

»Ich – ich will mich der Politik fernhalten«, gelobte André-Louis, das äußerste Zugeständnis, das er mit gutem Gewissen machen durfte.

»Immerhin etwas.« Sein Pate gestattete sich jetzt, da sein gerechter Zorn eine Konzession errungen – oder eine Scheinkonzession –, wieder weicheren Gefühlen Raum zu geben.

»Einen Stuhl, Monsieur?«

»Nein, nein. Ich bin gekommen, dich zu einer Besuchsfahrt abzuholen. Da du es ausschließlich Madame de Plougastel verdankst, daß ich dich wieder in Gnaden aufnehme, wünsche ich jetzt, daß du mitkommst und dich bei ihr bedankst.«

»Ich habe hier eine Reihe von Verpflichtungen –« begann André-Louis, um jedoch sogleich abzubrechen. »Macht nichts! Werde das schon ordnen. Einen Augenblick, bitte.« Er wandte sich, um sich in die Akademie zurückzubegeben.

»Was für Verpflichtungen? Du bist doch nicht etwa Fechtlehrer?« Monsieur de Kercadiou hatte André-Louis' Lederweste sowie das unter dem Arm steckende Florett bemerkt.

»Ich bin Leiter dieser Akademie – der Akademie des verstorbenen Bertrand des Amis – heute die besuchteste Fechtschule von Paris.«

Monsieur de Kercadiou zog vor Überraschung die Augenbrauen hoch.

»Der Leiter?«

»Maître en fait d'Armes. Ich habe nach dem Tode des Amis' die Akademie übernommen.«

Er überließ es Monsieur de Kercadiou, sich mit dieser Neuigkeit abzufinden, und ging, die notwendigen Anordnungen zu treffen und die Toilette zu wechseln.

»Das also ist der Grund, weshalb du einen Degen trägst«, meinte Monsieur de Kercadiou, als sie in die Equipage stiegen.

»Das und die Notwendigkeit, in diesen Zeiten sein Leben verteidigen zu können.«

»Und du willst mir weismachen, ein Mann, der sich durch diesen ehrenhaften Beruf ernährt – denn es ist ein ehrenhafter Beruf, und zwar ein vornehmlich vom Adel unterstützter –, brächte es gleichzeitig fertig, sich mit jenen krämerhaften Advokaten und gemeine Pamphlete verfassenden Schreiberlingen zu assoziieren, die jetzt überall Zwietracht und Unbotmäßigkeit säen?«

»Sie vergessen, daß ich selbst ein krämerhafter Advokat bin, und zwar auf Ihren eigenen Wunsch, Monsieur.«

Monsieur de Kercadiou grunzte und nahm eine Prise Schnupftabak. »Du sagst, die Akademie ginge gut?« erkundigte er sich nach einer Weile.

»Jawohl. Ich beschäftige zwei Hilfslehrer. Ich könnte sogar noch einen dritten einstellen. Es ist schwere Arbeit.«

»Das bedeutet also, daß du dich in guten Verhältnissen befindest?«

»Ich habe allen Grund, zufrieden zu sein. Ich verdiene weit mehr, als ich brauche.«

»Dann wirst du also imstande sein, diese nationale Schuld mit abzutragen«, knurrte der Edelmann, ungemein zufrieden, daß ein Teil des Bösen, das André-Louis seiner Ansicht nach hatte aussäen helfen, auf diesen selbst zurückschnellte.

Jetzt wandte sich das Gespräch Madame de Plougastel zu. Monsieur de Kercadiou mißbilligte diesen Besuch auf das tiefste, das konnte André-Louis seinen Worten entnehmen, den Grund vermochte er jedoch nicht zu durchschauen. Madame la Comtesse wäre eine eigensinnige Dame, der man nichts abschlagen könne und der alle Welt gehorche. Monsieur de Plougastel weile augenblicklich in Deutschland, würde aber demnächst zurückerwartet. Das war ein etwas indiskretes Geständnis, aus dem André-Louis ohne Schwierigkeit zu folgern vermochte, daß Monsieur de Plougastel zu jenen Intrigen spinnenden Vermittlern zwischen der Königin von Frankreich und ihrem Bruder, dem Kaiser von Österreich, gehörte.

Die Equipage hielt vor einem prächtigen Hause in dem Faubourg Saint-Denis an der Ecke der Rue Paradis, und ein geschniegelter Bedienter geleitete sie in ein kleines Boudoir, ganz Gold und Brokat, das auf eine oberhalb eines Miniaturparks liegende Terrasse führte. Hier erwartete sie Madame. Sie erhob sich, nachdem sie das junge Frauenzimmer, das ihr vorgelesen, entlassen hatte, und kam ihrem Vetter Kercadiou mit ausgestreckten Händen entgegen.

»Fast fürchtete ich, Sie würden Ihr Wort nicht halten«, sagte sie. »Ich hatte unrecht. Allein ich wagte kaum zu hoffen, daß es Ihnen gelingen würde, ihn mitzubringen.« Ihr sanfter Blick hieß André-Louis willkommen.

Der junge Mann antwortete mit formeller Galanterie.

»Die Erinnerung an Sie, Madame, ist zu tief in mein Herz gegraben, als daß es irgendwelcher Überredung bedurft hätte.«

»Ah – ein Höfling!« versetzte Madame und überließ ihm ihre Hand. »Wir wollen uns eine Weile unterhalten, André-Louis«, bedeutete sie ihm mit einem Ernst, der ihn leise beunruhigte.

Sie setzten sich, und die Unterhaltung drehte sich eine Weile um allgemeine Dinge, wenn auch hauptsächlich um André-Louis' Leben und Anschauungen. Und während dieser ganzen Zeit prüften ihn Madames weiche sinnende Augen mit einer Aufmerksamkeit, die von neuem jenes Gefühl der Unruhe in ihm erweckte. Instinktiv erkannte er, daß man ihn zu einem tieferliegenden Zweck als dem angegebenen hierher gebracht hatte.

Endlich, wie auf Verabredung – der tolpatschige Herr von Gavrillac war der letzte auf der Welt, einen Vorwand verschleiern zu können – erhob sich sein Pate und schlenderte, angeblich um sich den Garten anzusehen, durch eine der Glastüren auf die Terrasse hinaus, über deren weiße Steinbalustrade sich eine Fülle scharlachfarbener Geranien rankte. Bald verschwand er unter den Bäumen.

»Jetzt können wir uns ungezwungener unterhalten«, sagte Madame. »Kommen Sie her, setzen Sie sich neben mich.« Sie deutete auf die freie Hälfte des Sofas, auf dem sie Platz genommen.

André-Louis gehorchte, wenn auch mit leichtem Unbehagen.

»Wissen Sie auch«, bemerkte sie sanft, ihm eine Hand auf den Arm legend, »daß Sie sich sehr häßlich benommen haben und daß Ihres Paten Zorn nur allzu gerecht war?«

»Madame, müßte ich das zugeben, ich wäre der unglücklichste, der verzweifeltste aller Menschen.« Und er setzte ihr sein Verhalten auseinander, wie er es am Sonntag zuvor seinem Paten gegenüber getan. »Was ich tat, mußte ich tun, weil mir in einem Lande, darin die Hand der Gerechtigkeit durch Privilegien gelähmt ist, kein anderer Ausweg blieb. Ich tat es, um gegen einen infamen Schurken, der meinen besten Freund getötet hatte, Krieg zu führen – um einen vorsätzlichen brutalen Mord zu rächen, den kein Gesetz zu strafen wußte. Und falls das nicht genügt – vergeben Sie mir, Madame, wenn ich mit größter Offenheit rede, weil dieser Schurke mir später die Frau verführte, die ich hatte heiraten wollen.«

»Ah, mon Dieu!« rief sie aus.

»Vergeben Sie mir. Ich weiß, es ist scheußlich. Jetzt begreifen Sie vielleicht, was ich gelitten habe, welche Beweggründe mich trieben. Jene letzte Affäre, deren ich mich schuldig machte – der Aufruhr im Théatre Feydau, der im Anschluß daran ganz Nantes mit sich riß –, wurde aus diesem Grunde hervorgerufen.«

»Wer war – dieses Mädchen?«

Eine echte Frau, dachte er, sich so für Nebensächlichkeiten zu interessieren!

»Oh – ein Mädchen vom Theater, ein armes, dummes Ding, dem ich nicht nachtrauere. La Binet war ihr Name. Ich war seinerzeit Schauspieler in ihres Vaters Truppe. Das war nach der Affäre in Rennes, als ich mich vor jener Gerechtigkeit, wie sie damals in Frankreich existierte, verbergen mußte – der Galgengerechtigkeit für die Unglücklichen, die keine ›Geborenen‹ sind. Dieses zweite Unrecht veranlaßte mich, den Aufruhr im Theater zu provozieren.«

»Armer Junge«, meinte sie zärtlich. »Nur eine Frau vermag zu verstehen, was Sie gelitten haben; aus diesem Grunde verzeihe ich Ihnen auch so bereitwillig. Jetzt jedoch ...«

»Ah, Madame, Sie begreifen immer noch nicht. Wäre ich heute der Überzeugung, außer persönlichen Gründen hätte mich damals nichts weiter veranlaßt, mit Hand anzulegen an dem geheiligten Werk der Abschaffung der Privilegien, ich glaube, ich würde mir die Gurgel durchschneiden. Meine wahre Rechtfertigung liegt in der Unaufrichtigkeit derer, die von

Anfang an planten, die Reichsstände niemals zusammentreten zu lassen, und die dem Volk lediglich Sand in die Augen streuten.«
»Wäre es nicht vielleicht klüger gewesen, in einer solchen Sache unaufrichtig zu sein?«
Er blickte sie erstaunt an.
»Ist Unaufrichtigkeit jemals klug, Madame?«
»O ja, das können Sie mir, die ich doppelt so alt bin wie Sie und meine Welt kenne, schon glauben.«
»Ich behaupte eher, Madame, nichts ist klug, was letzten Endes das Leben kompliziert, und ich kenne nichts, was die Dinge so erschwert wie Unaufrichtigkeit. Bedenken Sie doch nur die Verwicklungen, die lediglich dieser Unaufrichtigkeit entsprungen sind.«
»Aber André-Louis, Ihre Anschauungen können sich doch nicht so ins Gegenteil verkehrt haben, daß Sie heute nicht mehr an die Notwendigkeit einer herrschenden Klasse in jedem Lande glauben?«
»Natürlich glaube ich daran, es braucht nur keine erbliche Klasse zu sein.«
»Was für eine denn?«
Er antwortete ihr mit einem Epigramm. »Der Mensch, Madame, ist das Kind seiner eigenen Arbeit. Mag es hinfort kein anderes Erbrecht geben als durch solche Eltern. Dann werden die Besten des Volkes stets auch die Herrschenden sein, und ein derartiges Volk wird Großes erreichen.«
»Aber rechnen Sie Geburt denn für nichts?«
»Für nichts, Madame – sonst würde die meinige mir wohl Kopfschmerzen machen.«
Tiefe Röte überzog ihr Antlitz. Er fürchtete schon, sie durch diese an Unzartheit grenzende Bemerkung verletzt zu haben. Allein der von ihm erwartete Tadel blieb aus. Statt dessen fragte sie: »Wirklich nicht? Niemals, André?«
»Niemals, Madame. Ich bin zufrieden.«
»Sie haben nie – niemals den Mangel elterlicher Liebe beklagt?«
Er lachte und fegte ihre mitleidige Sorge, die ihn so überflüssig deuchte, beiseite. »Im Gegenteil, Madame, ich zittere bei dem Gedanken, was elterliche Liebe aus mir hätte machen können, und bin dankbar, daß ich mich selbst formen durfte.«
Sie sah ihn einen Augenblick tieftraurig an und schüttelte dann leise lächelnd den Kopf.
»Es mangelt Ihnen jedenfalls nicht an Selbstzufriedenheit. Und doch wünschte ich, Sie sähen die Dinge anders, André. Die Zeit bietet ungeheure Entwicklungsmöglichkeiten für einen jungen Mann von Talent und Energie. Ich könnte Ihnen helfen, ich könnte Sie sogar weit bringen, wenn Sie mir gestatteten, Ihnen auf meine Weise zu helfen.«

Ja, dachte er, zu einem Halfter verhelfen, indem Sie mich, gleich Monsieur de Plougastel, im Auftrage der Königin in verräterischer Mission nach Österreich schicken. Das würde mich zum Schluß allerdings in eine hohe Stellung bringen.
Laut antwortete er ihr dem Gebote der Höflichkeit entsprechend: »Ich bin Ihnen sehr verpflichtet, Madame. Jedoch Sie werden einsehen, daß ich bei meinen Idealen niemals einer Sache dienen kann, die deren Verwirklichung entgegensteht.«
»Sie lassen sich durch Vorurteile, durch erlittenes Unrecht mißleiten, André. Wollen Sie diesen Vorurteilen gestatten, hindernd zwischen Ihnen und Ihrem Fortkommen zu stehen?«
»Könnte ich, selbst wenn meine sogenannten Ideale Vorurteile wären, diesen wohl ehrlicherweise zuwiderhandeln?«
»Wenn ich Sie doch von Ihrem Irrtum zu überzeugen vermöchte! Ich könnte Ihnen zu einer Anstellung verhelfen, die Ihren Talenten soviel besser entspräche. Sie würden es im Dienste des Königs weit bringen. Wollen Sie das im Auge behalten, André, und erlauben, daß wir ein andermal wieder davon sprechen?«
Er antwortete ihr mit formeller kalter Höflichkeit: »Ich fürchte, es wird vergeblich sein, Madame. Dennoch, Ihr Interesse für mich ist ungemein schmeichelhaft, und ich danke Ihnen dafür. Ein Unglück, daß ich so halsstarrig bin.«
»Wer ist jetzt unaufrichtig?« fragte sie ihn.
»Ah! Aber es ist eine Unaufrichtigkeit, die niemanden täuscht, Madame.«
In diesem Augenblick trat Monsieur de Kercadiou durch die Glastür wieder ein und verkündete umständlich, er müsse jetzt nach Meudon zurück und würde André-Louis mitnehmen und in der Rue du Hasard absetzen.
»Sie müssen ihn ein andermal wieder mitbringen, Quintin«, bemerkte die Gräfin beim Abschied.
»Ja, vielleicht – ein andermal«, entgegnete Monsieur de Kercadiou unbestimmt und schob sein Patenkind zur Tür hinaus.
Im Wagen fragte er ihn rundheraus, was Madame gesagt hätte.
»Sie war sehr gütig – eine entzückende Frau«, meinte André-Louis nachdenklich.
»Der Teufel hole dich, ich fragte dich nicht nach der Ansicht, die du dir unverschämterweise über sie gebildet hast, sondern nach dem, was ihr gesprochen habt.«
»Sie hielt mir meine Irrtümer vor und sprach von großen Dingen, die ich vollbringen könnte – wozu sie mir gütigst verhelfen wolle –, falls ich zur Vernunft käme. Da jedoch keine Wunder mehr geschehen, habe ich ihr nicht viel Hoffnung gemacht.«

»Verstehe. Verstehe. Sagte sie sonst noch etwas?«
Die Frage war so eindringlich, daß André-Louis sich umdrehte und ihn anblickte. »Was sollte sie sonst wohl noch sagen, Monsieur Pate?«
»Ah – nichts.«
»Dann hat sie Ihre Erwartungen erfüllt.«
»Was? Tausend Teufel noch einmal, kannst du dich nicht vernünftig ausdrücken, daß ein einfacher Mann dich versteht, ohne erst lange nachdenken zu müssen?«
Danach tat er den halben Weg bis zur Rue du Hasard beleidigt, wenigstens wollte es André-Louis so scheinen. Düster und gedankenvoll saß er in seiner Ecke, ohne ein Wort zu sprechen.
»Komm bald wieder und besuche uns in Meudon«, lud er André-Louis beim Abschied ein. »Aber bitte, vergiß nicht – in Zukunft keine revolutionäre Politik, falls wir Freunde bleiben sollen.«

6 *Politiker*

Eines Morgens im August erhielt die Akademie in der Rue du Hasard Besuch von Le Chapelier und einem Mann von ungewöhnlichem Aussehen, dessen herkulischer Wuchs und entstelltes Gesicht André-Louis auf unerklärliche Art bekannt vorkamen. Der Mann mochte knapp über dreißig sein, kleine funkelnde Augen schienen in dem massigen Schädel förmlich vergraben. Er hatte weit vorspringende Backenknochen und eine anscheinend von einem Schlage gebrochene schiefe Nase, sein Mund war dank einer Fülle von Narben, die von einer weiteren Verletzung herzustammen schienen, bis zur Unkenntlichkeit verzerrt. Als Knabe hatte ihm ein Bulle das Gesicht aufgeschlitzt. Und als ob all das noch nicht genügt hätte, sein Äußeres abschreckend zu gestalten, verunzierten auch noch tiefe Pockennarben seine Wangen. Er war unordentlich mit einem langen, fast bis zu den Füßen reichenden scharlachfarbenen Rock, schmutzigen, hirschledernen Hosen und hohen, am Rande umgekrempelten Stulpstiefeln bekleidet. Der Kragen des nicht allzu sauberen Hemdes war zurückgeschlagen und hing zerknittert über einer lose baumelnden Krawatte, und aus den breiten kräftigen Schultern wuchs der muskulöse Hals säulenartig empor. In der Linken schwang er einen keulenartigen Stock, und seinen konischen beigefarbenen Hut krönte die Kokarde. Seine Haltung war herrisch und aggressiv, er trug das gewaltige Haupt herausfordernd, wie im Krieg mit aller Welt, in den Nacken geworfen.
Le Chapelier war tiefernst, als er André-Louis mit dem Namen seines Begleiters bekannt machte.

»Ich stelle Ihnen einen Kollegen vor: Monsieur Danton, Präsident der Cordeliers, von dem Sie ja schon gehört haben werden.«
Natürlich hatte André-Louis von ihm gehört. Wer hätte das nicht?
Als André-Louis den Mann jetzt voller Interesse betrachtete, fragte er sich unwillkürlich, wie es wohl käme, daß alle oder doch fast alle bedeutenden Führer der Revolution pockennarbig wären. Mirabeau, der Journalist Desmoulins, der Philanthrop Marat, Robespierre, der kleine Anwalt aus Arras, dieser furchterweckende Kerl Danton und noch verschiedene andere, deren er sich erinnerte: alle trugen die Spuren der Pocken. Fast war er versucht, zu fragen, ob zwischen diesen beiden Kräften ein Zusammenhang bestünde? Zeitigte ein Anfall der Pocken am Ende gewisse moralische Wirkungen, die sich auf diese Weise ausdrückten?
Doch er verscheuchte jene müßigen Gedanken, vielmehr zerstoben sie vor dem Donner von Dantons Stimme: »Dieser --- Chapelier hat mir von Ihnen erzählt. Er behauptet, Sie wären auch so ein patriotisches ---«
Mehr noch der Ton der Worte als die Obszönitäten, mit denen dieser Koloß ungeniert seine erste Anrede an einen Wildfremden spickte, riß André-Louis aus seinen Überlegungen. Er lachte laut los. Was hätte er auch anders tun sollen?
»In diesem Falle hat er Ihnen mehr als die Wahrheit gesagt! Ich bin zwar ein Patriot, den Rest jedoch zwingt mich der Anstand zu leugnen.«
»Daneben sind Sie also noch ein Witzbold«, brüllte der andere, und auch er schüttelte sich vor Lachen, bis die Fensterscheiben klapperten. »Mir nimmt keiner was übel. Ich bin nun mal so.«
»Wie schade«, sagte André-Louis.
Die Worte brachten den Fürsten der öffentlichen Märkte aus der Fassung.
»He? Was soll das heißen, Chapelier? Ist Ihr Freund etwa 'n Zierpüppchen?«
Der adrette Bretone, ein veritabler Petit-Maître an seinem Begleiter gemessen, besaß trotzdem eine Derbheit, die es, wenngleich unter Verzicht auf die Emphase der Unflätigkeiten, durchaus mit Dantons Brutalität aufnehmen konnte. Er antwortete daher achselzuckend: »Es besagt lediglich, daß ihm Ihre Manieren nicht gefallen, was mich nicht wundernimmt. Ich finde sie auch abscheulich.«
»Pah! Darin seid ihr euch alle gleich, ihr --- Bretonen. Aber nun zum Geschäft! Sie haben gehört, was gestern in der Nationalversammlung passiert ist? Nein? Mein Gott, wo leben Sie denn eigentlich? Wissen Sie schon, daß dieser Halunke, der sich König von Frankreich nennt, vor einigen Tagen österreichischen Truppen, welche die Soldaten, die in Belgien für die Freiheit kämpfen, vernichten sollen, das Durchzugsrecht durch französisches Gebiet gewährt hat? Ist Ihnen das zufällig schon zu Ohren gekommen?«

»Ja«, sagte André-Louis kalt, seinen Ärger über des anderen anmaßenden Ton verbergend, »es ist mir zu Ohren gekommen.«
»So! Und was halten Sie davon?« Mit gekreuzten Armen maß ihn der Koloß von seiner Höhe herab.
André-Louis wandte sich an Le Chapelier.
»Ich glaube, ich bin hier nicht ganz im Bilde. Haben Sie diesen Herrn hierher gebracht, damit er mir Gewissensfragen stellt?«
»Nom d'un nom! Der ist ja borstig wie so'n --- Stachelschwein!« protestierte Danton.
»Nein, nein.« Le Chapelier suchte zu beschwichtigen und dem Aufpeitschungsmittel seines Begleiters ein Gegengift beizufügen. »Wir brauchen Ihren Beistand, André. Danton hier glaubt, Sie seien gerade der Mann, der uns helfen könnte. Hören Sie zu...«
»Ja, so ist's recht! Sagen *Sie*'s ihm«, stimmte Danton zu. »Sie reden ja beide dieselbe --- Affensprache. *Sie* wird er vermutlich verstehen.«
Le Chapelier fuhr, ohne den Einwurf zu beachten, ruhig fort: »Dieser Verstoß des Königs gegen die offenkundigen Rechte eines Landes, das am Werk ist, sich eine Konstitution zu geben, welche die Freiheit begründen soll, hat auch die letzten philanthropischen Illusionen, die wir noch hegten, zerstört. Einige von uns gehen sogar so weit, den König als den geschworenen Feind Frankreichs anzusehen. Das ist natürlich übertrieben.«
»Wer behauptet das?« flammte Danton auf und brach, um seine völlig abweichende Meinung zu bekräftigen, in einen Sturm von Flüchen aus.
Le Chapelier winkte ihm Schweigen und fuhr fort: »Wie dem auch sei, dieses Vorkommnis, verbunden mit allem Vorgefallenen, hat genügt, offenen Streit in der Versammlung zu entfesseln. Es herrscht jetzt der erklärte Kriegszustand zwischen dem Dritten Stand und den Privilegierten.«
»War das denn jemals anders?«
»Vielleicht nicht, jetzt jedoch hat dieser Streit einen neuen Charakter angenommen. Sie haben vermutlich von dem Duell zwischen Lameth und dem Herzog von Castries gehört?«
»Eine Bagatelle.«
»In ihren Folgen. Aber es hätte ganz anders kommen können. Mirabeau wird jetzt in jeder Sitzung beleidigt und herausgefordert. Er geht jedoch kaltblütig und vorsichtig seinen Weg. Andere sind weniger vorausschauend, sie begegnen Beleidigung mit Beleidigung, Schlag mit Schlag, und das Blut fließt jetzt in Privatduellen. Die Methode ist von diesen Duellanten aus den Reihen des Adels zu einem System ausgearbeitet worden.«
André-Louis nickte. Er dachte an Philippe de Vilmorin. »Ja«, sagte er, »das ist ein alter Kniff von ihnen. Er ist so einfach und so gerade – wie sie selbst. Ich wundere mich nur, daß sie nicht schon früher darauf verfallen sind.

Während der ersten Tagungen der Reichsstände zu Versailles hätten sie ihn mit noch besserer Wirkung anwenden können. Jetzt kommt er ein wenig zu spät.«

»Aber sie beabsichtigen, das Versäumte nachzuholen – sacré nom!« schrie Danton. »Forderungen schwirren jetzt nach rechts und nach links zwischen diesen Henkersknechten und den armen Teufeln von der Robe, die mit nichts anderem als mit ihrem Gänsekiel zu fechten gelernt haben. Es ist der reinste --- Mord, nichts weiter. Wenn ich aber auf die Messieurs les Nobles losginge, hier mit meinem Stock, und ihnen ein paar von ihren hirnverbrannten Schädeln einschlüge und ein oder zwei aristokratische Genicke mit diesen meinen Fingern, die der liebe Gott mir zu jenem Zweck gegeben, umdrehte, -- das Gesetz würde mich an den Galgen schicken! Das will nun ein Land sein, das nach Freiheit strebt! Dieu me damne! Man erlaubt mir ja nicht einmal, im Theater den Hut aufzubehalten! Aber diese --- diese ---!«

»Er hat recht«, meinte Le Chapelier. »Die Sache ist unerträglich, unhaltbar geworden. Erst vor zwei Tagen hat Monsieur d'Ambly vor der ganzen Versammlung Mirabeau mit dem Stocke bedroht. Gestern sprang Monsieur de Faussigny plötzlich auf und forderte in offener Rede seinen ganzen Stand zum Morde auf. ›Weshalb fallen wir nicht mit dem Degen in der Hand über diese Halunken her?‹ lautete wörtlich seine Frage. Weshalb fallen wir nicht mit dem Degen in der Hand über diese Halunken her!«

»Das ist ja auch weit einfacher als Gesetze zu machen«, meinte André-Louis.

»Lagron, der Deputierte von Ancenis an der Loire, sagte darauf etwas, was wir nicht verstehen konnten. Als er aber den Saal verlassen wollte, wurde er von einem jener Raufbolde gröblichst insultiert. Lagron gebrauchte lediglich seine Ellbogen, um sich an ihm vorbeizudrängen, da schrie der Kerl auch schon, er hätte ihn geschlagen, und forderte Lagron zum Zweikampf heraus. Die Sache wurde heute morgen auf den Champs-Elysées ausgetragen, und Lagron fiel, getötet von einem Degenstich durch den Leib, den ihm der andere, der wie ein Professioneller focht, kaltblütig beibrachte. Und der arme Lagron besaß nicht einmal ein Schwert. Er mußte sich für das Treffen eins borgen.«

André-Louis – mit den Gedanken bei Vilmorin, dessen Tod er hier bis in alle Einzelheiten hatte schildern hören – wurde von stürmischer Wut gepackt.

Er ballte die Fäuste, seine Lippen preßten sich aufeinander. Dantons kleine Augen beobachteten ihn scharf.

»Nun? Was halten Sie davon? Noblesse oblige, was? Wir müssen sie nur gleichfalls obligieren, diese... Wir müssen es ihnen mit gleicher Münze

heimzahlen, ihnen mit den nämlichen Waffen begegnen. Abschaffen müssen wir sie, wir müssen diese Meuchelmörder auf dieselbe Art in den Abgrund des Nichts schleudern!«
»Aber wie?«
»Wie? Nom de Dieu! Habe ich es Ihnen nicht eben gesagt?«
»Aus diesen Gründen brauchen wir Ihre Hilfe«, warf Le Chapelier ein. »Es muß doch patriotisch gesinnte Männer unter Ihren fortgeschritteneren Schülern geben. Monsieur Dantons Idee ist, aus diesen eine kleine Bande – sagen wir von einem halben Dutzend Mann mit Ihnen an der Spitze – zu bilden, um jenen Eisenfressern eine scharfe Lektion zu erteilen.«
André-Louis runzelte die Stirn.
»Und wie hatten Sie sich das im einzelnen gedacht?«
Danton antwortete mit Emphase:
»Auf folgende Weise: Wir stellen Sie um die Zeit, da die Versammlung sich erhebt, im Saale auf. Wir zeigen Ihnen die sechs führenden Phlebotomisten und lassen Sie gegen diese los, damit Sie sie insultieren können, noch ehe sie ihrerseits Zeit gefunden, den oder jenen der Deputierten zu insultieren. Dann, am folgenden Morgen, werden sechs --- Phlebotomisten secundum artem selbst phlebotomisiert. Das wird den anderen zu denken geben. Es wird ihnen sogar gehörig zu denken geben, beim ---! Wenn nötig, kann die Dosis wiederholt werden, um die Kur zu vollenden. Wenn Sie die --- umbringen, nun, um so besser!«
Er schwieg, sein dunkelgelbes Gesicht brannte vor Begeisterung. André-Louis starrte ihn mit unergründlichem Ausdruck an.
»Nun, was sagen Sie dazu?«
»Außerordentlich spitzfindig.« André-Louis wandte sich ab und blickte zum Fenster hinaus.
»Ist das alles, was Sie darüber zu sagen wissen?«
»Das übrige sage ich lieber nicht, weil Sie es doch nicht verstehen würden. Für Sie, Monsieur Danton, gibt es wenigstens noch die Entschuldigung, daß Sie mich nicht kannten. Aber Sie, Isaac -- daß Sie diesen Herrn mit einem derartigen Vorschlag zu mir zu bringen wagten!«
Le Chapelier war über die Maßen verwirrt. »Ich gestehe, daß ich Bedenken hatte«, entschuldigte er sich. »Allein Monsieur Danton wollte mir nicht glauben, daß sein Vorschlag nicht nach Ihrem Geschmack sein würde.«
»Ich wollte es in der Tat nicht glauben!« belferte Danton. Er stürzte, wild mit den Armen fuchtelnd, auf Le Chapelier los. »Sie sagten mir, Monsieur sei ein Patriot. Der Patriotismus kennt keine Skrupel. Nennen Sie diesen zimperlichen Ballettmeister einen Patrioten?«
»Würden Sie sich, Monsieur, aus Patriotismus zum Morden hergeben?«
»Selbstverständlich! Habe ich Ihnen nicht vorhin gesagt, ich würde mit

Freuden hier mit meinem Knüppel auf die Kerle losgehen und sie wie -- wie so 'ne Herde Flöhe zerquetschen?«
»Weshalb tun Sie es dann nicht?«
»Weshalb ich es nicht tue? Weil man mich aufhängen würde. Hab' ich Ihnen das nicht auch schon gesagt?«
»Was kommt es darauf schon an -- wenn man Patriot ist! Weshalb springen Sie nicht, ein zweiter Curtius, in den Abgrund, wenn Sie mit Ihrem Tode dem Vaterlande nützen?«
Danton verriet Zeichen von Ungeduld. »Weil ich dem Vaterlande durch mein Leben noch viel mehr nützen kann.«
»Gestatten Sie, Monsieur, daß ich an der gleichen Eitelkeit leide.«
»Sie? Aber worin läge denn für Sie die Gefahr? Sie würden doch unter dem Mantel des Duells handeln -- so wie die anderen das tun.«
»Haben Sie sich gar nicht überlegt, Monsieur, daß das Gesetz einen Fechtmeister, der seinen Gegner tötet, wohl schwerlich als gewöhnlichen Duellanten betrachten wird, besonders wenn er selbst den Angriff provoziert hat?«
»So! Nom d'un nom!« Danton blies die Backen auf und sprach mit sengender Verachtung. »Auf das kommt es also hinaus: Sie haben Angst.«
»Sie mögen ruhig, wenn es Ihnen beliebt, annehmen, daß ich Angst habe, auf krumme und hinterlistige Art das zu tun, was ein thrasonischer Patriot wie Sie sich fürchtet offen und freimütig zu tun. Ich habe zwar noch andere Gründe, aber dieser dürfte Ihnen genügen.«
Danton rang nach Luft. Dann fluchte er ungeheuerlicher und bunter denn je. Und dann plötzlich:
»Beim ---! Sie haben recht«, gestand er zu André-Louis' grenzenloser Überraschung. »Sie haben recht und ich unrecht. Ich bin ein genauso schlechter Patriot wie Sie und ein Feigling obendrein.« Er rief das gesamte Pantheon zu Zeugen seiner Selbstbeschimpfung auf. »Nur spiele ich dort unten eine gewisse Rolle, und wenn sie mich greifen und hängen: ja, da liegt der Hund begraben! Monsieur, wir müssen einen anderen Ausweg finden. Verzeihen Sie die Störung. Adieu!« Er hielt ihm die riesige Hand hin.
Le Chapelier stand zaudernd und beschämt daneben. »Sie verstehen doch, André-Louis? Es tut mir leid, daß ...«
»Sprechen wir nicht mehr darüber. Kommen Sie und besuchen Sie mich bald wieder. Ich würde Sie beide bitten, zu bleiben, wenn es nicht schon neun Uhr schlüge und der erste meiner Schüler bald käme.«
»Wir würden auch gar nicht bleiben können«, meinte Danton. »Wir müssen jetzt überlegen, wie wir Marquis de La Tour d'Azyr und seinen Freunden den Garaus machen.«

»Wem?«
Die Frage kam scharf wie aus der Pistole geschossen, als Danton bereits im Gehen war. Der Klang ließ ihn innehalten. Er wandte sich gemeinsam mit Le Chapelier wieder um.
»Ich sagte Marquis de La Tour d'Azyr.«
»Was hat der mit dem Vorschlag zu tun, den Sie mir soeben unterbreiteten?«
»He? Er ist doch der Rädelsführer der Phlebotomisten.«
Und Le Chapelier setzte hinzu: »Er hat auch Lagron getötet.«
»Doch kein Freund von Ihnen?« wunderte sich Danton.
»Und Sie wünschen, daß ich La Tour d'Azyr töte?« forschte André-Louis sehr langsam, wie einer, der sich eine Frage gründlich überlegt.
»Jawohl«, bestätigte Danton. »Und zwar ist das keine Arbeit für Anfänger, kann ich Ihnen versichern.«
»Ah, – das ändert die Lage«, bemerkte André-Louis, wie zu sich selbst sprechend. »Das ist eine große Versuchung.«
»Was gibt's?« Der Koloß trat einen Schritt auf ihn zu.
»Einen Augenblick!« André-Louis hob warnend die Hand. Dann ging er, den Kopf auf die Brust gesenkt, in Gedanken zum Fenster.
Le Chapelier und Danton tauschten miteinander einen Blick und warteten, indes sie ihn scharf beobachteten. Welchen Entschluß würde er fassen?
Anfänglich wunderte André-Louis sich, weshalb er nicht längst von sich aus einen derartigen Weg beschritten hätte, um die längst überfällige Rechnung mit Marquis de La Tour d'Azyr auszugleichen. Was nützte ihm seine vollendete Fechtkunst, wenn er sich ihrer nicht bedienen wollte, um Vilmorin zu rächen und zugleich Aline vor den Lockungen ihres eigenen Ehrgeizes zu bewahren? Es würde ein leichtes sein, La Tour d'Azyr aufs Korn zu nehmen, ihn tödlich zu beleidigen und vor die Spitze seines Schwertes zu bringen. Heute wäre das freilich Mord, ein ebenso heimtükkischer Mord, wie ihn La Tour d'Azyr an Philippe de Vilmorin verübt hatte, denn heute waren die Rollen vertauscht, heute war André-Louis derjenige, der sich ohne jegliches Bedenken auf ein solches Treffen einlassen konnte. Das bot ein moralisches Hindernis, mit dem er jedoch kurzen Prozeß machte. Es blieb also nur noch das gesetzliche Hindernis, auf das er Danton hingewiesen hatte. Es gab immerhin noch ein Gesetz in Frankreich, das nämliche Gesetz, das er vergeblich versucht hatte gegen La Tour d'Azyr in Anwendung zu bringen. Ihm selbst gegenüber würde dieses Gesetz durchaus nicht schwerfällig sein. Doch dann – plötzlich wie durch eine Eingebung – sah er den Weg, einen Weg, der, wenn er ihn einschlug, La Tour d'Azyr poetische Gerechtigkeit angedeihen lassen mußte, ihn, anmaßend und selbstherrlich, wie dieser Mann war, zwingen mußte, sich in An-

dré-Louis' Schwert zu stürzen und dennoch gleichzeitig das ganze Odium der Provokation auf sich zu nehmen.

Er wandte sich den beiden wieder zu, und sie sahen, daß er sehr bleich war, daß seine großen, dunklen Augen seltsam glühten.

»Es dürfte ziemlich schwierig sein, Ersatz für den armen Lagron zu finden«, sagte er. »Unsere Landsleute werden nicht allzusehr darauf brennen, ihre Brust den Schwertern der Privilegierten darzubieten.«

»Wohl wahr«, bestätigte Chapelier düster. Dann, plötzlich, begriff er, was André-Louis plante. »André!« rief er. »Würden Sie...?«

»Ich habe das soeben erwogen. Das würde mir einen gesetzlichen Platz in der Nationalversammlung einräumen. Falls es eurem La Tour d'Azyr gefallen sollte, mich aus der Menge auszuwählen – nun, so komme sein Blut auf sein eigenes Haupt. Ich werde jedenfalls keinen Finger rühren, um ihn davon abzuhalten.« Er lächelte sonderbar. »Ich bin nichts weiter als der Gauner, der sich bemüht, ehrlich zu sein –– stets der Scaramouche: ein Geschöpf der Sophisterei. Glauben Sie, daß Ancenis mich als Repräsentanten annehmen wird?«

»Ob es Omnes Omnibus als Repräsentanten annehmen wird?« Le Chapelier lachte, sein Antlitz strahlte. »Ancenis wird vor Stolz Krämpfe kriegen. Es ist zwar nicht Rennes oder Nantes, wie es hätte sein können, hätten Sie nur gewollt, aber es verleiht Ihnen eine Stimme für die Bretagne.«

»Muß ich mich nach Ancenis begeben –––?«

»Vollkommen überflüssig. Ein Brief an die Stadtobrigkeit, und man wird Sie sofort bestätigen. Sie brauchen sich überhaupt nicht zu rühren. In spätestens vierzehn Tagen ist die Sache erledigt. Es ist also abgemacht, ja?«

Noch einen kurzen Augenblick zögerte André-Louis. Da war seine Akademie. Aber er konnte es einrichten, daß Le Duc und Galoche sie weiterführten, während er nur die Oberleitung behielt. Le Duc war ja, alles in allem, ein sehr tüchtiger Lehrer und zuverlässig. Im Notfalle würde man einen dritten Gehilfen einstellen.

»Es sei!« sagte er endlich.

Le Chapelier schüttelte ihm kräftig die Hand und überschüttete ihn mit Glückwünschen, bis der rotbefrackte Riese in der Tür ihm das Wort abschnitt.

»Inwiefern betrifft das nun unser Geschäft? Soll das heißen, daß Sie keine weiteren Skrupel haben werden, den Marquis abzuschlachten, wenn Sie erst Deputierter sind?«

»Falls der Herr Marquis zur Abschlachtung das Genick hinhält, was er ohne Zweifel tun wird: nein!«

»Ah, ich begreife den Unterschied«, höhnte Danton. »Sie sind selbst ein

spitzfindiger Kopf.« Er wandte sich an Le Chapelier. »Was, sagten Sie doch, wäre er zu Anfang gewesen – Anwalt, nicht wahr?«
»Ja, zuerst Anwalt, dann Komödiant.«
»Da haben wir die Konsequenzen!«
»Sehr richtig! Aber wissen Sie, daß wir beide, Sie und ich, einander doch nicht so unähnlich sind?«
»Was?«
»Früher machte ich es genau wie Sie, ich ging herum und hetzte andere Leute auf, den Mann, den ich umbringen wollte, zu töten. Sie werden mich natürlich einen Feigling schelten.«
Le Chapelier war drauf und dran, sich zwischen die beiden zu werfen, als er sah, wie sich des Riesen Stirn umwölkte. Allein die Wolken verzogen sich wieder, und das mächtige Lachen dröhnte durch den langen Raum.
»Jetzt haben Sie mich zum zweitenmal getroffen, und zwar an der gleichen Stelle! Sie sind ein tüchtiger Fechter, mein Junge! Wir sollten Freunde sein. Rue des Cordeliers ist meine Adresse. Jeder --- Schuft sagt Ihnen, wo Danton logiert. Desmoulins wohnt einen Stock tiefer. Und 'ne Pulle für 'nen Freund steht auch stets bereit.«

7 *Die Spadassiniciden*

Nach einer Abwesenheit von über einer Woche hatte Marquis de La Tour d'Azyr seinen Platz auf dem rechten Flügel der Nationalversammlung wieder eingenommen. Richtiger wäre es, seiner schon als des ci-devant Marquis de La Tour d'Azyr zu erwähnen, denn die Zeit war der September des Jahres 1790, zwei Monate nach Annahme des Antrages jenes gründlichen bretonischen Gleichmachers Le Chapelier, laut dessen der Adel genausowenig erblich sein sollte wie die Schande. So wie das Brandmal des Galgens die vielleicht würdigen Nachkommen eines Übeltäters nicht entehren dürfe, so solle auch das Wappenschild, das die früheren Verdienste eines Ahnen verkündete, dessen vielleicht unwürdige Erben nicht verherrlichen. Also ward das Dekret erlassen, das den erblichen Adel abschaffte und die Familienwappen auf den Kehrichthaufen all der Dinge warf, die ein aufgeklärtes Zeitalter von Philosophen nicht länger zu dulden vermochte. Monsieur le Comte de Lafayette, der Le Chapeliers Antrag sekundiert hatte, verließ als schlichter Monsieur Motier die Versammlung, der große Volkstribun Mirabeau wurde zum simplen Monsieur Riquetti und Marquis de La Tour d'Azyr zum einfachen Monsieur Lesarques. Die Frage wurde während eines jener Ausbrüche von übersteigerter Begeisterung entschieden, die der großen Nationalfeier auf dem Marsfelde vorausgingen – fraglos späterhin zutiefst bedauert von jenen, die sich dazu hergegeben hatten. Im Augenblick bestand das Gesetz zwar zu Recht, aber niemand gab sich die Mühe, es einzuhalten.

Das jedoch nur nebenbei. Es war, wie gesagt, September, der Tag trübe und regnerisch, und ein Teil der Feuchtigkeit und Düsternis schien in den langen Saal der Manege eingedrungen zu sein, wo auf acht Reihen in Ellipsenform aufsteigender grüner Bänke einige acht- bis neunhundert Vertreter der drei Stände der Bevölkerung um den als La Piste bekannten Raum Platz genommen hatten.

Zur Diskussion dieser Konstitutionsgründer stand zur Zeit die Frage, ob die auf die konstituierende Versammlung folgende Körperschaft im Verein mit dem König arbeiten, ob sie periodisch oder ständig tagen und ob sie aus zwei Kammern oder aus einer bestehen solle.

Abbé Maury, Sohn eines Schuhmachers, und daher in diesen Tagen der Antithese der Hauptredner der Partei der Rechten – der Schwarzen, wie man diejenigen, welche die aussichtslosen Schlachten der Privilegierten schlugen, nannte –, hatte die Tribüne bestiegen. Anscheinend trat er für ein Zweikammersystem nach englischem Vorbild ein. Er sprach noch weitschweifiger und schwülstiger, als es sonst seine Gewohnheit war, seine Argumente nahmen mehr und mehr den Charakter einer Predigt an, die Tribüne der Nationalversammlung glich mit jeder Minute stärker einer Kanzel und die Zuhörerschaft immer weniger einer andächtigen Gemeinde. Sie wurde unruhig bei diesem stetig dahinplätschernden Strom geschwollener Phrasen; vergeblich schritten vier Ordner in schwarzseidenen Kniehosen und sorgfältig gepuderten Perücken, die Amtskette auf der Brust und den vergoldeten Degen an der Seite, die Ellipse ab, klatschten in die Hände und zischten ihr: »Silence! En Place!«

Ebenso vergeblich war das Glockenschwingen des Präsidenten vor dem mit grünem Tuch bespannten Tisch gegenüber der Tribüne. Der Abbé Maury hatte bereits allzulange geredet, die Aufmerksamkeit der Mitglieder war längst erlahmt. Endlich sah selbst er das ein, er brach seine Rede ab, und die leise geführte Unterhaltung auf den Bänken wurde allgemein. Doch urplötzlich verstummte sie. Schweigen der Erwartung. Hälserecken, Kopfverdrehen. Selbst die Gruppe von Sekretären an dem runden Tisch unterhalb des Präsidentenstuhles raffte sich aus ihrer üblichen Apathie auf, um den jungen Mann zu mustern, der zum ersten Male die Rednertribüne der Nationalversammlung bestieg.

»Monsieur André-Louis Moreau, stellvertretender Deputierter für den verstorbenen Emanuel Lagron aus Ancenis, Departement der Loire.«

Marquis de La Tour d'Azyr schüttelte die finstere Zerstreutheit ab, die ihn bisher gefangen gehalten. Der Nachfolger des von ihm getöteten Volksver-

treters hätte unter allen Umständen den Gegenstand verhängnisvoller Aufmerksamkeit für ihn gebildet. Man stelle sich daher Marquis de La Tour d'Azyrs erhöhtes Interesse vor, als jetzt jener Name fiel und er aufblickend in diesem André-Louis Moreau den jungen Gauner wiedererkannte, der schon häufig seinen Weg gekreuzt, der überall seinen weitreichenden drohenden Einfluß geltend gemacht und der ihn schon tausendmal hatte bereuen lassen, daß er an dem bewußten Tage vor zwei Jahren in Gavrillac jenes Leben geschont hatte. Daß dieser Mann jetzt den Platz Lagrons einnahm, dünkte Marquis de La Tour d'Azyr ein allzu bequemer Zufall, ja, eine direkt an ihn selber gerichtete Herausforderung.
Er betrachtete den jungen Mann mehr erstaunt denn erzürnt, betrachtete ihn, indes eine unklare, beunruhigende Vorahnung ihn beschlich.
Vom ersten Worte an sollte sich dieser Mann, dessen bloße Gegenwart schon der Marquis als eine Art Herausforderung empfand, in unzweideutiger Weise erklären.
»Ich trete als stellvertretender Deputierter vor Sie«, begann André-Louis, »an Stelle des Mannes, der vor drei Wochen ermordet wurde.«
Das war eine kühne Einleitung, die sogleich seitens der Schwarzen einen Schrei der Empörung hervorrief. André-Louis hielt inne, warf einen Blick zu ihnen hinüber, lächelte leicht, ein merkwürdig selbstsicherer junger Mann.
»Den Herren von der Rechten scheinen meine Worte nicht zu gefallen, Monsieur le Président. Das überrascht mich nicht. Die Herren von der Rechten sind dafür bekannt, daß sie die Wahrheit nicht lieben.«
Diesmal gab es einen Tumult. Die Mitglieder der Linken brüllten vor Lachen, aus den Reihen der Rechten stieg donnernder drohender Protest auf. Die Ordner beschleunigten aufgeregt ihre Schritte, klatschten in die Hände und suchten vergeblich Schweigen herzustellen.
Der Präsident schwang seine Glocke.
Hoch über dem allgemeinen Lärm vernahm man die Stimme de La Tour d'Azyrs, der sich halb von seinem Sitze erhoben hatte: »Komödiant! Hier ist kein Theater!«
»Nein, Monsieur, hier ist ein passender Jagdgrund für eisenfresserische Duellanten«, lautete die Antwort, und der Aufruhr wuchs.
Der stellvertretende Deputierte blickte in die Runde und wartete. Ganz in der Nähe begegnete er dem aufmunternden breiten Lächeln Le Chapeliers sowie dem stillbelustigten beifälligen Blick Kersains, eines zweiten bretonischen Deputierten seiner Bekanntschaft. Dicht dahinter sah er das mächtige Haupt Mirabeaus, jetzt weit in den Nacken geworfen, seine scharfen Augen musterten ihn unter gerunzelten Brauen in einer Art Erstaunen. Und dort hinten, in einem Meer wogender Gesichter erkannte er das blasse

Antlitz des Arraser Anwalts Robespierre – oder de Robespierre, wie der kleine Snob sich jetzt nannte, nachdem er sich das aristokratische ›von‹ als Prärogativ eines Mannes, der sich im Rate des Vaterlandes ausgezeichnet, zugelegt hatte. Die Stupsnase in der Luft, den sorgfältig frisierten Kopf auf der Seite, blickte der Deputierte aus Arras André-Louis aufmerksam an. Die Lesebrille mit den Hornrändern war auf seine bleiche Stirn zurückgeschoben, und während er den Redner durch ein Lorgnon betrachtete, lächelte er sein dünnes Tigerlächeln, das ihn so berühmt und so gefürchtet machen sollte.

Allmählich legte sich der Lärm und ermöglichte es dem Präsidenten, das Wort zu ergreifen. Er beugte sich vor und redete den jungen Mann auf der Tribüne ernst an:

»Monsieur, wenn Sie Wert darauf legen, gehört zu werden, muß ich Sie bitten, weniger provozierend zu sein.« Und an die anderen gewandt, setzte er hinzu: »Messieurs, wenn wir fortfahren wollen, bitte ich Sie, Ihren Gefühlen Einhalt zu gebieten, bis der stellvertretende Deputierte seine Rede beendet hat.«

»Ich werde versuchen, zu gehorchen, Monsieur le Président, und jede Provokation den Herren von der Rechten überlassen. Falls die wenigen Worte, die ich bisher gebraucht habe, provozierend wirkten, so bedaure ich das. Es war indes erforderlich, des hervorragenden Deputierten Erwähnung zu tun, dessen Platz ich unwürdigerweise ausfüllen soll; dabei mußte die Rede unvermeidlich auf das Ereignis kommen, das uns zu dieser traurigen Notwendigkeit trieb. Der Deputierte Lagron war ein Mann von selten erhabener Gesinnung, selbstlos, begeistert, entflammt von dem hohen Zwecke der Pflichterfüllung gegenüber seinen Wählern und dieser Versammlung. Er besaß, was seine Gegner eine gefährliche Gabe der Beredsamkeit nennen würden.«

La Tour d'Azyr krümmte sich unter der wohlbekannten Phrase – seiner eignen Phrase – der nämlichen Phrase, der er sich bedient hatte, um sein Handeln gegenüber Philippe de Vilmorin zu erklären, der Phrase, die man ihm drohend und haßerfüllt immer wieder ins Gesicht geschleudert hatte.

Jetzt schnitt die brüske Stimme des witzigen Cazalés, dieses Rapiers der privilegierten Partei, scharf in des Redners Kunstpause.

»Monsieur le Président«, fragte er mit großer Feierlichkeit, »hat der stellvertretende Deputierte die Tribüne bestiegen, um an der Debatte über die Konstitution der gesetzgebenden Versammlungen teilzunehmen, oder beabsichtigt er, dem verblichenen Deputierten Lagron eine Leichenrede zu halten?«

Diesmal waren es die Schwarzen, die in Lachen ausbrachen, bis der stellvertretende Deputierte ihnen Einhalt gebot.

»Ihr Gelächter ist widerlich!« Auf diese echt gallische Art schleuderte er seinen Handschuh den Privilegierten ins Gesicht, fest entschlossen, es bei keinen halben Maßnahmen zu belassen, und sofort erstarrten die Wellen perlenden Gelächters in ohnmächtiger Wut.

Feierlich fuhr er fort: »Sie alle wissen, wie Lagron starb. Seines Todes überhaupt zu erwähnen, erfordert Mut, darüber zu lachen, verrät eine Eigenschaft, die ich nicht versuchen will, näher zu bezeichnen. Wenn ich auf sein Ableben hingewiesen habe, so geschah das, weil ein derartiger Hinweis durch mein Erscheinen hier in Ihrer Mitte geboten schien. Mein ist die Pflicht, die Bürde, die er niederlegte, aufzunehmen. Ich behaupte nicht, die Kraft, den Mut und die Weisheit eines Lagron zu besitzen, jedoch mit jeder Unze Kraft, Mut und Weisheit, die ich besitze, werde ich diese Bürde tragen. Und ich hoffe um derjenigen willen, die einen derartigen Versuch wagen möchten, daß die Mittel, die man anwandte, um jene beredte Stimme zum Schweigen zu bringen, in meinem Falle nicht zur Anwendung gelangen werden.«

Von der Linken ertönte leise gemurmelter Beifall, von der Rechten ein Ausbruch verächtlichen Gelächters.

»Rhodomont!« rief ihm eine Stimme zu.

Er blickte in die Richtung, aus der sie gekommen, überflog die Reihen – von der Gruppe Schwertmörder unter den Schwarzen bis zur Piste – und lächelte. Unhörbar formten seine Lippen die Antwort: »Nein, mein Freund – Scaramouche; Scaramouche, der Schlaue, Gefährliche, der auf gewundenen Wegen sein Ziel erreicht.« Laut fuhr er fort: »Monsieur le Président, es sind hier Leute anwesend, die nicht verstehen wollen, daß der Zweck, zu dem wir hier versammelt sind, die Formulierung von Gesetzen ist, kraft derer Frankreich aus dem Morast des Bankrotts, in den es zu versinken droht, herausgerissen werden soll. Es sind einige hier anwesend, die, wie es scheint, nicht Gesetze, sondern Blut wollen. Ich warne sie feierlich: zum Schluß werden sie selber an diesem Blute ersticken, falls sie nicht rechtzeitig lernen, auf Gewalt zu verzichten und die Vernunft walten zu lassen.«

Wieder rührte etwas in jener Phrase an La Tour d'Azyrs Erinnerung. Er wandte sich inmitten des neu entstandenen Aufruhrs an seinen Vetter Chabrillane, der neben ihm saß.

»Ein wagemutiger Schuft, dieser Bastard Gavrillacs!«

Chabrillane blickte auf, sein Gesicht war bleich vor Zorn, seine Augen funkelten.

»Lassen Sie ihn ausreden. Ich glaube kaum, daß wir ihn noch einmal werden sprechen hören. Überlassen Sie ihn mir.«

La Tour d'Azyr vermochte den Grund nicht anzugeben, aber er sank mit

einem Gefühl der Erleichterung auf seinen Platz zurück. Die ganze Zeit über hatte er sich gesagt, daß hier ein Fall vorläge, der ein sofortiges Eingreifen seinerseits gebiete, eine Herausforderung, die er annehmen müsse. Allein trotz seiner Wut zauderte er – unbegreiflicherweise. Der Kerl dort erinnerte ihn auf peinliche Art an jenen jungen Abbé, den er im Garten des ›Gewappneten Bretonen‹ zu Gavrillac in den Tod geschickt hatte. Nicht, daß Philippe de Vilmorins Tod Marquis de La Tour d'Azyrs Gewissen belastete. Er hielt seine Tat für vollauf gerechtfertigt. Aber die ganze Angelegenheit erweckte in ihm ein unangenehmes Bild: das Bild jenes rasenden Jünglings, wie er über der blutenden Leiche des geliebten Freundes kniete und darum flehte, mit jenem sterben zu dürfen, während er ihn, den Marquis, Mörder und Feigling schimpfte, um ihn zu reizen.
Endlich hörte der stellvertretende Deputierte auf, über den Tod seines Vorgängers zu sprechen, und wandte sich der vorliegenden Frage zu. Sein Beitrag zur Debatte war unbedeutend, unbestimmt. Er faßte sich auch sehr kurz – denn die Rede war ihm ja lediglich Vorwand, keineswegs der Zweck, um dessentwillen er die Tribüne bestiegen hatte.
Später, als er nach beendeter Sitzung in Begleitung Le Chapeliers den Saal verließ, sah er sich von einer Schar von Volksvertretern wie von einer Leibwache umgeben. Die meisten stammten aus der Bretagne und suchten ihn vor Provokationen zu schützen, die er ja selber durch seine provozierenden Worte in der Versammlung heraufbeschworen hatte. Einen kurzen Augenblick sah er die mächtige Gestalt Mirabeaus an seiner Seite.
»Meinen Glückwunsch, Monsieur Moreau«, bemerkte der große Mann. »Sie haben sich trefflich geführt. Man wird jetzt ohne Zweifel Ihr Blut verlangen. Seien Sie indes klug, Monsieur, und lassen Sie sich, wenn ich Ihnen raten darf, nicht durch falsche Ehrbegriffe mißleiten. Ignorieren Sie die Herausforderungen. Ich halte es meinerseits ebenfalls so. Ich schreibe nur jeden, der mich fordert, auf meine Liste. Es sind bereits ihrer fünfzig, und weitere werden dazukommen. Verweigern Sie jenen das, was sie als Satisfaktion zu bezeichnen belieben, und alles wird gutgehen.« André-Louis seufzte lächelnd. »Es gehört aber Mut dazu«, meinte er heuchlerisch.
»Versteht sich. Aber den haben Sie ja anscheinend im Überfluß.«
»Vielleicht doch nicht genug. Allein ich werde mein möglichstes tun.«
Sie hatten das Vestibül durchschritten, und obwohl dieses rechts und links von eifrigen Anhängern der Schwarzen besetzt war, die dem jungen Manne, welcher sie von der Höhe des Rostrums herab derart unerhört beleidigt hatte, auflauerten, hatte André-Louis' Leibwache sie daran gehindert, an ihn heranzukommen.
Als er jetzt ins Freie unter die große Plane am Kopf der Karriere trat, errichtet, um den Equipagen beim Vorfahren Schutz zu gewähren, teilten

sich die Reihen vor ihm ein wenig, und eine Sekunde lang, gerade als er die Grenze des Schutzdachs erreichte, war seine Front ungedeckt. Draußen regnete es heftig, die schweren Tropfen rührten den Kot zu einem dicken Brei auf, und einen Moment zögerte selbst André-Louis, an dessen Seite wie stets Le Chapelier schritt, sich hinaus in dieses Wetter zu wagen.
Der aufmerksam lauernde Chabrillane erkannte, daß der richtige Augenblick gekommen war, nach kurzem Umwege durch den Regen stand er plötzlich Angesicht in Angesicht diesem allzu wagemutigen jungen Bretonen gegenüber. Rauh, mit brutaler Gewalt stieß er André-Louis beiseite, um für sich selbst unter der Plane Platz zu machen.
Auch nicht eine Sekunde täuschte sich André-Louis über die Absicht des anderen, und auch die Männer in seiner Nähe, die jetzt einen verspäteten, aber vergeblichen Versuch unternahmen, ihn zu schützen, gaben sich keinerlei Illusionen hin. André-Louis war tief enttäuscht. Er hatte nicht Chabrillane erwartet. Seine Enttäuschung spiegelte sich auf seinem Antlitz wider und wurde von dem arroganten Chevalier für etwas durchaus anderes gehalten.
Nun gut – war Chabrillane derjenige, der mit ihm abrechnen sollte –, er würde gute Miene zum bösen Spiele machen.
»Ich glaube, Sie stoßen mich ein wenig, Monsieur«, sagte er ungemein höflich und schob Monsieur de Chabrillane mit Ellbogen und Schulter in den Regen zurück.
»Ich wünsche mich hier vor dem Regen zu schützen, Monsieur«, bemerkte der Chevalier hochfahrend.
»Sie können das tun, ohne mir auf die Füße zu treten. Ich habe nun mal etwas dagegen, daß man mir auf die Füße tritt. Meine Füße sind sehr empfindlich. Vielleicht wußten Sie das nicht, Monsieur. Aber bitte, sprechen Sie nicht weiter.«
»Ich habe ja gar nicht gesprochen, Sie Lümmel!« rief der Chevalier, leicht aus der Fassung gebracht.
»Nicht, Monsieur? Ich dachte, Sie wollten sich entschuldigen.«
»Entschuldigen?« Chabrillane lachte. »Ihnen gegenüber? Wissen Sie, daß Sie amüsant sind?« Er trat ein zweites Mal unter die Plane und stieß André-Louis wiederum vor aller Augen roh zurück.
»Ahi!« rief André-Louis mit einer Grimasse. »Sie tun mir weh, Monsieur. Ich sagte Ihnen doch schon, daß Sie mich nicht stoßen sollten.« Er hatte mit erhobener Stimme gesprochen und drängte nun Monsieur de Chabrillane aufs neue in den Regen.
Trotz seiner Schlankheit besaß André-Louis, dank seiner täglichen fleißigen Fechtübungen, stählerne Arme. Außerdem legte er sein volles Gewicht in den Stoß. Sein Angreifer taumelte einige Schritte zurück, stieß mit dem

Absatz gegen einen Holzklotz, den Arbeiter an jenem Morgen dort hatten liegen lassen, und setzte sich mit einiger Plötzlichkeit in den Kot. Stürmisches Gelächter erscholl von seiten derer, die des eleganten Kavaliers Sturz mit angesehen hatten. Er erhob sich kotbespritzt, außer sich vor Wut, und stürzte sich auf André-Louis.

»Das sollen Sie mir büßen!« stieß er hervor. »Umbringen werde ich Sie!« Sein zorngerötetes Gesicht war keinen Fußbreit von André-Louis' entfernt. Dieser lachte. Jeder konnte in der nun folgenden Stille dieses Lachen und seine Antwort vernehmen: »Ah – das war's, was Sie wollten? Warum haben Sie das nicht gleich gesagt? Sie hätten mir die Mühe, Sie in den Schmutz zu werfen, ersparen können. Ich dachte, die Herren Ihrer Profession pflegten derartige Affären mit Anstand, Schicklichkeit und Grazie zu erledigen. Hätten Sie das auch getan, Sie würden Ihre Hosen geschont haben.«

»Wie bald wollen wir diese Sache austragen?« schnappte Chabrillane in weißglühender Wut.

»Wann es Ihnen beliebt, Monsieur. An Ihnen ist es, zu bestimmen, wann Sie mich töten wollen. Das, glaube ich, war doch wohl die Absicht, die Sie auszudrücken geruhten, nicht wahr?« André-Louis war die verkörperte Liebenswürdigkeit.

»Morgen früh also, im Bois. Sie bringen wohl einen Freund mit.«

»Gewiß, Monsieur. Also auf morgen früh. Hoffentlich ist dann gutes Wetter. Ich verabscheue Regen.«

Chabrillane blickte ihn in sprachlosem Erstaunen an. André-Louis lächelte gewinnend.

»Lassen Sie sich nicht aufhalten, Monsieur. Wir verstehen einander. Ich werde mich morgen früh um neun Uhr im Bois einfinden.«

»Das ist mir zu spät, Monsieur.«

»Und mir ist jede andere Stunde zu früh. Ich liebe es nicht, wenn man mich in meinen Gewohnheiten stört. Neun Uhr, oder gar nicht, wie es Ihnen beliebt.«

»Aber ich muß morgen um neun Uhr zu der Sitzung in der Nationalversammlung erscheinen.«

»Ich fürchte, Monsieur, Sie werden mich erst töten müssen, und ich habe ein Vorurteil dagegen, vor neun Uhr getötet zu werden.«

Dies alles bedeutete eine allzu gründliche Umkehr des üblichen Verfahrens, als daß Monsieur de Chabrillane gewußt hätte, was damit anfangen. Dieser Bauerndeputierte besaß tatsächlich die Unverschämtheit, sich genau den Ton unheilverkündenden Spottes anzueignen, mit dem die Standesgenossen des Chevaliers ihre Opfer aus den Reihen des Dritten Standes zu traktieren pflegten. Um Monsieur de Chabrillanes Ärger die Krone aufzu-

setzen, zog André-Louis – ewig Schauspieler und ewig Scaramouche – seine Schnupftabakdose hervor und bot sie mit fester Hand de Chabrillane an, ehe er sich selbst einer Prise bediente.
Anscheinend sollte de Chabrillane trotz allem, was er sich hatte gefallen lassen müssen, nicht einmal einen guten Abgang gewinnen.
»Gut, Monsieur«, erwiderte er. »Um neun Uhr also, wollen sehen, ob Sie dann einen ebenso impertinenten Ton anschlagen werden.«
Mit diesen Worten stolzierte er davon, begleitet von den Hohnrufen der Provinzialdeputierten. Es wirkte auch nicht gerade besänftigend auf seine Stimmung, daß die Gassenbuben ihn dank des Kots, der von seinen Atlashosen und den Schwalbenschwänzen seines eleganten gestreiften Rocks tropfte, die ganze Rue Dauphine hinunter mit ihrem Gelächter verfolgten.
Obwohl die Mitglieder des Dritten Standes eine spöttische Miene zur Schau trugen, zitterten sie dennoch insgeheim vor Furcht und Empörung. Das war zuviel. Lagron von einem dieser Mordgesellen getötet, und jetzt war sein Nachfolger gefordert, um am Tage nach seinem ersten Erscheinen an des Toten Platz gleichfalls in den Tod geschickt zu werden! Mehrere bestürmten André-Louis, sich ja nicht in den Bois zu begeben und die Forderung sowie die ganze Affäre einfach zu ignorieren, sie stelle ja doch nichts weiter dar als einen verschleierten Versuch, auch ihn aus dem Wege zu räumen. Er hörte ernsthaft zu, schüttelte düster das Haupt und versprach endlich, sich die Sache noch einmal zu überlegen.
Am Nachmittage erschien er, als wenn nichts vorgefallen wäre, wieder auf seinem Platze in der Versammlung.
Als jedoch am folgenden Morgen die Versammlung zusammentrat, war sein Sitz wie auch der Monsieur de Chabrillanes leer. Trauer und Zorn senkten sich auf die Mitglieder des Dritten Standes und trugen einen noch bittereren Ton als sonst üblich in die Debatten. Sie mißbilligten die Tollkühnheit ihres neuen Parteigängers. Einige verurteilten sogar ganz offen seinen Mangel an Vorsicht, nur sehr wenige – eine kleine Gruppe Eingeweihter um Le Chapelier – hofften, ihn wiederzusehen.
Die meisten waren daher ebenso erstaunt wie beglückt, als er wenige Minuten nach zehn Uhr den Saal betrat und sich ruhig, gefaßt und liebenswürdig einen Weg zu seinem Platz bahnte. Der Redner, der zur Zeit das Rostrum einnahm – ein Mitglied der Privilegierten –, hielt vor ungläubigem Erstaunen in seinen Ausführungen inne. Hier lag etwas vor, das er durchaus nicht zu begreifen vermochte. Da ertönte von irgendwoher eine Stimme, welche für die grenzenlose Überraschung, die sich beider Parteien bemächtigt hatte, eine verächtliche Erklärung fand: »Sie sind gar nicht zusammengetroffen. Er hat im letzten Moment gekniffen!«

Ja, so mußte es sein, dachten alle, die Spannung löste sich, man rückte sich auf seinem Platz zurecht. Doch nun hatte André-Louis seinen Sitz erreicht; er hatte die Stimme vernommen, welche die Angelegenheit zur allgemeinen Befriedigung aufgeklärt, und verharrte einen Augenblick vor seinem Sitz, ehe er sich niederließ. Er fühlte, jetzt war es an der Zeit, die Wahrheit zu enthüllen.
»Monsieur le Président, ich bitte, mein verspätetes Eintreffen gütigst zu entschuldigen.« Diese Bemerkung war überflüssig. Sie war ein Stückchen Theater, auf das zu verzichten jedoch nicht in Scaramouches Natur lag. »Eine dringende Verabredung hielt mich zurück. Ich überbringe gleichzeitig die Entschuldigungen Monsieur de Chabrillanes. Leider wird er in Zukunft dauernd verhindert sein, in dieser Versammlung zu erscheinen.«
Totenstille. André-Louis setzte sich.

8 Der Paladin des Dritten Standes

Monsieur le Chevalier de Chabrillane hatte, wie man sich erinnern wird, bei jener schändlichen Affäre mitgewirkt, die Philippe de Vilmorin das Leben kostete. Ja, man weiß darüber genug, um mit einigem Recht vermuten zu dürfen, daß der Chevalier bei jenem Treffen nicht nur La Tour d'Azyrs Sekundant, nein, die treibende Kraft gewesen war. André-Louis mag daher berechtigte Genugtuung empfunden haben, als er seines Gegners Leben den guten Geistern seines ermordeten Freundes opferte. Vielleicht betrachtete er diese Tat aber auch nur als einen Akt allgemeiner Justiz, die auf anderem Wege nicht zu erlangen war. Außerdem darf man nicht vergessen, Chabrillane war im festen Vertrauen auf seine vollendete Fechtkunst zu dem Zweikampf geeilt, um einen vollständig ungeübten Bourgeois niederzumetzeln. Moralisch war er daher nicht viel anders als ein Mörder, und daß er in der Folge selbst in die Grube fiel, die er André-Louis gegraben, muß als eine Art poetischer Gerechtigkeit betrachtet werden. Trotzdem würde der zynische Ton, mit dem André-Louis den Ausgang des Duells der Versammlung ankündigte, verabscheuungswert sein, wäre er ihm von Herzen gekommen. Er würde alsdann die Ansicht gerechtfertigt haben, die Aline mit so vielen aus seinem näheren Bekanntenkreise teilte, nämlich, daß André-Louis kein Herz besäße.
Etwas von der gleichen scheinbaren Herzlosigkeit spiegelt sich in seinem Verhalten nach der Entdeckung von La Binets Untreue wider, obgleich die Rache, die er dafür nahm, dazu in scharfem Widerspruch steht. Die spätere Verachtung, mit der er von der kleinen Komödiantin spricht, scheint aus seiner früheren Liebe zu ihr geboren. Daß diese Liebe so tief gewesen, wie

er es anfangs selbst geglaubt hatte, ist zweifelhaft. Aber daß sie so oberflächlich war, wie er durch die Rückhaltlosigkeit, mit der er sie später aus seinem Herzen zu tilgen suchte, alle Welt geflissentlich glauben machen wollte, läßt sich mit gleichem Recht bezweifeln. Das bestätigen seine Handlungen. Und wieder entdecken wir die nämliche Affektiertheit in dem gefühllosen Zynismus, mit dem er die Hoffnung äußert, Binet getötet zu haben. Er wußte, Geschöpfe wie Binet sind besser nicht auf dieser Welt, und vermochte daher auch keine Reue zu empfinden, denn er war mit jenem seltenen Scharfblick begabt, der die Dinge stets in ihrem wahren Verhältnis sieht und sie weder aus sentimentalen Rücksichten überschätzt noch unterschätzt. Dennoch erscheint es schier unglaublich, daß er die Vernichtung eines Menschenlebens mit derart vollendetem und kaltem Gleichmut betrachtete.

Ebensowenig ist es zu glauben, daß er unmittelbar nach seinem Rencontre im Bois de Boulogne, unmittelbar nach dem Töten eines Menschen seine wahre Natur zeigt, als er das Vorgefallene mit solch beispielloser Frivolität bekanntgibt. So sehr war er doch nicht der Scaramouche. Allein er war Scaramouche genug, um stets und ständig seine wahren Gefühle durch eine einhaltgebietende Geste, seine wahren Gedanken durch eine effektvolle Phrase zu maskieren. Er war immer der Schauspieler, ein Mann, der überall die Wirkung berechnet, überall seinen wahren Charakter durch Zurschaustellung einer angenommenen und fiktiven Persönlichkeit verbirgt. Hierin lag ein gut Teil Teufelei und ein gut Teil anderer Dinge.

Diesmal lachte niemand über seine Frivolität. Er wollte auch niemanden zum Lachen bringen. Er wollte im Gegenteil furchtbar wirken, und er wußte, je frivoler und leichtfertiger er schien, um so furchtbarer würde die Wirkung sein. Und er erzielte genau den gewünschten Effekt.

Was nun an jenem Ort folgte, wo Fühlen und Handeln zu dem geworden, was es eben geworden war, läßt sich unschwer erraten. Als die Sitzung aufgehoben wurde, wartete seiner ein Dutzend Spadassiniciden im Vestibül, und diesmal waren die Männer seiner Partei weniger darauf bedacht, ihn zu schützen. Er schien so restlos imstande, für sich selbst einzustehen, schien trotz seiner überlegenen Ruhe den Krieg so vollständig in das Lager des Feindes getragen, ja sich so ganz dessen ureigenste Methoden angeeignet zu haben, daß seine Genossen sich kaum noch verpflichtet fühlten, für ihn einzutreten.

Beim Verlassen des Saales überflog er prüfend die feindlichen Reihen, die in Haltung und Kleidung so unverkennbar ihre Klasse zeigten. Er blieb stehen und suchte den Mann, dem er so heiß mit der Waffe zu dienen wünschte. Allein Marquis de La Tour d'Azyr fehlte in jener haßerfüllten Gruppe. Das erschien ihm seltsam. La Tour d'Azyr war ein Vetter Chabril-

lanes und dessen bester Freund. Unzweifelhaft hätte er sich in der vordersten Reihe befinden müssen. In Wahrheit war La Tour d'Azyr zu tief erschüttert, zu sehr von Staunen und Kummer überwältigt. Außerdem war seine Rachsucht merkwürdig gedämpft. Vielleicht erinnerte auch er sich der Rolle, die Chabrillane bei jener Affäre in Gavrillac gespielt hatte, und erblickte in diesem obskuren André-Louis Moreau, der ihn seither so hartnäckig verfolgt hatte, den vom Schicksal bestimmten Rächer. Der Widerwille, den er gegen den Gedanken empfand, mit jenem den Degen zu kreuzen, war ihm, insbesondere nach dieser letzten unerhörten Provokation, selbst ein Rätsel. Aber dies Gefühl war da und fesselte ihm die Hände.
Da La Tour d'Azyr sich nicht unter der wartenden Meute befand, war es André-Louis gleichgültig, wer an diesem Dienstagmorgen als Nächster antreten würde. Dieser Nächste war zufällig der junge Vicomte de la Motte-Royau, der eine tödliche Klinge führte.
Am Mittwochmorgen erschien André-Louis abermals um eine Stunde verspätet in der Versammlung und verkündete in ähnlichen Worten wie bei dem Tode Chabrillanes, daß Monsieur de la Motte-Royau vermutlich auf mehrere Wochen hin nicht den Frieden der Versammlung stören würde, vorausgesetzt, daß er überhaupt so glücklich sei, sich von den Folgen eines beklagenswerten Unfalles zu erholen, der ihm ganz unvermutet an diesem Morgen zugestoßen wäre.
Am Donnerstag machte er genau die gleiche Ankündigung betreffs Vidames de Blavon. Am Freitag teilte er mit, er sei von Monsieur des Troiscantins aufgehalten worden, und an die Mitglieder der Rechten gewandt, sein Gesicht in ernste Falten des Beileids gelegt, fügte er hinzu: »Ich freue mich, Messieurs, Ihnen versichern zu können, daß Monsieur des Troiscantins sich in den Händen eines vortrefflichen Chirurgen befindet, welcher Hoffnung hegt, ihn bei sorgfältiger Pflege innerhalb von wenigen Wochen Ihren Beratungen wieder zuführen zu können.«
Es wirkte lähmend, phantastisch, unwahrscheinlich. Freund und Feind vernahmen gleichmäßig betäubt diese täglichen, unerschütterlich höflichen Ankündigungen. Drei der gefürchtetsten Schwertmörder vorübergehend unschädlich gemacht und einer tot – und das alles mit solchem Gleichmut vollbracht und so beiläufig angekündigt von einem elenden Anwalt aus der Provinz!
Sie begannen, ihn mit einem Schimmer von Romantik zu umkleiden. Selbst die Gruppe von Philosophen des linken Flügels, die es ablehnten, irgendeine Gewalt mit Ausnahme der Gewalt der Vernunft anzubeten, behandelten ihn mit einer Achtung und Rücksicht, wie kein noch so großer Triumph der Beredsamkeit sie ihnen hätte abringen können.
Von der Nationalversammlung aus verbreitete sich sein Ruhm allmählich

durch ganz Paris. Desmoulins veröffentlichte in seiner Zeitung ›*Les Révolutions*‹ eine Lobeshymne, darin er ihn zum ›Paladin des Dritten Standes‹ ernannte, ein Name, der sich bei dem Volke einbürgerte und eine Zeitlang an André-Louis haften blieb. Geringschätzig erwähnte man seiner in den ›*Actes des Apôtres*‹, dem Spottorgan der privilegierten Partei, das von einer Gruppe selten kurzsichtiger Herren ungemein leichtfertig und in überaus anmaßendem Tone redigiert wurde.

Der Freitag dieser so tätig ausgefüllten Woche im Leben eines jungen Mannes, der uns in seinen späteren Schriften mit Vorliebe daran gemahnt, daß er in keiner Hinsicht ein Mann der Tat sei, sah das Vestibül bar jeglicher Fechter, als eben derselbe junge Mann in Begleitung Le Chapeliers und Kersains gemächlich, aber erwartungsvoll die Manege verließ.

Er war so überrascht, daß er stehenblieb.

»Sollten sie bereits genug bekommen haben?« fragte er Le Chapelier verwundert.

»Genug von Ihnen, ganz gewiß«, lautete die Antwort. »Sie ziehen vor, mit ihrer Aufmerksamkeit jemanden zu beehren, der weniger sicher für sich einzustehen weiß.«

Das bedeutete für André-Louis eine Enttäuschung. Er hatte sich mit sehr bestimmtem Ziel zu dieser Angelegenheit hergegeben. Der Tod Chabrillanes hatte ihm bislang eine gewisse Genugtuung gewährt. André-Louis hatte diesen Tod als ein annehmbares Hors d'œuvre betrachtet. Allein die drei darauffolgenden Duelle waren ja im Grunde gar nicht seine Affären gewesen. Er war ihnen im Gegenteil mit Widerwillen entgegengetreten und hatte jeden einzelnen Kombattanten so leicht abgefertigt, als mit seiner persönlichen Sicherheit vereinbar schien. Sollte dieses Kesseltreiben gegen ihn wirklich ein Ende nehmen, ohne daß der Mann, auf den er es abgesehen, sich ihm stellte? In diesem Falle war es notwendig, der Sache ein wenig nachzuhelfen!

Unter der Plane stand eine Gruppe von Kavalieren in ernstem Gespräch. André-Louis warf einen hastigen Blick hinüber und erkannte unter ihnen La Tour d'Azyr. Seine Lippen preßten sich zusammen. Er durfte sich keiner Provokation schuldig machen. Sie mußten ihm den Streit aufzwingen. An jenem Morgen bereits hatten die ›*Actes des Apôtres*‹ ihm die Maske vom Gesicht gerissen und ihn als den Fechtmeister aus der Rue du Hasard, als den Nachfolger Bertrand des Amis' entlarvt. War es vordem für einen Mann seines Standes gefährlich gewesen, einen Zweikampf einzugehen, so war die Gefahr nach dieser Enthüllung, die der Öffentlichkeit gegenüber als eine Apologie des Adels aufgemacht war, doppelt groß.

Wie dem auch sein mochte – auf dem Punkte, an dem er jetzt angelangt war, durften die Dinge nicht stehenbleiben, sollte er nicht völlig umsonst

gehandelt haben. Geflissentlich von der Gruppe hinwegsehend, erhob er die Stimme, bis sie auch die Ohren jener erreichen mußte: »Fast hat es den Anschein, als wären meine Befürchtungen eitel, daß ich den Rest meiner Tage im Bois würde zubringen müssen.«
Aus einem Augenwinkel nahm er die Bewegung wahr, die bei seinen Worten die Gruppe durchlief. Sämtliche Herren hatten sich nach ihm umgewandt, das war jedoch alles. Er mußte die Dosis um ein weniges verstärken. Zwischen seinen beiden Freunden langsam weiterschreitend, setzte er hinzu: »Ist es nicht merkwürdig, daß der Mörder Lagrons keine Schritte gegen Lagrons Nachfolger unternimmt? Aber vielleicht ist es doch nicht merkwürdig. Vielleicht hat es seine guten Gründe. Vielleicht ist der betreffende Herr vorsichtig.«
Er war inzwischen an der Gruppe vorübergegangen, er hatte sie bereits hinter sich, als er den letzten Satz sprach, den er mit unverschämtem, herausforderndem Gelächter begleitete.
Er sollte nicht lange warten müssen. Hinter ihm ertönten rasche Schritte, eine Hand legte sich auf seine Schulter und zwang ihn mit Gewalt, sich umzudrehen. Aug' in Aug' stand er Marquis de La Tour d'Azyr gegenüber. Das schöne Gesicht des Edelmannes war ruhig und gefaßt, aber seine Augen spiegelten etwas von der Leidenschaft wider, die ihn urplötzlich gepackt hatte. Zwei aus der Gruppe näherten sich jetzt langsam den beiden. Die übrigen – wie auch André-Louis' Begleiter – verhielten sich als Zuschauer.
»Sie sprachen, glaube ich, von mir«, bemerkte der Marquis ruhig.
»Ich sprach von einem Mörder – jawohl. Aber nur zu diesen, meinen Freunden.« André-Louis war nicht weniger ruhig, ja, noch beherrschter als der andere, denn er war der erfahrenere Schauspieler.
»Sie sprachen laut genug, um gehört werden zu müssen«, wies der Marquis die Andeutung, daß er gelauscht hätte, zurück.
»Wer zu hören wünscht, findet meist die Gelegenheit dazu.«
»Ich merke, daß Sie beleidigend sein wollen.«
»Sie irren sich, Monsieur le Marquis. Ich habe nicht den Wunsch, Sie zu beleidigen. Aber ich liebe es nicht, wenn man Hand an mich legt, vor allem nicht, wenn ich diese Hände nicht für rein halte. Unter diesen Umständen kann man kaum Höflichkeit von mir erwarten.«
Des älteren Mannes Augenlider zuckten. Fast ertappte er sich dabei, daß er André-Louis' Haltung bewunderte. Oder richtiger noch, er fürchtete, seine eigene Haltung könne unter dem Vergleich leiden. Aus diesen Gründen packte ihn vollends die Wut, und er verlor jede Selbstbeherrschung: »Sie sprachen von mir als von dem Mörder Lagrons. Ich gebe nicht vor, Sie mißzuverstehen. Sie haben mir bereits bei einer anderen Gelegenheit

Ihre Ansichten auseinandergesetzt, ich erinnere mich dessen noch genau.«
»Welche Schmeichelei, Monsieur!«
»Sie nannten mich damals einen Mörder, weil ich meine Geschicklichkeit gebrauchte, um einen Hitzkopf aus der Welt zu schaffen, der diese Welt für mich unsicher machte. Um wieviel besser sind denn Sie, Herr Fechtmeister, der Sie sich Männer zu Gegnern erwählen, deren Geschicklichkeit naturgemäß der Ihrigen unterlegen ist?«
Marquis de La Tour d'Azyrs Freunde blickten ernst, ja beunruhigt drein. Es war wahrhaftig kaum zu glauben, daß dieser große Herr sich so weit vergaß, sich mit einem von der Canaille, mit diesem Fechtmeister-Advokaten, in eine Diskussion einzulassen. Ja, schlimmer noch, er war im Begriff, sich lächerlich zu machen.
»Ich diese Männer zu meinen Gegnern erwählt?« meinte André-Louis im Ton belustigten Protestes. »Pardon, Monsieur le Marquis – diese Männer waren es, die mich – törichterweise – zum Gegner wählten. Sie stoßen mich, schlagen mich ins Gesicht, treten mir auf die Füße, bewerfen mich mit Schimpfnamen. Was tut es zur Sache, daß ich Fechtmeister bin? Muß ich mir aus diesem Grunde jede Art Beschimpfung seitens Ihrer Freunde mit den schlechten Manieren gefallen lassen? Hätten diese allerdings früher entdeckt, daß ich Fechtmeister bin, wären ihre Manieren vielleicht bessere gewesen. Allein, mir daraus einen Vorwurf machen? Welche Ungerechtigkeit!«
»Komödiant!« redete ihn der Marquis geringschätzig an. »Ändert das den Fall? Sind die Männer, welche sich Ihnen entgegenstellten, Männer, die gleich Ihnen durch das Schwert leben?«
»Im Gegenteil, Monsieur le Marquis, es sind, wie ich stets gefunden habe, Männer, die mit der größten Leichtigkeit durch das Schwert sterben. Ich kann nicht annehmen, daß Sie selbst deren Anzahl zu vermehren wünschen.«
»Und weshalb nicht, bitte?« La Tour d'Azyrs Gesicht brannte unter dem Hohn des andern in Flammen.
»Ah!« André-Louis zog die Augenbrauen hoch und kniff, seinen Feind musternd, die Lippen zusammen. Er sprach langsam: »Weil Sie, Monsieur, die wehrlosen Opfer vorziehen – die Lagrons und Vilmorins dieser Welt: Schafe, die man zur Schlachtbank führt. Das ist der Grund.«
Da schlug ihm der Marquis ins Gesicht.
André-Louis trat einen Schritt zurück. Einen kurzen Augenblick funkelten seine Augen, dann blickten sie lächelnd zu seinem hochgewachsenen Feind empor.
»Also doch nicht besser als die anderen alle! Schade, schade! Bemerken Sie

gütigst, wie sich die Historie wiederholt – mit gewissen Unterschieden. Weil der arme Vilmorin eine schmutzige Lüge, mit der Sie ihn hetzten, nicht hinnehmen wollte, schlug er Sie. Weil Sie eine ebenso schmutzige Wahrheit, die ich Ihnen sage, nicht einstecken mögen, schlagen Sie mich. Aber die Schmutzigkeit liegt in beiden Fällen auf Ihrer Seite. Und heute wie damals ist der Herausforderer –« Er brach ab. »Aber weshalb Sie beim Namen nennen? Ich bin, falls Sie es wünschen, bereit, Monsieur, mit Ihnen die Klingen zu kreuzen.«

»Was sonst sollte ich wohl wünschen? Zu schwatzen?«

André-Louis wandte sich seinen Freunden zu, er seufzte. »Also bleibt mir ein weiterer Ausflug in den Wald doch nicht erspart! Isaac, Sie haben vielleicht die Güte, sich mit einem der Freunde des Herrn Marquis zu verständigen und für morgen die übliche Zeit – neun Uhr – zu vereinbaren.«

»Morgen nicht«, bemerkte der Marquis kurz zu Le Chapelier. »Ich habe eine Verabredung auf dem Lande, die ich nicht gut hinausschieben kann.«

Le Chapelier blickte André-Louis an.

»Sagen wir also, falls es Monsieur le Marquis paßt, Sonntag, zur gleichen Stunde.«

»Ich fechte nicht am Sonntag. Ich bin kein Heide, der den Feiertag entheiligt.«

»Oh – sicherlich wird doch der liebe Gott einen Herrn von Monsieur le Marquis' Rang nicht einer solchen Bagatelle wegen verdammen? Nun gut, Isaac, treffen Sie die Verabredung für Montag, falls das nicht auch ein Festtag ist oder Monsieur andere dringende Abhaltungen hat. Ich überlasse das ganz Ihnen.«

Er verneigte sich mit dem Ausdruck eines Mannes, den derartige Einzelheiten langweilen, und zog sich, seinen Arm unter den Kersains schiebend, zurück.

»Ah, *Dieu de Dieu!* Wie Sie sich auf derartige Dinge verstehen!« meinte der auf diesem Gebiet gänzlich unerfahrene Bretone schlicht.

»Das tue ich wirklich. Ich habe von den anderen gelernt.« Er lachte. Er befand sich in glänzender Laune. Und Kersain ging zu der Schar derer über, die André-Louis für einen Mann ohne Herz und Gewissen hielten.

Allein in seinen ›Bekenntnissen‹ berichtet André-Louis – an einer der wenigen Stellen, die unter der Maske den wahren Menschen offenbaren –, er habe in jener Nacht auf den Knien mit seinem toten Freund Philippe Zwiesprache gehalten und ihn zum Zeugen angerufen, daß er jetzt im Begriffe sei, den letzten Schritt zur Erfüllung des Eides zu tun, den er vor zwei Jahren in Gavrillac über des geliebten Freundes Leiche geschworen.

Marquis de La Tour d'Azyr hatte an jenem Tage eine Verabredung auf dem Land mit Monsieur de Kercadiou. Um diese einzuhalten, fuhr er schon früh am Tage nach Meudon hinaus. In der Tasche trug er ein Exemplar der neuesten Ausgabe von *»Les Actes des Apôtres«*, einer Zeitung, deren lustige Ausfälle gegen die Erneuerer der sozialen Ordnung den Herrn von Gavrillac ungemein erheiterten. Die haßerfüllte Verachtung, die man hier auf das Haupt jenes Lumpengesindels entlud, gewährte ihm eine gewisse Entschädigung für die Unbequemlichkeiten der Übersiedelung, die er ja in erster Linie dem abscheulichen Treiben dieser Leute zu verdanken hatte.
Zweimal innerhalb des letzten Monats hatte Marquis de La Tour d'Azyr den Herrn von Gavrillac in Meudon besucht, und der Anblick Alines in ihrer Anmut und Frische, in ihrer ganzen Lebhaftigkeit und Klugheit hatte die fast erstickte Glut, die im Herzen des Marquis unter der Asche vergangener Ereignisse schlummerte und die er selbst erloschen geglaubt, erneut zu heller Flamme angefacht. Er sehnte sich nach Aline, wie wir uns den Himmel ersehnen. Seine Liebe zu ihr war das reinste und heißeste Gefühl seines Lebens, wäre es ihm früher gekommen, es hätte aus ihm vielleicht einen anderen Menschen gemacht. Die grausamste Wunde, die er während seines ganzen selbstsüchtigen Daseins erlitten, war ihm an jenem Tage geschlagen worden, da Aline ihm nach dem Vorfall im Théatre Feydau zu verstehen gegeben, daß sie ihn unter keinen Umständen je wieder empfangen würde. Mit einem Schlage hatte jener schmähliche Aufruhr ihm sowohl die begehrte Mätresse wie auch das Weib seiner Seele entrissen. Die käufliche Liebe La Binets hätte ihn vielleicht über den erzwungenen Verzicht auf seine veredelte Leidenschaft für Aline getröstet, ebenso wie er bereit gewesen war, dieser seine Gefühle für La Binet zu opfern. Allein jener unselige Auftritt hatte ihm beide geraubt. Dem Wort getreu, das er Sautron gegeben, hatte er endgültig mit La Binet gebrochen, nur um in der Folge zu entdecken, daß Aline für immer mit ihm gebrochen hatte. Als er sich dann später von seinem Kummer so weit erholt hatte, um erneut La Binets zu gedenken, war die kleine Komödiantin endgültig seinem Gesichtskreis entschwunden.
All diese Schicksalsschläge legte er voller Erbitterung André-Louis zur Last. Dieser niedriggeborene Lümmel aus der Provinz verfolgte ihn wie eine rächende Nemesis, war wahrhaftig sein böser Engel geworden. Ja, das war er – sein böser Engel! Obendrein erschien es noch zweifelhaft, wer am Montag... Aber er dachte nicht gerne an Montag! Er hatte keine sonderliche Angst vor dem Tode. Er war in diesem Punkt so tapfer wie alle seiner Klasse, allzu tapfer und allzu selbstsicher, um auch nur die Möglichkeit,

im Duell zu fallen, in Erwägung zu ziehen. Und doch – es würde eine höchst passende Krönung all des Bösen sein, das er mittelbar und unmittelbar durch diesen André-Louis Moreau erfahren, wenn er unrühmlich von dessen Hand fiele. Fast hörte er bereits die kühle, angenehme Stimme, mit welcher der Bursche am kommenden Montagmorgen der Nationalversammlung die Sache ankündigen würde.

Erzürnt über sich selbst, schüttelte er diese Stimmung ab. Sie war ja geradezu sentimental! Alles in allem hatten Chabrillane und La Motte-Royau zwar vorzügliche Klingen geführt, aber immerhin doch keine seines formidablen Kalibers. Die Reaktion setzte ein, als er durch die ländlich grünen, von wärmendem Septembersonnenschein durchfluteten Alleen fuhr. Er wurde heiterer, ja, eine Ahnung kommenden Sieges erfüllte ihn. Statt die morgige Zusammenkunft zu fürchten, wie er es berechtigterweise bisher getan hatte, begann er sich auf sie zu freuen. Sie würde ihm die Mittel bieten, dieser Verfolgung, deren Opfer er gewesen, ein für allemal ein Ziel zu setzen. Ja, er würde diesen frechen, aber hartnäckigen Floh zermalmen, der ihn bei jeder Gelegenheit gestochen hatte. Eine Welle von Optimismus hob seinen Geist, allmählich betrachtete er selbst seine Beziehungen zu Aline in hoffnungsvollerem Licht.

Bei ihrem ersten Wiedersehen vor vier Wochen war er ihr mit rückhaltloser Offenheit begegnet. Er hatte ihr die volle Wahrheit über die Motive gestanden, die ihn an jenem Abend ins Feydau getrieben, hatte ihr klargemacht, wie ungerecht sie zu ihm gewesen wäre. Dabei hatte er es belassen.

Für den Anfang war das sehr viel gewesen. Und bei ihrer letzten Zusammenkunft vor vierzehn Tagen hatte sie ihn mit unbefangener Freundlichkeit empfangen. Wahr, sie hatte sich leise zurückhaltend gezeigt. Allein, das war nicht anders zu erwarten, ehe er ihr nicht ausdrücklich gestanden, daß er die Hoffnung, sie zu gewinnen, noch nicht aufgegeben hätte. Er war ein Narr gewesen, sie nicht schon vordem aufzusuchen.

In dieser Stimmung neugeborener Zuversicht – auferstanden gleich einem Phönix aus der Asche seiner Depression – erschien er an jenem Morgen in Meudon. Er war heiter und herzlich zu Monsieur de Kercadiou, während er im Salon auf Mademoiselles Erscheinen wartete. Voller Zuversicht äußerte er sich über die Zukunft des Landes. Es wären bereits Zeichen vorhanden – an diesem Morgen trug er wahrhaftig die allerrosigste Brille –, daß ein Meinungsumschwung, eine Wendung zum Gemäßigteren bevorstünde. Die Nation begriffe allmählich, wohin dieser Advokatenpöbel sie führe. Er zog die »*Actes des Apôtres*« aus der Tasche und las daraus einen vernichtenden Artikel vor. Dann, als Mademoiselle endlich eintrat, überließ er die Zeitung Monsieur de Kercadiou.

Monsieur de Kercadiou begab sich, im Hinblick auf die Zukunft seiner Nichte, mit der Zeitung in den Garten und ließ sich an einem Punkte nieder, von wo aus er – wie seine Pflicht es ihm gebot – das Paar zwar im Auge behielt, aber diskret außer Hörweite war.
Der Marquis nutzte diese Gelegenheit, die vielleicht nur allzu rasch verstreichen würde, gründlich aus. Ohne jede Zurückhaltung gab er seine Erklärung ab und bat, ja flehte darum, von neuem in Alines Gunst aufgenommen zu werden, wenigstens möge sie ihm die Hoffnung vergönnen, daß sie eines Tages in nicht allzu langer Zeit sich bewegen lassen würde, in noch engere Beziehungen zu ihm zu treten.
»Mademoiselle«, begann er, und seine Stimme zitterte vor unverkennbarer innerer Bewegung, »Sie können meine vollkommene Aufrichtigkeit nicht länger anzweifeln. Allein die Beständigkeit meiner Zuneigung muß Sie davon überzeugen. Es ist nur gerecht, daß Sie mich aus Ihrer Gegenwart verbannten, da ich mich der großen Ehre, die ich erstrebte, so vollkommen unwürdig zeigte. Jedoch diese Verbannung hat meiner Ergebenheit in keiner Hinsicht Abbruch getan. Wüßten Sie, was ich gelitten, Sie würden zugeben, daß ich meinen Fehltritt vollauf gebüßt habe.«
Sie sah ihn an, einen weichen, nachdenklichen, unergründlichen Ausdruck in dem reizenden Gesicht.
»Monsieur, an Ihnen zweifle ich nicht. Ich zweifle an mir selber.«
»Sie meinen, an Ihren Gefühlen mir gegenüber?«
»Ja.«
»Das kann ich verstehen. Nach allem, was geschehen ist.«
»Es war von jeher so, Monsieur«, unterbrach sie ihn ruhig, »Sie sprechen, als hätten Sie mich erst durch Ihr eigenes Handeln verloren. Das ist zuviel gesagt. Ich will ganz offen sein, Monsieur. Niemals habe ich Ihnen so weit gehört, daß Sie mich hätten verlieren können. Ich bin mir der Ehre, die Sie mir erweisen, vollauf bewußt. Ich schätze Sie sehr hoch...«
»Dann«, rief er voll klingender Zuversicht, »dann kann noch alles gut werden. Mit einem solchen Anfang...«
»Wer sagt mir, daß es ein Anfang sei? Ist es nicht vielleicht schon das Ende? Hätte ich Ihnen wärmere Gefühle entgegengebracht, Monsieur, ich würde Sie nach der Affäre, die Sie soeben erwähnten, zu mir gerufen haben. Zum mindesten hätte ich Sie nicht ungehört verurteilt. So, wie die Dinge liegen...« Sie zuckte die Achseln und lächelte leise, ein wenig traurig. »Sie verstehen.«
Allein sein Optimismus war nicht zu dämpfen, im Gegenteil, ihre Worte gaben ihm neue Nahrung. »Aber was Sie da sagen, läßt mich hoffen, Mademoiselle. Besitze ich bereits so viel, so darf ich mit Zuversicht hoffen, noch mehr zu erringen. Ich werde mich Ihrer wert erweisen. Ich schwöre

es. Wer, dem die Gunst vergönnt ist, in Ihrer Nähe zu weilen, würde das nicht versuchen?«

Und dann, noch ehe sie ein Wort hinzufügen konnte, wälzte sich Monsieur de Kercadiou, die Brille auf die Stirn zurückgeschoben, das Gesicht in Flammen, anscheinend sprachlos vor Wut, heftig die »*Actes des Apôtres*« schwenkend, zur Glastür herein.

Hätte der Marquis seinen Empfindungen freien Lauf gelassen, er würde geflucht haben. So biß er sich nur im Ärger über diese ungemein störende Unterbrechung auf die Lippen.

Erschrocken über dieses Bild der Aufregung war Aline aufgesprungen.

»Was ist geschehen?«

»Geschehen?« Endlich fand ihr Oheim die Sprache wieder. »Der Schuft! Der treulose Hund! Ich willigte ein, Vergangenes zu vergessen unter der ausdrücklichen Bedingung, daß er in Zukunft jede revolutionäre Politik vermeide. Diese Bedingung nahm er an, und jetzt –«, zornig schlug er auf die Zeitung los, »– jetzt hat er mich wieder hintergangen. Nicht nur, daß er sich wieder mit Politik beschäftigt, nein, er ist Mitglied der Nationalversammlung geworden, und was noch schlimmer ist: er gebraucht seine mörderische Kunst als Fechtmeister, um andere niederzumetzeln. Mein Gott! Gibt es denn keine Gesetze mehr in Frankreich?«

Ein einziger Zweifel hatte Marquis de La Tour d'Azyrs vollendete Gemütsruhe und wachsenden Optimismus bisher noch getrübt. Dieser Zweifel betraf André-Louis Moreau und dessen Beziehungen zu Monsieur de Kercadiou. Er wußte, wie diese einst gewesen waren und welche Wandlung in diesen Beziehungen Moreau selbst durch die Undankbarkeit, mit der er sich gegen die Klasse gewandt, welcher sein Wohltäter angehörte, geschaffen hatte. Was Marquis de La Tour d'Azyr aber nicht wissen konnte, war, daß eine Versöhnung stattgefunden hatte. In dem verflossenen Monat – ja, von dem Tage an, da die Verhältnisse André-Louis getrieben, seinem Versprechen, die Politik zu meiden, zuwiderzuhandeln – hatte der junge Mann es nicht gewagt, sich in Meudon sehen zu lassen, und zufällig war auch sein Name bei La Tour d'Azyrs Besuchen nicht gefallen. Jetzt erfuhr dieser zwar von der Aussöhnung, aber gleichzeitig auch, daß der Bruch sich erneuert und unheilbarer denn je geworden sei. Daher zögerte er keine Sekunde, seine eigene Stellung zu erkennen zu geben.

»Es gibt noch ein Gesetz«, antwortete er. »Das Gesetz, dem dieser blindwütige junge Mann selbst huldigt. Das Gesetz des Schwertes.« Er sprach ernst, fast traurig, denn er erkannte, daß der Boden, auf dem er wandelte, heißer Boden war. »Sie brauchen nicht zu fürchten, daß er seine frevlerische mörderische Bahn ungehindert verfolgen werde. Früher oder später wird er einem Schwerte begegnen, das die anderen rächt. Sie werden be-

merkt haben, daß mein Vetter Chabrillane sich unter den Opfern dieses Mörders befindet, er wurde vergangenen Dienstag getötet.«
»Ich bin noch nicht dazu gekommen, Ihnen mein Beileid auszusprechen, Azyr, weil meine Empörung bisher jedes andere Gefühl erstickte. Dieser Schuft! Sie sagen, er würde früher oder später einem Schwerte begegnen, das die anderen rächen wird? Ich flehe zu Gott, daß dem bald so sein möchte.«
Ruhig, ohne jeden anderen Ton in der Stimme als den der Trauer, entgegnete der Marquis: »Ich glaube, Ihr Gebet wird erhört werden. Dieser unglückliche junge Mann hat für morgen ein Treffen vereinbart, bei dem er wahrscheinlich die Rechnung abschließen wird.«
Er sprach mit so unerschütterlicher Überzeugung, daß seine Worte wie ein Todesurteil klangen. Urplötzlich ließen sie die Zornesflut Monsieur de Kercadious zurückebben. Die Farbe wich aus seinem geröteten Gesicht, Schrecken blickte aus seinen verwaschenen Augen, und Marquis de La Tour d'Azyr erkannte klarer, als Worte es ihm hätten vermitteln können: Monsieur de Kercadious hitzige Rede war lediglich der Ausdruck hemmungsloser Wut gewesen; sein Gebet, daß rasche Vergeltung sein Patenkind treffen möge, war ihm ganz unbewußt und nicht von Herzen gekommen. Jetzt, angesichts der Tatsache, daß Vergeltung in Wahrheit jenen Schuft heimsuchen würde, gewannen seine natürliche Güte und Milde wieder die Oberhand, seine Liebe zu dem Burschen quoll mächtig in ihm empor, und André-Louis' Vergehen erschien ihm, verglichen mit der drohenden Strafe, als ein Ding ohne Gewicht.
Monsieur de Kercadiou benetzte seine Lippen mit der Zunge.
»Mit wem findet dieses Treffen statt?« fragte er mit einer Stimme, der er nur mit Mühe Festigkeit zu geben vermochte.
Marquis de La Tour d'Azyr beugte das schöne Haupt, seine Augen musterten das spiegelnde Parkett des Fußbodens. »Mit mir selbst«, sagte er ruhig und fühlte gleichzeitig, während sein Herz sich zusammenkrampfte, den Schrecken, den seine Antwort säte. Er vernahm den leisen Ausruf Alines, sah, wie Monsieur de Kercadiou zurückfuhr. Und dann stürzte er sich kopfüber in die Erklärung, die ihm geboten schien.
»Aus Rücksicht auf seine Beziehungen zu Ihnen, Monsieur de Kercadiou, und dank der tiefen Wertschätzung, die ich Ihnen entgegenbringe, tat ich mein möglichstes, diesen Schritt zu vermeiden, obwohl, wie Sie verstehen werden, der Tod meines lieben Freundes und Vetters Chabrillane eine derartige Handlung meinerseits zu fordern schien, ja, obgleich ich wußte, daß meine Langmut meine Freunde zur Kritik herausforderte. Gestern jedoch machte dieser zügellose junge Mann jede weitere Zurückhaltung unmöglich. Er forderte mich mit voller Absicht und vor aller Öffentlichkeit her-

aus. Er beleidigte mich in der gröblichsten Weise und... und wir treffen uns morgen früh – im Bois.«
Er stotterte ein wenig, sich der feindlichen Atmosphäre, von der er sich plötzlich umgeben fühlte, zum Schluß vollauf bewußt. Auf die Feindseligkeit Monsieur de Kercadious hatte ihn dessen veränderte Haltung bereits vorbereitet, jedoch die Feindseligkeit Mademoiselles traf ihn überraschend.
Er begann zu begreifen, welche Schwierigkeiten die Handlungsweise, in die er sich eingelassen, für ihn heraufbeschwören müßte. Ein neues Hindernis würde sich in der Bahn, die er soeben erst frei gemacht zu haben glaubte, vor ihm auftürmen. Doch sein Stolz und sein Gerechtigkeitsgefühl erlaubten ihm kein Nachgeben.
Voller Bitterkeit erkannte er, während sein Blick vom Onkel zur Nichte wanderte – seltsam scheu, er, der doch gewohnt war, jedem kühn und gerade ins Auge zu schauen –, daß, mochte er morgen auch André-Louis töten, André-Louis sich selbst im Tode noch an ihm rächen würde. Er hatte nicht übertrieben, als er André-Louis Moreau als den bösen Genius seines Lebens bezeichnete. Jetzt begriff er: er könnte ihn zwar töten, niemals jedoch ihn besiegen. Das letzte Wort würde stets André-Louis Moreau behalten. Voller Bitterkeit, voller Wut, ja voll tiefer Beschämung – ein ihm bisher fast unbekanntes Gefühl – begriff er dies, und diese Erkenntnis bestärkte ihn noch in seinem Entschluß, obwohl er dessen völlige Zwecklosigkeit einsah.
Äußerlich zeigte er eine vollendete Ruhe und Selbstbeherrschung, die Miene eines Mannes, der sich mit Bedauern in das Unvermeidliche schickt. Ebensowenig hätte man an seiner Haltung etwas aussetzen, wie ihn von dem Schritte, zu dem er sich verpflichtet fühlte, abbringen können. Monsieur de Kercadiou spürte das.
»Mein Gott!« war alles, was er zu sagen vermochte, und es war kaum hörbar, fast klang es wie ein Stöhnen.
Marquis de La Tour d'Azyr handelte auch jetzt, wie der Takt es verlangte. Er verabschiedete sich. Er fühlte, noch länger hier zu verweilen, nachdem seine Neuigkeiten eine derartige Wirkung hervorgerufen hatten, wäre ein unmögliches, ja schamloses Benehmen gewesen. Also ging er in einer Verbitterung, die allein seinem früheren Optimismus vergleichbar war; die süße Frucht der Hoffnung hatte sich, noch ehe sie seine Lippen berührt, in Galle verwandelt. O ja, das letzte Wort behielt wahrhaftig dieser André-Louis Moreau – stets dieser André-Louis Moreau!
Onkel und Nichte blickten einander an, während er an ihnen vorüberschritt, und Entsetzen stand in ihren Augen. Alines Blässe glich der Blässe des Todes, schmerzlich rang sie die Hände.

»Weshalb baten Sie ihn nicht – flehten Sie ihn nicht an –«, begann sie, um kurz abzubrechen.
»Warum? Er war ja im Recht, und – und – es gibt Dinge, die man nicht verlangen kann – Dinge, die zu erbitten eine unnütze Demütigung wäre.«
Ächzend ließ er sich in einen Sessel fallen. »Oh, der arme Junge – der arme verblendete Junge!«
Man sieht, in beider Augen bestand kein Zweifel über den Ausgang des Waffenganges. Die ruhige Zuversicht, mit der La Tour d'Azyr gesprochen, zwang auch die anderen in ihren Bann. Er war kein eitler Prahler, sie wußten, welchen Ruf als unüberwindlicher Fechter er genoß.
»Was kommt es schon auf eine Demütigung an? Hier steht ein Leben – Andrés Leben auf dem Spiel.«
»Ich weiß. Mein Gott, als ob ich das nicht wüßte! Und ich hätte mich ja auch gedemütigt, wenn ich dadurch etwas zu erreichen geglaubt. Aber Azyr ist ein harter, unerbittlicher Mensch, und...«
Abrupt verließ sie das Zimmer.
Sie erreichte den Marquis, als er gerade in seinen Wagen steigen wollte. Bei ihrem Anruf wandte er sich um und verneigte sich.
»Mademoiselle?«
Sogleich erriet er den Grund ihres Kommens und kostete im voraus die grenzenlose Bitterkeit, ihr diese Bitte verweigern zu müssen. Trotzdem trat er auf ihr Ersuchen erneut in die Kühle der Halle.
In der Mitte des weiß und schwarz karierten Marmorbodens stand ein geschnitzter Tisch aus dunkler Eiche. Neben diesem blieb er stehen, sich leicht auf die Platte stützend, während sie sich in den großen dunkelrot gepolsterten Sessel daneben setzte.
»Monsieur, ich kann Sie nicht so ziehen lassen«, sagte sie. »Unmöglich können Sie begreifen, welch ein Schlag es für meinen Oheim bedeuten würde, wenn – wenn morgen – Schlimmes, Unwiderrufliches seinem Patenkind geschähe. Die Ausdrücke, deren er sich anfänglich bediente...«
»Mademoiselle, ich kenne deren wahren Wert. Ersparen Sie sich Weiteres, glauben Sie mir, ich bin selbst auf das tiefste getroffen durch Umstände, wie ich sie nicht vorzufinden vermutete. Sie müssen meinen Worten glauben. Das ist alles, was ich darüber zu sagen vermag.«
»Muß es denn wirklich sein? André ist seinem Paten sehr teuer.«
Ihr flehender Ton schnitt ihm ins Herz. Und dann, unvermutet, erweckte er dort noch eine zweite Empfindung – eine Empfindung, die er in seinem ungeheuren Adelsstolz als seiner unwürdig erkannte, fast als einen Makel empfand, aber dennoch vermochte er sie nicht zu unterdrücken. Er zögerte, ihr Ausdruck zu verleihen, zögerte, auch nur im entferntesten eine so un-

vorstellbare Möglichkeit anzudeuten, er könnte in einem Manne von André-Louis' gemeiner Abkunft einen Rivalen vermuten. Allein die plötzliche nagende Eifersucht war stärker als sein maßloser Stolz.

»Und Ihnen selbst, Mademoiselle? Was ist Ihnen dieser André-Louis Moreau? Sie werden diese Frage verzeihen, aber ich wünsche hier klar zu sehen.«

Er beobachtete sie scharf und sah ein dunkles Rot sich über ihre Wangen breiten. Anfänglich deutete er ihr Erröten als Verwirrung, bis das Blitzen ihrer blauen Augen ihm verriet, daß Zorn die Ursache war. Das beruhigte ihn, da er sie mit seinen Worten beleidigt hatte, war er getröstet. Es kam ihm nicht in den Sinn, der Zorn könne vielleicht auch einer anderen Quelle entstammen.

»André und ich sind von frühester Kindheit an Spielgefährten gewesen. Er ist auch mir sehr teuer, fast betrachte ich ihn als einen Bruder. Würde ich des Beistandes bedürfen und mein Oheim wäre nicht erreichbar, André wäre der erste Mann, an den ich mich wenden würde. Genügt Ihnen diese Antwort, Monsieur? Oder wünschen Sie noch nähere Auskunft?«

Er biß sich auf die Lippen. Er mußte heute morgen die Nerven verloren haben, sonst wäre der törichte Argwohn, mit dem er sie beleidigt hatte, ihm nicht aufgestiegen. Er verneigte sich tief. »Mademoiselle, vergeben Sie mir, daß ich Sie mit einer derartigen Frage belästigte. Sie haben mir genauere Auskunft erteilt, als ich es je hätte erhoffen oder wünschen dürfen.«

Er schwieg und wartete, daß sie das Gespräch wieder aufnähme. Ratlos saß sie eine Weile da, eine Falte auf ihrer weißen Stirn, nervös mit den Fingern auf der Tischplatte trommelnd. Endlich stürmte sie rückhaltlos gegen die unerschütterliche geschmeidige Front.

»Ich bin gekommen, Monsieur, um Sie zu bitten, dieses Treffen rückgängig zu machen.«

Sie sah das kaum merkliche Hochziehen seiner dunklen Brauen, das leise bedauernde Lächeln, das seine schön geschnittenen Lippen kräuselte, und fuhr hastig fort: »Welche Ehre wartet Ihrer bei einem derartigen Duell, Monsieur?«

Das war ein geschickter Hieb gegen den Adelsstolz, den sie als seine vorherrschende Leidenschaft erkannt hatte – eine Leidenschaft, die ihn ebensooft zum Bösen wie zum Guten trieb.

»Ich suche dabei keine Ehre, Mademoiselle, sondern – Vergebung, wenn ich das sage – Gerechtigkeit. Dieses Treffen wurde, wie ich bereits erklärte, nicht von mir gesucht. Es ist mir aufgezwungen worden, und ich kann mich in Ehren nicht zurückziehen.«

»Welche Unehre würde Ihnen erwachsen, wenn Sie ihn schonten? Sicher-

lich würde keiner wagen, Ihren Mut anzuzweifeln, Monsieur. Niemand würde Ihre Motive mißverstehen.«
»Sie irren sich, Mademoiselle. Meine Motive würden ohne jeden Zweifel mißverstanden werden. Sie vergessen, daß dieser junge Mann sich einen gewissen Ruf erworben hat, der jedem Gegner Bedenken einflößen könnte, mit ihm die Klinge zu kreuzen.«
Fast verächtlich fegte sie diesen Einwand beiseite. Für sie war das die reinste Wortklauberei.
»Einigen Gegnern wohl. Ihnen jedoch nicht, Monsieur.«
Ihr Vertrauen in ihn bedeutete süßeste Schmeichelei, allein hinter der Süße lauerte Bitternis.
»Selbst mir, Mademoiselle, glauben Sie meinen Worten. Aber das ist noch nicht alles. Dieser Streit, den Monsieur Moreau mir aufgedrängt hat, ist kein neuer. Er bildet lediglich den Höhepunkt einer langen Verfolgung...«
»Zu der Sie ihn trieben«, warf sie ein. »Seien Sie gerecht, Monsieur.«
»Ich hoffe, es liegt nicht in meiner Natur, anders als gerecht zu sein, Mademoiselle.«
»Vergessen Sie also nicht, daß Sie seinen Freund getötet haben.«
»Ich kann nicht finden, daß ich mir darin etwas vorzuwerfen habe. Meine Rechtfertigung lag in den Verhältnissen – die späteren Ereignisse, welche dieses unglückliche Land zerwühlen, bestätigen das wohl ohne jeden Zweifel.«
»Und –« sie zögerte ein wenig und wandte zum erstenmal den Blick von ihm. »Und daß Sie – daß Sie... Und wie steht es mit Mademoiselle Binet, die er heiraten wollte?«
Einen Augenblick starrte er sie in äußerstem Erstaunen an. »Heiraten wollte?« wiederholte er ungläubig, fast erschrocken.
»Wußten Sie das nicht?«
»Woher wissen Sie es denn?«
»Sagte ich Ihnen nicht, daß wir fast wie Bruder und Schwester zueinander stünden? Ich genieße sein Vertrauen. Er erzählte es mir, noch ehe – ehe Sie die Heirat unmöglich machten.«
Er blickte von ihr hinweg, das Kinn in die Hand gestützt, gedankenvoll, beunruhigt, fast ein wenig traurig.
Dann meinte er langsam, versonnen: »Ein seltsames Verhängnis waltet in den Beziehungen zwischen diesem Mann und mir und zwingt jeden von uns, wieder und wieder des anderen Weg zu kreuzen...«
Er seufzte, wandte sich eilig ab und sprach jetzt lebhafter: »Mademoiselle, bis zu diesem Augenblick wußte ich nichts – ahnte ich auch nicht im entferntesten diese Sache. Aber...« Er unterbrach sich, überlegte eine Weile

und zuckte die Achseln. »Tat ich ihm unrecht, so geschah es unbewußt. Es wäre ohne Zweifel ungerecht, mich deswegen tadeln zu wollen. In allen unseren Handlungen muß doch die Absicht allein, der sie entspringen, maßgebend sein.«

»Aber macht das denn gar keinen Unterschied?«

»Keinen, den ich zu sehen vermöchte, Mademoiselle. Es gibt mir nicht die Berechtigung, mich von einer Handlung zurückzuziehen, zu der ich mich unwiderruflich verpflichtet habe. In Wahrheit gibt es für mich keine größere Berechtigung als mein Bedauern über den Schmerz, den ich hiermit Ihrem teuren Onkel und vielleicht auch Ihnen selbst, Mademoiselle, zufüge.«

Sie erhob sich hastig, trat ihm Angesicht zu Angesicht entgegen und spielte jetzt verzweifelt die einzige Karte aus, von der sie vermeinte, daß sie vielleicht gewinnen würde.

»Monsieur, Sie erwiesen mir heute die Ehre, über gewisse Dinge mit mir zu reden. Sie – Sie erwähnten bestimmte Hoffnungen, mit denen Sie mich beehrten.«

Er sah sie an, wie in Furcht. Schweigend, da er nicht zu sprechen wagte, wartete er, daß sie fortfahren möge.

»Ich – ich –. Belieben Sie bitte zu verstehen, Monsieur le Marquis, daß, wenn Sie in jener Angelegenheit fortfahren, daß – falls Sie Ihre morgige Zusammenkunft im Bois nicht abbrechen, Sie niemals wieder wagen dürfen, das betreffende Thema mir gegenüber zu erwähnen, ja auch nur sich mir zu nähern.«

Die Angelegenheit in diese negative Form zu kleiden, war das Äußerste, zu dem sie sich zu zwingen vermochte. An ihm war es jetzt, sich ihr mit der positiven Werbung, zu der sie ihm Tür und Tor geöffnet hatte, zu nahen.

»Mademoiselle, Sie können damit doch nicht sagen wollen –.«

»Doch, Monsieur – unwiderruflich, ich bitte, das zu verstehen.«

Er betrachtete sie gequält, das schöne, charaktervolle Gesicht bleich, wie sie es nie zuvor gesehen. Die Hand, die er ihr abwehrend entgegenstreckte, begann zu zittern. Er ließ den Arm sinken, damit sie dieses Zittern nicht bemerke. So, eine kurze Sekunde lang, focht er mit sich selber dieses bittere Duell aus zwischen seinen Wünschen und dem, was er als das Gebot der Ehre bezeichnete, ohne zu erkennen, wie sehr sich diese Ehre auf unnachgiebige Feindschaft stützte. Ein Rückzug ohne Schande war – das empfand er klar – unmöglich, und Schande bedeutete für ihn unausdenkbare Qual. Sie verlangte allzuviel. Sie konnte nicht wissen, was sie verlangte, sonst würde sie nicht so unvernünftig, so ungerecht sein. Aber gleichzeitig begriff er, unmöglich würde er ihr das klarmachen können.

Ja, es war das Ende. Und wenn er auch André-Louis Moreau morgen früh tötete, wie es jetzt sein glühendster Wunsch war, der Sieg würde André-Louis Moreau selbst im Tode noch gehören.
Er verneigte sich tief mit ernstem, bekümmertem Ausdruck. Ernster Kummer erfüllte sein Herz.
»Meine Ehrerbietung, Mademoiselle«, murmelte er und wandte sich zum Gehen.
Erschrocken, entsetzt trat sie einen Schritt zurück und preßte die Hand aufs Herz.
»Aber Sie haben mir ja noch nicht geantwortet!« rief sie ihm angstvoll nach.
Auf der Schwelle hielt er inne und wandte sich noch einmal um, und dort, aus dem Dunkel der Halle, erblickte sie ihn gegen den funkelnden Sonnenschein, eine schwarze Silhouette – eine Erinnerung, die sie drohend und unheilvoll in den kommenden qualvollen Stunden verfolgen sollte.
»Was verlangen Sie, Mademoiselle? Ich wünschte lediglich, Ihnen und mir den Schmerz eines Neins zu ersparen.«
Er war gegangen, und sie blieb vernichtet, in ohnmächtigem Zorn zurück. Wieder ließ sie sich in den großen roten Sessel fallen und saß dort zusammengekauert, die Ellbogen auf dem Tisch, das Gesicht in den Händen vergraben – ein Gesicht, blutübergossen vor Scham und Leidenschaft. Sie hatte sich ihm angeboten, und er hatte sie verschmäht! Das Unvorstellbare war eingetreten. Die Beschämung, die ihr daraus erwuchs, erschien ihr untilgbar.

10 *Die rückkehrende Kalesche*

Monsieur de Kercadiou schrieb einen Brief:
»André«, begann er ohne jedes mildernde Beiwort, »ich habe voller Schmerz und Empörung erfahren, daß Du Dich zum zweiten Male entehrt hast, indem Du Dein gegebenes Wort, Dich jeglicher Politik zu enthalten, brachst. Mit noch größerem Schmerz und noch tieferer Empörung erfahre ich, Dein Name hätte binnen weniger kurzer Tage einen berüchtigten Klang gewonnen und Du hättest die Waffen falscher, verleumderischer Argumente gegen meine Klasse – eine Klasse, der Du alles verdankst – mit dem Schwert des Mörders vertauscht. Wie ich höre, hast Du morgen eine Zusammenkunft mit meinem guten Freund, Marquis de La Tour d'Azyr. Ein Herr seines Ranges untersteht gewissen Verpflichtungen, die ihm einen Rückzug bei einem derartigen Treffen verbieten. Du aber bist keinen solchen Nachteilen ausgesetzt. Für ein Mitglied Deines Standes bedeutet

die Weigerung, einen Ehrenhandel auszutragen, oder das nachträgliche Nichterscheinen zu einer derartigen Zusammenkunft keinerlei Opfer. Deine Standesgenossen werden im Gegenteil der Meinung sein, Du bezeigst damit lediglich eine lobenswerte Vorsicht.
Ich bitte Dich daher, ja, ich würde es Dir befehlen – hegte ich noch den Glauben, eine Autorität fühlbar machen zu können, wie ich sie dank der Gunstbezeigungen, die Du von mir empfangen, mit vollem Recht ausüben dürfte –, diese Sache nicht weiter zu verfolgen und dem morgigen Treffen fernzubleiben. Da Dein bisheriges Verhalten jedoch beweist, daß ich keine solche Autorität besitze und auch logischerweise nicht hoffen darf, schickliche Dankbarkeit könne Dich bewegen, meinem dringenden Ersuchen Folge zu leisten, muß ich hinzufügen, daß, solltest Du das morgige Treffen überleben, ich unter keinen Umständen mir gestatten könnte, von Deiner Existenz je wieder Notiz zu nehmen. Sollte auch nur ein Funke jener Zuneigung lebendig in Dir sein, wie Du sie einst für mich zu fühlen vorgabst, oder solltest Du noch irgendwelchen Wert auf die Liebe legen, die trotz all Deiner Bemühungen, sie zu verscherzen, der Hauptbeweggrund dieses Briefes ist, so wirst Du mir meine Bitte nicht verweigern.«
Es war kein taktvoller Brief. Monsieur de Kercadiou war auch kein taktvoller Mann. Wie immer André-Louis das Schreiben auch auszulegen suchte, das ihm an jenem Sonntagnachmittag von einem Lakai überbracht wurde – er vermochte daraus nur Sorge um Monsieur de La Tour d'Azyr, Monsieur de Kercadious guten Freund und künftigen, angeheirateten Neffen herauszulesen.
Er ließ den Lakai eine volle Stunde warten, während er seine Antwort entwarf. Diese kostete ihn trotz ihrer Kürze ziemliche Mühe und manchen vergeblichen Versuch. Endlich verfaßte er folgenden Brief:
»Herr Pate. – Sie machen mir meine Weigerung ungemein schwer, indem Sie an meine Liebe zu Ihnen appellieren. Das ist eine Kraft, deren Vorhandensein zu beweisen, ich mein Leben lang jede Gelegenheit begrüßen werde. Ich bin daher trostlos über alle Maßen, daß ich Ihnen den verlangten Beweis diesmal nicht liefern kann. Zwischen mir und Monsieur de La Tour d'Azyr steht allzuviel. Auch lassen Sie mir und meiner Klasse – wie immer diese auch sein mag – weniger als Gerechtigkeit widerfahren, wenn Sie der Meinung sind, die Pflichten der Ehre seien für uns nicht bindend. Ich halte diese im Gegenteil für so bindend, daß ich mich, selbst wenn ich es wollte, nicht zurückziehen könnte.
Wenn Sie in Zukunft bei der harten Absicht, die Sie mir ankündigen, beharren, so muß ich es eben leiden. Daß ich leiden werde, dessen seien Sie überzeugt.
Ihr zärtlicher und dankbarer Patensohn André-Louis.«

Er übergab diesen Brief Monsieur de Kercadious Lakai und hielt damit die Sache für erledigt. Sie traf ihn tief, allein er trug die Wunde mit jenem äußeren Stoizismus, den er stets zeigte.
Am folgenden Morgen, um ein Viertel nach acht Uhr, gerade als er mit Le Chapelier, der bei ihm gefrühstückt hatte, vom Tische aufstand, um in den Bois de Boulogne zu eilen, überraschte ihn seine Haushälterin mit der Meldung, daß Mademoiselle de Kercadiou ihn zu sprechen wünsche.
Er sah auf seine Uhr. Obwohl sein Kabriolett bereits vor der Tür stand, blieben ihm noch wenige Minuten Zeit. Er entschuldigte sich bei Le Chapelier und betrat brüsk das Besuchszimmer.
Aline kam ihm eifrig, fast fieberhaft erregt entgegen.
»Ich will nicht so tun, als wüßte ich nicht den Grund deines Kommens«, sagte er rasch. »Doch meine Zeit ist knapp, und ich warne dich, es verlohnt sich nur, die triftigsten Gründe vorzubringen.«
Sein Auftreten erstaunte sie. Es kam einer Absage gleich, noch ehe sie ein Wort äußerte, und das war das letzte, was sie von André-Louis erwartet hatte. Außerdem hatte er eine abweisende Haltung angenommen, wie sie es in Dingen, die sie selbst betrafen, durchaus nicht an ihm gewohnt war, und seine Stimme klang seltsam kalt und förmlich.
Das verletzte sie. Sie konnte ja die Folgerung, die er blitzschnell aus ihrem Besuch gezogen hatte, nicht erraten. Er verfiel Aline gegenüber in den gleichen, nur allzu natürlichen Irrtum, dem er tags zuvor bei seines Paten Brief erlegen war. Er glaubte, der Beweggrund ihres Kommens sei einzig und allein ihre Sorge um Monsieur de La Tour d'Azyr. Daß diese Sorge ihm selber gelten könnte, kam ihm nicht in den Sinn. So fest war er im voraus von dem Ausgang des Duells überzeugt, daß der Gedanke, jemand könne sich um ihn Sorge machen, ihm unvorstellbar erschien.
Die vermeintliche Angst um das Opfer, das er sich auserlesen, hatte ihn bei Monsieur de Kercadiou gereizt, bei Aline erfüllte sie ihn mit kaltem Zorn. Er schloß daraus, sie sei ihm gegenüber nicht aufrichtig gewesen, ihr Ehrgeiz treibe sie dazu, die Werbung Monsieur de La Tour d'Azyrs wohlwollend aufzunehmen. Würde es noch eines Ansporns bedurft haben, keiner hätte ihn erbarmungsloser seinem Ziele entgegengetrieben, denn Aline zu retten, war in seinen Augen ebenso wichtig, wie Rache wegen der Vergangenheit zu nehmen.
Sie sah ihn prüfend an, und seine vollendete Ruhe zu dieser Stunde erstaunte sie über alle Maßen. Sie konnte nicht umhin, ihrem Erstaunen Worte zu verleihen.
»Wie ruhig du bist, André!«
»Ich lasse mich nicht leicht aus der Ruhe bringen. Das ist eine meiner Eitelkeiten.«

»Aber ... ach André, dieses Duell darf nicht stattfinden!« Sie trat dicht an ihn heran, legte ihm beide Hände auf die Schultern und stand so, ihr Antlitz keinen Zollbreit von dem seinen entfernt.«
»Du weißt natürlich einen guten Grund dafür?«
»Du könntest dabei fallen«, entgegnete sie, und ihre Augen weiteten sich vor Schrecken.
Ihre Worte kamen ihm so unerwartet, daß er sie einen Augenblick lang nur schweigend anzustarren vermochte. Dann meinte er, sie verstanden zu haben. Er lachte, während er ihre Hände von seinen Schultern nahm, und trat einen Schritt zurück. Der Vorwand war zu durchsichtig, zu kindisch, ihrer unwert.
»Glaubst du allen Ernstes, du könntest deinen Willen durchsetzen, indem du mir Furcht einjagst?« fragte er fast höhnisch.
»O, du bist wahnsinnig! Marquis de La Tour d'Azyr gilt als der gefährlichste Degen in ganz Frankreich.«
»Hast du noch nie bemerkt, daß der Ruf eines Menschen in den meisten Fällen unbegründet ist? Chabrillane war ein gefährlicher Fechter, und Chabrillane liegt unter der Erde. La Motte-Royau war ein noch gefährlicherer Duellant und befindet sich zur Zeit in den Händen eines Wundarztes. So sind diese Spadassiniciden alle, die davon träumten, ein armes Schaf von Provinzadvokaten zur Schlachtbank zu führen. Und heute tritt ihr Anführer, das Haupt und die Krone dieser Meuchelmörder an. Er kommt, seinen längst fälligen Lohn zu empfangen. Dessen sei ganz sicher. Also, wenn du keinen anderen Grund vorzubringen weißt ––.«
Sein Sarkasmus war ihr unverständlich. War es möglich, konnte seine Versicherung, gegen Monsieur de La Tour d'Azyr siegen zu wollen, aufrichtig gemeint sein? Bei ihrem beschränkten Wissen, genährt von ihres Onkels gegenteiliger Überzeugung, glaubte sie, André-Louis spiele auch jetzt lediglich eine Rolle und würde sie weiterspielen bis zum Ende.
Sie nahm einen neuen Anlauf.
»Du hast meines Onkels Brief empfangen?«
»Ich habe ihn sogar beantwortet.«
»Ich weiß es. Er wird halten, was er versprochen hat. Denke ja nicht, daß er nachgeben wird, wenn du deinen schrecklichen Vorsatz durchführst.«
»Siehst du, das ist schon ein einleuchtenderer Grund«, meinte er. »Gäbe es auf der Welt einen Grund, der mich bewegen könnte, so wäre es dieser. Allein zwischen Marquis de La Tour d'Azyr und mir steht allzuviel. Da ist der Eid, den ich Philippe de Vilmorin in die tote Hand geschworen habe. Niemals hatte ich gehofft, Gott würde mir eine so günstige Gelegenheit senden, ihn einzuhalten.«
»Du hast ihn noch nicht eingehalten«, warnte sie ihn.

Er lächelte. »Wahr! Aber bald wird es neun schlagen. Sage mir«, fragte er plötzlich, »weshalb hast du dich mit deiner Bitte nicht an Marquis de La Tour d'Azyr gewandt?«
»Das habe ich ja getan«, entgegnete sie und errötete tief in Erinnerung an die gestrige Zurückweisung. Er jedoch legte ihr Erröten völlig anders aus.
»Und er?«
»Marquis de La Tour d'Azyr hat Verpflichtungen...« begann sie und brach dann kurz ab: »Ach, er hat sich geweigert.«
»So, so. Das mußte er natürlich, was immer es ihn auch gekostet haben mag. Und doch hätte ich an seiner Statt die Kosten für nichts erachtet. Aber die Menschen sind, wie du siehst, verschieden.« Er seufzte. »Ich an deiner Stelle hätte die Sache dabei belassen. Indessen...«
»Ich verstehe dich nicht, André.«
»Meine Worte sind doch gar nicht so dunkel. Überlege sie dir mal gründlich. Vielleicht werden sie dich später trösten.« Er sah wieder auf die Uhr. »Bitte, betrachte dieses Haus als dein eigenes. Ich muß jetzt gehen.«
Le Chapelier schaute zur Tür herein.
»Verzeihung, wenn ich störe. Wir werden zu spät kommen, André, wenn Sie nicht ––.«
»Ich komme sofort«, erwiderte André. »Wenn du meine Rückkehr abwarten willst, Aline, wirst du mich tief verpflichten. Besonders in Anbetracht des Entschlusses deines Onkels.«
Sie antwortete nicht. Sie war betäubt. Er nahm ihr Schweigen für Zustimmung, verneigte sich und ließ sie allein. Während sie dort stand, hörte sie ihn zusammen mit Le Chapelier die Treppe hinuntergehen. Er sprach mit seinem Freunde, und seine Stimme klang ruhig und gleichmütig.
Ach, er war wahnsinnig – blind vor Selbstvertrauen und Eitelkeit. Als sein Wagen davonrasselte, sank sie mit einem Gefühl der Erschöpfung und der Übelkeit schlaff in einen Stuhl. Sie fühlte sich krank und matt vor Entsetzen. André-Louis ging in seinen Tod. Gewißheit – unlogische Gewißheit, die Folge vielleicht von Monsieur de Kercadious aufgeregten Reden – übermannte sie. Eine Weile saß sie so, gelähmt von Hoffnungslosigkeit. Dann sprang sie händeringend auf. Sie mußte handeln, um das Entsetzliche abzuwenden. Aber was, was sollte sie tun? Ihm in den Bois de Boulogne folgen, sich dazwischenwerfen? Das würde nur unnützen Skandal hervorrufen. Die Konvention war durchaus gegen sie und bot ein Hindernis, das sie nicht überschreiten durfte. Gab es denn wirklich niemand, der ihr helfen konnte?
Während sie in ihrer Hilflosigkeit halb von Sinnen nach einem Ausweg tastete, vernahm sie Räderrollen und Pferdegetrappel auf den Pflastersteinen der Straße. Eine Kutsche näherte sich dem Hause. Rasselnd hielt der

Wagen vor der Fechtakademie. Konnte André-Louis bereits zurückgekehrt sein? Leidenschaftlich klammerte sie sich an diesen Strohhalm der Hoffnung. Lautes dringendes Klopfen. Sie hörte André-Louis' Haushälterin in ihren Holzschuhen klappernd die Treppe hinuntereilen, um zu öffnen. Sie stürzte an die Tür des Besuchszimmers, riß sie auf und lauschte atemlos. Allein die Stimme, die zu ihr hinaufdrang, war nicht die Stimme, die sie so sehnlich zu vernehmen wünschte. Es war eine Frauenstimme, die sich in dringendem Ton nach Monsieur André-Louis erkundigte – eine Stimme, die ihr anfänglich unklar vertraut klang und in der sie später die Madame de Plougastels erkannte.

Eilig lief sie an den Kopf der schmalen Stiege, gerade noch rechtzeitig, um Madame de Plougastels aufgeregten Ausruf zu hören: »Er ist schon fort?! Ach, wie lange denn schon? Welchen Weg ist er gefahren?«

Das genügte, um Aline zu überzeugen, daß Madame de Plougastels Mission der ihrigen verwandt sei. In der Verwirrung und Not des Augenblicks behielt sie lediglich diesen einen wichtigen Punkt im Auge und fand darin auch nichts Erstaunliches. Die ungewöhnliche Wertschätzung, die Madame de Plougastel André-Louis entgegenbrachte, bot ihr für deren Tun eine hinreichende Erklärung.

Ohne jede Überlegung rannte sie mit dem Ausruf: »Madame! Madame!« die Treppe hinunter.

Die stattliche hübsche Haushälterin trat zur Seite, und die beiden Damen standen sich auf der Schwelle Aug' in Auge gegenüber. Madame de Plougastels Antlitz war verzerrt und totenbleich, unbestimmte Angst flackerte in ihren Augen.

»Aline! Du hier?« rief sie aus. Und dann, in der Not alle nebensächlichen Rücksichten beiseite fegend: »Bist du zu spät gekommen?«

»Nein, Madame. Ich sprach ihn noch. Ich flehte ihn an. Aber er wollte nicht auf mich hören.«

»Oh, es ist furchtbar!« Madame schauderte bei diesen Worten. »Ich erfuhr die Sache erst vor einer halben Stunde und kam sofort hierher, um sie unter allen Umständen zu verhindern.«

Ratlos, verzweifelt sahen sich die beiden Frauen an. Auf der sonndurchfluteten Straße blieben ein oder zwei schäbige Nichtstuer stehen, um die elegante Equipage und die beiden prachtvollen Füchse, sowie die beiden vornehmen Damen auf der Schwelle der Fechtakademie zu bewundern. Von jenseits der Straße tönte die heisere Stimme eines wandernden Blasebalgflickers, der sein Gewerbe ausschrie: »*A raccommoder les vieux soufflets!*«

Abrupt drehte sich Madame nach der Haushälterin um: »Wie lange ist es her, daß Monsieur fortfuhr?«

»Zehn Minuten vielleicht, länger wohl kaum.« Da das gute Frauenzimmer die beiden großen Damen für Freunde des jüngsten Opfers ihres Herrn hielt, bewahrte sie schicklicherweise eine undurchdringliche Front.
Madame rang die Hände. »Zehn Minuten! Oh!« Fast klang es wie Stöhnen. »Welchen Weg hat er genommen?«
»Die Zusammenkunft sollte um neun Uhr im Bois de Boulogne stattfinden«, klärte Aline sie auf. »Könnten wir ihm nicht nachfahren? Vielleicht würde es uns gelingen, ihn zu überreden?«
»Ach, mein Gott! Die Frage ist ja nur, ob wir noch zur Zeit kommen! Um neun Uhr! Und es fehlen nur noch wenige Minuten bis Viertel vor neun! *Mon Dieu! Mon Dieu!*« Madames Hände schlossen und öffneten sich vor Verzweiflung. »Weißt du wenigstens, wo sie im Bois de Boulogne zusammentreffen wollten?«
»Nein – nur daß das Treffen im Bois stattfinden sollte.«
»Im Bois!« Madame verlor völlig die Fassung. »Der Bois ist fast halb so groß wie Paris!« Trotzdem stürzte sie atemlos an Aline vorbei: »Komm, Aline! Steig ein, steig ein!«
Und zum Kutscher gewandt, befahl sie: »Zum Bois de Boulogne über den Cour de la Reine, so schnell, wie du nur fahren kannst. Hier, zehn Pistolen, wenn du zur Zeit kommst. Los, Mann!«
Sie schob Aline in die Kutsche und sprang ihr mit der Energie eines jungen Mädchens nach. Das schwere Gefährt – viel zu schwer für dieses Wettrennen mit der Zeit – hatte sich in Bewegung gesetzt, noch ehe sie ihren Platz eingenommen. Schwankend und ratternd sauste es weiter und erntete unterwegs die Flüche von mehr als einem der Fußgänger, der mit knapper Not der Gefahr, gegen eine Mauer gedrückt oder überfahren zu werden, entronnen war.
Madame lag mit geschlossenen Augen und bebenden Lippen auf ihrem Sitz. Ihr Antlitz war immer noch sehr bleich und abgehärmt. Aline beobachtete sie schweigend. Fast wollte es ihr scheinen, als litte Madame ebenso tief wie sie selbst, litte an einer peinigenden Angst, so groß wie die ihre. Aline wunderte sich darüber. Allein im Augenblick war jeder Gedanke ihres halb gelähmten Geistes ihrem verzweifelten Vorsatz zugewandt.
Die Kutsche rollte über den Place Louis XV und endlich, endlich in den Cour de la Reine. Längs jener wunderschönen baumumsäumten Allee zwischen den Champs-Elysées und der Seine, um diese Tageszeit fast völlig verödet, kamen sie rascher vorwärts, eine Wolke Staubes hinter sich lassend.
Allein trotz dieses halsbrecherischen Tempos ging die Fahrt für die beiden Insassinnen des Wagens allzu langsam. Als sie die Barriere am Ausgang der Allee erreichten, schlug es in der Stadt, die jetzt hinter ihnen lag, neun

Uhr, und jeder einzelne Glockenschlag wirkte auf sie wie die Uhr des Todes selbst.

Trotzdem nötigten sie die Vorschriften an der Barriere zu einem kurzen Aufenthalt. Aline erkundigte sich bei dem wachhabenden Sergeanten, wie lange es her sei, daß ein Kabriolett, wie das von ihr beschriebene, diesen Weg genommen hätte. Man antwortete ihr, vor etwa zwanzig Minuten hätte ein Wagen mit dem Herrn Deputierten Le Chapelier und dem Paladin des Dritten Standes, Monsieur Moreau, die Schranken passiert. Der Wachtmeister schien außerordentlich beschlagen. Mit schlauem Grinsen bemerkte er, er könne wohl erraten, welches Geschäft Monsieur Moreau zu so früher Tageszeit in jene Richtung führe.

Sie ließen die Barriere hinter sich, um durch das offene Land längs der Chaussee am Ufer der Flusses weiterzufahren. In stummer Verzweiflung lehnten sie in dem Wagenpolster und starrten ohne Hoffnung geradeaus. Alines Hand lag fest in der Madames. In der Ferne jenseits der Wiesen zu ihrer Rechten tauchte die dunkle Baumlinie des Bois auf, und nach einer kleinen Weile schwankte die Kutsche nach rechts in einen Seitenweg, der von dem Fluß weg unmittelbar in den Wald führte.

Endlich brach Mademoiselle das hoffnungslose Schweigen, das seit dem Überschreiten der Stadtgrenze zwischen ihnen gelastet hatte.

»Ach, unmöglich kommen wir noch zur Zeit! Unmöglich!«

»Sage das nicht! Sage das nicht!« rief Madame.

»Aber es ist doch längst neun Uhr vorbei, Madame! André bestand darauf, pünktlich zu sein, und diese –– Affären dauern nicht sehr lange. Es –– es wird längst alles vorüber sein.«

Madame schauderte und schloß die Augen. Bald jedoch öffnete sie sie von neuem und rückte sich auf ihrem Sitz zurecht. Dann steckte sie den Kopf zum Wagenfenster hinaus. »Eine Kutsche kommt uns entgegen«, rief sie Aline zu, und ihr Ton verriet, was sie fürchtete.

»Noch nicht! Ach, so bald noch nicht!« So faßte Aline ihren stummen Gedanken in Worte. Sie atmete plötzlich schwer und empfand das Bedürfnis nach frischer Luft. Etwas in ihrer Kehle klopfte und drohte sie zu ersticken, ein Schleier legte sich vor ihre Augen und hob sich wieder.

In einer Staubwolke rollte eine offene Kalesche aus der Richtung des Bois auf sie zu. Totenblaß, ohne den Mut, ein Wort zu sprechen, beobachteten die beiden Frauen ihr Nahen. Aline hielt den Atem an.

Im Näherkommen mäßigte der Kutscher das Tempo, um auf der schmalen Straße in Sicherheit an dem Wagen vorbeizukommen. Aline beugte sich neben Madame de Plougastel zum Fenster hinaus und beobachtete mit angsterfüllten Augen die rasch sich nähernde Kalesche.

»Welcher von beiden ist es, Madame? Welcher?« keuchte Aline.

Sie war halb besinnungslos und wagte nicht hinüberzusehen.
Auf der ihnen zugekehrten Seite saß ein beiden Damen unbekannter, brünetter junger Mann. Er lächelte im Gespräch mit seinem Begleiter. Eine Sekunde später kam auch der Mann neben ihm in Sicht. Dieser lächelte nicht. Seine Züge waren bleich, die Lippen fest zusammengepreßt, es waren die Züge des Marquis de La Tour d'Azyr.
Einen endlosen Augenblick lang starrten die beiden Frauen ihn an, sprachlos vor Schrecken, bis auch er sie bemerkte und grenzenloses Erstaunen den Ausdruck der Härte verdrängte.
Im nämlichen Augenblick sank Aline mit einem langen, schaudernden Seufzer ohnmächtig auf den Boden der Kutsche neben Madame de Plougastel nieder.

11 *Folgerungen*

Durch rasches Fahren hatte André-Louis trotz der kleinen Verzögerung beim Aufbruch den Ort des Stelldicheins noch einige Minuten vor der Zeit erreicht. Dort erwartete ihn bereits Marquis de La Tour d'Azyr, sekundiert von einem Monsieur d'Ormesson, einem brünetten, jungen Herrn in der blauen Uniform eines Hauptmanns der Garde du Corps.
André-Louis war während der Fahrt schweigsam und gedankenvoll gewesen. Seine letzte Unterredung mit Mademoiselle de Kercadiou, sowie die allzu eilfertigen Folgerungen, die er daraus gezogen, hatten ihn stark beunruhigt.
»Kein Zweifel«, bemerkte er zu Le Chapelier, »dieser Mann muß sterben.«
Le Chapelier antwortete nicht. Fast schauderte ihm vor der Kaltblütigkeit seines Landsmannes. In letzter Zeit war ihm oft der Gedanke gekommen, daß dieser Bursche Moreau kaum noch etwas Menschliches besäße. Außerdem hatte er ihn unbegreiflich inkonsequent gefunden. Damals, als man ihm jene Spadassiniciden-Angelegenheit vorschlug, hatte er sie mit erhabener und arroganter Miene abgelehnt. Nachdem er sich aber einmal darauf eingelassen, hatte er teils eine dämonische Frivolität, die abstoßend wirkte, teils eine noch widerlichere Sachlichkeit gezeigt.
Die Vorbereitungen wurden schnell und schweigend erledigt, wenn auch ohne jede Hast und ohne Zeichen von Nervosität von irgendeiner Seite. In beiden Männern lebte die gleiche bitterernste Entschlossenheit. Der Gegner mußte fallen, halbe Maßnahmen kamen hier nicht in Frage. Rock, Weste und Schuhe wurden abgelegt, die Hemdsärmel bis zu den Ellbogen hochgerollt. So standen sie sich endlich gegenüber, beide von dem Vorsatz

erfüllt, die lange Rechnung bis auf Heller und Pfennig auszugleichen. Und wahrscheinlich hegte auch keiner von beiden über den Ausgang Zweifel. Neben ihnen, das Gesicht einander zugekehrt, hatten sich, wachsam und scharf beobachtend, Le Chapelier und der junge Hauptmann aufgestellt.
»Allez, Messieurs!«
Die schmalen, gefährlich feinen Klingen klirrten gegeneinander und wirbelten nach einer kurzen Auslage im Kreise rasch und funkelnd wie Blitze und dem Auge nicht erkennbar. Der Marquis ging sogleich zu einem starken und temperamentvollen Angriff über, und fast im gleichen Augenblick erkannte André-Louis: hier hatte er es mit einem Gegner von ganz anderem Schlage zu tun, als es die verschiedenen Duellanten der verflossenen Woche, einschließlich des so gefürchteten La Motte-Royau, gewesen waren.
Sein Gegner war ein Mann, dem große und anhaltende Übung eine ungewöhnliche Schnelligkeit und fast vollendete Technik verliehen hatte. Daneben erfreute er sich André-Louis gegenüber größerer Kraft und längerer Reichweite. Und auch er war vollkommen gelassen, kühl und selbstbeherrscht, furchtlos und zielsicher. Würde irgend etwas diese Ruhe erschüttern können, fragte sich André-Louis?
Es war sein Wunsch, die Strafe so vollkommen wie möglich zu gestalten. Nicht damit zufrieden, den Marquis zu töten, wie dieser Philippe getötet hatte, wünschte er ihn zuvor dem Tode gegenüber so wehrlos zu machen, wie Philippe wehrlos gewesen war. Das allein vermochte André-Louis zu befriedigen. Monsieur le Marquis sollte gleich zu Anfang den Kelch der Verzweiflung kosten. Das stand mit auf der Rechnung, war ein Teil dessen, was er André-Louis schuldete.
Als André-Louis mit einer kraftvollen, halbkreisförmigen Bewegung den scharfen Ausfall, mit dem jeder erste Waffengang endete, parierte, lachte er laut – ein heiteres, triumphierendes Lachen, das Lachen eines Knaben bei einem Sport, wie er ihn liebt.
Dieses sonderbare, unzeitgemäße Lachen ließ den Marquis mit größerer Hast und mit nicht ganz der üblichen Korrektheit und Würde seine Ausgangsstellung zurückgewinnen. Das Lachen erschreckte und beunruhigte ihn, wie ihn das Scheitern eines so wundervoll berechneten und präzis durchgeführten Ausfalls bereits beunruhigt hatte.
Auch er hatte erkannt: seines Gegners Können übertraf um vieles alle Erwartungen, die er an André, trotz dessen Eigenschaft als Fechtmeister, geknüpft hatte; aus diesem Grunde hatte er auch gleich zu Anfang seine ganze Energie in den Angriff gelegt, um möglichst rasch zu Ende zu kommen.
Mehr noch als die Tatsache dieser Abwehr schien das sie begleitende La-

chen jenes Ende in einen bloßen Anfang zu verwandeln. Und doch war es ein Ende gewesen, das Ende des absoluten Selbstvertrauens, das bisher Marquis de La Tour d'Azyr gestützt hatte. Nicht länger mehr betrachtete er den Ausgang als gegeben. Er begriff: Wollte er bei diesem Treffen siegen, so mußte er behutsam zu Werke gehen und fechten, wie er nie zuvor gefochten hatte.

Sie begannen von neuem, und wieder drang der Marquis – nach dem Prinzip, daß die beste Verteidigung der Angriff sei – gegen André-Louis vor. Dieser ließ dem anderen seinen Willen, ja, mehr noch, er begünstigte dessen Taktik, denn er wünschte, daß der Marquis seine wundervoll rasche Kunst gegenüber der noch größeren Kunst, die zwei Jahre unausgesetzten Fechtens dem Fechtlehrer verliehen, erschöpfen möge. Mit einem prachtvoll leichten Druck des unteren Teiles seines Degens gegen die Degenspitze des Marquis gelang es André-Louis, sich ständig unter Deckung zu halten, bis jener zweite Gang abermals mit einem Ausfall endete.

André-Louis hatte diesen Ausfall erwartet und parierte ihn durch eine leichte, ablenkende Bewegung. Gleichzeitig trat er unerwartet einen Schritt vor, mitten in des anderen Auslage, wodurch sein Gegner ihm so hilflos ausgeliefert wurde, daß der Marquis wie fasziniert auch nicht den Versuch einer Abwehr unternahm.

Diesmal lachte André-Louis nicht. Lächelnd blickte er Marquis de La Tour d'Azyr in die schreckgeweiteten Pupillen, ohne durch eine Bewegung seinen Vorteil auszunutzen.

»Kommen Sie, Monsieur, kommen Sie!« forderte er scharf. »Soll ich meine Klinge einem ungedeckten Mann durch den Leib rennen?« Langsam trat er einen Schritt zurück, während sein erschütterter Gegner endlich die Fassung zurückgewann.

Monsieur d'Ormesson stieß den Atem aus, den er eine Sekunde lang vor Schreck angehalten hatte. Le Chapelier fluchte leise vor sich hin: »*Nom d'un nom!* Das heißt Gott versuchen, in dieser Weise den Narren spielen!«

André-Louis bemerkte die aschfarbene Blässe, die seines Gegners Antlitz überzogen hatte.

»Ich glaube, Sie beginnen zu begreifen, Monsieur, wie Philippe de Vilmorin an jenem Tage in Gavrillac zumute gewesen sein muß. Es war mein Wunsch, daß Sie dieses Gefühl kennenlernen sollten. Da das erreicht ist, wollen wir endlich ein Ende machen.«

Er drang mit blitzartiger Geschwindigkeit vor. Einen Augenblick lang schien es Marquis de La Tour d'Azyr, als befände sich André-Louis' Degenspitze überall zugleich, dann ging dieser mit rascher, kraftvoller Leichtigkeit von einer niedrigen Sexte in eine Terz über. Er holte zum Stoß gegen seinen Gegner aus, den eine Reihe im voraus berechneter Ausfälle und Paraden in dieser Stellung ungedeckt gelassen. Allein zu seiner grenzenlosen Überraschung und Enttäuschung parierte La Tour d'Azyr den Stoß, zu seiner noch größeren Enttäuschung parierte er ihn den Bruchteil einer Sekunde zu spät. Hätte er ihn richtig abgewehrt, so wäre alles noch gutgegangen. Allein da der Marquis André-Louis' Klinge im allerletzten Augenblick traf, lenkte er die Spitze von seinem Körper ab, wenn auch so unvollständig, daß einige Fuß jenes wuchtig getriebenen Stahls die Muskeln seines rechten Arms durchbohrten.

Den Sekundanten war keine dieser Einzelheiten sichtbar geworden. Alles, was sie wahrgenommen hatten, war ein schwindelerregender Wirbel blitzender Klingen, bis André-Louis, fast am Boden niedergekauert, mit einem raschen Ausfall nach oben den rechten Arm des Marquis dicht unterhalb der Schulter durchrannte.

Der Degen entsank dem Griffe de La Tour d'Azyrs, dessen Finger so plötzlich ihre Kraft verloren hatten, und der jetzt entwaffnet, die Zähne in die Unterlippe vergraben, bleich und keuchend vor seinem Gegner stand, welcher sofort in die Ausgangsstellung zurückgefallen war. Die blutgetränkte Degenspitze auf den Boden gesenkt, betrachtete ihn André-Louis finster, wie man eine Beute betrachtet, die einem im letzten Augenblick durch eigene Ungeschicklichkeit wieder entronnen ist.

In der Nationalversammlung und in den Zeitungen würde dieses Duell vielleicht als ein neuer Sieg des Paladins des Dritten Standes gefeiert werden, einzig und allein er selbst vermochte das Ausmaß und die Bitterkeit seiner Niederlage zu ermessen.

Monsieur d'Ormesson war seinem Führer zu Hilfe gesprungen.

»Sie sind verwundet!« rief er halb betäubt.

»Es ist nichts«, sagte La Tour d'Azyr. »Nichts als ein Kratzer.« Aber seine Lippen zuckten, und der zerrissene Ärmel seines feinen Batisthemdes troff von Blut.

D'Ormesson, ein praktischer Mann in solchen Dingen, holte ein leinenes Taschentuch hervor, das er rasch in feine Streifen zerriß, um einen provisorischen Verband herzustellen.

Immer noch stand André-Louis unbeweglich wie im Traum, bis Le Chapelier ihn am Arm berührte. Dann endlich raffte er sich zusammen, seufzte und wandte sich ab, um sich anzuziehen, und verließ endlich ohne Gruß, ja ohne Blick nach seinem Gegner sogleich den Kampfplatz.

Während er langsam und niedergedrückt mit Le Chapelier dem Ausgang des Waldes zuschritt, wo sie ihren Wagen hatten warten lassen, überholte sie die bis dicht an den Kampfplatz herangefahrene Kalesche de La Tour d'Azyrs, mit dem Marquis und dessen Sekundanten. Des Marquis verwundeter Arm ruhte in einer Schlinge, die aus dem Degengehänge seines Gefährten hergestellt worden war. Den himmelblauen Mantel mit der dreifachen Kragenreihe hatte er darübergeknöpft, der rechte Ärmel hing leer herunter. Hiervon und von einer gewissen Blässe abgesehen, verriet nichts das Vorgefallene.

Und jetzt wird man begreifen, wie es kam, daß der Marquis als erster die Rückfahrt antrat und die beiden Damen in ihrem Eifer, das Treffen zu verhindern, annehmen mußten, ihre schlimmsten Befürchtungen seien Wirklichkeit geworden, als sie ihn augenscheinlich wohl und gesund heimkehren sahen.

Madame de Plougastel mühte sich, seinen Namen zu rufen, aber die Stimme versagte ihr. Sie mühte sich, den Wagenschlag zu öffnen, allein ihre Finger arbeiteten ungeschickt und wie gelähmt an dem Türknauf. Und während die Kalesche langsam vorüberfuhr, begegneten La Tour d'Azyrs zwingende Augen ernst und fest ihrem gequälten Blick. Gleichzeitig wurde sie noch einer zweiten Sache gewahr. Monsieur d'Ormesson lehnte sich, nachdem er sich mit seinem Gefährten grüßend verneigt hatte, in die Polster zurück und gab so den Blick auf den leeren rechten Ärmel von La Tour d'Azyrs Mantel frei. Ja, mehr noch, die eine Seite des Mantels war an der Stelle, wo ein einziger Knopf dicht am Halse ihn zusammenhielt, zurückgeschlagen und zeigte den in der Schlinge hochgebundenen Arm und den blutgetränkten Batistärmel.

Selbst jetzt fürchtete sie sich noch, die offensichtlichen Folgerungen zu ziehen, sie fürchtete, der Marquis könne, obwohl selbst verletzt, dem anderen eine tödliche Wunde beigebracht haben.

Endlich fand sie ihre Stimme wieder, gleichzeitig gab sie dem Lenker der Kalesche durch ein Zeichen zu verstehen, daß er halten möge.

Während dieser die Pferde parierte, stieg Monsieur d'Ormesson aus der Kalesche und trat in dem engen Raum zwischen den beiden Wagen Madame entgegen.

»Wo ist Monsieur Moreau?« war die überraschende Frage, die diese ihm stellte.

»Zweifelsohne wird er in gemächlicherem Tempo hinterdrein kommen«, entgegnete er, sobald er sich von seiner Verwunderung erholt hatte.

»Er ist doch nicht verwundet?«

»Unglücklicherweise sind wir diejenigen ––« hub Monsieur d'Ormesson an, als Monsieur de La Tour d'Azyrs scharfe Stimme ihm in die Rede fiel: »Dieses Interesse Ihrerseits für Monsieur Moreau, liebe Gräfin ––.«

Er brach ab, er spürte aus der Art, wie sie ihm entgegentrat, eine leise Feindseligkeit, und in Wahrheit bedurfte sein Ausspruch auch nicht der Vervollständigung.

Eine peinliche, unsichere Pause. Dann blickte Madame Monsieur d'Ormesson an. Ihre Haltung änderte sich. Sie schien eine Erklärung für ihre Sorge um Monsieur Moreau bieten zu wollen.
»Mademoiselle de Kercadiou befindet sich in meiner Begleitung. Das arme Kind ist ohnmächtig geworden.«
Sie hätte noch manches hinzugefügt, wäre Monsieur d'Ormesson nicht gewesen.
In aufrichtiger Besorgnis um Mademoiselle de Kercadiou sprang La Tour d'Azyr trotz seiner Verwundung auf die Füße.
»Ich bin in meiner augenblicklichen Verfassung zwar nur ein schlechter Helfer, Madame«, meinte er mit einem entschuldigenden Lächeln auf seinem bleichen Gesicht, »allein –.«
Mit d'Ormessons Beistand und trotz dessen Einspruch verließ er den Wagen, der eine kurze Strecke weiterfuhr, um den Weg frei zu geben – denn aus der Richtung des Bois näherte sich ein drittes Gefährt.
Und so geschah es, daß André-Louis, als das Kabriolett wenige Augenblicke darauf die beiden wartenden Fuhrwerke überholte, Zeuge einer ungemein rührenden Szene wurde. Er stand aufrecht in seinem Wagen, um besser sehen zu können, und gewahrte die halb ohnmächtige Aline – die allmählich wieder zur Besinnung kam – an den Kutschenschlag gelehnt, gestützt von Madame de Plougastel. In tiefster Besorgnis über sie geneigt – trotz seiner Wunde – stand Marquis de La Tour d'Azyr, während Monsieur d'Ormesson und Madames Lakai im Hintergrund warteten.
Die Gräfin blickte auf und erkannte ihn im Vorbeifahren. Ihr Antlitz erhellte sich, fast hatte es den Anschein, als wolle sie ihn begrüßen oder zurückrufen. Doch um die Peinlichkeit eines Zusammentreffens mit seinem Gegner zu vermeiden, kam er ihrem Vorhaben durch eine frostige Verbeugung zuvor – auch seine Stimme klang frostig, um so frostiger, dank des Bildes, das sich ihm bot – und, die Augen starr geradeaus gerichtet, sank er auf seinen Sitz zurück.
Hätte irgend etwas auf der Welt ihn in seiner Überzeugung, Aline habe ihn aufgesucht, um für Marquis de La Tour d'Azyr zu bitten, noch bestärken können, so war es dieser Vorfall. Denn alles, was seine Augen sahen, war eine Dame, die beim Anblick ihres verwundeten Freundes, von ihren Gefühlen überwältigt, zusammengebrochen war, sowie diesen nämlichen Freund, der sie durch die Versicherung, daß seine Wunde durchaus nicht tödlich sei, ins Leben zurückzurufen suchte. Später sollte er sich seiner törichten Blindheit wegen noch schwere Vorwürfe machen. Ja, er ist fast allzu streng in seinen Selbstanklagen. Allein, wie hätte er bei seiner damaligen Einstellung die Szene wohl anders auslegen können?
Was er bisher nur vermutet hatte, war jetzt für ihn zur Gewißheit gewor-

den. Aline war ihm gegenüber in ihren Gefühlen für Marquis de La Tour d'Azyr nicht aufrichtig gewesen. Es entsprach wahrscheinlich der Weiber Art, sich in dergleichen Dingen nicht in die Karten gucken zu lassen, und er durfte sie deshalb nicht tadeln. Ebensowenig brachte er es über sich, ihr Vorwürfe zu machen, daß sie der ungewöhnlichen Anziehungskraft eines Mannes wie Marquis de La Tour d'Azyr erlegen war – denn trotz seiner Feindschaft war er durchaus den Reizen des Marquis gegenüber nicht blind.

»Mein Gott!« rief er laut. »Was würde sie erst gelitten haben, hätte ich ihn getötet, wie es meine Absicht war.«

Wäre sie ihm gegenüber nur wahr gewesen, sie würde die Gewährung ihrer Bitte so leicht durchgesetzt haben. Hätte sie ihm das, was er jetzt durchschaute, nur offen eingestanden, nämlich daß sie Marquis de La Tour d'Azyr liebe, statt ihn in dem Glauben zu belassen, ihre Gefühle für den Marquis beruhten lediglich auf einem ihrer unwürdigen weltlichen Ehrgeiz, er hätte ihr sofort nachgegeben.

Er seufzte tief und entsandte an den Schatten Philippe de Vilmorins ein Gebet um Verzeihung.

»Es ist vielleicht doch gut, daß mein Stoß abgelenkt wurde«, bemerkte er.

»Was wollen Sie damit sagen?« wunderte sich Le Chapelier.

»Daß ich in dieser Angelegenheit jede Hoffnung, sie noch einmal aufzugreifen, fahren lassen muß.«

12 *Der überwältigende Grund*

Während all der Monate, da die Nationalversammlung ihr Werk, Frankreich eine Verfassung zu geben, vollendete, ward Marquis de La Tour d'Azyr weder in der Manege noch in Paris mehr gesehen. Alles in allem war zwar die körperliche Wunde, die er empfangen, leicht, die Wunde jedoch, die sein Stolz erlitten, fast tödlich gewesen.

Es ging das Gerücht, er wäre ausgewandert. Das entsprach indes nur zur Hälfte der Wahrheit. Die ganze Wahrheit war, daß er sich jener Gruppe vornehmer Reisender angeschlossen hatte, die zwischen den Tuilerien und dem Hauptquartier der Emigrierten in Coblenz hin und her eilten. Mit einem Wort, er war in den Geheimdienst des Königs eingetreten, der am Werk war, die Monarchie vollends zu ruinieren.

Was nun André-Louis betraf, so hatte er sich im Hause seines Paten nicht wieder blicken lassen, überzeugt, daß Monsieur de Kercadiou von seinem schriftlich übermittelten Entschluß, ihn niemals wieder zu empfangen, falls er das Duell ausföchte, nicht weichen würde.

Er warf sich mit solchem Eifer und solcher Wirkung seinen Pflichten in der Nationalversammlung in die Arme, daß ihm ein Sitz in der gesetzgebenden Versammlung, welche nach der im September des nächsten Jahres erfolgenden Auflösung der konstituierenden Versammlung an Stelle dieser zusammentrat, förmlich aufgedrängt wurde.

Wie viele seinesgleichen betrachtete auch André-Louis die Revolution als beendigt. Jetzt hatte Frankreich lediglich die Aufgabe, sich auf Grund seiner Verfassung selbst zu regieren. Und so hätte es auch kommen können, würde der Hof sich mit der veränderten Sachlage abgefunden haben. Dank der höfischen Intrigen jedoch war halb Europa am Werk, sich gegen Frankreich zu bewaffnen, der Streit des französischen Königs mit seinem Volk war zur Sache Europas geworden. Und diese Greuel wurden zur Wurzel all der Greuel, die folgen sollten.

Von allen gegenrevolutionären, von der Geistlichkeit geschürten Unruhen waren keine schwerer als die Unruhen in der Bretagne, und angesichts des Einflusses, dessen sich André-Louis, wie man annahm, in seiner Heimatprovinz erfreute, schlug der Zwölferausschuß, der zur Zeit des ersten girondistischen Ministeriums tagte, ihm vor, sich zur Bekämpfung des Aufruhrs dorthin zu begeben. Man bedeutete ihm, er möge friedlich vorgehen, allein seine Vollmachten waren so gut wie absolut, was aus den Ordres, die er trug, hervorgeht – Ordres, die jeden anwiesen, ihm beizustehen, und die alle, welche ihn zu hindern wagen sollten, warnten, daß dies unter Gefährdung ihrer Person geschähe.

Er nahm den Auftrag an und wurde so einer der fünf Emissäre, die im Frühjahr 1792 in derartigen Missionen hinauszogen. Seine Arbeit hielt ihn vier Monate lang Paris fern und war noch nicht vollendet, als er Anfang August zurückberufen wurde. Drohender als jede Gefahr in der Bretagne war die Wolke, die sich in Paris zusammenballte, wo es am politischen Himmel beängstigender denn je seit dem Jahre 1789 wetterleuchtete. Paris hatte erkannt, daß die Stunde, die den Höhepunkt des Ringens zwischen Gleichheit und Privilegien herbeiführen mußte, mit Riesenschritten nahe. So war die Stimmung in der Hauptstadt, der André-Louis vom Westen her entgegeneilte, um in ihren Mauern gleichzeitig den Höhepunkt seiner eigenen stürmischen Laufbahn zu erleben.

Auch Mademoiselle de Kercadiou befand sich in jenen ersten Augusttagen in Paris zu Besuch bei ihres Oheims Cousine und nächster Freundin, Madame de Plougastel. Und obwohl die gärende Unrast, die die kommende Explosion ankündigte, deutlich erkennbar war, vertrauten sowohl Madame wie Mademoiselle auf die heitere, ja ausgelassene Stimmung bei Hofe, wohin beide sich fast täglich begaben. Monsieur de Plougastel war von neuem in Paris erschienen und wieder in jenen geheimen Geschäften, die ihn jetzt fast ständig seiner Gemahlin fern hielten, nach Coblenz zurückgekehrt. Während seines Aufenthaltes in der Hauptstadt hatte er ihr jedoch versichert, man habe sämtliche erforderlichen Maßnahmen zur Bekämpfung der Revolution ergriffen, ein Aufstand sei durchaus zu begrüßen, da er nur den einen Ausgang nehmen könne: die Revolution im Hofe der Tuilerien vernichtend aufs Haupt zu schlagen. Das, fügte er hinzu, sei der Grund, weshalb der König auch fernerhin in Paris bleibe. Ohne diese feste Zuversicht würde er längst an der Spitze seiner Schweizer und seiner Ritter vom Dolch die Hauptstadt verlassen haben. Diese würden ihm ohne jede Schwierigkeit mit ihren Schwertern einen Weg durch die Stadt bahnen, falls überhaupt an Widerstand gedacht werden würde. Vermutlich würde selbst das nicht nötig sein.

Allein der Gang der Ereignisse, der sich in jenen frühen Augusttagen nach ihres Gatten Abreise vor Madames eigenen Augen vollzog, zerstreute allmählich die aufmunternde Wirkung dieser Worte. Schließlich traf am Nachmittage des Neunten ein Bote aus Meudon im Hotel Plougastel ein mit einem Brief von Monsieur de Kercadiou, worin dieser Mademoiselle in den dringendsten Ausdrücken aufforderte, sich sofort zu ihm aufs Land zu begeben, und ihrer Gastgeberin riet, Aline zu begleiten.

Man begreift – Monsieur de Kercadiou war einer von jenen Menschen, die mit den Angehörigen aller Stände auf gutem Fuße standen. Sein alter Adel machte ihn den vornehmsten Mitgliedern der Aristokratie ebenbürtig, seine schlichten Gewohnheiten dagegen – teils bäurisch, teils gut bürgerlich – sowie seine natürliche Liebenswürdigkeit schafften ihm auch bei denen, die im Range weit unter ihm standen, gute Freunde. In Meudon war er bei allen einfachen Leuten bekannt und beliebt, ja sogar Rougane, der ihm wohlgesinnte Bürgermeister, hatte ihm geraten, als er von dem Sturme erfuhr, welcher sich zusammenbraute, Mademoiselle de Kercadiou sogleich aus Paris kommen zu lassen, da Paris in den nächsten vierundzwanzig Stunden für alle Personen von Rang, die des Verkehrs mit der Hofpartei verdächtig wären, als Gefahrzone gelten müßte.

Es bestand nun aber nicht der geringste Zweifel über Madame de Plougastels Verbindung mit dem Hofe. Man durfte sogar sicher sein – wie sich bald darauf auch ziemlich klar erwies –, daß die wachsamen, überall verstreuten geheimen Gesellschaften, welche die Wiege der jungen Revolution hüteten, auch von den häufigen Reisen Monsieur de Plougastels nach Coblenz unterrichtet waren und sich hinsichtlich deren Zweck keinerlei Täuschung hingaben. Eine Niederlage der Hofpartei vorausgesetzt, war daher die Lage Madame Plougastels äußerst gefahrvoll, und diese Gefahr teilten alle Gäste von Rang, die sich in ihrem Hause aufhielten.

Monsieur de Kercadious Liebe zu den beiden Frauen verschärfte noch seine

durch Rouganes Warnung geweckten Befürchtungen. Daher sandte er in aller Eile jenen Brief ab, darin er seiner Nichte befahl, zurückzukehren und ihre Freundin anflehte, diese nach Meudon zu begleiten.
Der freundliche Bürgermeister ging sogar noch einen Schritt weiter und beförderte den Brief durch seinen eigenen Sohn, einen intelligenten Burschen von neunzehn Jahren, nach Paris. Es war um die späte Nachmittagsstunde eines wundervollen Augusttages, als der junge Rougane sich im Hotel Plougastel einstellte.
Er wurde von Madame de Plougastel äußerst gnädig in einem Salon empfangen, dessen Pracht im Verein mit der vornehmen Haltung der Hausherrin selbst den schlichten Burschen vom Lande überwältigte. Madame faßte ohne Säumen ihren Entschluß. Monsieur de Kercadious dringende Botschaft bestätigte nur ihre eigenen Befürchtungen und Wünsche. Sie beschloß, auf der Stelle aufzubrechen. »Bien, madame«, meinte der Jüngling. »Dann habe ich die Ehre, mich zu verabschieden.«
Allein sie wollte ihn nicht ziehen lassen. Erst müsse er in die Küche und dort eine Stärkung zu sich nehmen, während sie und Mademoiselle ihre Vorbereitungen trafen, und dann sollte er in ihrer Kutsche mit ihnen nach Meudon fahren. Unter keinen Umständen wollte sie ihm gestatten, zu Fuß, wie er gekommen, dorthin zurückzukehren.
Obwohl er dies in jedem Falle um sie verdient hatte, sollte doch ihre Güte, die selbst in einem Augenblick derartiger Aufregung noch an andere dachte, sehr bald belohnt werden. Hätte sie weniger getan, es wären ihr einige Stunden noch qualvollerer Unsicherheit als die bereits bevorstehenden beschieden gewesen.
Es war rund eine halbe Stunde vor Sonnenuntergang, als sie in Madames Wagen aufbrachen, um über die Porte Saint-Martin Paris zu verlassen. Sie reisten mit nur einem einzigen Lakaien auf dem Wagentritt. Rougane – welch furchteinflößende Herablassung – erhielt einen Platz im Inneren der Kutsche bei den Damen angewiesen, wo er sich Hals über Kopf in Mademoiselle de Kercadiou verliebte, die er für das schönste Wesen hielt, das seine Augen je erblickt hatten, und die sich mit so einfacher und natürlicher Herablassung mit ihm unterhielt. Die Sache stieg ihm ein wenig zu Kopfe und erschütterte einige gut republikanische Anschauungen, die er doch längst gründlich verdaut zu haben glaubte.
Die Kutsche machte vor der Barriere halt, vor deren eisernen Toren eine Wache der Nationalgarde ihr den Weg versperrte. Die Gräfin steckte den Kopf zum Fenster hinaus.
»Die Barriere ist geschlossen, Madame«, lautete die kurze Antwort.
»Geschlossen?« echote sie. Das war ja geradezu unglaublich. »Aber – aber können wir denn nicht passieren?«

»Nicht ohne Permeß, Madame.« Der Sergeant stützte sich nachlässig auf seine Pike. »Der Befehl lautet, daß niemand ohne die richtigen Papiere die Stadt verlassen oder betreten dürfe.«
»Wessen Befehl?«
»Befehl der Kommune von Paris.«
»Aber ich muß noch heute abend aufs Land hinaus.« Madames Stimme klang fast ungeduldig. »Ich werde dort erwartet.«
»In diesem Falle mag Madame sich einen Permeß besorgen.«
»Wo bekommt man den?«
»Auf dem Rathause oder im Hauptquartier von Madames Sektion.«
Sie überlegte einen Augenblick. »Also nach der Sektion! Seien Sie so gut, meinem Kutscher zu sagen, daß er nach der Sektion Bondy fahren möge.«
Er salutierte und trat einen Schritt zurück. »Sektion Bondy, Rue des Morts«, befahl er dem Kutscher.
Madame sank in einem Zustande der Aufregung, den Mademoiselle völlig teilte, in ihren Sitz zurück. Rougane gab sich alle Mühe, die beiden zu beruhigen und zu trösten. Die Sektion würde die Angelegenheit schon in Ordnung bringen. Ohne jeden Zweifel würde man ihnen einen Permeß geben. Aus welchem Grunde sollte man diesen wohl verweigern? Eine reine Formalität, nichts weiter!
Seine Zuversicht ermunterte sie ein wenig, aber nur, um sie auf eine weit größere Enttäuschung vorzubereiten, als sie kurz danach seitens des Vorsitzenden ihrer Sektion ein glattes Nein zur Antwort erhielten.
»Ihr Name, Madame?« forderte er barsch. Er war ein grober Kerl vom radikalsten republikanischen Typ, der sich beim Eintritt der Damen nicht einmal erhoben hatte. Zur Rede gestellt, würde er geantwortet haben, er sei da, um seine Amtspflicht zu erfüllen, und nicht um Tanzstunden zu geben.
»Plougastel«, wiederholte er, ohne den Adelstitel, als handele es sich um einen beliebigen Bäcker oder Metzgermeister. Dann holte er von dem Wandbrett zu seiner Rechten ein dickes Buch herunter, öffnete es und blätterte darin. Es war eine Art Adreßbuch seiner Sektion. Endlich fand er das Gesuchte. »Comte de Plougastel, Hotel Plougastel, Rue du Paradis. Stimmt das?«
»Es stimmt, Monsieur«, entgegnete sie so höflich, wie es ihr bei der Unverschämtheit des Burschen möglich war.
Eine lange Pause, während welcher er gewisse Bleistifteintragungen gegenüber dem Namen studierte. Die Sektionen hatten in den letzten Wochen weit systematischer gearbeitet, als allgemein angenommen wurde.
»Ihr Gatte weilt zur Zeit bei Ihnen, Madame?« fragte er kurz, ohne die Augen von dem Buche zu erheben.

»Monsieur le Comte ist nicht bei mir«, erwiderte sie mit besonderer Betonung des Titels.

»Nicht bei Ihnen?« Er blickte plötzlich auf, prüfend, mit einem Blick, in dem Argwohn und Hohn sich mischten. »Wo ist er denn?«

»Er ist nicht in Paris, Monsieur.«

»Ah! In Coblenz, nicht wahr?«

Madame fühlte, wie ein kalter Schauer ihr das Rückgrat entlanglief. Etwas unsäglich Drohendes lag in diesem ganzen Verfahren. Weshalb hatten sich die Sektionen so genau über die Bewegungen ihrer Einwohner informiert? Was braute sich da zusammen? Sie hatte das Gefühl, in eine Falle geraten zu sein, sich in einem unsichtbaren Netz verstrickt zu haben.

»Ich weiß es nicht, Monsieur«, antwortete sie mit unsicherer Stimme.

»Natürlich nicht.« Das war offenkundiger Hohn. »Macht nichts. Und Sie wünschen also ebenfalls Paris zu verlassen? Wohin wollen Sie denn reisen?«

»Nach Meudon.«

»Zu welchem Zweck?«

Das Blut schoß ihr ins Gesicht. Diese Unverschämtheit war für eine Frau ihrer Stellung, die ihr ganzes Leben lang von Untergebenen wie von ihresgleichen mit äußerster Ehrerbietung behandelt worden war, unerträglich. Trotzdem erkannte sie, daß sie sich hier völlig neuen Gewalten gegenüber befand, sie beherrschte sich daher, unterdrückte ihren Zorn und antwortete fest: »Ich wünsche diese Dame, Mademoiselle de Kercadiou, zurück zu ihrem Oheim zu begleiten, der in Meudon residiert.«

»Ist das alles? Das können Sie ebensogut ein andermal besorgen, Madame. Diese Angelegenheit ist durchaus nicht dringend.«

»Pardon, Monsieur, uns ist sie außerordentlich dringend.«

»Sie haben mich aber nicht von ihrer Dringlichkeit überzeugt, und die Barrieren sind für alle, die nicht die dringendsten und triftigsten Gründe vorweisen können, geschlossen. Sie müssen also warten, Madame, bis die Sperre aufgehoben wird. Guten Abend.«

»Aber Monsieur ...«

»Guten Abend, Madame«, wiederholte er mit vielsagender Betonung; seine Art, sie zu entlassen, war verächtlicher und despotischer als die irgendeiner Fürstlichkeit. »Sie haben die Erlaubnis, sich zu entfernen.«

Madame schritt mit Aline hinaus. Beide zitterten vor Zorn, allein Vorsicht gebot, den Ärger zu unterdrücken. Von neuem bestiegen sie die Kutsche und wiesen den Kutscher an, nach Hause zu fahren.

Rouganes Erstaunen verwandelte sich in Schrecken, als sie ihm das Vorgefallene berichteten. »Weshalb versuchen wir es nicht auf dem Rathaus, Madame?« schlug er vor.

»Nach diesen Erfahrungen? Das wäre völlig zwecklos. Wir müssen uns damit abfinden, in Paris zu bleiben, bis die Tore wieder geöffnet werden.«

»Vielleicht wird es uns alsdann völlig gleichgültig sein, wo wir uns befinden, Madame«, meinte Aline.

»Aline!« rief sie entsetzt.

»Mademoiselle!« echote Rougane im gleichen Tonfall. Und dann begann er in der Erkenntnis, daß Leute, die auf solche Weise zurückgehalten würden, sich in irgendeiner unsichtbaren Gefahr befinden müßten, auf einen Ausweg zu sinnen. Als sie sich dem Hotel Plougastel näherten, verkündete er, er habe die Lösung des Problems gefunden.

»Ein Permeß von außerhalb würde uns genau den gleichen Dienst erweisen!« erklärte er. »Hören Sie mich an und vertrauen Sie mir. Ich kehre auf der Stelle nach Meudon zurück. Mein Vater soll mir zwei Permesse geben – einen für mich allein und einen für drei Personen –, von Meudon nach Paris und nach Meudon zurück. Ich kehre auf Grund meines Erlaubnisscheins nach Paris zurück und werde das Papier alsdann sofort vernichten, und wir drei verlassen danach auf Grund des anderen Erlaubnisscheins zusammen die Stadt unter dem Vorwande, im Laufe des Tages aus Meudon nach Paris gekommen zu sein. Die ganze Sache ist im Grunde genommen sehr einfach. Wenn ich mich sofort auf den Weg mache, kann ich noch heute nacht wieder hier sein.«

»Aber wie wollen Sie jetzt aus der Stadt kommen?« fragte Aline.

»Ich? Pah! Darüber brauchen Sie sich keine Sorge zu machen. Mein Vater ist Bürgermeister von Meudon. Er ist hier sehr bekannt. Ich werde jetzt sofort aufs Rathaus gehen und angeben – was ja auch auf Wahrheit beruht–, ich wäre durch Sperrung der Tore hier in Paris gefangen, und mein Vater erwarte mich noch heute in Meudon. Sie werden mich schon durchlassen. Die Sache ist ganz einfach.« Seine Zuversicht flößte den Frauen neuen Mut ein. Der Plan erschien wirklich durchführbar.

»Dann lassen Sie Ihren Permeß auf vier Personen ausstellen, mein Freund«, bat ihn Madame. »Da ist noch Jacques«, fügte sie erklärend hinzu und deutete auf den Lakai, der ihr beim Aussteigen behilflich war.

Rougane verabschiedete sich im festen Vertrauen auf eine baldige Rückkehr und ließ die beiden Damen voll des gleichen Vertrauens zurück. Allein, Stunde folgte auf Stunde, die Nacht senkte sich herab, es wurde Zeit, schlafen zu gehen, und noch immer verriet kein Zeichen sein Kommen. Sie warteten bis Mitternacht, beide heuchelten um der anderen willen unerschütterliche Zuversicht, beide waren von unbestimmten bösen Vorahnungen erfüllt, trotzdem suchten sie sich die Zeit durch Tricktrackspielen im großen Salon zu vertreiben, als gäbe es auf der Welt keinen schlimmen Gedanken.

Endlich, beim Schlage der Mitternacht seufzte Madame und erhob sich. »Er wird morgen früh kommen«, meinte sie, ohne an ihre Worte zu glauben.
»Natürlich«, stimmte Aline zu. »In Wahrheit wäre es ja auch fast unmöglich, heute nacht schon wieder hier zu sein. Es reist sich auch viel angenehmer bei Tage. Die Fahrt zu so später Stunde hätte Sie zu sehr angegriffen, chère madame.«
So hielten sie den Schein aufrecht.
Früh am Morgen wurden sie durch Glockenläuten aus dem Schlafe geschreckt – die Glocken ihrer Sektion kündeten Sturm. Bestürzt hörten sie kurz darauf Trommelwirbel, und einmal war es ihnen, als vernähmen sie den schweren Schritt zahlreicher auf dem Marsche befindlicher Menschenmassen. Später ertönte das Rattern von Gewehren und das tiefere Dröhnen von Kanonen aus der Ferne zu ihnen herüber. Paris hatte sich erhoben. Eine Schlacht war entbrannt zwischen den Männern der verschiedenen Sektionen und den Männern des Hofes. Das Volk in Waffen hatte die Tuilerien erstürmt. Die wildesten Gerüchte schwirrten nach allen Richtungen. Einige fanden über die Bedienten ihren Weg auch bis in das Hotel Plougastel und berichteten von dem schrecklichen Kampf um den Palast, der in dem sinnlosen Gemetzel aller derer enden sollte, die der schwächliche Monarch im Stiche gelassen, um sich selbst und seine Familie unter den Schutz der gesetzgebenden Versammlung zu stellen. Ziellos bis zum Schluß, wie stets von schlechten Ratgebern beraten, traf er alle Vorbereitungen zu einem Widerstande, bis die Notwendigkeit eines Widerstandes eintrat, worauf er sogleich die Kapitulation anordnete und alle, die bis zuletzt zu ihm gehalten hatten, der Gnade und Barmherzigkeit eines tollgewordenen Pöbels überlieferte.
Während dieser Ereignisse in den Tuilerien warteten die beiden Frauen im Hotel Plougastel in aller Stille, wenn auch mit schwindenden Hoffnungen auf Rouganes Rückkehr. Aber Rougane kehrte nicht zurück. Die Angelegenheit war dem Vater durchaus nicht so einfach erschienen wie dem Sohne. Der ältere Rougane schreckte mit vollem Recht davor zurück, sich zu einer derartigen Täuschung herzugeben.
Statt dessen begab er sich in Begleitung seines Sohnes zu Monsieur de Kercadiou, um ihn von dem Geschehenen in Kenntnis zu setzen und ihm ganz offen von dem Vorschlag seines Sohnes, den er nicht auszuführen wage, zu erzählen.
Monsieur de Kercadiou suchte ihn durch Bitten, ja selbst durch Bestechungen zu bewegen. Allein Rougane blieb fest.
»Monsieur«, sagte er, »wenn es herauskäme, und das wäre unvermeidlich, müßte ich dafür baumeln. Und davon abgesehen sowie von meinem

Wunsche, Ihnen mit allen meinen Kräften zu dienen, wäre es auch ein Vertrauensbruch, wie ich ihn nie begehen könnte. Sie dürfen mich nicht weiter bitten, Monsieur.«

»Aber was, glauben Sie denn, wird jetzt geschehen?« forschte der vor Schreck halb geistesverwirrte Edelmann.

»Es ist Krieg«, versetzte Rougane, der, wie man sieht, gut unterrichtet war, »Krieg zwischen dem Volk und dem Hof. Ich bin tief bekümmert, daß meine Warnung zu spät kam. Doch alles in allem glaube ich nicht, daß Monsieur sich Sorgen zu machen braucht. Man führt nicht Krieg gegen Frauen.«

An diese Versicherung klammerte sich Monsieur de Kercadiou, nachdem der Bürgermeister und sein Sohn ihn verlassen hatten. Jedoch im Innersten seines Herzens lauerte das Bewußtsein von dem Handel, den Monsieur de Plougastel getrieben. Wie, wenn die Revolutionäre genausogut davon unterrichtet wären? Höchstwahrscheinlich war dies der Fall. Die weiblichen Angehörigen politischer Verbrecher hatten des öfteren schon für ihre Männer büßen müssen. Alles war bei einem derartigen Volksaufstand möglich, und Aline würde der gleichen Gefahr wie Madame de Plougastel ausgesetzt sein.

Als er spät in jener Nacht voll düsterer Gedanken in seines Bruders Bibliothek saß, die erloschene Pfeife, bei der er vergeblich Trost gesucht, in der Hand, erscholl ein scharfes Klopfen an der Haustür.

Dem alten Seneschall von Gavrillac, der öffnen ging, zeigte sich auf der Schwelle ein schlanker, junger Mann in olivgrünem Mantel, dessen Schöße bis zu den Waden herunterreichten. Er trug schwere Stiefel, hirschlederne Beinkleider, einen Stoßdegen und als Schärpe die Trikolore sowie eine dreifarbige Kokarde am Hut, wodurch seine Erscheinung in den Augen dieses alten Anhängers des Feudalismus, der seines Gebieters Befürchtungen vollauf teilte, einen überaus verdächtig offiziellen Anstrich gewann.

»Monsieur wünschen?« fragte er, zwischen Respekt und Argwohn hin und her gerissen.

Und dann ließ ihn eine brüske Stimme zusammenfahren: »Aber Bénôit! Nom d'un nom! Erkennst du mich denn nicht?«

Mit bebender Hand hielt der Greis die Laterne hoch und ließ ihr Licht voll auf jenes hagere Antlitz mit dem schmallippigen großen Mund fallen.

»Monsieur André!« rief er, »Monsieur André!« Dann blickte er auf die Schärpe und die Kokarde und zögerte, augenscheinlich ratlos. Allein André-Louis schritt an ihm vorbei und betrat das weite Vestibül mit dem schwarz und weiß gewürfelten Marmorfußboden.

»Wenn mein Pate noch nicht zu Bett ist, führe mich zu ihm. Und wenn er zu Bett ist, führe mich trotzdem zu ihm.«

»Gewiß, gewiß, Monsieur André! – Er wird ohne Zweifel entzückt sein. Nein, er ist noch nicht schlafen gegangen. Diesen Weg, Monsieur André, diesen Weg, wenn's beliebt.«

André-Louis hatte auf dem Rückweg nach Paris, etwa vor einer halben Stunde, Meudon erreicht und war geradenwegs zum Bürgermeister gegangen, um genaue Nachricht über die drohenden Gerüchte zu erlangen, die um so eifriger schwirrten, je mehr er sich der Hauptstadt näherte. Rougane hatte ihm mitgeteilt, daß ein Aufstand unmittelbar bevorstünde, mehrere Sektionen hätten sich bereits der Barrieren bemächtigt, und es sei für einen Menschen, der nicht die einwandfreiesten Ausweispapiere vorzeigen könne, unmöglich, die Stadt zu betreten oder zu verlassen.

André-Louis neigte das Haupt, ernsteste Gedanken bestürmten ihn. Vor geraumer Zeit hatte er bereits die Gefahren dieser Revolution innerhalb der Revolution erkannt, die alles Geschaffene wegzufegen und die Zügel der Herrschaft einer Partei von Verbrechern in die Hände zu legen drohte, welche das gesamte Land in Anarchie stürzen würde. Was er gefürchtet, war auf dem besten Wege, Wirklichkeit zu werden. Er beschloß, sofort, noch in der gleichen Nacht, weiterzureisen und sich mit eigenen Augen von den Geschehnissen zu überzeugen.

Und dann, schon im Gehen, hatte er sich noch einmal umgewandt und den Bürgermeister gefragt, ob Monsieur de Kercadiou noch in Meudon residiere.

»Sie kennen ihn, Monsieur?«

»Er ist mein Pate.«

»Ihr Pate! Und Sie sind Volksvertreter? Ja, dann sind Sie ja vor allem der Mann, der ihm helfen kann.« Und Rougane berichtete ihm von seines Sohnes Mission nach Paris und deren Ausgang.

Das genügte. Daß sein Pate ihm vor zwei Jahren unter gewissen Bedingungen das Haus verboten, galt André-Louis in diesem Augenblick für nichts. Er ließ seinen Reisewagen vor dem kleinen Gasthof halten und begab sich stehenden Fußes zu Monsieur de Kercadiou.

Monsieur de Kercadiou, den das unerwartete Erscheinen eines Menschen, der ihm eine bittere Kränkung angetan, zu dieser späten Stunde tief erschreckte, begrüßte ihn mit fast den nämlichen Worten, mit welchen er ihn das erstemal in diesem gleichen Zimmer empfangen hatte.

»Was wollen Sie hier, Monsieur?«

»Ihnen, wenn möglich, einen Dienst leisten, Herr Pate«, lautete die entwaffnende Antwort.

Aber sie entwaffnete Monsieur de Kercadiou nicht. »Sie haben sich hier so lange nicht sehen lassen, daß ich schon hoffte, Sie würden mich nie wieder stören.«

»Ich hätte auch nicht gewagt, Ihnen ungehorsam zu sein, hätte ich nicht damit gerechnet, Ihnen einen Dienst erweisen zu können. Ich habe Rougane, den Bürgermeister, gesprochen.«

»Was schwatzen Sie da von Ungehorsam?«

»Sie hatten mir Ihr Haus verboten, Monsieur.«

Monsieur de Kercadiou starrte ihn hilflos an.

»Und das ist der Grund, weshalb Sie sich diese ganze lange Zeit nicht haben sehen lassen?«

»Selbstverständlich. Welch anderen Grund sollte ich wohl gehabt haben?«

Monsieur de Kercadiou fuhr fort, ihn anzustarren. Dann begann er leise zu fluchen. Es brachte ihn restlos aus der Fassung, daß jemand ihn ernst genommen. Er hatte erwartet, André-Louis würde reuevoll sein Vergehen beichten und betteln, wieder in Gnaden aufgenommen zu werden. Er gab das André-Louis auch zu verstehen.

»Aber wie sollte ich denn wissen, daß Sie es nicht so ernst gemeint hatten, Monsieur? Ihre Erklärung war sehr eindeutig. Was hätte mir eine reuige Abbitte ohne das Versprechen, mich zu bessern, wohl genützt? Und ich hatte nicht die leiseste Absicht, mich zu bessern. Gott sei Dank!«

»Gott sei Dank?«

»Ich bin Volksvertreter. Verfüge über gewisse Vollmachten. Meine Rückkehr nach Paris erfolgt höchst opportun. Darf ich Ihnen nicht in der Angelegenheit helfen, in der Rougane versagt hat? Die Notwendigkeit hierzu erscheint mir ungemein dringend, falls auch nur die Hälfte meiner Befürchtungen zutreffen sollte. Aline muß sofort in Sicherheit gebracht werden.«

Monsieur de Kercadious Kapitulation war bedingungslos. Er trat auf André-Louis zu und ergriff seine Hand.

»Mein lieber Junge«, sagte er tief bewegt, »es ist nicht zu leugnen, daß auch in dir ein gewisser Adel lebt. Wenn ich dir gegenüber hart gewesen bin, so geschah es nur, um gegen deine üblen Neigungen anzukämpfen. Ich wollte dich dem schmutzigen Geschäft der Politik fernhalten, die unser unglückliches Vaterland in diese schreckliche Lage gebracht hat. Der Feind steht an den Grenzen, daheim sind die Flammen des Bürgerkrieges entfacht. Das ist's, was ihr Revolutionäre erreicht habt.«

André-Louis verzichtete auf politische Auseinandersetzungen. Er ging zu anderen Dingen über.

»Wie steht es mit Aline?« Und er beantwortete seine Frage sogleich selbst: »Sie ist in Paris und muß sogleich hierhergebracht werden, noch ehe die Stadt sich in ein Schlachthaus verwandelt, was wahrscheinlich eintreten wird, sobald all die Leidenschaften, die während der letzten Monate angefacht worden, entbrannt sind. Der Plan des jungen Rougane ist gut. Wenigstens fällt mir kein besserer ein.«

»Aber Rougane, der ältere, will nichts davon hören.«

»Sie meinen, er will die Verantwortung dafür nicht auf sich nehmen. Aber er hat zugestimmt, daß ich es tue. Ich habe ihm einen Brief mit meiner Unterschrift hinterlassen, worin bestätigt wird, daß er auf meinen Befehl einen Sicherheitspaß für Mademoiselle de Kercadious Hin- und Rückreise nach Paris ausgestellt hat. Meine Vollmachten, die ich ihm vorgelegt habe, berechtigen ihn vollauf, mir hierin zu gehorchen. Ich habe ihm jenen Brief unter der ausdrücklichen Bedingung geschrieben, daß er sich seiner nur im Notfalle zu seinem eigenen Schutz bedienen darf. Dafür hat er mir diesen Sicherheitspaß gegeben.«

»Du hast ihn also bereits in Händen!«

Monsieur de Kercadiou nahm das Papier, das André-Louis ihm reichte. Seine Hand zitterte. Er hielt es unter den Leuchter auf der Konsole und kniff bei dem Bemühen, es zu entziffern, die kurzsichtigen Augen zusammen.

»Wenn Sie dieses Papier durch den jungen Rougane nach Paris hineinschmuggeln«, meinte André-Louis, »dürfte Aline morgen mittag hier eintreffen. Heute nacht läßt sich natürlich nichts mehr unternehmen, ohne Argwohn zu erwecken. Dazu ist es schon zu spät. Und jetzt, Herr Pate, wissen Sie genau, weshalb ich unter Nichtachtung Ihrer Befehle in Ihr Haus eindrang. Kann ich Ihnen noch irgendeinen anderen Dienst erweisen – Sie haben nur zu befehlen.«

»Ja, es gibt noch einen anderen, André. Hat dir Rougane nicht mitgeteilt, daß da noch einige Personen sind –«

»Er nannte Madame de Plougastel und deren Diener.«

»Weshalb hast du dann nicht –«

André-Louis schüttelte tiefernst das Haupt: »Unmöglich.«

Monsieur de Kercadiou riß vor Erstaunen den Mund auf. »Unmöglich?« wiederholte er. »Weshalb denn?«

»Monsieur, was ich für Aline getan habe, kann ich tun, ohne mein Gewissen zu vergewaltigen. Außerdem würde ich um Alines willen selbst das über mich bringen. Bei Madame de Plougastel jedoch liegen die Dinge ganz anders. Weder Aline noch ihre Angehörigen haben irgendwelche gegenrevolutionäre Arbeit geleistet, welche der wahre Grund des uns bedrohenden Unheils ist. Ich vermag ihre Befreiung aus Paris ohne Selbstvorwürfe zu betreiben, überzeugt, daß ich damit nichts Ungesetzliches tue, was später zu irgendwelchen Nachforschungen führen würde. Allein Madame de Plougastel ist die Gattin von Monsieur le Comte de Plougastel, den alle Welt als einen Agenten des Hofes und der Emigranten kennt.«

»Das ist doch nicht ihre Schuld!« rief Monsieur de Kercadiou bestürzt.
»Zugegeben. Aber sie kann jederzeit vorgeladen werden, um nachzuweisen, daß sie keinen Anteil an diesen Machenschaften hatte. Es ist bekannt, daß sie bis heute in Paris weilte. Würde man sie morgen suchen und bei dieser Gelegenheit entdecken, daß sie die Stadt verlassen hat, so würden ohne Frage Erkundigungen eingezogen werden, aus denen dann hervorgehen müßte, daß ich das mir entgegengebrachte Vertrauen verraten und meine Vollmachten zu persönlichen Zwecken mißbraucht hätte. Ich hoffe, Monsieur, Sie werden begreifen, daß mir ein derartiges Risiko um einer Fremden willen zu groß ist.«
»Einer Fremden?« echote der Seigneur vorwurfsvoll.
»Sie ist mir so gut wie fremd.«
»Aber für mich ist sie durchaus keine Fremde, André. Sie ist meine Cousine, meine sehr liebe und geschätzte Freundin. Und, mon Dieu, deine Ausführungen verschärfen nur noch die dringende Notwendigkeit, sie aus Paris zu entfernen. Sie muß gerettet werden, André, koste es, was es wolle – sie muß gerettet werden: Sie schwebt ja in weit größerer Gefahr als Aline!«
Er stand als Bittender vor seinem ehemaligen Mündel – ein ganz anderer jetzt als der strenge harte Mann, der André empfangen hatte. Sein Antlitz war bleich, und seine Hände zitterten, Schweißtropfen perlten auf seiner Stirn.
»Herr Pate, alles, was innerhalb der Grenzen des Vernünftigen liegt, werde ich für Sie tun. Dies aber nicht. Madame retten, hieße vielleicht Aline, Sie selbst und mich ruinieren.«
»Wir müssen das Risiko auf uns nehmen!«
»Sie haben natürlich das Recht, für sich selbst so zu sprechen.«
»Ach, und für dich ebenfalls, André-Louis, glaube mir! Für dich ebenfalls!«
Er trat dicht an den jungen Mann heran. »André, ich flehe dich an, glaube mir und verschaff uns diesen Permeß für Madame de Plougastel.«
André sah ihn verständnislos an. »Das ist phantastisch«, meinte er. »Auch ich gedenke voller Dankbarkeit des Interesses, das Madame auf wenige Tage an mir nahm, als ich noch ein Kind war, sowie der Wärme, mit der sie mich später zu den Ansichten zu bekehren suchte, die sie für die einzig wahre politische Religion hielt. Aber dafür meinen Hals riskieren – oder den Ihren oder Alines – nein!«
»Ah! Aber André –«
»Das ist mein letztes Wort, Monsieur. Es wird spät, und ich möchte, wenn möglich, schon heute nacht in Paris schlafen.«
»Nein, nein! So warte doch noch einen Augenblick!« Der Herr von Gavrillac schien vollkommen verzweifelt. »André, du *mußt* es tun!«

Seine Beharrlichkeit und mehr noch seine vollkommene Fassungslosigkeit erschienen André so unvernünftig, daß er unwillkürlich ein unklares geheimnisvolles Motiv dahinter zu vermuten begann.
»Ich muß?« echote er. »Weshalb denn? Ihre Gründe, Monsieur?«
»André, meine Gründe sind überwältigend.«
»Bitte, gestatten Sie, daß ich mir darüber persönlich ein Urteil bilde.« André-Louis' Ton war fast befehlend.
Diese Forderung machte das Maß von Monsieur de Kercadious Verzweiflung voll. Die geballten Fäuste auf dem Rücken verschränkt, schritt er mit gerunzelten Brauen im Zimmer auf und ab. Endlich blieb er vor seinem Patenkind stehen.
»Kannst du nicht mein Wort dafür nehmen, daß dieser Grund zu Recht besteht?« rief er gequält.
»In einer solchen Sache – einer Sache, die mich den Kopf kosten kann? Monsieur, können Sie das billigerweise von mir verlangen?«
»Ich breche mein Ehrenwort, meinen Eid, wenn ich es dir sage.« Monsieur de Kercadiou wandte sich händeringend, mit jämmerlicher Miene von ihm ab, dann kehrte er André noch einmal sein Antlitz zu. »Aber in dieser Not, in dieser äußersten Not werde ich es dir sagen, da du ungroßmütigerweise darauf bestehst. Gott helfe mir, mir bleibt keine Wahl. Sie wird das verstehen, wenn sie erst alles erfährt. André, mein Junge –« er machte abermals eine Pause, als fürchtete er sich. Dann legte er eine Hand auf seines Patensohnes Schulter, und André erkannte zu seinem wachsenden Erstaunen, daß ein Tränenschleier sich über seines Vormundes matte, kurzsichtige Augen gelegt hatte. »Madame de Plougastel ist deine Mutter.«
Langes, tödliches Schweigen. André-Louis begriff nicht sogleich, was ihm da gesagt wurde. Als er endlich verstand, war sein erster Impuls, aufzuschreien. Allein er beherrschte sich und spielte den Stoiker. Es lag in seiner Natur, stets eine Rolle zu spielen, und selbst in diesem höchsten Augenblick blieb er seiner Natur treu. Er schwieg, jenem sonderbaren histrionischen Instinkte folgend, bis er wagen durfte zu sprechen, ohne seine Bewegung zu verraten.
»Ich verstehe«, meinte er endlich kalt.
Seine Gedanken glitten mit Windeseile in die Vergangenheit zurück. Hastig überflog er all seine Erinnerungen an Madame de Plougastel, ihr seltsames sporadisches Interesse an ihm, die merkwürdige Mischung von Zärtlichkeit und Trauer, die ihr Wesen ihm gegenüber stets gezeigt hatte – und jetzt endlich verstand er vieles, was ihm bisher unklar geblieben war.
Er wiederholte: »Ich verstehe«, und setzte hinzu: »Natürlich hätte jeder Hansnarr das längst erraten.«

Jetzt war Monsieur de Kercadiou derjenige, der aufschrie und vor ihm zurückwich, als habe er einen Schlag empfangen: »Mein Gott, André, aus was für einem Stoff bist du geschaffen? Wie kannst du eine derartige Entdekkung so aufnehmen?«
»Wie sollte ich sie denn sonst aufnehmen? Sollte ich überrascht sein, daß ich eine Mutter gehabt habe? Schließlich braucht man doch eine Mutter, um geboren zu werden.«
Er ließ sich hastig in einen Stuhl fallen, um das verräterische Zittern seiner Glieder zu verbergen. Er zog sein Sacktuch aus der Tasche und fuhr sich damit über die feuchte Stirn. Und dann ertappte er sich plötzlich dabei, daß er weinte.
Beim Anblick seiner Tränen, die stumm über das jetzt so bleiche Antlitz rollten, trat Monsieur de Kercadiou eilig auf ihn zu. Er setzte sich neben ihn und schlang liebevoll den Arm um seine Schulter.
»André, mein armer Junge«, murmelte er. »Ich – ich war dumm genug zu glauben, du besäßest kein Herz. Du hast mich mit deiner verdammten Tuerei hinters Licht geführt, und jetzt sehe ich – sehe ich –.« Es war ihm entweder nicht ganz klar, was er sah, oder aber er zögerte, es in Worte zu fassen.
»Es ist nichts, Monsieur. Ich bin nur sehr müde und – und ich habe Schnupfen.« Und dann empfand er, daß die Rolle, die er sich ausgesucht hatte, über seine Kraft ginge, und warf jeden Schein beiseite. »Weshalb – weshalb diese ganze Geheimniskrämerei? Hatte man die Absicht, mir niemals die Wahrheit zu sagen?«
»Ja, André. Es – es mußte sein, aus Gründen der Klugheit.«
»Aber weshalb nur? Vollenden Sie Ihr Geständnis, Monsieur. Sie können es doch nicht bei dem wenigen, was Sie gesagt haben, belassen. Nachdem ich so viel weiß, muß ich auch alles wissen.«
»Der Grund, mein Junge, war, daß du etwa drei Jahre nach deiner Mutter Verehelichung mit Monsieur de Plougastel geboren wurdest, rund achtzehn Monate nach Monsieur de Plougastels Abreise zur Armee und einige vier Monate vor seiner Rückkehr zu seiner Frau. Monsieur de Plougastel ahnt nichts von dieser ganzen Angelegenheit und darf aus den schwerwiegendsten Familiengründen auch niemals davon erfahren. Das ist der Grund, weshalb das Geheimnis so gut bewahrt wurde. Das ist der Grund, weshalb wir es auch jetzt nicht verraten dürfen. Deine Mutter reiste beizeiten nach der Bretagne und verbrachte unter falschem Namen einige Monate in dem Dorfe Moreau. Und in dieser Zeit bist du zur Welt gekommen.«
André-Louis wälzte die Angelegenheit in seinem Innern. Er hatte seine Tränen getrocknet und saß jetzt gefaßt und aufrecht da.

»Wenn Sie sagen, daß niemand je davon erfahren durfte, so soll das natürlich heißen, Monsieur –«
»O mein Gott, nein, nein!« Der Protest kam als heftiger Ausbruch. Die Kraft seiner Gefühle riß Monsieur de Kercadiou von André-Louis' Seite auf seine Füße. Es war, als erfülle der Gedanke allein ihn mit Entsetzen. »Ich war der einzige andere Mensch, der davon wußte. Aber das, was du denkst, trifft nicht zu, André. Du glaubst doch nicht etwa, daß ich dich belügen, dich verleugnen würde, wenn du mein Sohn wärst?«
»Wenn Sie sagen, daß ich es nicht bin, Monsieur, genügt mir das.«
»Du bist es nicht. Ich war Thérèses Vetter und gleichzeitig, wie sie genau wußte, ihr bester Freund. Sie wußte, daß sie sich auf mich verlassen durfte, und an mich hat sie sich denn auch in ihrer Not gewandt. Es gab einmal eine Zeit, viele Jahre ist es her, da ich sie heiraten wollte. Aber natürlich bin ich kein Mann, den eine Frau zu lieben vermöchte. Sie baute jedoch auf meine Liebe zu ihr, und ich habe ihr Vertrauen zu rechtfertigen versucht.«
»Wer also ist mein Vater?«
»Ich weiß es nicht. Sie hat es mir nie gesagt. Das war ihr Geheimnis, und ich habe ihm nicht nachzuspüren versucht. So was liegt nicht in meiner Natur, André.«
André-Louis stand auf und trat Monsieur de Kercadiou stumm gegenüber.
»Du glaubst mir doch, André?«
»Selbstverständlich, Monsieur, und es tut mir leid, sehr leid, daß ich nicht Ihr Sohn bin.«
Monsieur de Kercadiou packte leidenschaftlich seines Patenkindes Hand, und einen kurzen Augenblick schwiegen beide. Dann, als sie wieder auseinandertraten, fragte der Seigneur: »Und was beabsichtigst du jetzt zu tun, André? Jetzt, da du alles weißt?«
André-Louis stand eine Weile in Gedanken, dann brach er in Lachen aus. Die Sache hatte ihre humoristischen Seiten. Er setzte sie dem anderen auseinander.
»Was macht dieses Wissen für einen Unterschied? Wird die kindliche Pietät etwa durch die reine Ankündigung eines solchen Verwandtschaftsverhältnisses ins Leben gerufen? Soll ich meinen Hals unvorsichtigerweise einer Mutter zuliebe riskieren, die so außerordentlich vorsichtig war, daß sie sich unter keinen Umständen mir zu erkennen geben wollte? Die Entdekkung beruht auf einem reinen Zufall, auf einem Wurf des Schicksals. Soll der bei mir ins Gewicht fallen?«
»Die Entscheidung liegt bei dir, André.«
»Nein, sie geht über meine Kraft. Mag da entscheiden, wer will.«

»Heißt das, daß du dich auch jetzt noch weigerst?«
»Das heißt, daß ich einwillige. Da ich nicht entscheiden kann, was hier das Richtige ist, kann ich nur so handeln, wie ein Sohn handeln würde. Es ist grotesk, aber das ganze Leben ist eine Groteske.«
»Du wirst es nie, nie bereuen.«
»Ich hoffe, nicht«, meinte André, »fürchte aber das Gegenteil. Und jetzt muß ich mich sogleich zu Rougane zurückbegeben und von ihm die beiden anderen Permesse holen, die wir brauchen. Dann wird es wohl das gescheiteste sein, daß ich sie morgen früh persönlich nach Paris mitnehme. Wenn Sie mir ein Bett anweisen wollen, Monsieur, wäre ich Ihnen dankbar. Ich – ich muß gestehen, ich fühle mich kaum mehr fähig, heute noch viel zu leisten.«

13 *Asylrecht*

Bis zur späten Nachmittagsstunde jenes nicht enden wollenden Schrekkenstages mit seinem wiederholten Alarm, den knatternden Gewehrsalven, Trommelwirbeln und dem fernen Brausen aufgebrachter Volksmassen saßen Madame de Plougastel und Aline zusammen in dem prächtigen Haus in der Rue du Paradis und warteten. Sie warteten nicht länger auf Rougane. Sie wußten, daß, aus welchem Grunde auch immer – und der Gründe waren mittlerweile viele geworden – ihr freundlicher Bote nicht zurückkehren würde. Sie warteten, ohne zu wissen, worauf. Sie warteten auf was immer sich ereignen mochte.
Einmal am frühen Nachmittage nahte sich ihnen Kampfgetümmel. Mit Windeseile raste es die Straßen entlang in ihrer Richtung und nahm mit jeder Sekunde an Lärm und Grauen zu. Es war das tolle Wüten einer blutberauschten und auf Zerstörung erpichten Menge. Erst dicht vor ihrem Hause brach sich diese wilde menschliche Woge. Unmittelbar darauf erscholl das Dröhnen von Musketenkolben gegen eine Tür sowie der gebieterische Befehl, zu öffnen. Dann folgte Geklirr von Glasscherben, Schrekkensschreie, die sich in das Gebrüll der Wut mischten, und, jenen schrillen Tumult übertönend, der tiefere Gleichklang bestialischen Gelächters.
Man hetzte zwei unglückliche Schweizer Gardisten, die blindlings zu entkommen suchten, zu Tode. In einem der benachbarten Häuser wurden sie gestellt und auf brutale Art von dem teuflischen Mob niedergemacht. Nach vollendeter Tat sammelten sich Jäger und Jägerinnen zu einem Bataillon und marschierten beim Klang eines Marseiller Liedes – das in jenen Tagen Paris noch neu war – die Rue du Paradis hinunter:

»Allons, enfants de la patrie!
Le jour du gloire est arrivé.
Contre nous de la tyrannie
L'étendard sanglant est levé.«

Näher und näher kam das Lied, von einigen hundert heiseren Kehlen geschmettert, ein furchtbarer Gesang, der ganz plötzlich, wenigstens vorübergehend, das lustig banale »Ça ira«, das bisherige Kampflied der Revolutionäre, verdrängt hatte.
Instinktiv klammerten sich Madame de Plougastel und Aline aneinander. Sie hatten den Lärm des Plünderns in der Nachbarschaft gehört, ohne jedoch den Grund zu wissen. Wie, wenn jetzt das Hotel Plougastel an die Reihe käme! In Wahrheit bestand kein wirklicher Grund zur Furcht, die Tatsache ausgenommen, daß inmitten eines nur unklar verstandenen und darum um so schrecklicher wirkenden Aufruhrs das Schlimmste stets zu befürchten steht.
Das grausige Lied, so grausig gesungen, und der Donner schwerer Stiefel auf den groben Pflastersteinen zogen vorüber und erstarben. Die beiden Frauen atmeten auf, fast als wäre ein Wunder geschehen, nur um von neuem zusammenzuschrecken, als im nächsten Moment Madames junger Lakai Jacques, der zuverlässigste ihrer Diener, unzeremoniös ins Zimmer stürmte, mit der Meldung, draußen sei soeben ein Mann über die Gartenmauer gestiegen, der sich als Freund Madames ausgäbe und auf der Stelle vorgelassen zu werden begehrte.
»Er sieht aber wie ein Sansculotte aus, Madame«, beteuerte der treue Bursche. Ihre Gedanken und Hoffnungen flogen sofort zu Rougane.
»Führe ihn zu mir«, befahl sie atemlos.
Jacques ging und kehrte bald darauf mit einem hochgewachsenen Mann in einem langen, schäbigen, sehr weiten Mantel und breitkrempigen, rings heruntergeschlagenen und von einer riesigen Trikolore geschmückten Hut zurück. Diesen Hut lüftete der Mann bei seinem Eintritt.
Jacques, der hinter ihm stand, bemerkte, daß des anderen Haar, wenn auch ziemlich zerzaust, Spuren sorgfältiger Pflege verriet. Es war in einem Zopf zusammengebunden und zeigte die Überreste von Puder. Der junge Lakai fragte sich verwundert, was in des Mannes abgewandtem Gesicht seine Gebieterin veranlassen könnte, aufzuschreien und erschreckt zusammenzufahren. Im nächsten Augenblick sah er sich durch einen Wink entlassen.
Der Ankömmling trat in die Mitte des Salons, wobei er sich schweratmend und mit allen Anzeichen der Erschöpfung bewegte. Dort stützte er sich auf einen Tisch und blickte nach Madame de Plougastel hinüber, während ihre Augen voll seltsamen Schreckens an ihm hafteten.

Im Hintergrunde auf einem Hocker am anderen Ende des Salons saß Aline und starrte verwirrt und etwas ängstlich auf dieses Antlitz, das, obwohl durch Blut und Schmutz fast bis zur Unkenntlichkeit entstellt, ihr doch auf seltsame Weise vertraut erschien. Und jetzt begann der Mann zu sprechen, und sogleich erkannte sie die Stimme Monsieur de La Tour d'Azyrs.

»Liebe Freundin«, sagte er soeben, »vergeben Sie mir, wenn ich Sie erschreckt habe. Vergeben Sie mir, daß ich zu dieser Zeit und auf solche Weise ohne Erlaubnis bei Ihnen eindringe. Allein – Sie sehen, wie es um mich steht. Ich bin ein Flüchtling. Bei meiner kopflosen Flucht wußte ich nicht, wohin mich wenden, bis mir der Gedanke an Sie kam. Ich sagte mir, könnte ich nur in Sicherheit Ihr Haus erreichen, so würden Sie mir vielleicht Asylrecht gewähren.«

»Sie befinden sich in Gefahr?«

»In Gefahr?« Fast schien es, als lache er über diese überflüssige Frage. »Falls ich mich jetzt offen in den Straßen zeigte, würde ich, wenn ich Glück hätte, vielleicht noch fünf Minuten lang am Leben bleiben! Liebe Freundin, es hat ein Gemetzel gegeben. Einige wenige von uns sind noch mit heiler Haut den Tuilerien entronnen, um auf der Straße niedergemacht zu werden. Ich zweifle, ob jetzt noch ein einziger Schweizer lebt. Die hatten das Schlimmste auszuhalten, die armen Kerle! Und was uns selbst anbetrifft – mein Gott! Man haßt uns ärger als die Schweizer. Daher diese dreckige Verkleidung.«

Er entledigte sich des schweren Mantels, warf ihn weit von sich und stand in der schwarzen Atlaslivree der hundert Ritter vom Dolch da, die sich an jenem Morgen um ihren König geschart hatten.

Sein Rock war am Rücken zerrissen, das Jabot und die Spitzenrüschen der Ärmel zerfetzt und blutbespritzt, Blut klebte an seinem Antlitz, über das die wirren Haare fielen. Er bot einen schrecklichen Anblick. Allein seine Haltung war leicht und frei wie immer, und er vergaß nicht, die zitternde Hand zu küssen, die Madame de Plougastel ihm zum Willkomm reichte.

»Sie taten recht daran zu kommen, Gervais«, sagte sie. »Ja, für das erste kann ich Ihnen hier Obdach gewähren. Sie werden völlig sicher sein, solange wir uns in Sicherheit befinden. Meine Diener sind absolut zuverlässig. Setzen Sie sich und berichten Sie mir.«

Er gehorchte, fast wäre er in dem Sessel, den sie ihm zuschob, zusammengebrochen, teils aus physischer, teils aus geistiger Erschöpfung. Er zog sein Taschentuch hervor und wischte sich, so gut es ging, das Blut und den Schmutz vom Gesicht.

»Es ist bald erzählt.« Sein Ton verriet die Bitterkeit der Verzweiflung. »Das hier, meine Liebe, bedeutet für uns alle das Ende. Plougastel hat Glück, daß er sich im Augenblick jenseits der Grenze befindet. Wäre ich nicht ein sol-

cher Hanswurst gewesen, mich auf diejenigen zu verlassen, die sich heute jedes Vertrauens unwürdig gezeigt haben, würde ich mich ebenfalls im Ausland befinden. Daß ich in Paris geblieben bin, erweist sich als die krönende Torheit eines gänzlich törichten und an Irrtümern reichen Lebens. Und daß ich mich in der Stunde meiner Not an Sie wende, verschärft die Torheit nur.« Er stieß ein bitteres Lachen aus.
Madame feuchtete die trockenen Lippen: »Und – und jetzt?«
»Jetzt bleibt uns nur noch übrig, uns sobald wie möglich zu trollen, falls man uns überhaupt noch fort läßt. Hier in Frankreich ist für uns kein Platz mehr, jedenfalls nicht über der Erde. Der heutige Tag hat das bewiesen.«
Er blickte zu ihr auf, wie sie bleich und ängstlich neben ihm stand, und lächelte. Dann streichelte er die schöne Hand, die auf der Armlehne seines Sessels ruhte. »Meine liebe Thérèse, wenn Ihre Güte Sie nicht so weit treibt, mir etwas zu trinken zu geben, werden Sie mich vor Durst hier unter Ihren Augen sterben sehen, noch ehe der Canaille die Möglichkeit geboten wird, mir den Garaus zu machen.«
Sie erschrak. »Ach, ich hätte daran denken sollen!« rief sie voller Selbstvorwürfe und wandte sich eilig ab. »Aline!« bat sie, »sage bitte Jacques –.«
»Aline!« unterbrach er sie und wandte nun auch seinerseits den Kopf. Dann, als Aline aufstand und sich vom Hintergrunde löste, sah er sie, erhob sich hastig und mit vieler Mühe und verneigte sich steif von jenseits der langen Fläche des spiegelnden Parketts. »Mademoiselle, ich hatte Ihre Gegenwart nicht vermutet«, bemerkte er seltsam verlegen und erschrocken, als hätte man ihn auf verbotenen Wegen ertappt.
»Ich habe es bemerkt, Monsieur«, antwortete sie und querte den Raum, um Madames Auftrag zu erledigen. Sie blieb vor ihm stehen. »Von ganzem Herzen beklage ich, Monsieur, daß wir uns unter so traurigen Verhältnissen wiedersehen müssen.«
Seit dem Tage seines Zweikampfes mit André-Louis – dem Tage, der den Tod und die Einsargung seiner letzten Hoffnung, sie zu gewinnen, bedeutete – waren sie einander nicht wieder begegnet.
Er schien ihr antworten zu wollen, zögerte jedoch. Sein Blick schweifte zu Madame de Plougastel hinüber, dann verbeugte er sich stumm mit einer für diesen so redegewandten Mann merkwürdigen Zurückhaltung.
»Aber bitte, setzen Sie sich doch, Monsieur, Sie sind ermüdet.«
»Sie sind sehr gnädig, es zu bemerken. Mit Ihrer Erlaubnis also.« Er nahm von neuem Platz, während sie ihren Weg zur Tür fortsetzte und das Zimmer verließ, um ihren Auftrag zu erfüllen.
Bei ihrer Rückkehr hatten die beiden seltsamerweise die Plätze gewechselt. Madame de Plougastel saß jetzt in dem vergoldeten und mit Brokat überzogenen Sessel, und Marquis de La Tour d'Azyr neigte sich trotz seiner

Müdigkeit in ernstem Gespräch über sie. Aus seiner Haltung zu schließen, schien er sie um etwas zu bitten. Bei Alines Eintritt brach er sofort das Gespräch ab und trat ein paar Schritte zurück, so daß diese das Gefühl hatte, gestört zu haben. Ferner bemerkte sie, daß die Gräfin weinte.
Bald darauf betrat Jacques mit einem Tablett mit Wein und Erfrischungen dienstbeflissen das Zimmer. Madame schenkte ihrem Gast ein, und er trank ein großes Glas Burgunder, worauf er ihr seine schmutzstarrenden Hände entgegenstreckte und bat, sich vor dem Essen waschen zu dürfen. Jacques geleitete ihn auf ein Zimmer und half ihm dort bei der Toilette, und bei seiner Rückkehr war auch die letzte Spur von Kampf an seiner Person geschwunden. Sein Anzug war in Ordnung gebracht, die Ruhe und Würde seiner Haltung glichen der eines vollendeten Höflings, ja, bis auf die Blässe und Abgespanntheit seines Gesichts, die ihn um vieles gealtert erscheinen ließen, so daß man ihm plötzlich seine Jahre ansah, war er ganz der gleiche wie immer.
Während er mit Appetit aß und trank – er hatte, wie er erzählte, seit dem Morgen nichts genossen –, schilderte er im einzelnen die furchtbaren Begebenheiten des verflossenen Tages und beschrieb auch ausführlich seine Flucht aus den Tuilerien, als er alles verloren glaubte und die Schweizer nach Verbrauch ihrer letzten Patronen von dem wutentbrannten Pöbel in Scharen niedergemetzelt wurden.
»Es war von Anfang bis zu Ende eine Pfuscherei«, schloß er kritisch. »Wir zeigten Angst, als wir mit Energie hätten vorgehen sollen, und Energie, als es zu spät war. Das ist die Geschichte unserer Partei von den ersten Tagen dieses verfluchten Ringens an – und der heutige Tag bedeutet, wie gesagt, unser aller Ende. Jetzt bleibt uns nur noch die Flucht, sobald wir einen Weg dazu ausfindig gemacht haben.« Madame de Plougastel berichtete ihm von den Hoffnungen, die sie an Rougane knüpfte.
Das riß ihn aus seinem Trübsinn. Er zeigte sich optimistisch.
»Sie tun unrecht, zu verzweifeln«, versicherte er ihr. »Wenn dieser Bürgermeister Ihnen wohl will, kann er ohne Zweifel tun, was sein Sohn versprochen hat. Gestern wird es natürlich zu spät geworden sein, um Sie nochmals aufzusuchen, und vorausgesetzt, daß er heute nach Paris gekommen ist, war es ihm wahrscheinlich so gut wie unmöglich, aus den anderen Vierteln bis zu Ihnen vorzudringen. Vermutlich wird er aber noch kommen. Ich hoffe zu Gott, daß es der Fall sein möge, denn der Gedanke, Sie und Mademoiselle de Kercadiou außer aller Gefahr zu wissen, wäre mir der größte Trost.«
»Wir würden Sie dann mitnehmen«, sagte Madame.
»Ah! Wie denn?«
»Der junge Rougane sollte für drei Personen – nämlich für Aline, für mich

selbst und für meinen Lakaien Jacques –– Pässe besorgen. Sie würden dann die Stelle von Jacques einnehmen.«

»Meiner Treu«, lachte er, »es gibt keine Stelle, die ich nicht gern einnehmen würde, um aus Paris herauszukommen, Madame.«

Ihre Stimmung stieg, die sterbende Hoffnung erwachte zu neuem Leben. Als jedoch Dämmerung sich über die Stadt zu senken begann und ihr Befreier sich immer noch nicht zeigte, verebbten diese Hoffnungen wieder. Endlich schützte Marquis de La Tour d'Azyr Müdigkeit vor und bat um die Erlaubnis, sich zurückziehen zu dürfen, um sich durch Schlaf gegen alles, was in nächster Zukunft bevorstünde, zu wappnen. Als er gegangen war, überredete Madame Aline, sich gleichfalls zur Ruhe zu begeben.

»Ich werde dich rufen, mein Kind, sobald Rougane eintrifft«, erklärte sie, tapfer den Schein einer Zuversicht aufrechterhaltend, die inzwischen längst verflogen war.

Aline küßte sie zärtlich und ging, äußerlich so ruhig und furchtlos, daß die Gräfin sich verwundert fragte, ob sie sich wohl der Gefahr bewußt sei, in der sie schwebten, einer Gefahr, welche die Gegenwart des so allgemein bekannten und verhaßten Marquis de La Tour d'Azyr, den seine Feinde in diesem Augenblick wahrscheinlich überall suchten, noch wesentlich erhöhte.

Allein gelassen, legte sich Madame auf eine Chaiselongue in den Salon, um für jeden Notfall gerüstet zu sein. Es war eine heiße Sommernacht, durch die weit offene Glastür, die in den üppig blühenden Garten führte, strömte die milde Luft herein. Mit diesem Luftzuge drangen auch die fernen Geräusche ins Zimmer, welche die Fortsetzung des grausigen Werkes der Pariser Bevölkerung, die Nachmahd dieses schrecklichen Tages, verkündeten.

Madame de Plougastel lag länger als eine Stunde dort und lauschte dem Lärm, sie dankte dem Himmel, daß fürs erste wenigstens dieser Tumult ihrem Hause fern blieb, und fürchtete jeden Augenblick, ihn näherrücken zu hören.

Die Chaiselongue stand im Schatten. Man hatte sämtliche Kerzen in dem länglichen Gemach verlöscht, ausgenommen eine Lichtergruppe in einem massiven silbernen Armleuchter auf einem runden Mosaiktischchen in der Mitte des Zimmers, das jetzt einer Insel des Lichts in einem Meer von Dunkelheit glich.

Die Uhr auf dem Kaminsims schlug melodisch die zehnte Stunde, als ein zweites Geräusch dank der Plötzlichkeit, mit der es die Stille zerriß, Madame in einem Gemisch von Furcht und Hoffnung auf die Füße trieb. Jemand hatte scharf an der Haustür gepocht. Es folgten einige Augenblicke qualvoller Spannung, die mit dem hastigen Eintritt Jacques' ihren Gipfelpunkt erreichte. Er blickte sich um, ohne seine Herrin im ersten Moment zu erkennen.

»Madame! Madame!« keuchte er atemlos.

»Was ist, Jacques?« Sie sprach jetzt, da Selbstbeherrschung erforderlich war, mit fester Stimme. Dann trat sie aus dem Dunkel in den Lichtkreis des Tisches.

»Ein Mann ist unten. Er wünscht --- verlangt, Madame sofort zu sprechen.«

»Ein Mann?« wiederholte sie fragend.

»Er -- er scheint ein Beamter zu sein, jedenfalls trägt er eine Amtsschärpe. Und er weigert sich, seinen Namen anzugeben, er sagt, sein Name würde Madame nichts bedeuten. Er besteht darauf, Madame persönlich sogleich sprechen zu wollen.«

»Ein Beamter?«

»Ein Beamter«, echote Jacques. »Ich wollte ihn nicht einlassen, aber er verlangte es im Namen der Nation. Madame geruhen jetzt anzugeben, was geschehen soll. Ich habe Robert bei mir. Wenn Madame es wünschen – was immer Madame auch befehlen ---«

»Mein guter Jacques, nein, nein.« Sie war vollkommen gefaßt. »Wenn dieser Mann Schlimmes im Schilde führte, würde er sicherlich nicht allein kommen. Führe ihn zu mir und bitte Mademoiselle de Kercadiou, sich hierher zu bemühen, falls Mademoiselle noch wach ist.«

Jacques ging, wenigstens teilweise beruhigt. Madame setzte sich in den Sessel neben dem Tisch in die Mitte des Lichtkreises. Mechanisch glättete sie die Falten ihres Kleides. Falls ihre Hoffnungen eitel waren, wie es den Anschein hatte, so waren es ihre Befürchtungen doch nicht minder. Jeder, der nicht in friedlicher Absicht kam, würde, wie sie es Jacques versichert hatte, Begleitung mitgebracht haben.

Die Tür öffnete sich von neuem, und Jacques trat ein; ihm nach und ihn eilig überholend kam ein schlanker Mann mit einem breiten, von einer dreifarbigen Kokarde geschmückten Hut. Um die Taille seines olivgrünen Reitrocks trug er als Schärpe die Trikolore, ein Degen hing an seiner Seite. Mit einer weit ausladenden Handbewegung lüftete er den Hut, und das Kerzenlicht funkelte auf der Stahlschnalle in dessen Mitte. Madame fühlte zwei große dunkle Augen in einem hageren, gebräunten Gesicht schweigend auf sich ruhen, zwei Augen, die merkwürdig fest und forschend blickten.

Sie beugte sich vor, ein ungläubiger Ausdruck huschte über ihr Antlitz. Dann leuchteten ihre Augen auf, das Blut strömte ihr in die bleichen Wangen zurück. Sie erhob sich hastig. Sie zitterte.

»André-Louis!« rief sie aus.

Jene Gabe des Lachens, die er besaß, schien vollständig erloschen. Diesmal glomm auch nicht ein Funke von Humor in den dunklen Augen, die fortfuhren, sie mit seltsam prüfendem Blick anzustarren. Und doch -- war sein Blick auch düster, seine Gedanken waren es nicht. Mit jener grausamen Klarheit der Erkenntnis, die allen Schein durchdringt, und der ihm eigenen Begabung objektiver Beobachtung durchschaute er die Lächerlichkeit, die Künstlichkeit der Gefühle, die ihn in diesem Augenblick beherrschten und gegen deren Herrschaft er sich auflehnte. Sie entsprangen völlig dem Bewußtsein, daß die Frau vor ihm seine Mutter war. Seine Mutter? Als ob die mehr oder weniger zufällige Tatsache, daß sie ihn zur Welt gebracht, genügen könnte, nach so vielen Jahren noch ein wirkliches Band zwischen ihnen zu knüpfen! Mutterschaft, welche gebiert und ihr Kind verläßt, ist weniger als tierisch. Er hatte dies reiflich überdacht, hatte in den langen, unruhigen Stunden erzwungenen Wartens, da es so gut wie unmöglich oder doch zum mindesten sehr unklug gewesen wäre, die vor Erregung kochende Stadt zu durchqueren, hinreichende Muße dazu gehabt.

Er war schließlich zu der Erkenntnis gelangt, daß seine Einwilligung, sie in solcher Zeit zu retten, ein Heldenstückchen rein fanatischer Sentimentalität bedeutete.

Die Bestätigungen, die der Bürgermeister von Meudon ihm vor Ausstellung der erforderlichen Geleitschreiben erpreßt hatte, konnten seine ganze Zukunft, ja unter Umständen sogar sein Leben gefährden. Dagegen aber lehnte er sich auf, nicht aus Gründen der Realität, sondern um der Idee willen -- er, der sein Leben lang den Lockungen billiger und hohler Sentimentalität getrotzt hatte.

Das waren André-Louis' Gedanken, während er Madame forschend betrachtete, denn es dünkte ihn ein Ding des höchsten Interesses, zum erstenmal in achtundzwanzig Jahren mit Bewußtsein seine Mutter zu sehen.

Von ihr glitt sein Blick zu Jacques hinüber, der neben der offenen Tür eines Befehles harrte.

»Können wir allein sprechen, Madame?« fragte er.

Sie gab dem Lakaien einen Wink, und die Tür schloß sich. In aufgeregtem Schweigen, ohne zu fragen, wartete sie, daß er sein Erscheinen in so außergewöhnlicher Zeit erklären möge.

»Rougane war nicht in der Lage zurückzukehren«, sagte er kurz. »Auf Monsieur de Kercadious Wunsch bin ich an seiner Statt gekommen.«

»Sie?! Sie sind gekommen, uns zu retten?« Der Ton unsäglichen Erstaunens in ihrer Stimme war stärker als das Gefühl der Erleichterung.

»Ja, gleichzeitig um Sie zu retten und mit Ihnen Bekanntschaft zu schließen.«

»Bekanntschaft? Was soll das bedeuten, André-Louis?«

»Dieser Brief von Monsieur de Kercadiou wird es Ihnen erklären.«

Verwirrt durch seinen seltsamen Tonfall und sein noch seltsameres Wesen, nahm sie das zusammengefaltete Blatt Papier aus seinen Händen. Mit zitternden Fingern erbrach sie das Siegel, näherte sie das Blatt dem Licht. Im Lesen umflorten sich ihre Augen, das Beben ihrer Hand verstärkte sich, und mitten in der Lektüre entfuhr ihr ein Stöhnen. Einmal warf sie einen Blick höchster Angst nach André-Louis, der in steifer, aufrechter Haltung so unglaublich passiv am Rande des Lichtkreises stand, dann versuchte sie weiterzulesen. Allein die engen kleinen Schriftzüge Monsieur de Kercadious tanzten und verschwammen vor ihren Augen. Sie vermochte nicht zu lesen. Außerdem, wie konnte sie das Weitere noch interessieren? Sie hatte genug gesehen. Der Briefbogen flatterte aus ihrer Hand auf den Tisch, und sie starrte mit wachsbleichem, sehnsüchtigem, unendlich traurigem Antlitz zu André-Louis hinüber.

»Also du weißt es jetzt, mein Kind?« Ihre Stimme war zu einem Flüstern erstickt.

»Ich weiß es, Madame, meine Mutter.«

Die Strenge, das subtile Gemisch mitleidlosen Hohnes und bitteren Vorwurfs, in dem diese Worte gesprochen wurden, entgingen ihr vollständig. Sie schrie auf bei jenem neuen Namen. In diesem Augenblick stand die Zeit, stand die ganze Welt für sie still. Die Gefahr, in der sie als Gattin eines Coblenzer Ränkeschmiedes schwebte, ja, jede Rücksicht hatte zu existieren aufgehört – war aus ihrem Bewußtsein getilgt, in dem nichts anderes mehr lebte als die Tatsache, daß ihr einziger Sohn sie anerkannte, dieses im Ehebruch erzeugte und in einem entlegenen bretonischen Dorfe vor achtundzwanzig Jahren in Schande und Heimlichkeit zur Welt gebrachte Kind. Nicht einmal der Gedanke an die Verletzung ihres so sorgfältig gehüteten Geheimnisses sowie an die möglichen Folgen verunglimpfte diesen höchsten Augenblick.

Sie trat schwankend, zögernd einen Schritt auf ihn zu. Dann breitete sie weit die Arme aus. Schluchzen dämpfte ihre Stimme.

»Willst du nicht zu mir kommen, André-Louis?«

Einen einzigen Augenblick stand er zögernd, erschreckt durch dieses Flehen, erzürnt über den Widerhall, den es in seinem Herzen weckte, Vernunft und Gefühl rangen miteinander. Dieser Auftritt wäre ja nicht echt, beschwor ihn seine Vernunft, das heftige Gefühl, das sie bewegte und das er selbst gleichfalls empfand, wäre unwirklich. Aber er ging dennoch zu ihr. Sie umschlang ihn mit ihren Armen, preßte ihre nasse Wange gegen

die seine, ihre Gestalt, der die Jahre die angeborene Anmut nicht hatten rauben können, erbebte unter der Gewalt der Empfindungen, die sie erschütterten.
»Ach André-Louis, mein Kind, wenn du wüßtest, wie ich mich danach gesehnt habe, dich so zu halten! Wenn du wüßtest, was ich durch Entsagung gebüßt und gelitten habe! Kercadiou hätte es dir niemals sagen sollen – niemals, selbst jetzt nicht. Es war unrecht – unrecht in erster Linie gegen dich. Besser, man hätte mich hier meinem Schicksal überlassen, wie immer es auch gewesen wäre. Und doch –– komme, was da kommen mag ––, daß ich dich so umarmen, dich anerkennen darf, daß ich hören darf, wie du mich Mutter nennst –– ach, André-Louis, ich vermag es nicht zu bedauern. –– Ich kann es nicht –––, kann nicht wünschen, daß es anders gekommen wäre.«
»Besteht dazu denn irgendwelche Notwendigkeit, Madame?« fragte er sie. Sein Stoizismus war heftig ins Wanken geraten. »Es besteht doch keine Veranlassung, andere Menschen in unser Vertrauen zu ziehen. Dies hier gilt ausschließlich für heute nacht. Heute nacht sind wir Mutter und Sohn. Morgen nehmen wir unsere alten Stellungen wieder ein und wollen, wenigstens nach außen hin, vergessen.«
»Vergessen? Hast du denn kein Herz, André-Louis?«
Die Frage rief ihm auf sonderbare Weise seinen Standpunkt gegenüber dem Leben ins Gedächtnis zurück – jenen komödiantischen Standpunkt, den er für die wahre Philosophie hielt. Außerdem erinnerte er sich an alles was noch vor ihnen lag, und er erkannte: er mußte sich selbst und auch sie meistern. Sich in solcher Zeit allzusehr dem Gefühl überlassen, hieße vielleicht ihrer aller Ruin heraufbeschwören.
»Das ist eine Frage, die man mir schon so häufig gestellt hat, daß sie wohl ein Körnchen Wahrheit in sich bergen muß«, bemerkte er. »Es ist die Schuld meiner Erziehung.«
Als er sich aus ihrer Umarmung zu lösen suchte, klammerte sie sich nur noch fester an ihn.
»Du schreibst die Schuld daran doch nicht mir zu? Jetzt, da du alles weißt, André-Louis, kannst du mich doch nicht gänzlich verurteilen? Du mußt barmherzig sein. Mußt mir vergeben. Du mußt es! Mir blieb keine Wahl.«
»Alles verstehen heißt alles verzeihen, Madame. Das ist die tiefste religiöse Wahrheit, die je geschrieben wurde. Darin liegt in Wirklichkeit die ganze Religion, –– die edelste Religion, die ein Mensch haben kann. Ich sage das, um Sie zu trösten, Frau Mutter.«
Sie schrie auf und entwand sich erschreckt seinen Armen. Hinter ihm im Schatten der Tür schimmerte eine bleiche, geisterhafte Gestalt. Diese trat

in den Lichtkreis vor, es war Aline de Kercadiou, die auf Madames inzwischen vergessene Weisung an Jacques gekommen war. Bei ihrem unbemerkten Eintritt hatte sie André-Louis in den Armen der Frau gefunden, die er mit ›Mutter‹ anredete. Sie hatte seine Stimme auf der Stelle erkannt, und sie wußte nicht, was sie stärker verwirrte – seine Gegenwart oder das von ihr Gehörte.

»Du hast gehört, Aline?« rief Madame.

»Ich konnte nicht anders, Madame. Sie hatten nach mir geschickt. Es tut mir leid...« Sie brach ab und warf André-Louis einen langen, forschenden Blick zu. Sie war sehr bleich, aber völlig gefaßt streckte sie ihm die Hand hin. »Also bist du endlich gekommen, André«, begrüßte sie ihn. »Du hättest früher kommen sollen.«

»Ich komme, wenn ich gebraucht werde«, lautete die Antwort. »Das ist die einzige Zeit, da man eines guten Empfangs sicher sein kann!« Er sprach jedoch ohne jede Bitterkeit und küßte ihr, sich verneigend, die Hand.

»Ich hoffe, du verzeihst mir das Vorgefallene, da meine Absicht scheiterte«, sagte er sanft, halb bittend. »Ich könnte jedoch nicht mit der Lüge vor dich treten, daß dieses Scheitern in meiner Absicht gelegen hätte, daß es ein Kompromiß zwischen der Notwendigkeit und deinen Wünschen war. Das war es nicht. Aber ich sehe, du hast aus diesem Scheitern keinen Nutzen gezogen. Du bist immer noch unverheiratet.«

Sie wandte sich von ihm ab.

»Es gibt gewisse Dinge, die du wahrscheinlich niemals verstehen wirst«, bemerkte sie.

»Das Leben zum Beispiel«, pflichtete er ihr bei. »Ich gestehe, ich finde es verwirrend. Selbst die Erklärungen, die es vereinfachen sollten, machen es nur noch komplizierter.« Er blickte Madame de Plougastel an.

»Ich nehme an, daß du damit etwas Bestimmtes meinst«, erwiderte Mademoiselle.

»Aline!« Der Ausruf kam von der Gräfin. Sie kannte die Gefahr halber Wahrheiten. »Ich kann mich auf dich verlassen, Kind, das weiß ich, und André-Louis wird sicherlich auch nichts dagegen haben.« Sie nahm den Brief, um ihn Aline zu zeigen. Zuerst jedoch stellte sie mit den Augen eine Frage an André-Louis.

»Oh, nicht im geringsten, Madame«, versicherte er ihr. »Das haben ausschließlich Sie zu bestimmen.«

Aline blickte von einem zum andern, Zweifel und Unruhe in den Augen, und zögerte, den angebotenen Brief zu nehmen. Als sie ihn durchgelesen, legte sie ihn tief nachdenklich auf den Tisch zurück. Einen Augenblick stand sie, das Haupt gesenkt, während die beiden sie beobachteten. Dann lief sie impulsiv auf Madame zu und schloß sie in ihre Arme.

»Aline!« Es war ein Ausruf der Überraschung, fast der Freude. »Du verabscheust mich also nicht?«
»Liebe, Liebe«, sagte Aline und küßte das tränenfeuchte Gesicht, das in diesen wenigen Stunden um Jahre gealtert schien.
Im Hintergrunde stählte sich André-Louis gegen die Gefühlsaufwallung, die ihn zu übermannen drohte, und sprach mit der Stimme Scaramouches:
»Es wäre ganz gut, Mesdames, wenn wir diesen entzückenden Überschwang mäßigten, bis wir uns ihm mit größerer Muße und Sicherheit hingeben können. Es wird spät. Wollen wir dieses Schlachthaus verlassen, so wäre es klug, uns ohne Säumen auf den Weg zu machen.«
Sein Gegengift erwies sich als wirksam, wie es erforderlich war. Es riß die beiden Frauen in die Gegenwart zurück, und unter diesem Ansporn gingen sie sogleich daran, die nötigen Vorkehrungen zu treffen.
Sie ließen ihn etwa eine Viertelstunde allein, während der er in jenem langen Gemach auf und nieder schritt, nur der Aufruhr seines Gemüts bewahrte ihn davor, ungeduldig zu werden. Als sie endlich wiederkehrten, geschah es in Begleitung eines hochgewachsenen Mannes in einem weiten, schäbigen Mantel und großem Hut, dessen Krempe allseitig heruntergeschlagen war. An der Tür blieb dieser Mann ehrerbietig stehen.
Die beiden Frauen hatten unter sich vereinbart, des Marquis Gegenwart nicht zu verraten, oder richtiger noch, die Gräfin hatte dies vorgeschlagen, weil Aline sie warnte, daß André-Louis in seiner bitteren Feindschaft gegen La Tour d'Azyr mit Bewußtsein auch nicht einen Finger zu dessen Rettung rühren würde.
Trotz der nahen Freundschaft, die Monsieur de Kercadiou und seine Nichte mit Madame de Plougastel verband, gab es verschiedene Dinge, in welche die Gräfin nicht eingeweiht war. Eines hiervon war das ehemalige Projekt einer Heirat Alines mit Marquis de La Tour d'Azyr. Diese Sache hatte Aline ihr gegenüber nie erwähnt –– bei ihrem Gemütszustand nicht mehr als natürlich –, und auch Monsieur de Kercadiou hatte seit des Marquis letztem Besuch in Meudon, da er die Unwahrscheinlichkeit einer Verwirklichung jenes Planes erkannt hatte, nie von der betreffenden Angelegenheit gesprochen.
Marquis de La Tour d'Azyrs Besorgnis um Aline am Morgen des Duells, als er sie halb ohnmächtig in Madame de Plougastels Wagen angetroffen hatte, war beherrscht genug gewesen, um nichts von seinem wahren Interesse an ihr zu verraten, diese Sorge war daher als die natürliche Fürsorge eines Mannes erschienen, der sich als Ursache ihres Kummers schuldig fühlte. So hatte Madame de Plougastel nie begriffen und begriff auch jetzt noch nicht – da Aline sich nicht erst die Mühe gab, sie völlig aufzuklären –, daß die Feindschaft zwischen den beiden Männern anderen als rein politi-

schen Ursprungs war, daß dieser Streit sich irgendwie von jenem unterschied, der André-Louis seinerzeit Tag für Tag in den Bois de Boulogne geführt hatte. Trotzdem erkannte sie die Berechtigung der Befürchtungen Alines, selbst wenn jeder andere Grund als jenes unvollendete Duell wegfiele.

Daher hatte Madame diesen eindeutigen Betrug vorgeschlagen, und Aline hatte stillschweigend eingewilligt. Die beiden Frauen hatten jedoch versäumt, Marquis de La Tour d'Azyr einzuweihen und sich seiner Zustimmung zu versichern. Sie verließen sich dabei gänzlich auf seinen Wunsch, Paris den Rücken kehren zu können, und rechneten nicht mit dem verschrobenen Ehrenkodex, der alle Männer beherrschte, die wie der Marquis unter künstlichen Ehrbegriffen aufgewachsen waren.

André-Louis wandte sich nach jener vermummten Gestalt um und trat aus dem dunklen Hintergrund des Salons in den Kreis des Lichtes. Als das Licht voll auf sein hageres, bleiches Antlitz fiel, zuckte der Pseudo-Lakai zusammen. In der nächsten Sekunde war er selbst in den Lichtkreis getreten und riß den breitkrempigen Hut vom Kopfe. Dabei fiel es André-Louis auf, daß die Hand, die dieses tat, weiß und gepflegt war und an dem einen Finger einen blitzenden Edelstein trug. Er hielt den Atem an, jede Linie seiner Gestalt wurde starr und steif, sowie er das Gesicht erkannte.

»Monsieur«, sagte jener Mann mit strenger und stolzer Betonung, »unmöglich kann ich aus Ihrer Unwissenheit Vorteil ziehen. Falls diese Damen Sie überreden können, mich zu retten, so bin ich zum mindesten verpflichtet, Sie wissen zu lassen, wem Sie die rettende Hand leihen.«

Er stand dort am Tisch, aufrecht und würdevoll, bereit zu sterben, wie er gelebt hatte – falls er sterben mußte –: ohne Furcht und ohne Lüge.

Langsam schritt André-Louis auf ihn zu, bis er die andere Seite des Tisches erreicht hatte, dann endlich löste sich die Spannung seiner Gesichtsmuskeln, und er lachte.

»Sie lachen?« fragte Marquis de La Tour d'Azyr stirnrunzelnd, verletzt.

»Es ist so verdammt amüsant«, meinte André-Louis.

»Sie besitzen einen etwas merkwürdigen Sinn für Humor, Monsieur Moreau.«

»Zugegeben. Das Unerwartete reizt mich stets zum Lachen. Ich habe im Laufe unserer Bekanntschaft die verschiedensten Eigenschaften an Ihnen entdeckt. Heute entpuppen Sie sich als etwas, das ich nie in Ihnen vermutet hätte – als ein ehrlicher Mensch.«

Marquis de La Tour d'Azyr zitterte, aber er unterließ es, zu antworten.

»Aus diesem Grunde, Monsieur, bin ich geneigt, Milde walten zu lassen. Es ist wahrscheinlich eine Dummheit von mir, allein Sie haben mich überrumpelt. Ich gebe Ihnen drei Minuten Zeit, Monsieur, dieses Haus zu verlassen und Ihre eigenen Maßnahmen zur Sicherung Ihrer Person zu ergreifen. Was nachher geschieht, geht mich nichts an.«

»Nein, nein, André. So hör doch ---« begann Madame gequält.

»Pardon, Madame. Das ist das Äußerste, wozu ich mich bewegen lassen kann, und auch so verstoße ich bereits gegen meine Pflicht. Falls Marquis de La Tour d'Azyr hier bleibt, ruiniert er nicht nur sich selbst, sondern bringt auch Sie in Gefahr. Denn wenn er sich jetzt nicht sogleich verabschiedet, geht er mit mir zum Hauptquartier Ihrer Sektion, und die Sektion wird innerhalb einer Stunde seinen Kopf auf eine Pike stecken lassen. Er ist ein berüchtigter Gegenrevolutionär, ein Ritter des Dolches, ein Mann, den die aufgebrachte Bevölkerung zu vernichten beschlossen hat. So, Monsieur, nun wissen Sie, was Ihrer harrt. Entschließen Sie sich unverzüglich, um dieser Damen willen.«

»Aber du begreifst ja nicht, André-Louis!« Madame de Plougastel befand sich in einem Zustand qualvoller Aufregung. Sie trat näher auf ihn zu und packte heftig seinen Arm. »Um des Himmels willen, André-Louis, sei barmherzig! Du mußt es sein!«

»Das bin ich ja gerade, Madame – ich bin barmherzig, weit barmherziger, als er es verdient. Er weiß das ganz genau. Das Schicksal hat sehr merkwürdig in unser Leben eingegriffen, daß es uns heute nacht hier zusammenführte. Fast hat es den Anschein, als zwinge ihn das Schicksal endlich, Sühne zu leisten. Aber um Ihrer und Alines willen nutze ich diesen Vorteil nicht aus, vorausgesetzt, daß er tut, was ich verlange.«

Und jetzt war es der Marquis, der von jenseits des Tisches mit eisiger Stimme sprach, und während er sprach, zuckte seine Rechte unter den weiten Falten seines Mantels: »Ich danke Ihnen, Monsieur Moreau, daß Sie mir gegenüber diesen Ton angeschlagen haben. Sie befreien mich von meinem letzten Skrupel. Sie erwähnten soeben das Schicksal, und ich stimme Ihnen zu, daß es sich auf seltsame Art eingemischt hat, wenn auch vielleicht nicht zu dem Zweck, den Sie meinen. Seit Jahren hat es Ihnen beliebt, meinen Pfad zu kreuzen, überall mir im Wege zu stehen und ständig eine Drohung über meinem Haupte zu sein. Hartnäckig haben Sie mir auf die verschiedenste Weise, anfänglich indirekt, später direkt, nach dem Leben getrachtet. Ihre Eingriffe in meine Pläne haben meine glühendsten Hoffnungen vernichtet -- wirksamer vernichtet, als Sie vielleicht ahnen. Von jeher sind Sie mein böser Genius gewesen. Sie gehören obendrein noch zu den Menschen, die das überwältigende Unheil, das uns heute nacht getroffen, über uns gebracht haben.«

»Wartet! Hört mich an!« Madame rang nach Luft. Sie stürzte von André-Louis fort, wie von einer schrecklichen Vorahnung getrieben. »Gervais! Dies ist furchtbar!«

»Furchtbar vielleicht, aber unvermeidlich. Er selbst hat mich dazu herausgefordert. Ich bin ein verzweifelter Mann, ein Flüchtling in einer verlorenen Sache. Jener Mann dort hält die Schlüssel zur Flucht in seinen Händen. Außerdem gibt es zwischen ihm und mir eine Rechnung zu begleichen.«
Seine Hand stahl sich aus seinem Mantel hervor, und diese Hand war mit einer Pistole bewaffnet.
Madame de Plougastel schrie auf und warf sich dem Marquis entgegen. Jetzt lag sie vor ihm auf den Knien und klammerte sich mit aller Kraft an seinen Arm.
Vergeblich suchte er sich dieser verzweifelten Umklammerung zu entreißen.
»Thérèse!« rief er. »Sind Sie wahnsinnig? Wollen Sie mich und sich selbst verderben? Dieser Bursche dort besitzt die Pässe, die unsere Rettung bedeuten. Er selber ist ein Nichts.«
Aus dem Hintergrund hatte Aline atemlos, entsetzt diese Szene verfolgt, aber ihr lebhafter Geist hatte sogleich die Abwehr zu La Tour d'Azyrs Schachzug herausgefunden, und jetzt rief sie mit scharfer Stimme: »Verbrenne die Pässe, André-Louis. Verbrenne sie sofort – hier an diesen Kerzen!«
Allein André-Louis hatte Marquis de La Tour d'Azyrs Ohnmacht benutzt, um auch seinerseits eine Pistole hervorzuziehen. »Ich glaube, ich blase ihm lieber das Hirn aus«, sagte er. »Gehen Sie aus dem Wege, Madame.«
Weit davon entfernt, diesem gebieterischen Befehl zu gehorchen, sprang Madame de Plougastel auf die Füße und deckte den Marquis mit ihrem Körper. Dabei klammerte sie sich nach wie vor mit ungeahnter Kraft an dessen Arm und hinderte ihn so, die Pistole zu gebrauchen.
»André! Um Gottes willen, André!« keuchte sie heiser über ihre Schulter.
»Aus dem Wege, Madame«, befahl er noch einmal streng, »lassen Sie diesen Mörder den verdienten Lohn empfangen. Er bedroht unser aller Leben und hat sein eigenes bereits vor Jahren verwirkt. Aus dem Wege!« Er sprang vor, in der Absicht, seinen Feind über ihre Schulter hinweg zu erschießen. Aline eilte zu spät hinzu, ihm in den Arm zu fallen.
»André! André!«
Keuchend, nach Atem ringend, mit geisterhaft verzerrtem Antlitz und halb von Sinnen, warf die Gräfin verzweifelt ein letztes wirksames Hindernis – ein furchtbares Hindernis – zwischen den Haß dieser beiden Männer, von denen jeder nur den Gedanken hatte, den anderen zu töten.
»Er ist dein Vater, André! Gervais, er ist dein Sohn –– unser Sohn! Der Brief dort –– auf dem Tisch ––– oh, mein Gott!« Vollständig erschöpft sank sie zu Boden und kauerte dort schluchzend zu Füßen Marquis de La Tour d'Azyrs.

Über dem Körper der krampfhaft schluchzenden Frau, der Mutter des einen und des anderen Mätresse, trafen sich die Augen dieser Todfeinde, erschreckt, entsetzt, voll eines Interesses, das keine Worte zuließ.
Jenseits des Tisches stand Aline, starr, als habe diese letzte schreckliche Enthüllung sie in Stein verwandelt.
Marquis de La Tour d'Azyr war der erste, sich zu rühren. In das Chaos seines Geistes fiel als ein Lichtschimmer die Erinnerung an einen Brief auf dem Tische, den Madame de Plougastel erwähnt hatte. Er trat ungehindert einen Schritt vor. Jetzt, nach ihrer Enthüllung, fürchtete sich Madame nicht länger vor den Folgen, sie gab den Marquis frei. Mit schwankenden Schritten ging er vorbei an seinem neu gefundenen Sohn und ergriff das Blatt Papier neben dem Armleuchter. Einen langen Augenblick stand er dort und las, während niemand ihn beachtete. Alines Augen hingen erstaunt und voller Mitgefühl an André-Louis, und André-Louis starrte fasziniert und betäubt auf seine Mutter.
Langsam, Wort für Wort, entzifferte Marquis de La Tour den Brief. Dann legte er ihn ohne jede Hast auf den Tisch zurück. Er war das Produkt eines künstlichen Zeitalters, streng geschult in der Unterdrückung seiner Gefühle. Seine erste Sorge galt daher der Zurückgewinnung seiner Selbstbeherrschung. Dann trat er wieder zu Madame de Plougastel und beugte sich über sie, um sie aufzuheben.
»Thérèse!«
Instinktiv gehorchte sie dem Befehl, den seine Anrede enthielt, und rang nun ihrerseits nach Fassung. Halb trug, halb führte sie der Marquis zu dem Sessel neben dem Tisch.
André-Louis sah ihnen zu. Betäubt und verwirrt, unternahm er nicht den Versuch, ihnen zu helfen. Wie im Traum sah er den Marquis über Madame de Plougastel geneigt, vernahm wie im Traum seine Frage: »Seit wann weißt du das, Thérèse?«
»Ich – ich habe es stets gewußt – stets. Ich hatte es Kercadiou anvertraut. Ein einziges Mal hab' ich ihn besucht – als Kind –. Aber ach, was tut das zur Sache?«
»Weshalb hast du es mir nie gesagt? Weshalb hast du mich belogen? Weshalb sagtest du mir, das Kind sei wenige Tage nach der Geburt gestorben? Weshalb nur, Thérèse, weshalb?«
»Ich fürchtete mich. Ich – ich hielt es für besser so, daß kein Mensch, nicht einmal du, etwas erfahren sollte. Und niemand würde es erfahren haben, hätte nicht Quintin gestern nacht es ihm gesagt, um ihn zu bewegen, hierherzukommen und mich zu retten.«

»Aber weshalb nur, Thérèse?« beharrte der Marquis. »Es war doch mein Recht, es zu wissen.«

»Dein Recht? Was hättest du tun können? Ihn anerkennen? Und dann? Ha!« Es war ein verzweifelter, grotesker Versuch, zu lachen. »Da war Plougastel, meine Familie. Und da warst du – du selbst. Du hattest aufgehört, mich zu lieben. Die Furcht vor Entdeckung hatte die Liebe getötet. Weshalb hätte ich es dir also sagen sollen? Weshalb wohl? Ich würde es dir auch jetzt nicht gesagt haben, hätte es einen anderen Weg gegeben, euch – euch beide zu retten. Einmal bereits habe ich diese fürchterlichen Ängste ausgestanden, damals als du und er im Bois fochtet. Ich befand mich auf dem Wege, die Zusammenkunft zu verhindern, als du mich trafst. Ich hätte die Wahrheit enthüllt, als letztes Mittel, das Gräßliche zu verhüten. Aber Gott in seiner Gnade ersparte mir seinerzeit die Notwendigkeit.«

Niemandem fiel es ein, die Wahrheit ihrer Erklärung anzuzweifeln, so unglaublich sie auch klang. Wäre das der Fall gewesen, ihre letzten Worte würden alle Zweifel zerstreut haben, denn sie erhellten manches, was den Zuhörern bisher unklar erschienen war.

Überwältigt wankte Marquis de La Tour d'Azyr nach einem Stuhl und ließ sich schwer in den Sitz fallen. Einen kurzen Augenblick verlor auch er die Selbstbeherrschung und bedeckte sein abgehärmtes Gesicht mit den Händen.

Durch das offene Gartenfenster tönte matter Trommelschlag, der sie an die Vorkommnisse draußen gemahnte. Aber keiner achtete auf das Geräusch. Jedem schien es, als befänden sie sich hier größeren Schrecknissen gegenüber als denen, die heute in Paris umgingen. Endlich hub André-Louis zu sprechen an, und seine Stimme war vollkommen ruhig und unsäglich kalt.

»Marquis de La Tour d'Azyr«, sagte er, »ich hoffe, Sie stimmen darin mit mir überein, daß diese Enthüllung, die Ihnen kaum peinlicher und schrecklicher sein kann, als sie es mir ist, nichts ändert, da sie nichts von dem, was zwischen uns liegt, auszulöschen vermag. Oder, falls sie etwas ändert, so fügt sie der Rechnung höchstens noch einen Posten hinzu. Und doch – Aber was nützen hier Worte! Da, Monsieur, nehmen Sie diesen Geleitbrief, der auf den Namen von Madame de Plougastels Lakai ausgestellt ist, und vollenden Sie damit Ihre Flucht, so gut Sie können. Als Gegengabe bitte ich um die Gunst, Sie niemals wiedersehen zu brauchen, noch je von Ihnen zu hören.«

»André!« Seine Mutter wandte sich mit diesem Aufschrei nach ihm um. Und wieder kam die Frage: »Hast du denn kein Herz? Was hat er dir getan, daß du ihn so bitter hassest?«

»Sie werden es sogleich erfahren, Madame. Einmal vor zwei Jahren erzählte ich Ihnen in diesem nämlichen Zimmer von einem Mann, der auf brutale Art meinen besten Freund tötete und dann das Mädchen verführte, das ich zu heiraten beabsichtigte. Marquis de La Tour d'Azyr ist dieser Mann.«

Ein Stöhnen war ihre einzige Antwort. Sie bedeckte ihr Gesicht mit den Händen.

Langsam erhob sich der Marquis von seinem Sitz. Langsam kam er auf André-Louis zu, und seine brennenden Augen überflogen prüfend seines Sohnes Gesicht.

»Sie sind hart«, sagte er bitter. »Aber ich erkenne die Härte wieder. Sie entstammt dem Blut, das in Ihren Adern fließt.«

»Bitte, ersparen Sie mir das«, sagte André-Louis.

Der Marquis neigte das Haupt. »Ich werde es nicht wieder erwähnen. Aber ich wünsche, daß Sie mich zum mindesten verstehen, und du auch, Thérèse. Sie beschuldigen mich, Monsieur, Ihren liebsten Freund ermordet zu haben. Ich gebe zu, daß die Mittel, die ich dazu anwandte, vielleicht unwürdige waren. Aber welche anderen Mittel hatte ich, um aus gebieterischer Notwendigkeit einer Gefahr entgegenzutreten, deren Bestehen seither jeder einzelne Tag, den wir erlebten, bewiesen hat? Monsieur de Vilmorin war Revolutionär, ein Mann mit neuen Ideen, der die Gesellschaft stürzen und nach seinen und seiner Gesinnungsgenossen Wünschen neu aufbauen wollte. Ich gehörte der alten Ordnung an, die mit genau dem gleichen Recht weiterzubestehen wünschte. Das war nicht nur für mich und meine Standesgenossen vorteilhafter, ich behaupte sogar – und Sie müssen mir das Gegenteil erst beweisen –, es würde auch vorteilhafter für die Welt gewesen sein, ja, jede andere Art der Gesellschaftsordnung ist undenkbar. Jede menschliche Gesellschaft muß sich aus verschiedenen Schichten zusammensetzen. Man kann sie zwar vorübergehend durch eine Revolution wie die heutige in ein amorphes Etwas verwandeln, aber immer nur vorübergehend. Bald muß aus diesem Chaos, das einzige, was Sie und Ihresgleichen zu schaffen vermögen, eine neue Ordnung erstehen, und mit der Rückkehr der Ordnung wird auch die Rückkehr der verschiedenen Gesellschaftsschichten erfolgen, aus denen sich eine organisierte Gesellschaft zusammensetzen muß. Diejenigen, die gestern an der Spitze standen, werden in der neuen Ordnung vielleicht enteignet sein, aber ohne daß es der Allgemeinheit zugute kommt. Und diesem Wechsel habe ich mich widersetzt. Den Geist, der ihn beherrschte, habe ich bekämpft mit allen Mitteln, die mir zur Verfügung standen, wo und wann immer ich ihm begegnete. Monsieur de Vilmorin war ein Brandstifter vom allergefährlichsten Typ, ein beredter Mann, erfüllt von falschen Idealen, welche die arme unwissende Menschheit zu dem Glauben verführten, daß der geplante Umsturz die Welt zu verbessern vermöchte. Sie sind ein intelligenter Mensch, und ich fordere Sie auf, mir auf Herz und Gewissen zu erklären, ob Derartiges wahr oder auch nur möglich ist. Sie wissen, daß es unmöglich ist – wissen, daß eine derartige Lehre verderblich ist; und was diese Lehre aus den Lippen Monsieur de Vilmorins noch verderblicher machte, er war aufrichtig und beredt. Seine Stimme bedeutete eine Gefahr, sie mußte beseitigt, zum Schweigen gebracht werden. Das war ein Gebot der Notwehr. In der Notwehr habe ich gehandelt. Ich hatte nichts gegen Monsieur de Vilmorin. Er war ein Mitglied meiner eigenen Klasse, ein Edelmann von sympathischem Wesen, liebenswürdig, schätzenswert, begabt.

Sie glauben, ich hätte ihn getötet aus reiner Lust am Töten, gleich einem Tiere der Wildnis, das sich auf seine natürliche Beute stürzt. Das war von Anfang an Ihr Irrtum. Ich tat, was ich tat, mit schwerstem Herzen – o bitte, sparen Sie Ihren Hohn! – ich lüge nicht. Ich habe in meinem ganzen Leben nie gelogen. Und ich schwöre Ihnen hier auf der Stelle beim Heil meiner Seele: was ich sage, entspricht der Wahrheit. Ich verabscheute meine Tat. Und doch mußte ich sie tun, um meinet- und meiner Standesgenossen willen. Fragen Sie sich selbst, ob Monsieur de Vilmorin einen Augenblick gezögert haben würde, hätte er durch meinen Tod jene Utopie, von der er träumte, auch nur um Haaresbreite der Verwirklichung näherrücken können.

Und dann die folgenden Ereignisse! Sie beschlossen, die süßeste Rache wäre, meine Ziele zu vernichten, indem Sie in sich selbst die Stimme zum Leben erweckten, die ich zum Schweigen gebracht, und sich jenes phantastische Evangelium der Gleichheit zu eigen machten. Sie ermangelten der Erkenntnis, daß Gott die Menschen nicht zur Gleichheit geschaffen hat. Nun, heute nacht sind Sie in der Lage, zu beurteilen, wer recht und wer unrecht hatte. Sie sehen, was in Paris vorgeht. Sie sehen das furchtbare Gespenst der Anarchie durch ein in das Chaos zurückgeschleudertes Land schreiten. Wahrscheinlich besitzen Sie genügend Einbildungskraft, um sich die Folgen auszumalen. Und glauben Sie wirklich, aus diesem Pest- und Schutthaufen würde die ideale Form der Gesellschaft auferstehen? Begreifen Sie denn nicht, daß sich die Gesellschaft in neue Stände gliedern muß, um neu zu erblühen?

Aber weshalb weiterreden! Meine Worte genügen, um Ihnen das einzige, worauf es ankommt, verständlich zu machen: daß ich Monsieur de Vilmorin um der Pflicht willen, die ich meiner Klasse gegenüber hatte, tötete. Und die Wahrheit – die Sie zwar verletzen, vielleicht aber auch überzeugen wird – lautet: ich vermag heute nacht mit Gleichmut, ohne jede Spur von Bedauern, außer der Dinge wegen, die Sie und mich trennen, auf jene Tat zurückzublicken.

Als Sie mich an jenem Tage in Gavrillac, während Sie an der Seite Ihres

Freundes knieten, beleidigten und herausforderten, hätte ich auch Sie töten müssen, wäre ich der Tiger gewesen, für den Sie mich hielten. Ich bin, wie Sie genau wissen, ein ungeduldiger, leicht reizbarer Mensch. Aber ich zügelte meinen natürlichen Zorn, weil ich eine Beleidigung meiner selbst zu verzeihen vermochte, während ein berechneter Angriff auf meine Klasse mir unverzeihlich schien.«

Er schwieg einen Augenblick. André-Louis hatte starr, aber voller Verwunderung seinen Worten gelauscht, die anderen ebenfalls. Jetzt fuhr der Marquis, wenn auch mit weniger Zuversicht, fort: »Die Angelegenheit mit Mademoiselle Binet war ein unglücklicher Zufall. Ich tat Ihnen unrecht, ohne es zu wissen. Ich ahnte nichts von den zwischen ihnen herrschenden Beziehungen.«

Endlich fiel ihm André-Louis mit einer scharfen Frage in die Rede: »Würde es anders gewesen sein, wenn Sie es gewußt hätten?«

»Nein«, entgegnete der andere offen. »Ich besitze die Fehler meiner Klasse. Ich kann nicht vorgeben, daß irgendwelche Skrupel, wie die von Ihnen angedeuteten, bei mir in die Waagschale gefallen wären. Aber können Sie – vorausgesetzt, daß Sie eines objektiven Urteils fähig sind – mir deswegen ernstlich Schuld beimessen?«

»Alles in allem, Monsieur, gelange ich mehr und mehr, und zwar mit erstaunlicher Schnelligkeit, zu dem Schluß, daß man niemandem für irgend etwas auf dieser Welt ernstliche Schuld beimessen darf, wir sind alle nur Spielbälle des Geschicks. Betrachten Sie diese Versammlung – diese rührende Familiengruppe hier in diesem Zimmer, während dort draußen –. Oh, Gott, lassen Sie uns ein Ende machen! Wir wollen gehen und *›finis‹* unter dieses furchtbare Kapitel unseres Lebens schreiben.«

Marquis de La Tour d'Azyr schwieg einen kurzen Augenblick, ihn ernst und traurig betrachtend.

»Vielleicht ist es am besten so«, meinte er endlich mit leiser Stimme. Er wandte sich an Madame de Plougastel. »Gibt es in meinem Leben ein Unrecht, das ich freimütig eingestehe und auf das bitterste bereue, so ist es jenes, das ich dir angetan habe, liebe –«

»Nicht jetzt, Gervais! Nicht jetzt!« unterbrach sie ihn flehend.

»Doch – jetzt, zum ersten und letzten Male. Ich gehe. Wahrscheinlich werden wir einander nie wieder begegnen – werde ich euch alle nie wiedersehen, die ihr mir die Nächsten und Liebsten hättet sein sollen. Wir sind, wie er sagt, alle nur Spielbälle des Geschicks. Und doch hat er nicht völlig recht. Das Geschick ist eine intelligente Macht, die sich nach bestimmten Gesetzen bewegt. Wir büßen schon in diesem Leben für all das Böse, was wir tun. Das ist die Lehre, die ich heute nacht gelernt habe. Durch einen Treubruch erzeugte ich einen Sohn, der, genausowenig von den zwischen uns herrschenden Beziehungen wissend wie ich selbst, zum bösen Genius meines Lebens wurde, in jeder Sache meinen Weg kreuzte und schließlich dazu beitrug, meinen Ruin zu vollenden. Es liegt Gerechtigkeit darin – poetische Gerechtigkeit. Mich dieser Tatsache rückhaltlos und ergeben zu beugen, ist die einzige Sühne, die ich euch zu bieten vermag.«

Er bückte sich und nahm eine von Madames Händen, die schlaff in ihrem Schoße ruhten, in die seine.

»Leb wohl, Thérèse!« Seine Stimme brach. Er stand an der Grenze seiner eisernen Selbstbeherrschung.

Sie erhob sich, einen Augenblick lang klammerte sie sich an ihn, ohne der anderen zu achten. Heute nacht hatte man tief in der Asche ihrer längst erstorbenen Liebe gewühlt und tief in ihrem verborgenen Innern ein letztes Fünkchen angefacht, das jetzt hell aufflammte, ehe es für immer erlosch. Allein, sie unternahm keinen Versuch, ihn zurückzuhalten. Sie erkannte, ihr Sohn hatte ihnen den einzig richtigen, den einzig möglichen Weg gezeigt, und sie war dankbar, daß Marquis de La Tour d'Azyr ihn gehen wollte.

»Gott schütze dich, Gervais«, murmelte sie. »Du wirst den Geleitbrief nehmen und – und es mich wissen lassen, wenn du in Sicherheit bist?«

Eine Sekunde lang hielt er ihr Gesicht in beiden Händen, dann küßte er sie sehr sanft und schob sie leise von sich. Aufrecht und äußerlich vollkommen gefaßt blickte er nach André-Louis, der ihm ein Blatt Papier hinhielt.

»Da ist der Geleitbrief. Nehmen Sie ihn, Monsieur. Es ist mein erstes und letztes Geschenk an Sie, das letzte auf der Welt, was ich Ihnen je zu schenken gedacht hätte – das Geschenk des Lebens. In gewissem Sinne sind wir jetzt quitt. Die Ironie ist nicht meine Ironie, sondern es ist die Ironie des Schicksals. Nehmen Sie, Monsieur, und gehen Sie in Frieden.«

Marquis de La Tour d'Azyr nahm den Brief. Gierig blickten seine Augen in das hagere, so strenge Antlitz. Er steckte das Papier in seine Brusttasche und streckte hastig, konvulsivisch seine Hand aus. Seines Sohnes Augen stellten eine Frage.

»Lassen Sie Frieden zwischen uns herrschen, in Gottes Namen«, keuchte der Marquis schwer.

Da erst rührte sich Mitleid in André-Louis. Die Strenge seines Ausdrucks schmolz dahin. Er seufzte. »Leben Sie wohl, Monsieur«, sagte er endlich.

»Sie sind hart«, erwiderte sein Vater ein wenig traurig. »Aber vielleicht haben Sie recht. Unter anderen Verhältnissen wäre ich stolz gewesen, Sie als Sohn anzuerkennen. So, wie die Dinge liegen –« Er brach kurz ab und fügte kurz hinzu: »Leben Sie wohl.«

Er ließ seines Sohnes Hand fahren und trat zurück. Förmlich verbeugten sie sich voreinander. Und dann verneigte sich Marquis de La Tour d'Azyr

in betontem Schweigen vor Mademoiselle de Kercadiou, etwas Endgültiges lag in dieser Verneigung, ein betontes Verzichtleisten.
Steif wandte er sich ab und verschwand aus dem Zimmer und aus ihrer aller Leben. Viele Monate später hörten sie, er wäre in den Dienst des Kaisers von Österreich getreten.

16 *Sonnenaufgang*

Am nächsten Morgen schöpfte André-Louis auf der Terrasse in Meudon frische Luft. Es war sehr früh am Morgen, und die eben aufgegangene Sonne verwandelte die Tautropfen auf dem Rasen in Diamanten. Im Tale, etwa fünf Meilen entfernt, hoben sich die Morgennebel über Paris. Jedoch, so früh es auch war, die Villa auf den Hügeln war bereits zum Leben erwacht. Es herrschte geschäftige Unruhe, denn man stand unmittelbar vor der Abreise. André-Louis war in der vergangenen Nacht mit seiner Mutter und Aline glücklich aus Paris entkommen, und heute sollten sie alle nach Koblenz aufbrechen.
Zu André-Louis, der, die Arme auf dem Rücken verschränkt, den Kopf eingezogen – noch nie zuvor hatte ihm das Leben reichlicheren Stoff zum Nachdenken geboten – auf der Terrasse hin und her wanderte, trat nach einer Weile Aline durch eine der Glastüren der Bibliothek.
»Du bist früh auf«, grüßte sie ihn.
»Ja, wahrhaftig. Ich bin überhaupt nicht zu Bett gegangen. Nein«, beschwichtigte er sie als Antwort auf ihren erschreckten Ausruf. »Ich verbrachte die Nacht, oder was noch davon übriggeblieben, in Gedanken am Fenster.«
»Mein armer André!«
»Du hast den Nagel auf den Kopf getroffen. Ich bin sehr arm – denn ich weiß nichts, verstehe nichts. Die Lage ist gar nicht so schlimm, solange man sie nicht begreift. Dann aber …« Er warf die Arme gen Himmel und ließ sie wieder sinken. Sie bemerkte, daß sein Antlitz bleich und abgehärmt war.
Auf und ab schritt sie an seiner Seite neben der alten Granitbalustrade, über welche die Geranien einen grün- und scharlachroten Mantel warfen.
»Bist du dir nun darüber klar, was du tun willst?« fragte sie ihn.
»Ich bin mir klar, daß mir keine Wahl bleibt. Auch ich muß auswandern. Ich habe noch Glück, daß ich dazu in der Lage bin, daß ich in dem Chaos, das gestern in Paris herrschte, keinen von denen antraf, bei denen ich mich hätte melden müssen, wie ich dummerweise beabsichtigte, sonst würde ich mit diesem hier wohl längst nicht mehr bewaffnet sein.« Er zog die weitge-

hende Vollmacht der Zwölferkommission aus der Tasche, worin alle Franzosen angewiesen wurden, ihm jeden Beistand zu leisten, und alle, die ihn zu hindern suchen sollten, gewarnt wurden, daß dies auf eigene Gefahr geschähe. Er entbreitete das Papier vor Aline. »Mit diesem Schreiben werde ich uns sicher bis zur Grenze führen können. Jenseits der Grenze müssen Monsieur de Kercadiou und Madame de Plougastel mich führen, und damit sind wir dann quitt.«

»Quitt?« wiederholte sie. »Du wirst niemals zurückkehren können.«

»Du kannst dir denken, wie sehr ich darauf brenne. In ein, zwei Tagen, Kind, werden die Nachforschungen einsetzen. Man wird fragen, was aus mir geworden sei. Es wird allerlei durchsickern. Und dann wird man mit der Jagd beginnen. Inzwischen jedoch werden wir ein gut Stück weitergekommen sein, weit außerhalb des Bereichs einer Verfolgung. Du glaubst doch nicht etwa, daß ich der Regierung eine befriedigende Erklärung wegen meiner Abwesenheit zu geben vermöchte – angenommen, daß überhaupt eine Regierung bleibt, der gegenüber man sich verantworten kann?«

»Du meinst – du – du willst deine ganze Zukunft opfern, deine Laufbahn, die du eben begonnen hast?« Der Gedanke raubte ihr den Atem.

»In der Lage, in der Frankreich sich jetzt befindet, gibt es für mich hier keine Laufbahn mehr – wenigstens keine ehrliche. Und ich hoffe, du hältst mich nicht für unehrlich. Heute ist der Tag der Dantons und Marats, der Tag des Pöbels. Die Zügel der Herrschaft werden dem Mob überlassen werden, oder aber der Mob wird sich, berauscht von der Schmeichelei, mit der die Dantons und Marats ihn gefüttert haben, mit Gewalt dieser Herrschaft bemächtigen. Chaos muß folgen, ein Despotismus der Bestien und Affen, eine Regierung der allerniedrigsten Klassen. Sie kann aber nicht dauern, denn eine Nation, die nicht von ihren besten Elementen regiert wird, muß welken und dahinschwinden.«

»Ich dachte, du wärst Republikaner, André-Louis?« sagte sie verwundert.

»Das bin ich auch. Ich rede auch wie ein Republikaner. Ich wünsche eine Gesellschaft, die ihre Herrscher aus den besten Elementen jeglicher Klasse wählt und die jeder Klasse oder Körperschaft das Recht, allein zu herrschen, bestreitet – sei es der Adel oder die Geistlichkeit, der Bürgerstand oder das Proletariat. Jede Herrschaft einer einzelnen Klasse bedeutet für die Gesamtheit das Verderben. Vor zwei Jahren glaubte ich, unsere Ideale hätten sich verwirklicht. Das Monopol der Macht war derjenigen Klasse entrissen, die es kraft eines hohlen Erbrechts allzu lange und allzu unberechtigt besessen hatte. Die Macht ist inzwischen so gleichmäßig wie möglich im ganzen Staate verteilt worden, und wäre man dabei stehengeblieben, alles wäre noch gut geworden. Allein unser Impetus hat uns zu weit geführt, die Privilegierten stachelten uns durch ihren Widerstand auf, und die Folge sind die Schrecknisse, von denen wir gestern erst den Anfang erlebten. Nein, nein«, schloß er. »Die Politik ist eine Laufbahn für käufliche Streber, für Opportunisten, nicht aber für einen Mann, der sich einen Rest Selbstachtung bewahren möchte. Es ist Zeit, daß ich gehe. Ich bringe damit kein Opfer.«

»Aber wohin willst du denn gehen? Was hast du vor?«

»Oh, irgend etwas. Vergiß nicht, ich bin in den letzten vier Jahren Anwalt, Politiker, Fechter und Komödiant gewesen – in erster Linie Komödiant. Es gibt in der Welt immer einen Platz für Scaramouche. Außerdem bin ich, unähnlich einem Scaramouche, sehr haushälterisch gewesen. Weißt du, daß ich Besitzer eines kleinen Gutes in Sachsen bin? Ich glaube, die Landwirtschaft wird mir zusagen. Sie ist ein beschaulicher Beruf, und alles in allem bin ich kein Mann der Tat. Mir fehlen die notwendigen Eigenschaften für diese Rolle.«

Sie sah ihn an, ein nachdenkliches Lächeln strahlte in ihren dunkelblauen Augen.

»Gibt es überhaupt eine Rolle, zu der du nicht befähigt wärest?«

»Ist das dein Ernst? Und doch kannst du nicht behaupten, daß ich meine verschiedenen Rollen mit großem Erfolg gespielt hätte. Jede endete damit, daß ich davonlief. Jetzt laufe ich von einer blühenden Fechtakademie fort, die wahrscheinlich auf Le Duc übergehen wird. Das ist die gerechte Strafe dafür, daß ich mich in die Politik eingelassen habe, vor der ich übrigens ebenfalls davonlaufe. Das Davonlaufen ist wirklich die einzige Eigenschaft, in der ich glänze. Gleichfalls ein Attribut Scaramouches.«

»Weshalb mußt du ewig über dich spotten?« fragte sie ihn verwundert.

»Vermutlich, weil ich mich als einen Teil dieser verrückten Welt erkenne. Du verlangst doch nicht, daß ich mich ernst nehme? Ich würde bestimmt den letzten Rest meines Verstandes verlieren, vor allem seitdem ich meine Eltern entdeckt habe.«

»Nicht doch, André!« bat sie. »Jetzt bist du unaufrichtig.«

»Natürlich bin ich das. Verlangst du Aufrichtigkeit von einem Mann, da doch der Schlüssel für die menschliche Natur Heuchelei ist? Wir saugen sie schon mit der Muttermilch ein, lernen sie in der Schule, leben von ihr und wissen es meist nicht einmal. Du hast in den letzten vier Jahren die entfesselte Heuchelei in Frankreich wüten sehen – Scheinheiligkeit und Heuchelei auf den Lippen der Revolutionäre, Scheinheiligkeit und Heuchelei auf den Lippen der Verfechter des alten Regimes –, eine Orgie der Heuchelei, aus der zum Schluß das Chaos geboren wurde. Und ich, der ich dies alles an diesem wunderschönen, von Gott geschenkten Morgen kritisiere, bin der abgründigste und verächtlichste aller Heuchler. Dieser Gedanke war's – die Erkenntnis dieser Wahrheit, die mich die ganze Nacht nicht schlafen ließ. Zwei Jahre lang habe ich mit allen mir zur Verfügung stehenden Mitteln einen Menschen verfolgt – Marquis de La Tour d'Azyr.«

Er machte eine Pause, ehe er den Namen aussprach, als wüßte er nicht, wie er den Betreffenden nennen sollte.

»Und in diesen zwei Jahren habe ich mich in bezug auf die Motive, die mich trieben, ständig belogen. Gestern nacht nannte er mich den bösen Genius seines Lebens und erkannte selbst die Gerechtigkeit an, die darin läge. Vielleicht hatte er recht, und gerade deshalb wären die Dinge höchstwahrscheinlich genau so gekommen, wie sie gekommen sind, wenn er Philippe de Vilmorin nicht getötet hätte. Ja, heute weiß ich, daß sie unter allen Umständen so gekommen wären. Und das ist der Grund, weshalb ich mich einen Heuchler, einen armseligen Heuchler nenne, einen Heuchler, der sich selbst belügt.«

»Aber weshalb nur, André?«

Er blieb stehen und sah sie an. »Weil er dich umwarb, Aline. Weil das allein schon genügt hätte, mich zu seinem erbitterten, unversöhnlichen Gegner zu machen. Weil ich schon allein aus diesem Grunde jeden Nerv angespannt haben würde, ihn zu Fall zu bringen – um dich vor deinem eigenen Ehrgeiz zu schützen.

Ich möchte nicht mehr von ihm reden, als unbedingt notwendig ist. Ich hoffe, ist dies gesagt, nie wieder von ihm sprechen zu brauchen. Noch ehe unsere Wege sich kreuzten, kannte ich ihn, kannte den Ruf, den er im ganzen Lande genoß. Selbst damals schon fand ich ihn hassenswert. Du hörtest, was er gestern über die unglückliche Binet sagte. Hörtest, wie er als Milderungsgrund für seine Schuld seine Erziehung anführte. Darauf gibt es wohl keine Antwort. Er ist eben die Verkörperung seines Typs. Zugegeben! Mir aber, mir erschien er als die Verkörperung des Bösen, ebenso wie du mir als die Verkörperung alles Guten galtest. Er war die Verkörperung des Lasters, du die Verkörperung der Reinheit. Ich hatte dich so hoch, so hoch gestellt, Aline, und doch nicht höher, als du es verdientest. Konnte ich denn dulden, daß der Ehrgeiz dich in den Staub zöge, zusehen, wie das Böse, das ich verabscheute, sich mit dem Guten, das ich liebte, vermählte? Was sonst als deine eigene Verdammnis wäre daraus gefolgt, so wie ich es dir damals in Gavrillac vorausgesagt habe. Und aus diesem nämlichen Grunde verwandelte sich der schlummernde Haß, den ich ihm entgegenbrachte, in ein aktives und persönliches Gefühl. Hättest du mir gesagt, daß du ihn liebtest, alles wäre anders gekommen. Ich hätte gehofft, du würdest ihn in einer durch die Liebe geheiligten Verbindung zu deinen eigenen reinen Höhen emporheben. Aber daß du einwilligtest, dich aus rein weltlichen Rücksichten ohne Liebe mit einem solchen Mann –. Oh, es war abscheulich, zum Verzweifeln! Und so kämpfte ich gegen ihn – wie eine Ratte den Löwen bekämpft –, bekämpfte ihn erbarmungslos, bis ich erkannte, daß in deinem Herzen Liebe an Stelle des Ehrgeizes getreten war. Da ließ ich von ihm ab.«

»Bis du sahst, daß Liebe an Stelle des Ehrgeizes getreten war?« Tränen waren ihr während seiner Rede in die Augen gestiegen. Jetzt verdrängte äußerstes Erstaunen jedes andere Gefühl. »Wann hast du das erkannt? Wann denn?«

»Ich – ich befand mich im Irrtum. Ich weiß es jetzt. Damals jedoch – Aline, an jenem Morgen, als du zu mir kamst und mich batest, meine Verabredung mit ihm im Bois nicht einzuhalten – damals, Aline, trieb dich doch die Sorge um ihn?«

»Um ihn? Um dich!« rief sie, ohne zu bedenken, was sie damit sagte.

Aber sie vermochte ihn immer noch nicht zu überzeugen. »Um mich? Obwohl du wußtest – obwohl alle Welt wußte, was ich während einer Woche tagtäglich getrieben hatte?«

»Ja, aber er – er war anders als die anderen alle, mit denen du gefochten hattest. Sein Ruf war so groß. Mein Onkel hielt ihn für unbesiegbar, er überzeugte mich, daß nichts in der Welt dich zu retten vermöchte, falls du mit ihm kämpftest.«

Er blickte sie stirnrunzelnd an.

»Weshalb diese Ausflüchte, Aline?« forschte er mit ziemlicher Strenge. »Ich kann zwar verstehen, daß du diese Gefühle nicht wahrhaben willst, da sie sich seither geändert haben. Das ist wohl Frauenart, aber ---.«

»Was sagst du da, André? Wie sehr irrst du dich! Ich habe die reine Wahrheit gesprochen.«

»Und war es etwa auch Sorge um mich, die dich die Besinnung verlieren ließ, als du ihn verwundet von unserer Zusammenkunft heimkehren sahst?« forschte er weiter. »Das war's, was mir die Augen öffnete.«

»Verwundet? Ich hatte seine Wunde ja gar nicht gesehen. Ich sah ihn lebendig und augenscheinlich wohlbehalten in seiner Kalesche sitzen und schloß daraus, daß er dich getötet hätte, wie er geschworen. Was sonst wohl hätte ich glauben sollen?«

Plötzlich sah er Licht, strahlendes, blendendes Licht, und es erschreckte ihn. Er fuhr zurück und strich sich mit der Hand über die Stirn. »Und das war der Grund, weshalb du ohnmächtig wurdest?« fragte er ungläubig.

Sie blickte ihn an, ohne zu antworten. Und da sie erkannte, wie sehr sie sich in ihrem Eifer, ihn von seinem Irrtum zu überzeugen, verraten hatte, kroch ein plötzlicher Ausdruck von Furcht in ihre Augen.

Er streckte ihr beide Hände entgegen. »Aline! Aline!« Seine Stimme brach. »Ich war es also...«

»Oh, blinder, blinder André, – du warst es stets, stets du! Niemals, niemals habe ich an ihn gedacht, nicht einmal an eine Ehe ohne Liebe mit ihm, außer während einer ganz kurzen Zeit, da – da jene Schauspielerin in dein Leben getreten war. Damals –«, sie zuckte die Achseln und wandte den Kopf. »Damals dachte ich daran, dem Ehrgeiz zu folgen, da mir ja nichts anderes übrig blieb.«
Er schüttelte sich. »Ich träume natürlich, oder ich bin verrückt.«
»Nur blind, André, nur blind.«
»Blind, wo es anmaßend gewesen wäre, sehend zu sein.«
»Und doch«, entgegnete sie rasch, und einen Augenblick brach die alte Aline aus ihr hervor, »und doch habe ich nie gefunden, daß du an einem Mangel an Anmaßung littest.«
Als Monsieur de Kercadiou eine Sekunde später durch die Glastür der Bibliothek die Terrasse betrat, standen sie Hand in Hand und Aug' in Auge, als hätte jeder in des anderen Gesicht das Paradies entdeckt.